*Ihr persönliches
Leseexemplar*

Daniil Granin
PETER DER GROSSE

Ein Roman über Rußlands Glanz und Elend

Aus dem Russischen von
Ganna-Maria Braungardt

Verlag Volk & Welt

Die russische Originalausgabe erschien unter dem Titel
Večera s Petrom Velikim
im Verlag Istoričeskaja Illjustracija, St. Petersburg, 2000
© Daniil Granin, 2000

Copyright © 2001 der deutschen Ausgabe
by Verlag Volk und Welt GmbH, Berlin.
Schutzumschlag: Philippa Walz und Andreas Opiolka, Stuttgart
Satz: deutsch-türkischer fotosatz, Berlin
Druck und Bindearbeiten: Wiener Verlag, Himberg
Alle Rechte vorbehalten. Printed in Austria
ISBN 3-353-01190-0

Prolog

Ein Gebäude unseres Sanatoriums, ein direkt am Strand gelegenes altes Schloß, war mit Brettern vernagelt und von Fledermäusen, gewöhnlichen Mäusen und Gespenstern bewohnt.
Abends nach dem Essen gingen wir gern dorthin. Wir schoben die Bretter beiseite, stiegen an zerschlagenen Vasen vorbei die breite Marmortreppe hinauf und liefen durch mehrere Säle bis zur Galerie. Unter unseren Füßen knirschten Glassplitter, Pappbecher und Zigarettenkippen lagen herum. Das Linoleum und die Zwischenwände waren rausgerissen, in den Ecken stapelten sich Eisenbetten, die Tapeten hingen in Fetzen von den Wänden. Der Verfall legte den ursprünglichen Palast bloß. Im großen Saal stand noch ein alter Kamin, voller leerer Flaschen. Es roch nach Kot, Urin und Moder.
Wir traten auf die Galerie hinaus. Vom Park stieg Wärme auf. Wir konnten bis zur Bucht blicken; am dunklen Horizont lohte das Petersburger Abendrot.
Im Park rauschte ein Wasserfall.
Molotschkow erzählte, wer hier zu Peters und zu Katharinas Zeiten spazierengegangen war. Er kannte sie alle.
Bisweilen kamen ihre Gespenster in den Park, geisterten in den Steinpavillons herum.
Auf der Galerie standen Bänke, ein runder Tisch und ein Korbsessel. Den bekam Professor Tscheljukin.
Alles an ihm entsprach dem Klischee von einem großen Gelehrten: akkurates graues Bärtchen, Siegelring, tiefe Baßstimme, selbst der Name – Jelisar Dmitrijewitsch. Er befaßte sich mit Forstschädlingen und liebte jegliches wuselndes Kleingetier – Käfer, Würmer,

Kakerlaken. Darüber hatte er bereits mehrere Monographien geschrieben. Und den Wald, den sie anfraßen, den liebte er auch.

»Der Mensch, das ist nicht nur der Mensch«, verkündete der Professor, »das sind auch die Sterne, der Marienkäfer und die Viper.«

Im Sanatorium waren wir weitgehend uns selbst überlassen. Niemand kümmerte sich recht um uns, wir lebten frei und träge in den Tag hinein. Geraskin brachte eine kleine Flasche Wodka mit, Anton Ossipowitsch Salzgurken und eingesalzene Tomaten, die er stets mit der Frage verteilte: »Wie sagte schon Tschechow?« Um sofort selbst darauf zu antworten: »Soviel die Gelehrten auch gegrübelt haben, etwas Besseres zum Wodka als eine Salzgurke haben sie noch nicht erfunden.«

Anton Ossipowitsch achtete darauf, daß wir gesittet tranken – mit Trinksprüchen und Anstoßen, ohne Hast, ohne Nötigung.

Als erster wurde Molotschkow betrunken. Wenn wir ihn nicht zum Reden anstachelten, versank er in sich selbst, flüsterte nur, murmelte und lächelte vor sich hin. Wir lenkten ihn auf historische Themen. Er war Historiker, obwohl er das bestritt und sagte, er sei nur Lehrer, ein ungebildeter Dilettant ohne wissenschaftliche Publikationen.

Er beschäftigte sich schon sein Leben lang mit der petrinischen Epoche. Wenn er von Peter I. erzählte, leuchteten seine blauen Augen, die Stimme wurde kräftiger, das teilnahmslose Gesicht lebhaft.

In Peters Umgebung hatte er Freunde und Feinde, seine Hofangelegenheiten interessierten ihn mehr als die heutigen Probleme.

Eines Tages war er verstimmt, kippte ein Glas Wodka hinunter, ohne etwas zu essen, das zweite gleich hinterher, und erklärte dann, auf einer Londoner Auktion sei das Archiv von Pjotr Andrejewitsch Tolstoi versteigert worden. An wen, sei unbekannt. Unseren Leuten sei es natürlich durch die Lappen gegangen, und außerdem hätten sie sich wohl kaum in Unkosten gestürzt. Wenn man sich wenigstens mal ansehen könnte, was es alles enthielt. Bestimmt Dokumente, die Tolstoi seinerzeit außer Landes gebracht hatte.

Pjotr Andrejewitsch Tolstoi war der Chef der Geheimkanzlei, ein hochrangiger Beamter, wahrscheinlich der dritte Mann im Staat, etwa wie Berija bei Stalin. Was mochte er rausgeschmuggelt haben? Vermutlich kompromittierendes Material gegen verschiedene Personen, das er an einem sicheren Ort unterbringen wollte. Für solches Material würde er, Molotschkow, sonstwas hergeben.

Geraskin lachte.

»Was könnten Sie denn schon geben? Ein Lehrer, noch dazu ein entlassener! Lehrer sind doch bekanntermaßen das unterste Glied unserer Gesellschaft.«

Geraskin hatte ein Faible für schonungslose Wahrheiten, dazu sah er sich als Vertreter der verschwindenden Proletarierklasse verpflichtet. Mit dem Fall der Sowjetmacht, so sagte er, sei das Reich der Arbeiter und Bauern zu Ende. Wir brauchten nur mal uns zu nehmen: Ein Professor, ein Lehrer, ein Beamter – das war Anton Ossipowitsch, ein Maler oder Schauspieler, der bei irgendeinem Künstlerverband angestellt war – und Serjosha Drjomow. Er, Jewgeni Geraskin, heute Fernfahrer, der zweifelhafte Güter an zweifelhafte Adressen bringt, sei der einzige Vertreter der einstigen Majestät, der Arbeiterklasse.

Molotschkow lief in der Galerie auf und ab, kickte leere Flaschen beiseite. Er war so wütend, als hätte man ihm persönlich das Archiv geraubt. Pjotr Tolstoi konnte er noch nie leiden. Ein Schlitzohr, ein Heuchler und Lügner. Nicht umsonst hatte Peter ihn verdächtigt, nun war es offensichtlich: Tolstoi war ein Dieb, ein Verbrecher, der Staatspapiere gestohlen hatte.

»Was soll schon Bedeutendes in dem Archiv sein?«

Molotschkow schlug die Hände zusammen. Alles, alles sei bedeutend. Darin finde sich bestimmt Material zu den Ermittlungen gegen den Zarewitsch Alexej, zum Geheimnis seines Todes, zum Fall der Dolgorukis und vielleicht sogar über die Zarin.

»Wenn es um Belastungsmaterial gegen die heutigen Machthaber ginge, hätten sie sicher keine Kosten gescheut«, meinte Anton Ossipowitsch.

Die Abendvögel flogen durch die kaputten Fenster ins Schloß, Geraskin schnitt die letzte Gurke.

»Sie sagen, er war ein Verbrecher«, sagte Anton Ossipowitsch, »aber vielleicht wollte er ja das Böse aufdecken. Nein, winken Sie nicht ab, ich habe mich überzeugen können, daß die Menschen selten aus eigenem Antrieb Böses tun. Nehmen wir einen so klassischen Bösewicht wie Lawrenti Berija. Ich kann Ihnen bei Gelegenheit etwas so Positives über ihn erzählen, daß Sie verblüfft sein werden. Dankbare Völker könnten ihm ein Denkmal setzen. Eine Shakespearesche Figur, eine Shakespearesche Tragödie«.

Das war neu. Sonst erzählte uns Anton Ossipowitsch immer von dunklen Machenschaften unserer Obrigkeit. Offenbar tauschten sich die Beamten untereinander aus, woher sonst wußte er so viel über Minister und Abgeordnete, über ihre Kinder, Geliebten, ihre Villen, ihre Bediensteten und ihre Einkünfte?

Wir waren seiner Enthüllungen müde, vor allem aber unserer ohnmächtigen Wut. Wut kann eine gute Würze sein, aber die Gauner, die uns in letzter Zeit bestahlen und betrogen, vergifteten uns zudem auch noch mit Haß, und wir mochten nichts mehr über sie hören.

Weit mehr reizte uns die Vergangenheit, die Zeit, da Rußland erstarkte, da es aufging wie Hefeteig. Molotschkow erzählte leidenschaftlich, so, als wäre er bei allem, was Peter widerfuhr, dabeigewesen; als sei er ein Abgesandter einer anderen Epoche.

Drjomow nannte ihn sogar einen Augenzeugen.

Der Professor fand das nicht weiter erstaunlich. Für ihn war die Zeit an sich ein kaum erforschtes Phänomen. Jeder lebt in seiner eigenen Zeit. Anton Ossipowitsch zum Beispiel lebte noch in der Sowjetunion, der Professor selbst in der sich rasch wandelnden Zeit seiner Insekten, die nur eine Saison oder gar nur einen Tag lebten.

»Er lügt wie ein Augenzeuge«, sagte Anton Ossipowitsch, wobei er das Wort »lügt« betonte – Augenzeugen halten sich ja wirklich selten an die bloßen Tatsachen, denn sie wollen ihre Zuhörer beeindrucken, erschrecken, erfreuen.

»Na und«, sagte Drjomow«, »wissen wir etwa besser Bescheid über das, was hinter den Kremlmauern vorgeht? Wir kennen doch auch nur Gerüchte, Vermutungen.«

Irgend etwas verschwieg Molotschkow offensichtlich. Manchmal brach er mitten im Satz ab. Oder er wurde plötzlich wütend auf einen von Peters Würdenträgern: »Sie interessieren sich nur dafür, wer dem Zaren näher steht, wer welchen Posten bekommt.«

Er bekannte seine Sympathie für Anna Mons, Peters Geliebte. Und über Menschikow sagte er: »Wenn der Zar ihn behält, ihn nicht entfernt, wird er seine Gründe dafür haben.«

Und: »Ich glaube, Menschikow ist adliger Abstammung.«

Drjomow gefiel die Vorstellung, Molotschkow sei Peter dem Großen persönlich begegnet, und er sprach ihn eines Tages darauf an, aber Molotschkow sagte nur, das habe nicht geklappt.

Drjomow verwirrte sein ernster Ton. Geraskin ermahnte ihn scherzhaft: »Bohr nicht weiter, das ist nichts für unseren Verstand.«

Geraskin, der im Gefängnis gesessen hatte, hielt alle Menschen für verrückt, jeder habe seinen Tick, meinte er, der eine offen, der andere versteckt. Die Welt sei voller Wunder, Wunder verschönerten das Leben, und man solle sie nicht enthüllen. Was die Zeit anging, so war für ihn alles sonnenklar:

> Ach, die Zeit, die Zeit, die läuft,
> Rascher rast die Uhr,
> Wer nicht säuft
> Wer nicht hurt,
> Der bereut es nur.

Molotschkows Liebe zu Peter erstaunte und freute Geraskin. Es hatte also wenigstens einen anständigen Herrscher gegeben.

»Vielleicht enthält das Archiv ja auch Informationen über die Auslandskonten der Senatoren.« Molotschkow konnte sich nicht beruhigen.

»Das hatten sie also damals schon raus«, sagte Drjomow.

»Dazu muß man nicht besonders schlau sein. Hier in Rußland kann man kein Geld verstecken«, sagte Geraskin.

Anton Ossipowitsch, ein praktisch denkender Mensch, wollte wissen, was denn aus den Auslandskonten geworden sei.

Molotschkow seufzte und verriet uns fremde Geheimnisse. Viele russische Höflinge hatten das »Fenster nach Europa« sofort genutzt, um Kapital in holländischen und englischen Banken unterzubringen. Fürst Golizyn, Fürst Kurakin, einige der Dolgorukis, vor allem aber Menschikow. Nach seinem Tod zog die Zarin Anna Iwanowna zusammen mit ihrem Günstling Biron umgehend Erkundigungen ein, wie man an Menschikows Auslandskonten herankam. Die Banken erklärten rundheraus, nur die rechtmäßigen Erben könnten das Geld abheben. Nach einigem Überlegen fand Biron schließlich eine Lösung: Per Zarenerlaß wurden Menschikows Sohn und Tochter begnadigt und aus der Verbannung zurückgeholt. Biron kümmerte sich persönlich um sie. Um die Hand der Tochter hielt sein Bruder Gustav Biron an, die beiden heirateten und fuhren nach Europa, um das Geld zu holen. Menschikows Sohn dagegen zögerte, er mußte erst ein bißchen eingeschüchtert werden, dann bekam er einen Rang bei Hofe verliehen, ein Dorf mit hundert Leibeigenen überschrieben, und Menschikows Auslandskapital wurde eingezogen.

Natürlich hatte auch Menschikow sich ungeniert bereichert, aber er war Molotschkow trotzdem sympathischer als diese Gauner.

Drjomow beneidete Molotschkow. Im Gegensatz zu ihm selbst hatte der seinen Weg gefunden. Ein unschönes Männlein mit krummem Rücken, äußerlich ein typischer Versager; keine Dissertation, keine Veröffentlichungen. Aber er fühlte sich kein bißchen benachteiligt, im Gegenteil, er schwebte, schwelgte in seinen Empirien. Genaugenommen hatte er gar kein besonderes Talent, nur eine Leidenschaft. Aber vielleicht war diese Leidenschaft ja seine Berufung!

Molotschkow lief in einer verschlissenen Skijacke herum, trank auf fremde Kosten und war überzeugt, daß bei Peter alles ganz anders war, als man uns weismachen will.

Er erzählte virtuos, mit perfekter Diktion, als stünde er auf einem Podium, dabei waren wir nur ein Häuflein Unkundiger. Warum also der Eifer? Vielleicht lag der Schlüssel darin, daß Molotschkow sich ganz und gar auf seine Sache konzentrierte; wer das tut, kann Wunder vollbringen.

Dieser Gedanke gefiel dem Professor. Der Mensch kennt seine Potenzen nicht, wir frönen einem Geniekult, dabei verdankt die Zivilisation weit mehr jenen, die ganz in einer einzigen Sache aufgehen.

Eine überraschende Überlegung steuerte der Spezialist für Personalfragen Anton Ossipowitsch bei.

»Du willst also wissen, worin deine Begabung liegt, ja? Nehmen wir mal an, ich hätte ein Gerät, sie herauszufinden, eine Art Lügendetektor. Damit bestimme ich sie also. Und weiter? Meinst du, dir kommt die Erleuchtung und dein Lebensweg liegt in seiner ganzen Pracht vor dir? Weit gefehlt! Die Qual geht dann erst los! Das Gerät zeigt zum Beispiel, deine eigentliche Berufung ist das Schneidern. Wäre dir das etwa lieb? Oder meinetwegen Tierarzt. Du willst ein Bulgakow oder ein Meyerhold sein, und statt dessen sollst du Katzendoktor werden. Mit dem Etikett mußt du erst mal fertigwerden. Ich sollte vielleicht auch gar nicht im Büro rumsitzen, sondern lieber als Koch am Herd stehen.«

An solchen Gesprächen beteiligte sich Molotschkow nie. Er zog sich in sein Schneckenhaus zurück, war kaum wahrzunehmen. Wurde er angesprochen, reagierte er mit einem entwaffnenden, schuldbewußten Lächeln.

Wir fanden ihn seltsam und amüsant, genau wie die Erzählungen der Krankenschwestern über das Gespenst der Gräfin Rumjanzewa, das hier angeblich nachts zwischen leeren Flaschen und Zigarettenkippen herumgeisterte.

Unser Spötteln hörte schlagartig auf, als Anton Ossipowitsch eines Tages erklärte, Molotschkow werde an diesem Abend später oder gar nicht kommen, man habe ihn in die Stadt beordert.

Molotschkow war ins Russische Museum gefahren, wo man seine Dienste schon mehrfach in Anspruch genommen hatte. Er konnte auf alten Porträts Personen aus Peters Umgebung identifizieren. Die Museumsangestellten sagten, Vitali Vikentjewitsch »erkenne« sie. Wie das vor sich ging, danach fragten sie nicht weiter, »um es nicht zu verderben«. Auch Sammler wandten sich an ihn. Manchmal nahm er ein Bild mit nach Hause, um sich, wie sie sagten, »zu erinnern«.

Diesmal war die »Bestimmung« schnell erledigt. Molotschkow erzählte uns hinterher, er habe mühelos den jungen Jakob Stählin erkannt, einen Petersburger Deutschen, der ein entfernter Vorfahr seines Vaters gewesen sei. Die Beschäftigung mit ihm habe zu seinem Interesse für Peter geführt.

I

Der Allegorienprofessor

Jakob Stählin war der Auslöser für Molotschkows berufliche Unannehmlichkeiten. Wir hatten keine Ahnung, wer dieser Jakob Stählin war. Auch über Molotschkow selbst wußten wir wenig. Wir kannten ihn seit einer Woche, und je länger wir mit ihm zu tun hatten, desto sonderbarer erschien er uns. Auf den ersten Blick hatte er nichts Besonderes – ein entlassener Mittelschullehrer, der zuvor bereits aus dem Institut für Geschichte und noch irgendwo rausgeflogen war. Ein kränklicher Mann, vom Leben arg gebeutelt, und dennoch spielte er mit dem Leben seine Spiele, eine Art Verstecken oder Maskerade. Kindliche Begeisterung flammte in ihm auf, wenn wir ihn zum Reden brachten.

Wir begriffen nicht gleich, was an Stählin so Besonderes war – ein gewissenhafter Staatsdiener, gesetzestreu, ein Leben ohne Zickzack und ohne Leidenschaften. Was fesselte Molotschkow an ihm? Wir mußten geduldig zuhören.

Stählins Anekdotensammlung über Peter I. stellte Molotschkows bisheriges Bild von Peter in Frage. Stählins Buch konnte für seine Arbeiten sehr wichtig sein. Um mehr über Stählin zu erfahren, mußte er dessen Briefe aus dem Deutschen übersetzen, Handschriften in gotischer Schrift entziffern und sich schließlich dessen Aufzeichnungen in Latein ansehen, das er selbst nicht beherrschte. Da kam ihm eine Dissertation zupaß, die er für einen geltungssüchtigen Ministerialbeamten schreiben sollte. Hin und wieder verdiente sich Molotschkow mit Dissertationen für wohlhabende Klienten ein bißchen Geld dazu. Der Auftraggeber war bereit, die Übersetzungen zu bezahlen, behielt aber dafür Molotschkows Honorar ein – die Wissenschaft verlange schließlich Opfer.

Jakob Stählin kam 1735 nach Petersburg, und zwar aus Leipzig, wo er studiert und alles Mögliche getrieben hatte: Gedichte von Sappho aus dem Altgriechischen übersetzt, in Johann Sebastian Bachs Orchester gespielt und Feuerwerke für den Fürstenhof veranstaltet. Alles betrieb er mit jugendlichem Eifer. Zu dieser Zeit war die Russische Akademie in Europa gerade auf der Suche nach einem Fachmann für Illuminationen, denn die Zarin Anna Iwanowna hatte den Wunsch geäußert, diese Kunst in Rußland zu erneuern. Sie hatte damit die Akademie der Wissenschaften beauftragt – wer sonst sollte sich mit der Ausrichtung von Vergnügungen befassen. Man empfahl der Akademie den jungen Illuminator aus Leipzig, vielleicht meldete er sich auch selbst. Stählin wurde unter Vertrag genommen »für allegorische Erfindungen, Illuminationen und Feuerwerke« und brach nach Rußland auf, um sein Glück zu machen.

Er bekam ein anständiges Gehalt – bei den Ausgaben für solche Dinge war der Hof großzügig: Der junge Mann konnte sich voll entfalten und schmückte den nördlichen Himmel ausgiebig mit seinen Lichtern. Nebenbei erbot er sich, Horoskope zu erstellen. Als eine große Glocke auf eine Kirche gezogen werden sollte, entwickelte er die Technologie dafür. Er nahm jeden Auftrag an, widmete sich der Entwicklung der Gravierkunst, gab eine Zeitung heraus, reparierte Turmuhren – er mußte sich einen Namen machen.

Rußland gefiel ihm, und bald hatte er eine sichere Position. Gebildete Deutsche genossen in Rußland hohes Ansehen. Mit Freuden verfaßte er Oden zu feierlichen Anlässen bei Hofe, organisierte Festaufführungen mit Allegorien.

Die Kunst der Allegorie, ein ganzes System von bildlich dargestellten Begriffen, die auch ein breites Publikum verstand, war seit Peters Zeiten in Rußland populär. Erbauliche Szenen wurden mit gemalten Figuren dargestellt: Das Laster verführt die Unschuld, Eigennutz und Eitelkeit kämpfen gegen die Bescheidenheit. Die Figuren hielten charakteristische Attribute in der Hand, sie waren schlank oder bucklig, jung oder uralt, mächtig oder listig; alles war bis ins kleinste Detail akribisch gezeichnet.

Stählin wußte diese Truppe, die Tücke, Verrat, Sieg, Rechtgläubigkeit und Ruhm verkörperte, virtuos zu meistern. Er versah sie mit der entsprechenden Kleidung, dem passenden Text, mit Schwert, Kranz oder Leier.

Als er feststellte, daß es in Rußland keine nationale Kunstgeschichte gab, machte sich Stählin mit unerschütterlicher Selbstsicherheit daran, sie zu verfassen. Die Geschichte von Theater, Musik, Literatur, Malerei – Material gab es genug, die Arbeit ging zügig voran, er wagte sich an jedes Genre.

In den Archiven stieß er auf Kuriositäten aus der jüngsten Vergangenheit, der Zeit von Peter I. Am Hof waren viele Legenden über den großen Zaren im Umlauf, eine amüsanter als die andere. Stählin begann sie aufzuschreiben. Diese Lumpensammler-Leidenschaft, jede Kleinigkeit aufzubewahren, ist für den Historiker ein Segen. Mit deutscher Gründlichkeit bemühte sich Stählin, Wahrheit von Phantasie zu scheiden. Ihm war bewußt, daß die Erzähler ihr Sujet abrundeten und ausschmückten. Seine Aufzeichnungen waren strenger und wahrhaftiger, wenn sie unmittelbar beim Gespräch entstanden waren. Er bekam geradezu unglaubliche Geschichten zu hören und zu lesen, lernte aber im Laufe der Zeit, daß gerade das Unglaubliche für Peter typisch war. Wenn ihm eine Geschichte ganz und gar phantastisch erschien, fand sich meist ein Zeuge, der alles haargenau bestätigte. Tertullian, einer der ersten Lehrer der Christen, hatte offenbar recht mit seinem Ausspruch: »Das glaube ich, weil es absurd ist.«

Doch so interessant das Anekdotensammeln auch war – dafür zahlte niemand. Gewinnbringender waren die Aufträge für diverse Feste, und davon bekam er immer mehr. In Rußland gab es genügend erlauchte Personen, und alle wollten Oden, schmeichelhafte Aufführungen, prächtige Illuminationen. Abzulehnen wäre unklug gewesen, zumal solche Aufträge Geschenke, Belohnungen und nützliche Kontakte einbrachten. Teppiche, Ringe, Pelzmäntel – darauf zu verzichten wäre eine Sünde gewesen.

Außerdem mußte man, wenn man am Hof diente, stets über alles im Bilde sein, jede Veränderung verfolgen, jeden neuen Günstling wahrnehmen. Schon eine unvorsichtige Äußerung oder eine falsche Verbeugung konnte gefährlich sein – überall lauerten Fallen.

Stählin erlangte die Gunst des allmächtigen Biron. Doch das garantierte keine Sicherheit; Anna Iwanowna war gestorben, die Zeiten waren unruhig, die Regenten wechselten ständig, man wußte nicht, an wen man sich binden sollte. Der Einfluß der deutschen Partei wurde beschnitten, Biron gestürzt. Doch Stählin war rechtzeitig zu Jelisaweta Petrowna übergelaufen. Biron mußte in die Verbannung, Stählin aber wurde zum Akademieprofessor ernannt.

Graf Münnich, der Premierminister geworden war, hatte Biron beseitigt, an seinem Ast wiederum sägte der Vizekanzler Ostermann. »Tanz auf dem Vulkan«, sagte Michail Lomonossow dazu. Der hochverehrte Freund half Stählin, übersetzte dessen Oden ins Russische und klagte über die Unbeständigkeit der Regierung.

Doch nicht einmal Ostermann, so undurchschaubar und vorsichtig er war – der einzige Deutsche am Zarenhof, der keine Schmiergelder nahm, dem keinerlei Korruption nachgewiesen wurde, der Krankheit vorschützte, sobald es brenzlig wurde – nicht einmal er konnte sich halten; er verbrachte seine letzten Lebensjahre in der Verbannung.

Als Jelisaweta den Thron bestieg, wählte sie Stählin als Lehrer für Peter III., den künftigen Imperator, aus.

Stählin äußerte ungeniert seine Begeisterung über Jelisawetas Schönheit und begleitete seine Illuminationen arglos mit linkischen Versen zu ihren Ehren.

Er stieg allmählich auf, ohne Neid zu erregen, ohne sich zu brüsten, aber durchaus zielstrebig. Er kaufte sich ein Haus, heiratete vorteilhaft, wurde in den Rang eines Hofrats erhoben. Zu Ansehen kam er vor allem als Fachmann für Lichtspektakel, für Eloquenz, also Beredsamkeit, und als Kenner der Allegorie – Dinge, die am Hof sehr geschätzt wurden. Seine Arbeiten zur Geschichte der russischen Kunst, für die ihm eigentlich Ehre gebührte, interessierten kaum jemanden.

Seine Anekdotensammlung vervollständigte er nur sporadisch. Wollte er ernsthaft vorgehen, mußte er Mitstreiter von Peter aufspüren, seine Burschen, Kutscher, Admirale, Ärzte, Senatoren besuchen, sich stundenlang ihre Erinnerungen anhören, aus einem ganzen Strom von Nichtigkeiten das Wichtige herausfiltern. Das ging nie ohne Alkohol ab, er mußte seine Gesprächspartner bewirten oder sich bewirten lassen.

Doch die Ereignisse am Hof ließen ihn nicht zur Ruhe kommen. Sein Zögling Peter III. war Zar geworden, dann, kaum auf dem Thron etabliert, von seiner Frau Katharina gestürzt worden und unter ungeklärten Umständen zu Tode gekommen. Erstaunlicherweise zog Stählin auch daraus Vorteil. Die Launen seines Zöglings und dessen Verachtung für Rußland hatten ihn schon lange geärgert; Prinzessin Katharina war ihm viel sympathischer: Eine wißbegierige Bücherfreundin, mit der er stundenlange Gespräche führte. Als Katharina zu Katharina II. wurde, gehörte Stählin zum Kreise ihrer Vertrauten, bekam den Rang eines Staatsrats verliehen und wurde mit der Organisation der Krönungsfeierlichkeiten in Moskau beauftragt, was er mit Feuereifer übernahm und exzellent ausführte.

Unmittelbar nach der Krönung wurde er zum Konferenzsekretär der Akademie gewählt, dann zum Mitglied der Freien Akademischen Gesellschaft, vor der er eine Rede zu Ehren der jungen Herrscherin halten mußte. In diese Rede legte Stählin seine ganze Kunst. Baronesse Rosen, eine Hofdame der Zarin, gratulierte ihm zu dem Erfolg und fragte nach seiner Anekdotensammlung. Stählin winkte herablassend ab – für solche Lappalien sei keine Zeit, die jetzige Regentschaft verheiße große Ereignisse! Er mußte den Moment nutzen, solange der Ruhm anhielt, alles andere konnte warten.

Ach, Molotschkow hätte Stählin gern gesagt, was sein wirkliches Hauptwerk war.

Warum kennt der Mensch seine Bestimmung nicht? Selbst Genies verkennen ihre wahre Begabung. Wagner schätzte seine Gedichte höher als seine Musik, Newton hielt seine Bemerkungen zum Buch des Propheten Daniel für seine größte Leistung.

Die Anekdoten aus Stählins Sammlung bedeuteten Molotschkow mehr als andere historische Dokumente, sie waren Momentaufnahmen, die Peter aus dem Dunkel der Vergangenheit holten. Die Erinnerungen von Augenzeugen bewahrten überraschende Taten, zufällige Sätze, Dinge, die die Phantasie anregten, in Dokumenten oder Memoiren aber kaum erwähnt wurden.

Einige Episoden konnte Molotschkow überprüfen, die darin geschilderten Ereignisse entsprachen den Tatsachen. Stählin wagte nicht, etwas hinzuzudichten, und teilte jedesmal die jeweilige Quelle mit. Auch die Erzähler selbst zügelten aus Respekt vor dem Zaren ihre Phantasie. Und selbst zweifelhafte Anekdoten enthielten Geschichte, denn wichtig war ja auch, warum diese oder jene Anekdote gerade Peter zugeschrieben wurde.

Stählin aber beschäftigte ein großes Ereignis: Katharina wollte ein Denkmal für Peter I. errichten, und wer, wenn nicht er – Historiker, Autor allegorischer Figuren und Kunstkenner – sollte der Zarin einen Denkmalsentwurf vorlegen?

Als einer der ersten reichte er seinen Entwurf ein, dann einen zweiten und einen dritten. Eine Triumphsäule, auf der Peters Leistungen und Heldentaten dargestellt sind, ein Reiterstandbild, eine stehende Figur. Die Denkmäler versah er mit detaillierten Inschriften und allegorischen Figuren. Auch Lomonossow und andere Akademiemitglieder legten Entwürfe vor, aber bei Stählin waren die Allegorien am genauesten ausgeführt.

Katharina beauftragte den Präsidenten der Akademie der Künste Bezki, die zahlreichen Vorschläge zu sichten.

Bezki gefielen die Allegorien. Ihm schwebte ein Denkmal vor wie das berühmte Reiterstandbild des Mark Aurel. Nach der typischen Manier der hochrangigen russischen Beamten war er entschlossen, dem Künstler, der den Auftrag bekommen würde, Vorschriften zu machen – natürlich nach Maßgabe der von Ihrer Majestät verlangten Vorgaben. Sie wollte ein Denkmal für einen großen Reformer, den Schöpfer eines mächtigen Reiches. Allegorien konnten dem durchaus dienen, zum Beispiel Stählins Ungeheuer am Sockel: die grobe Unwissenheit, der irrsinnige Aberglaube, die bettelarme Faulheit und die bösartige Lüge. Peter schlug alle vier in Ketten. Das gefiel nicht nur Bezki, sondern auch uns; fehlte nur noch die hemmungslose Korruption, aber die hatte selbst Peter nicht lahmlegen können.

Die Denkmalsentwürfe wurden eifrig debattiert. Zu Katharinas Zeiten nahm die Öffentlichkeit stärker an Staatsangelegenheiten teil als heute. Das Pferd wurde einhellig befürwortet. Natürlich wäre auch ein Schiff schön gewesen für den Flottengründer, aber beides ließ sich schwer zusammenbringen. Auf den Sockel gehörten zweifellos Reliefs, unbedingt die Schlachten bei Poltawa und bei Hanko, der Sieg bei Lesnaja. Einige Intellektuelle schlugen für den Sockel Allegorien mit lateinischen Inschriften vor. Stählin favorisierte die Figuren von vier Tugenden: Emsigkeit, Vernunft, Justitia und Victoria. Vier Jungfrauen, die Peter umringen sollten. Auch Denis Diderot, ein Freund und Bewunderer Katharinas, schickte seine Vorschläge: Eine Jungfrau sollte die Liebe des Volkes darstellen, eine die von Peter besiegte Barbarei. Wie hätte der Künstler diese Figuren wohl dargestellt? Aus Deutschland kam eine Idee des Philosophen Herder: Peter hält eine Karte Rußlands in der Hand, um ihn herum ein Haufen mathematischer Instrumente – Zirkel, Lineale, Fernrohr, Kompaß und andere Indizien dafür, daß dieser Zar ein Gelehrter war und nicht nur ein Krieger und Eroberer. Herder propagierte damit seine eigenen Prinzipien: die Ablehnung von Krieg, die Verachtung von Heldentum und heldenhaften Heerführern und die Verurteilung staatlichen Expansionsstrebens. Sein Ideal war ein gelehrter Monarch, und als solchen sah er Peter. Den Russen mit ihrem riesigen Territorium, so fand er, gebührte auch in der Geschichte mehr Raum, deshalb wollte er ihrer Geschichte größeres Gewicht verleihen.

Die zahllosen hausgemachten russischen Entwürfe verwarf Katharina ohne Bedauern. Auch Rastrellis noch zu Peters Lebzeiten geschaffenes Denkmal gefiel ihr nicht; es war ihr zu ruhig, zu abgeschlossen und vollendet. Auf Diderots Rat hin ließ sie aus Frankreich den berühmten Bildhauer Falconet kommen.

Falconet war gegen Jungfrauen, Ungeheuer und sonstige Reigen. Für ihn war Peter selbst Sujet genug. Je schlichter, desto stärker. Peter hatte vielen seiner Zeitgenossen mißfallen – er, Falconet, wollte einen Peter schaffen, der die Menschen der Zukunft sah, die ihn segnen würden.

Sein Denkmal war ein steiler Felsen, den ein Pferd erklimmt. Der Felsen war kein neutraler Sockel, sondern Symbol der Schwierigkeiten, die Peter überwand. Eine Metapher. Ein Denkmal, das eine wirkliche Metapher ist, hat auch in der Zukunft Bestand.

Auf das erste Modell aus Ton reagierte Stählin verständnislos. Die Idee erschien ihm hilflos, zu abstrakt: Ein Reiter, das Pferd auf einem Felsen und sonst nichts. Wo blieben die Verdienste des Zaren, was versinnbildlichte seine Herrschaft?

Er wollte den Franzosen zur Vernunft bringen: Rußland sei an Denkmäler nicht gewöhnt, den Russen müsse man alles erklären, durch Text und verständliche Illustrationen. Er zeigte ihm seine Entwürfe – meisterhaft ausgeführte allegorische Figuren, die Peter umringten, Inschriften in Latein und Russisch, eine Aufzählung seiner Siege und Leistungen – und zitierte Anekdoten aus seiner Sammlung.

Die Anekdoten amüsierten Falconet, die Geschichte der Siege und Reformen dagegen langweilte ihn rasch.

»Was soll ich damit?« fragte er.

Der Reigen der allegorischen Jungfrauen entlockte ihm ein spöttisches Lachen: Peter war schließlich ein normaler Mann und würde von seinem Felsen interessiert auf sie herabsehen; die Brüste waren schließlich keineswegs allegorisch. Mit schamlosem Augenzwinkern räsonierte er, wie man dem sich aufbäumenden Hengst die männlichen Attribute reduzieren könnte.

Stählin war beleidigt. Begriff der Franzose etwa nicht, wen er vor sich hatte? Statt ihm dankbar zu sein, auf ihn zu hören, machte er sich lustig, als wüßte er es besser. Und sagte auch noch, Stählin sei wie ein Anatom, der einen Leichnam geöffnet hat und glaubt, dadurch den Menschen zu kennen. Eine Aufzählung der Leistungen Peters sei noch nicht Peter.

Stählin beharrte auf seinem Standpunkt, redete weiter auf Falconet ein, bis der ihn am Revers packte, ihn schüttelte und sagte: »Wie er war, dein Peter, das weiß niemand. Er wird sein, wie ich ihn mache, ich, Etienne Maurice Falconet! So werden die Nachfahren Peter sehen, merk dir das!«

Der empörte Stählin beschwerte sich bei Bezki, bat ihn, sich an die Zarin zu wenden, damit das Denkmal wenigstens Reliefs bekomme, es dürfe nicht stumm bleiben. Bezki unterstützte Stählin, aber Katharina war auf Seiten des Bildhauers. Wütend sagte Stählin, der Zarin gehe es nicht um Peter, sondern um ihren eigenen Ruhm als aufgeklärte europäische Monarchin und Freundin von Diderot. Das rutschte ihm unbedacht heraus, er hatte sich nicht in der Gewalt – so etwas passierte ihm zum erstenmal. Gott sei Dank tat Bezki, als hätte er es nicht gehört.

Bezki war kein selbstherrlicher Kretin, sondern ein Kunstkenner, ein Freund der französischen Enzyklopädisten und glühender Anhänger der Antike. Falconets Entwurf wich ab vom antiken Kanon, wie ihn zum Beispiel das Reiterstandbild des Mark Aurel verkörperte. Die Antike, widersprach ihm Falconet, sei keineswegs rundum unfehlbar und bewundernswert, auch in der Antike sei Schlechtes geschaffen worden. Das Denkmal des Mark Aurel sei schön, aber es gebe auch andere Mittel, das Gewünschte zu erreichen. Bezki verlangte von Falconet eine schriftliche Erklärung. Da dieser keine Zeit darauf verschwenden wollte, wandte er sich an Katharina. Die Zarin schätzte Bezki zwar sehr, stellte sich aber dennoch hinter Falconet. Sie wußte seine Idee sofort zu würdigen. Das Talent eines Künstlers zu erkennen ist nicht jedem gegeben, besonders wenn es sich um kühne, außergewöhnliche Ideen handelt. Die russischen Zaren konnten das manchmal ganz gut. Katharina schrieb an Falconet, er solle sich nicht um die Kritiker scheren: »Ihr tut hundertmal besser daran, auf Euren Starrsinn zu hören.«

Falconet und seine Freundin Maria Kollo luden Stählin, als sei nichts gewesen, weiterhin zu ihren Gelagen in der Werkstatt ein, zum Glück sprach er gut Französisch. Dabei sah Stählin, wie das Denkmal immer mehr Gestalt annahm. Der stumme Peter, unrussisch gekleidet – ein namenloser Reiter, ohne Zepter und Krone, auf einem Felsvorsprung. Das war Selbstmord! Was sollte das heißen? Daß er Rußland an den Abgrund geführt hatte?

Eines Tages kam Stählin in die Werkstatt, als niemand da war. In einer Ecke schnarchte der betrunkene Wächter. Das große Modell des Denkmals thronte auf einem Bretterpodest. Die tiefstehende Abendsonne schien in das breite Fenster. Mal scharf, mal verschwommen, zeichnete sich der Schatten von Pferd und Reiter an der weißen Wand ab. Auch Stählins Schatten fiel auf die Wand.

Die schwerelosen Schatten trafen zusammen. Das Pferd stürmte auf Stählin zu, war zum Greifen nahe, genau wie der Reiter, der allein an der Silhouette eindeutig zu erkennen war: Peter! Die Sonne drang in die Werkstatt, verschwand und tauchte wieder auf, der riesige Reiter und sein Pferd kamen näher, und das Pferd war ein gewaltiger, heißblütiger Sturm, ein Naturelement, das niemand außer Peter zu zügeln und über dem Abgrund zu halten vermocht hätte.

Willenskraft – das war es, was Rußland immer am meisten gefehlt hatte, und das sah Stählin hier schlagartig vor sich: Die Verkörperung von Willenskraft. Stählin sah die Persönlichkeit Peters vor sich erstehen, wie er an seinen Freund in Leipzig schrieb. Ob er selbst sie aus dem Denkmal herausgelesen oder der Bildhauer sie hineingelegt hatte, spielte keine Rolle, wichtig war allein, daß er sie ohne Inschriften, ohne allegorische Figuren erkannt hatte. Alles war enthalten: Peters Siege, seine Reformen, die Widerstände, die er überwunden hatte.

Der Schatten brauchte keine Details, er war eine ideale Abstraktion. Bisher hatte Stählin Peters Charakter nie definieren können – er war impulsiv und teuflisch geduldig, er konnte warten und konnte es auch wieder nicht, er war geizig und großzügig, geistreich und in seiner Trunkenheit beschränkt. Was für ein Mensch war er? Stählin antwortete darauf meist, ein Genie sei unergründlich, ein Genie folge keiner Logik, ein Genie lasse sich nicht von Wissen und Umständen leiten, sondern von göttlicher Erleuchtung, die anderen Naturen fremd sei.

Falconet konnte damit nichts anfangen – blumige Worte nützten einem Bildhauer nichts, sein Material sei Ton.

Dieser unverschämte Franzose, ein Grobian, Säufer und Spötter, er hatte Peter erfaßt, er besaß Inspiriation! Ton! Warum war diesem Gauner eine solche Gnade vergönnt, womit hatte er die göttliche Gabe verdient? Wie ungerecht!

Auf Regalen an den Wänden standen Büsten von Peter, Katharina, Falconet selbst, von Diderot – Arbeiten der Kollo. Ein getönter Kopf von Peter fiel durch seine Wucht auf.

Vor Stählins Augen hatten mehrere Herrscher einander abgelöst, Zarin Katharina war die fünfte; und sie alle waren durchschaubar, das Phänomen Peter aber wurde, je mehr Zeit verging, immer rätselhafter. Wie hatte er sich aus der stickigen Enge des faulen Kremlalltags, aus dem trägen, isolierten russischen Leben erheben können, dieser zielstrebige Wirbelwind, wie hatte er alle mitreißen, begeistern können? Woher dieser Drang nach Bildung, der Verzicht auf Luxus, woher kam dieses Energiebündel, wer hatte diesen Pfeil ausgesandt? Lomonossow sagte einmal zu Stählin: »Peters Spuren muß man nicht in der Vergangenheit suchen, sie kommen aus der Zukunft.«

In dem erwähnten Brief nach Leipzig bekannte Stählin, er würde das Gipsmodell des Denkmals gern zertrümmern, könnte er damit das Werk des Franzosen beseitigen. Aber das Geschaffene ließe sich nicht zerschlagen, das Denkmal existiere bereits, nicht nur im Bewußtsein von Falconet, sondern auch in seinem, Stählins Kopf, und sei nicht mehr daraus zu vertreiben.

Trotzdem hätte er es gern vernichtet.

Falconet zum Genie zu erklären war unmöglich. Stählin schmähte Falconet erbittert, nicht nur in diesem Brief; er erklärte überall, Falconet habe Peters Kopf nicht selbst zustandegebracht, denn er sei ein mittelmäßiger Bildhauer, der Sockel sei absurd, das Denkmal unrussisch.

Auch um die Denkmalsinschrift entbrannte Streit. Sämtliche Verdienste Peters sollten aufgezählt werden, seine Talente, die Chronik seiner Siege. Blumig und hochtrabend. Falconet dagegen suchte nach einer Inschrift, die der lakonischen Schlichtheit des Denkmals entsprach. Diderot schrieb einen kurzen Text:

»Peter dem Großen widmete Katharina die Zweite dieses Denkmal. Die auferstandene Entschlossenheit brachte mit gewaltiger Anstrengung diesen mächtigen Felsen her und warf ihn dem Helden zu Füßen.«

Den Felsen nach Petersburg zu bringen kostete in der Tat kolossale Mühen.

Falconet überlegte und kürzte die Inschrift ungeachtet seines Respekts für Diderot.

»Für Peter den Ersten errichtet von Katharina der Zweiten.« Ganz nach dem Motto eines anderen großen Bildhauers, eines Klassiker der griechischen Antike: »An den Klauen erkennt man den Löwen.« Diese äußerste Kürze zeigt, wie sehr Falconet daran glaubte, daß das Denkmal keine Worte brauchte.

Die Inschrift wurde Katharina vorgelegt, sie nahm einen Stift und strich das Verb, übrig blieb: »Für Peter den Ersten von Katharina der Zweiten«. Das war mehr als eine Verkürzung, damit rückte sie sich in unmittelbare Nähe Peters und erweiterte den Sinn; gemeint war nicht nur das Denkmal, sondern die Fortsetzung von Peters Werk. Für den Ersten von der Zweiten; das zeugte sowohl von ihrem Geschmack als auch von ihrem politischen Talent. Damit setzte Katharina zugleich sich selbst ein Denkmal.

Im »Ehernen Reiter« trafen sie zusammen: Peter, Falconet und Katharina.

Doch die Geschichte der Inschrift ging noch weiter.

Nach Katharinas Tod beschloß ihr ungeliebter Sohn Pawel I., vor seinem neuen Schloß in Petersburg ein eigenes Peter-Denkmal zu errichten. Das seinerzeit abgelehnte Denkmal von Carlo Rastrelli, dem Sohn des Architekten Rastrelli, kam wieder ins Gespräch. Die majestätische Ruhe und Nachdenklichkeit des als römischer Kaiser gekleideten Reiters hatten Katharina gestört; Pawel aber mochte alles, was seiner Mutter mißfiel. Die Statue wurde aus dem Schuppen geholt, gesäubert und aufgestellt. Pawels Inschrift war ein persönlicher Hieb gegen Katharina: »Dem Urgroßvater vom Urenkel«. Durch den Verweis auf seine direkte Verwandtschaft mit Peter betonte er, daß Katharina nicht dazugehörte, denn sie hatte keine russischen Wurzeln, war eine Fremde.

Trotz seiner Begeisterung für den Ehernen Reiter würdigte Molotschkow auch Rastrellis Denkmal vor dem Michailow-Palast. Auf dem Relief der Schlacht bei Poltawa war neben Peter Alexander Menschikow abgebildet – offenbar das einzige damalige Bild von ihm. Überhaupt seien Peters Mitstreiter in dieser Hinsicht ziemlich vernachlässigt worden.

Stählins russische Freunde erkundigten sich, ob er noch seine Anekdoten sammle. Warum sollte er, erwiderte er darauf, er habe schließlich keinen Auftrag dafür. Aber er habe doch immer erklärt, wunderten sich die Freunde, er sammle sie, weil es ihm um den Ruhm Rußlands und Peters ginge. Da wurde er wütend – um den Ruhm Sachsens oder Preußens kümmere sich auch kein Russe. Falconet strenge sich an, weil er dafür gut bezahlt werde. Er, Stählin, werde für die Illuminationen bezahlt, und die mache er besser als jeder andere.

Das leuchtete ein. So war auch niemand verwundert, als Stählin Kupferstiche mit Darstellungen der von ihm ausgestalteten Feste zu drucken begann, denn seine Feuerwerke begleiteten viele große Ereignisse. Ausgezeichnete Kupferstiche auf gutem Papier, die sehr beliebt waren. Graf Alexej Orlow bestellte gleich siebenhundert Illustrationen des Festes, das er anläßlich eines Besuchs von Katharina in seinem neuen Palais gegeben hatte. Die Kupferstiche zeigten Stählins raffinierte Einfälle – Leuchtfontänen, brennende Schnörkel, kleine Windmühlen, die sich drehten. Der Graf schenkte die Bilder seinen Gästen und Vertrauten.

Stählin wurde häufig zu Essen und Empfängen geladen; er langweilte niemanden mit gelehrten Gesprächen und verschenkte seine Werke mit dem Autogramm »Konferenzsekretär der Akademie«, was der Gesellschaft stets einen Hauch von Gelehrsamkeit verlieh. Er genoß seinen Erfolg.

Penibel hielt er jedes Lob, jedes Zeichen der Aufmerksamkeit fest, schrieb alles auf, zeigte es seinem Sohn, seiner Frau, seinen Freunden. Einen »gelehrten Künstler« nannte er sich. Stolz zählte er auf, wo und von wem überall seine Teilnahme gefragt war. Seine Tätigkeit sei »nicht Illumination, sondern Bildung«. Außerdem war er für die Herausgabe von Kalendern zuständig.

Es schien, als habe Stählin mit aller Macht seine wissenschaftlichen Erfolge und künstlerischen Talente beweisen wollen. Wem nur? Für wen sammelte er so akribisch alle diese Zeugnisse? Niemand hat sich bislang die Mühe gemacht, seinen Nachlaß zu sichten.

In der Akademie fühlte sich Stählin bald als Herr im Haus. Er führte das Kommando im üblichen hochmütigen Ton der aristokratischen Beamten, und nach dem Tod Lomonossows wagte ihm niemand zu widersprechen, höchstens Leonhard Euler. Mit ihm, nein, mit seinem Sohn hatte Stählin einen unangenehmen Zusammenstoß. Euler war seit einiger Zeit völlig erblindet und wurde ständig von seinem Sohn begleitet. Eines Tages, als beide in Stählins Vorzimmer saßen, äußerte Eulers Sohn seine Empörung darüber, daß sein Vater sich seit einer Woche um eine Audienz bei Stählin bemühe, und nun säßen sie bereits seit Stunden hier und warteten; ob Stählin wisse, wer Euler sei und wer dagegen er, Stählin, mit seinen Feuerwerken und unbegabten Verschen. Das und noch mehr sagte er laut, im Beisein vieler namhafter Personen. Stählin schrie ihn an, wie berühmt Euler auch sei, er habe sich den Regeln der Akademie zu fügen, und Stählins Verdienste zu beurteilen sei nicht seine Sache, dafür seien höhere Personen zuständig.

Euler selbst saß mit seiner schwarzen Brille abseits, vertieft in die Lösung einer Aufgabe zur Hydrodynamik. Seine Blindheit, so erklärte er, helfe ihm, sich zu konzentrieren.

Die Macht verdarb Stählin, die Opposition gegen ihn wuchs. Fürstin Daschkowa wurde neue Akademiepräsidentin. Stählin erschien bei ihr zum Rapport. Vor der Fürstin lag ein Stapel seiner Kupferstiche. Die Daschkowa blätterte sie durch und sagte, solche Arbeiten gereichten weder der Akademie noch Stählin zur Ehre. Sie hätten nichts mit Geschichte zu tun, Aufgabe der Akademie sei das Studium von Chroniken, es sei ein Unding, wenn in der Akademie Possenreißer kommandierten, wenn Geld für die Propagierung von Vergnügen ausgegeben würde.

Bei der nächsten Akademiesitzung führte die Daschkowa Euler am Arm in den Saal, geleitete ihn zum Tisch des Vorsitzenden, an dem der Konferenzsekretär Stählin samt der übrigen Obrigkeit saß, und bat, einen Platz für den großen Mathematiker freizumachen, denn solche Menschen müßten die Zierde der Akademie sein, ihnen gebührten die Ehrenplätze, nicht einem Professor für Illuminationen und anderen Unfug, sonst verkäme die Akademie zu einer Allegorie der Scheinwissenschaft.

Sie nutzte die Gelegenheit, Gesicht zu zeigen; ihre schonungslosen Worte kündigten eine neue Ordnung an.

Fortan trug Stählin den Spitznamen »Professor Feuerwerkin«. Man lachte schadenfroh über ihn, die Anekdote wurde am Hof weitererzählt und die Fürstin gelobt, denn sie stand in der Gunst der Zarin. Stählins Ruhm war binnen zwei Tagen zusammengeschmolzen, seine in Jahrzehnten aufgebaute Autorität dahin.

Professor für Allegorien, Feuerwerke und längst erloschene Lichter. Dabei schien er so erfolgreich zu sein, war dem Thron nahe, genoß die Aufmerksamkeit der Zarin. Er hatte etwas erreicht, sich damit vor seiner Frau gebrüstet, sich selbst Lomonossow überlegen gefühlt.

Stählin bemühte sich um eine Audienz bei der Zarin – vergebens. »Mach besser keinen Wind, mein Lieber«, riet ihm Graf Orlow.

Er schloß sich zu Hause ein und wartete, daß er gerufen würde. Die Wassersucht, die ihn plagte, wurde schlimmer. Bei Festen kam man ohne ihn aus. Mit welcher Leichtigkeit er, der unersetzbar schien, ausgestoßen wurde! Übrig blieb nur eine Anekdote, ein hübsches Detail in der Biographie der Daschkowa.

Wir begriffen noch immer nicht, wozu uns Molotschkow dieses Leben vorgeführt, uns demonstriert hatte, wie die Nähe zur Macht »mal hoch empor trägt in die Lüfte, mal tief in einen Abgrund wirft«. Als Lektion über die Vergänglichkeit jeglichen Ruhmes? Die lehrreiche Geschichte konnte doch unmöglich so sang- und klanglos enden.

Irgend etwas veranlaßte Stählin, sich wieder aufzurappeln. Was das war, wußte Molotschkow nicht. Jedenfalls kramte Stählin seine liegengebliebene Anekdotensammlung hervor. Eines Tages stand er hinter seinem Schreibpult und begann, seine Aufzeichnungen zu ordnen. Er kürzte, kratzte die Vergoldung ab, die untertänigen Katzbuckeleien, strich alles Überflüssige. Wenn das Stehen ihn ermüdete, legte er sich aufs Sofa oder setzte sich an den Tisch, arbeitete besessen weiter, bis spät in die Nacht, trotz der schmerzhaft geschwollenen Beine.

Was ihn antrieb, wußte Molotschkow nicht. Ein allwissender Erzähler hätte sich einen prophetischen Traum einfallen lassen, das ist immer sehr wirkungsvoll. Wer weiß, vielleicht war ihm Peter erschienen und hatte ihn beauftragt, oder die Zukunft, die ja auch Zeichen gibt, hatte es von ihm verlangt.

Getrieben von der Angst, daß niemand sonst sich in seinen flüchtigen Notizen und Abkürzungen zurechtfinden würde, beeilte sich Stählin. Die Sammlung war voller Lücken und Wiederholungen. Stählin wählte das Beste aus, Dinge, die Peter von anderen Monarchen unterschieden, besonders von russischen. Er stellte fest, daß er bei seinen Recherchen die Geheimkanzlei vergessen hatte. Uschakow hätte viel erzählen können über das Oberste Narrenkonzil. Und den Italiener Paolo, der mit Peter zusammen Entwürfe für die Schlösser in der Umgebung von Petersburg gemacht hatte. Stählin fand die angefangene Erzählung des inzwischen verstorbenen Fjodor Soimonow, des Oberprokurators im Senat – er hätte noch einmal zu ihm nach Ropscha fahren müssen, war aber nie dazu gekommen. Die Jahre waren verbrannt mit den verfluchten Feuerwerken, den grandiosen Bildern, die am Himmel nicht die geringste Spur hinterlassen hatten.

Der schwerhörige General Wassili Rtistschew, Kämmerer bei Peter, Augenzeuge von dessen Jugendabenteuern, hatte von sich aus Stählin aufgesucht, war aber nie von ihm empfangen worden. In Rtistschews Familie kursierten viele Geschichten und Legenden über Peter; seine Brüder und Onkel waren ebenfalls Kämmerer bei Peter gewesen, hatten in Italien studiert, kannten intime Hofangelegenheiten. Womit war Hochgeboren Staatsrat Stählin so beschäftigt gewesen, daß er keinen Tag Zeit gefunden hatte für den General?

Die Ärzte waren machtlos gegen Stählins Wassersucht. Der Bauch schwoll gewaltig an, die Beine wurden zwei dicke Stämme. Er trieb sich zur Eile, ignorierte die Verbote der Ärzte.

Rund einhundertfünfzig Anekdoten umfaßte die Sammlung schließlich. Abgefaßt in seiner deutschen Muttersprache, waren sie im Vergleich zu den Körben voller Notizen nur ein bescheidenes Ergebnis. Ungesäumt schickte Stählin sie an den Senator Fürst Stscherbatow, einen Kenner der russischen Geschichte. Der Fürst, der das Deutsche gut beherrschte, las sie rasch; das Manuskript gefiel ihm. Es enthalte Witz und zeige bislang unbekannte Tugenden von Peter, vor allem aber belege es weniger Peters Grausamkeit als vielmehr seine Toleranz. Der Fürst selbst erklärte seit langem, daß Peter ungerechterweise für seine übermäßige Strenge gescholten werde – hätte Peter nicht den Knüppel eingesetzt, läge Rußland noch heute auf der faulen Haut, schwelgte noch immer in seiner heiligen Unbildung und seiner hohen Mission. Stscherbatow empfahl, die Anekdoten unter dem Titel »Belehrungen für Herrscher« zu veröffentlichen. Eine kühne Anspielung – jeder wußte, daß Ihre Hoheit von niemandem Belehrungen duldete.

Verleger aus Holland, Deutschland und Frankreich machten Angebote. Die russischen Verleger verhielten sich abwartend. Stählin ergänzte und korrigierte sein Manuskript. In einem Brief nach Leipzig äußerte er sich verwundert darüber, woher er die Kraft nahm – so schlimm, wie er aussah, hätte er längst tot sein müssen. Aber ein Ereignis wollte er noch erleben: die Einweihung des Denkmals, die zum hundertjährigen Jubiläum von Peters Krönung stattfinden sollte. Stählin war zur offiziellen Feier nicht geladen; der Zutritt zu den mit Teppichen ausgelegten Stufen des Senats wurde ihm verwehrt. Auf einen Stock gestützt, stand er in der Menge. Tausende füllten den Platz, auch gegenüber, auf der Wassili-Insel, drängten sich die Zuschauer. Die Zarin kam in einer Jacht und begab sich über den roten Teppich zu ihrer Loge. Als sie an Stählin vorbeikam, sah sie ihn kurz an, erkannte ihn aber nicht.

Der warme, windstille Augusttag war erfüllt vom Glitzern des Wassers und vom Funkeln der Waffen und Vergoldungen. Potjomkin, gekleidet in den von Peter eingeführten dunkelgrünen Rock, befehligte das Preobrashenski-Regiment. Er gab das Signal. Trommeln wirbelten, Trompeten ertönten. Alle Blicke richteten sich auf die Bretterwände. Die Leinen wurden angezogen, die Wände fielen.

Ein einhelliges Seufzen, ein spontanes »Hurra!«, ein weiteres »Hurra!« gingen durch die Menge. Es war grandios; die meisten Menschen sahen zum erstenmal im Leben ein Denkmal. Überhaupt war dies eigentlich das erste Denkmal in Rußland. Geschützsalven donnerten, die Regimenter setzten sich feierlich in Marsch. Die Zarin erhob sich und nahm die Parade ab. Doch alle Blicke waren auf das Denkmal gerichtet. Viele weinten.

»Eine solche Denkmalseinweihung hat es nie mehr gegeben«, sagte Molotschkow, »und wird es auch nie mehr geben.«

Auf seine Diener gestützt, trat Stählin an den Fuß des Denkmals. Blumen, Kränze, kleine Sträuße, Schleifen. Tränen liefen ihm übers Gesicht. Er dankte Gott, daß er diesen Tag noch erleben durfte. Er traf den Fürsten Stscherbatow und fragte ihn nach Falconet. Der Bildhauer war in Paris, man hatte ihn nicht eingeladen.

»Wie das?«

Der Fürst kniff die Augen zusammen und schnaubte in seinen kräftigen Schnauzbart.

»Wer wird denn hier gefeiert? Ihre Hoheit!«

Er erkundigte sich, ob Stählin sein Manuskript veröffentlicht habe.

»Ich habe es abgeschickt und hoffe, das Buch wird andere anregen, Geschichten über Peter zu sammeln. Heute habe ich gesehen, Fürst, wie nötig die Menschen das Bild eines Herrschers brauchen, den sie lieben können. Als Vorbild.«

»Sonderbares rankt sich um dieses Denkmal«, sagte Molotschkow. »Falconet reiste ab, ohne es vollendet gesehen zu haben. Puschkin hat die Veröffentlichung seines Poems »Der eherne Reiter« nicht mehr erlebt. Am zehnten Jahrestag der Denkmalseinweihung war an der Schlange unter dem Pferd eine schwarze Ziege angeleint. Niemand wußte, was das zu bedeuten hatte. Zweimal tauchte die Ziege noch auf. Während der Blockade wollte man das Denkmal abbauen und in einen Bunker bringen, um es vor den Bombenangriffen zu schützen, doch da erschien ein alter Mann und erklärte, wenn man Peter fortschaffe, sei die Stadt verloren, und das klang so bestimmt, daß man das Denkmal stehen ließ, es nur mit Sandsäcken verhüllte.«

»Puschkin hatte übrigens ein zwiespältiges Verhältnis zu diesem Idol auf dem Bronzepferd«, sagte der Professor.

»Das Denkmal ist eine Metapher, das kann jeder auf seine Weise verstehen.«

»Ich hätte für Peter eine andere Metapher gewählt. Ein Wappen. Zwei gekreuzte Beile: Zimmermannsbeil und Henkersbeil.«

»Vitali Vikentjewitsch, der Professor will Sie bloß provozieren«, sagte Drjomow. »Wer in der russischen Geschichte verdient denn unsere Verehrung, wenn nicht Peter?«

»Logisch«, meinte Geraskin. »Noch ein, zwei solche wie Peter, und kein Amerika könnte uns einholen.«

»Nein, bitte nicht, es reicht«, sagte der Professor. »Wir sollten mal eine Weile ohne Führer, Zaren und Ideen auskommen.«

Molotschkow bekannte, daß er nichts gegen Monarchismus habe. Für alle russischen Zaren sei das Beispiel des aufgeklärten Monarchen Peter von großer Bedeutung gewesen, noch wichtiger aber war er als menschliches Vorbild; er habe demonstriert, wieviel ein Herrscher in seinem Leben schaffen, welche Berge er versetzen kann, wenn er ein hohes Ziel hat. Das Phänomen Peter liege in seiner Willenskraft begründet. Fähige Herrscher habe es in Rußland viele gegeben, aber ihnen habe es an Willenskraft gemangelt. Und Peters Ingenieurtalent habe ihm geholfen, immer die effektivsten Wege zu seinem Ziel zu finden. Er wußte, wie man eine Flotte baut, womit man eine Armee ausrüstet und daß man die jungen Leute zur Ausbildung ins Ausland schicken muß.

Zweihundert Jahre währt in Rußland der Streit, ob Peter für Rußland Fluch oder Segen war, ob er Rußland vorangebracht oder zurückgeworfen hat. Man verübelte ihm, daß er Rußland die Bärte und Kaftane genommen und es zum Lernen gezwungen hat. Katharina die Große, die sich in den russischen Angelegenheiten besser auskannte als unsere Slawophilen, äußerte, ohne Peters Reformen hätte sich Rußland der Neigung zur alten Ordnung ergeben und noch hundert Jahre auf der faulen Haut gelegen. Und: Wie impulsiv Peter auch gewesen sei, die Wahrheit habe seinen Zorn immer besiegt. Natürlich herrschten in seiner Seele nicht nur Engel, sondern auch Dämonen, aber er habe sie bezwungen. Es heißt, Rußlands Antwort auf Peter sei Puschkin gewesen. Und Peter, woher kam er? Er selbst war die Antwort auf die Herausforderung durch Europa. Alexander der Große war in seiner Jugend von Aristoteles unterrichtet worden, Peter hatte keinen solchen Lehrer. Wie ein Vulkan brach er hervor aus den unterirdischen Kräften, die sich angestaut hatten in Jahrhunderten russischen Dämmerschlafs.

Stählin verließ das Bett nicht mehr. Zwei Tage nach seinem Tod erhielt sein Sohn aus Leipzig das Buch mit den Anekdoten über Peter. Bald darauf kamen die Ausgaben aus Paris und Amsterdam. Seitdem wird Stählins Buch immer wieder aufgelegt. Schon zweihundert Jahre benutzen es alle Historiker, die sich mit dieser Zeit beschäftigen.

Bei einem Historikerseminar bezeichnete Molotschkow es einmal als das beste Buch über Peter. Außerdem erwähnte er noch das Buch des polnischen Historikers Kazimierz Waliszewski. Er erklärte, eine unterhaltsame Form sei für die Wissenschaft oft wertvoller als gelehrte Traktate.

Sein Vortrag kam nicht gut an. Wie konnten ein Deutscher und ein Pole Peter besser verstehen als die einheimischen Historiker? Gott sei Dank gebe es bei uns genug Bücher, preisgekrönte zudem, wozu also die Bücher von Ausländern propagieren? Stählin sei ein typischer Vertreter der deutschen Partei in Rußland, ein verschlagener Höfling, und sein Buch sei voller Fälschungen. Ein Professor für Allegorien und Feuerwerke, was sei das schon für ein Historiker?

»Verzeihen Sie, aber alle zitieren ihn und werden ihn weiter zitieren«, erklärte Molotschkow beharrlich. Man hörte ihm nicht zu, wandte ein: »Und Ihr Waliszewski walzt nach der Manier westlicher Schundromane pornographische Gerüchte aus!«

Molotschkow widersprach, Waliszewski sei ein Schriftsteller mit Temperament, im Gegensatz zu unseren knochentrockenen Autoren, und er habe Peter höher geschätzt als Napoleon und gesagt: Napoleon war nur ein großer Franzose, aber nicht ganz Frankreich, Peter dagegen war ganz Rußland, sein Fleisch und sein Geist, sein Genie und seine Leidenschaft. Und Jakob Stählin sei ein Muster an Gewissenhaftigkeit, Fälschungen seien bei ihm ausgeschlossen; es gebe lediglich einige strittige Dinge, die im übrigen bis heute nicht widerlegt seien. Sein Buch beruhe auf Quellen aus erster Hand.

»Wir sind unfähig, dankbar zu sein«, sagte er. »Besonders Ausländern gegenüber. Undank ist eine typisch russische Eigenschaft. Daß ausländische Wissenschaftler besser sein sollen als unsere, das lassen wir nicht zu!«

Molotschkows Pech war, daß er nur geradlinig agieren konnte, wie der Turm beim Schach. Er wurde mit einer negativen Beurteilung aus dem Institut entlassen. Dabei bedauerten ihn alle Kollegen, bekannten ihm gegenüber ihr schlechtes Gewissen und sagten: »Du mußt uns verstehen.« Als er dann aus der Schule rausflog, seufzten auch alle betrübt; er war beliebt wegen seiner Güte und, so seltsam es klingt, wegen seiner Wahrheitsliebe, wegen der er ja entlassen wurde.

Wir sprachen darüber, ob man Stählins Buch als objektiv bezeichnen könne. Warum hatte er unschöne Dinge weggelassen? Es gibt doch auch beschämende Geschichten über Peter. Stimmt, bestätigte Molotschkow, einige anstößige Vorfälle hatte Stählin von der Zarin Jelisaweta Petrowna erfahren, zum Beispiel über Mary Hamilton und andere Hofdamen. Doch da die Zarin betrunken war, als sie davon sprach, behandelte Stählin ihre Äußerungen mit äußerster Vorsicht. Auch von einem ziemlich obszönen Brief an Karl und von Peters Treiben mit drei Hofdamen war die Rede. Entgegen anderen Vermutungen hatte Stählin diese Aufzeichnungen nicht vernichtet, Molotschkow hatte einiges davon gefunden, es aber nicht veröffentlicht und natürlich auch nicht in die Dissertation für den ministerialen Hochstapler aufgenommen. Er hielt es für unangemessen, Stählins Willen zu ignorieren.

2

Vom armen Iwan Naryschkin

Für die Arbeit auf den Werften der Admiralität wurden Meister von überallher geholt. Peter ließ sie antreten und schritt persönlich die Reihe ab. Die Werften waren noch im Aufbau. Peter lag sehr viel an seinen Schiffen, darum nahm er sich die Zeit, die künftigen Arbeiter selbst kennenzulernen; ausführlich befragte er jeden, wer er sei, woher er komme und was er könne. Vor einem rotgesichtigen Matrosen blieb er stehen, ohne ein Wort zu sagen, beugte sich zu ihm hinunter, sah ihn an und wich plötzlich zurück. Sein Gefolge erstarrte, niemand hatte ihn je so erschrocken gesehen. Peter schlug die Hände vors Gesicht, nahm sie wieder herunter und zitterte, als sei er einem Gespenst begegnet.

Der Matrose war blaß geworden, hatte den Kopf eingezogen. Die Offiziere der Werft kannten ihn als zuverlässigen Arbeiter, über den es keine Klagen gab; erst kürzlich war er zum Bootsmann befördert worden. Dennoch, ohne eigentlich zu begreifen, was vorging, stürzte der oberste Offizier zu ihm und zwang ihn, den Kopf zu heben und den Zaren anzublicken.

Peter war schrecklich anzusehen – seine Lippen zuckten, der Kopf zitterte; mühsam beherrschte er sich und fragte heiser:
»Warst du Strelitze?«
Der Matrose murmelte etwas.
»Antworte!«
»Ja, gnädiger Herr. Ich war Strelitze.«
»Einer von denen?«
»Nein, nein!« schrie der Matrose entsetzt.
»Du lügst! Das warst du!«
Peter packte ihn am Kragen und zerrte ihn aus der Reihe.

»Du hast Iwan Naryschkin getötet!«
Er fragte nicht, er schrie.

Dem Matrosen knickten die Knie ein, er sank zu Boden, umklammerte Peters Beine und heulte wie ein Tier.

Peter konnte diese Strelitzen nie vergessen. Die Männer, die eine Leiter an die Balustrade gelehnt hatten, über die Brüstung geklettert waren, seine Mutter beiseite gestoßen und Michail Dolgoruki in die Spieße und Hellebarden gestürzt, dann den Bojaren Artamon Matwejew aus den Armen der Zarin gerissen, in der Luft geschaukelt und hinterher geworfen hatten. Das Blut war nach allen Seiten gespritzt. Die Schreie der Unglücklichen vermengten sich mit dem Gebrüll der Strelitzen: »Wohlan! Wohlan!« Trommeln wurden geschlagen, die Bojaren mit Streitäxten in Stücke gehackt. Peter und sein Bruder Iwan standen auf der Balustrade und sahen erstarrt zu, wie Arme und Beine abgehackt und auf das weiße Pflaster geworfen wurden, wie Stiefel heißes Fleisch zertrampelten, in einem schleimigen blutigen Brei tanzten.

Vor Entsetzen waren Peters Arme und Beine wie gelähmt, sein Gesicht versteinerte, er konnte den Mund nicht öffnen; völlig verkrampft wurde er fortgetragen.

Die Brüder ahnten nicht, daß die Fäden der Verschwörung von der Miloslawski-Sippe ausgingen, Verwandten der ersten Frau des Zaren Alexej Michailowitsch. Ihre Partei wollte die Partei der Naryschkins – der zweiten Frau des Zaren, die Peters Mutter und derzeitige Zarin war – von der Macht verdrängen, um den Weg freizumachen für Sophia, die Tochter des Zaren aus erster Ehe. Der Kopf der Verschwörung war Iwan Michailowitsch Miloslawski, ein erfahrener Hofintrigant, der den Strelitzenaufruhr geschickt steuerte. So geheim, so vorsichtig, daß erst fünfzehn Jahre später seine Rolle restlos offenbar wurde.

Wie Momentaufnahmen hatte Peters Gedächtnis die Gesichter der Strelitzen bewahrt, die vor der Kremltreppe gebrüllt hatten. Sie drangen in die Zarengemächer ein. Zarin Natalja konnte die beiden Prinzen, ihren Sohn Peter und ihren sechzehnjährigen Stiefsohn

Iwan, gerade noch in der Kirche verstecken. Dort vor dem Altar stöberten zwei betrunkene Strelitzen sie auf und stürzten sich mit Messern auf sie. Jemand schrie, am Altar dürfe man kein Blut vergießen, die beiden zögerten, fluchten, und Zarin Natalja brachte die Prinzen in die hinteren Palastgemächer.

Die Bojaren wurden einer nach dem anderen gefangen, besonders gejagt wurden die Naryschkins – sie und alle, die sie unterstützt hatten, sollten getötet werden. Dafür bekamen die Strelitzen Geld und etwas zu trinken. Über sechzig Bojaren wurden in diesen Tagen getötet, die Leichen an den Füßen auf den Roten Platz geschleppt und dort den Hunden und Krähen zum Fraß vorgeworfen. Am meisten gesucht wurde Iwan Naryschkin. Man verbreitete das Gerücht, er wolle Prinz Iwan vergiften und selbst Zar werden; er habe Zarengewänder angelegt, sich eine Krone aufgesetzt und erklärt, niemandem stünde diese so gut zu Gesicht wie ihm. Sophia behauptete, als sie Iwan Naryschkin deshalb getadelt habe, hätte er sich auf Iwan gestürzt und ihn an der Kehle gepackt, um ihn zu erwürgen; Gott sei Dank habe sie das verhindern können.

Zarin Natalja versteckte ihren Bruder. Die Strelitzen fanden ihn nicht. Die Zarin versicherte, sie wisse nicht, wo Iwan Naryschkin sei. Sie blieb standhaft. Das schreckliche Massaker hatte ihren Geist nicht beugen können. Sie konnte die Strelitzen zum Abzug bewegen.

Am Abend wurden die Strelitzen wieder in Schenken betrunken gemacht; man sagte ihnen, die Zarin habe sie belogen, sie verstecke ihren Bruder, und er sei der Kopf alles Bösen.

Nach dem Mord an Matwejew sahen die Miloslawskis die Hauptbedrohung in Iwan Naryschkin. Jung, begabt und voller Energie, war er Nataljas Stütze und hatte außerdem bereits die Liebe des kleinen Peter gewonnen. Vor kurzem zum Waffenmeister ernannt, hatte er für den Knaben Speere und Holzkanonen anfertigen lassen und mit ihm gespielt. Seine steile Karriere empfanden viele Bojaren als Beleidigung. Es sei kaum ein Jahr nach dem Tod des Zaren Fjodor Alexejewitsch vergangen, und die Zarin bringe ungesäumt überall ihre Verwandten unter, hieß es am Hof, und man verurteilte sie als »leichtfertig und unbesonnen.«

Naryschkin war in einer Kammer versteckt, zwischen Federbetten und Steppdecken. Die Kammertür blieb angelehnt, um keinen Verdacht zu erregen. Irgend jemand verriet Sophia, daß Naryschkin im Schloß versteckt war, sie gab es an die Strelitzen weiter; erzürnt, weil man sie hintergangen hatte, riefen sie am nächsten Morgen die Zarin auf die Balustrade und erklärten, wenn sie ihnen Iwan Naryschkin nicht ausliefere, würden sie alle Zarengemächer durchsuchen und keinen Bojaren verschonen, auch ihr selbst würde es schlecht ergehen.

Die Zarin entfernte sich weinend, Sophia befahl den Strelitzen zu warten, ging in den Saal, wo die Bojaren versammelt waren, und sagte vor aller Ohren zu Natalja, ihr Bruder entkäme den Strelitzen ohnehin nicht, und wenn sie ihn nicht auslieferten, müßten sie alle sterben.

Die erschrockenen Bojaren flehten die Zarin an nachzugeben. Peter sah, wie seine Mutter weinte, wie Sophia sie beinah gewaltsam in die Spasski-Kirche führte. Natalja ließ ihren Bruder dorthin bringen. Er kam, weinte, und sie bat ihn weinend, ihr zu vergeben. Iwan begriff, was das hieß. Er hätte versuchen können zu fliehen, der Kreml hatte viele Ausgänge, aber er fügte sich – er sollte geopfert werden, und er brachte dieses Opfer.

Er beichtete und empfing das Abendmahl.

Die Bojaren standen an der Kirchentür und warteten. Vom Platz drangen Trommelschlagen und das dumpfe Grölen der Menge herüber.

»Den Tod fürchte ich nicht«, tröstete Iwan Naryschkin seine Schwester. »Ich wünsche mir nur eines: Möge mein Tod das Blutvergießen beenden.«

Die Zarin umarmte und küßte ihn, konnte sich nicht von ihm losreißen. Sophia brachte ihr eine Ikone der Gottesmutter, die Zarin gab sie ihrem Bruder. Sophia versicherte, die Strelitzen würden vor der Ikone zurückschrecken und Iwan verschonen. Sie gab auf jegliche Weise zu verstehen, daß sie mit dem Aufruhr nichts zu tun habe; offenbar ahnte sie bereits, daß er verloren war. Aber erst einmal war Iwan Naryschkin verloren.

Die Bojaren waren nervös, mahnten zur Eile – die Strelitzen könnten jeden Augenblick eindringen.

Iwan Naryschkin küßte die Ikone, verbeugte sich vor den Bojaren, vor seiner Schwester und den beiden Zaren, und ging hinaus, die Ikone in den ausgestreckten Händen.

Die Strelitzen schleppten ihn in eine Folterkammer und forderten ihn auf zu gestehen, daß er den Zaren Iwan Alexejewitsch habe töten wollen. Sie brauchten sein Geständnis als Rechtfertigung ihrer Grausamkeiten, denn sie ahnten bereits, daß sie sich dafür zu verantworten haben würden. Doch Naryschkin bestritt seine Schuld, nahm die Sünde nicht auf sich. Sie folterten ihn grausam, hängten ihn auf, brachen ihm die Gelenke und hofften, ihm ein Bekenntnis zu entlocken. Er schwieg, gab sich nicht geschlagen. Da brachten sie ihn auf den Roten Platz hinaus und zerstückelten ihn mit Streitäxten.

Nach der Hinrichtung seines Onkels bekam Peter einen Fieberanfall. Sein Leben lang litt er fortan unter solchen Krämpfen, sein Gesicht verzog sich zur Grimasse, er zuckte, die Augen quollen ihm heraus. Gewalt und Schrecken blieben ihm für immer im Gedächtnis, ebenso die Gesichter der Strelitzen. Das Bild der glücklichen Kindheit wurde von Blut überschwemmt, verschüttet unter zerstückelten Körperteilen, abgehackten Armen auf dem schmelzenden Schnee im Kreml.

Zwanzig Jahre später erkannte er in dem Matrosen einen jener Strelitzen.

Dieser gestand, er sei nach dem Aufruhr geflohen, habe viele Jahre bei Archangelsk gelebt und sei schließlich in die Admiralität eingetreten, wo er sich als sibirischer Bauer ausgegeben habe. Als Peter nach Archangelsk kam, um die Befestigungen der Stadt zu inspizieren, habe er sich schnell versteckt, hier aber sei das unmöglich gewesen; er habe gehofft, der Zar habe ihn vergessen, würde ihn nicht erkennen.

Aber Peter hatte nichts vergessen. Die freundliche, lebensfrohe Seele des Knaben hatte damals einen Knacks bekommen, die Axt eines Strelitzen hatte ein Wunder der Schöpfung beschädigt.

Die Folgen der Massaker hielten noch lange an. Um das Kind herum tobte die Rache. Die Vertrauten von Natalja verfluchten Sophia, erwarteten neue Hinrichtungen. Um Peter wurde es einsam, es gab niemanden mehr, bei dem er hätte Schutz suchen können – binnen weniger Tage war von seiner großen Familie niemand mehr übrig. Die Mutter sorgte sich um den Sohn; er war ihre einzige Hoffnung, das Unterpfand der Rache. Die haßgetränkte Atmosphäre am Hof vergiftete die Seele des Knaben. Über allem schwebte die bedrohliche Axt.

Die Strelitzenunruhen wiederholten sich, als Peter siebzehn war. Schlaftrunken, im Nachthemd, sprang er mitten in der Nacht aufs Pferd und floh in den Schutz des Troiza-Klosters. Eine panische, demütigende, durchaus verständliche Flucht. Der Blutgeruch verfolgte ihn, im Kreml sah er hinter jeder Ecke Strelitzen lauern. Es kostete ungeheure Kraft, dem Sumpf des Schreckens zu entkommen. Der Rachedurst machte ihn nicht blind, die Angst lähmte ihn nicht. Aber die Dämonen saßen in seiner Seele.

Sein Leben lang träumte er von dem blutigen Kremlgemetzel. Nur der Wodka schenkte ihm traumlosen Schlaf. Die Gespenster der Vergangenheit drangen ungefragt in das Leben des Zaren. Manchmal ließ Peter einen seiner Burschen neben sich schlafen, umklammerte im Schlaf seine Schulter, um Ruhe zu finden.

»Was geschah mit dem Matrosen?« wollten wir von Molotschkow wissen.

»Den Matrosen ließ Peter ins hinterste Sibirien verbannen und mahnte ihn, sollte er ihm noch einmal unter die Augen kommen, würde er grausam hingerichtet.«

Die Episode mit Iwan Naryschkin wird in den Beschreibungen

des Strelitzenaufruhrs stets nur am Rande erwähnt; niemand hat bislang bemerkt, welche Rolle sie für Peters Schicksal spielte. Hätte Naryschkin sich nicht den Strelitzen gestellt, hätten sie ein neues Blutbad angerichtet. Das zweite Opfer brachte Naryschkin, als er der Folter standhielt und keinen Anlaß für eine Fortsetzung des Aufruhrs lieferte.

Er ahnte nicht, wen er damit für Rußland rettete. Niemand weiß im voraus, welche Folgen seine Taten haben, niemand kann in die Zukunft sehen; das einzige, woran der Mensch sich halten kann, sind die stillen Weisungen seines Gewissens.

Iwan Naryschkin handelte als treuer Untertan, opferte sich für den Zaren – eine längst vergessene Haltung. Für ihn war der zehnjährige Neffe vor allem der russische Zar, dem er auf Treu und Glauben zu dienen hatte, ohne Rücksicht auf das eigene Leben.

»Begriff Peter, was sein Onkel für ihn getan hat?« fragte Drjomow.

»Er kümmerte sich im Laufe der Jahre verstärkt um Iwans Witwe, ernannte sie zur obersten Amme seines Sohnes – ein hohes Amt. Auch Natalja wußte es.«

Molotschkow hatte in der Schule oft genug gesehen, wie verwundbar die kindliche Psyche ist. Als er erzählte, was Peter in der Kindheit erlebt hatte, war er erregt, als wäre er dabeigewesen, als man seinen Liebling verletzte, ein Kind mit den Anlagen zu ethischer und physischer Vollkommenheit, einen guten, schönen Prinzen.

Die Historiker, kritisierte Molotschkow, hätten Peter immer wieder Grausamkeit vorgeworfen und beschrieben, wie er mit den Strelitzen abgerechnet, womöglich eigenhändig Köpfe abgehackt und die Bojaren ebenfalls dazu gezwungen habe. Niemand betrachte es als Wunder, daß Peters verkrüppelte Seele sich wieder aufzurichten vermochte. Ein anderer an seiner Stelle wäre zum Psychopathen geworden, zu einem Unmenschen, den man bedauert und gerechtfertigt hätte. Peter aber wurde von niemandem bedauert.

Der Professor, der gelehrteste Mann in unserem Kreis, schickte wie immer voraus, er sei kein Historiker, sondern nur ein Dilettant, aber es sei doch allgemein bekannt, daß Petersburg auf Leichen errichtet sei. Tausende Bauarbeiter seien umgekommen, der Zar habe kein Erbarmen gehabt mit den Menschen, sie seien gestorben wie die Fliegen. Der braungebrannte Professor besaß elegante, tadellose Manieren – es war ein Vergnügen zu verfolgen, wie er mit Molotschkow stritt und dabei alle Regeln der Höflichkeit wahrte.

»Woher kennen Sie die Zahl der Toten, Professor?«

»Ich habe sie wiederholt in populärwissenschaftlichen Publikationen gelesen. Natürlich habe ich mich nicht speziell damit beschäftigt, aber Sie müssen zugeben, daß das allgemein bekannt ist.«

»So sehr, daß man es als Tatsache gelten läßt. Natürlich sind Menschen gestorben, aber wie viele, wer hat sie gezählt? Wo ist das dokumentiert? Ich habe danach gesucht und nichts gefunden. Über Peter und Petersburg gibt es viele üble Gerüchte. Peter sei der Antichrist, sein Werk folglich teuflisch, verderbenbringend.«

Peters Feinden kamen solche Gerüchte entgegen. In den Augen der Zeitgenossen wirkten Peters Taten manchmal mystisch, diabolisch grausam.

Molotschkow führte ein Beispiel dafür an.

Fünfzehn Jahre nach dem Strelitzenaufruhr wurde eine Verschwörung gegen den Zaren aufgedeckt, hinter der eine Gruppe von Strelitzen steckte, angeführt von Oberst Zickler. Er wurde zum Tode verurteilt. Vor seinem Tod erzählte Zickler, wie Sophia ihn angestiftet habe, Peter zu töten, und wie sie damals mit Iwan Miloslawski verschiedene Wege erwogen und versucht hätten, die aber immer wieder durchkreuzt worden seien. Miloslawski war seit langem tot, als vorbildlicher Christ in der Nikola-Kirche begraben und damit, könnte man meinen, der Vergeltung glücklich entronnen, entwischt, unerreichbar für jedes weltliche Gericht.

Doch für Peter gab es nichts Unerreichbares. Besessen von Rachgelüsten, ließ er Miloslawskis Sarg ausgraben. Die verwesten Gebeine wurden auf einen Schlitten geladen, vor den sechs Schweine gespannt waren, und durch ganz Moskau gefahren. Das Volk strömte auf die Straßen und sah entsetzt zu, aber damit war die Prozedur noch nicht beendet. Man stellte die Gebeine direkt unter den Richtblock, und als den Verschwörern die Köpfe abgeschlagen wurden, lief ihr Blut auf Miloslawskis Sarg.

»Ich weiß nicht, ob es je eine ähnliche Hinrichtung gegeben hat«, schloß Molotschkow.

Der Professor schüttelte den Kopf. »Und das wollen Sie noch rechtfertigen?«

»Nebenbei gesagt, ich persönlich bin ganz auf Seiten des Zaren«, erklärte Geraskin. »Ein lehrreiches Exempel. Damit jeder weiß, daß er seiner Verantwortung nicht entrinnt. Wenn man dich jetzt nicht kriegt, dann eben später, dann wird die Schande an deinen Kindern haften.«

In dieser Hinsicht war Geraskin unbeugsam. Wenn Peter wüßte, daß bei uns Verbrecher auf dem Roten Platz begraben wurden und noch immer dort liegen!

Molotschkow gab ihm recht, doch was die Kinder anginge – er lächelte und erzählte, ein Genealoge, mit dem er befreundet sei, habe herausgefunden, daß fünfzig Jahre nach Peters Tod eine Naryschkina sich in einen Miloslawski verliebt und ihn trotz der Proteste beider Familien schließlich geheiratet habe.

Das Schicksal des unglücklichen Iwan Naryschkin ließ Molotschkow über die Rolle der Persönlichkeit in der Geschichte nachsinnen. Früher einmal hatte er seinen Schülern erzählt, von einer einzigen Persönlichkeit hinge kaum etwas ab, alles entschieden die Massen, der einzelne könne also unbesorgt sein, die Geschichte passiere auch ohne sein Zutun. Bedeutende Menschen könnten zwar dies und jenes beeinflussen, aber nicht die Ereignisse selbst, sondern höchstens deren äußere Erscheinung. Der einzelne verleihe lediglich den jeweiligen historischen Bedürfnissen Ausdruck und stütze sich auf die Bewegung der Volksmassen. Wie man sich auf eine Bewegung stützen kann, die in verschiedene Richtungen geht, verstand Molotschkow zwar nicht, fragte aber auch nicht weiter. Man hatte ihm beigebracht zu lehren, was verlangt wurde, nicht, was er verstand. Doch immer wieder stieß er in der Geschichte auf einzelne Personen – der eine verlor aus Dummheit eine Schlacht, ein anderer zeigte rechtzeitig Strenge und sorgte für Ordnung. Es mußte nicht unbedingt eine einflußreiche Persönlichkeit sein. Kutusow zum Beispiel verdankte vieles seinem Lehrer, einem einfachen Mann. In Augenblicken der Unentschlossenheit kann ein einzelner plötzlich die Geschichte nach seinem Willen lenken – egal, ob ein zufälliger, ein kühner, ein feiger, ein gewissenhafter oder ein willenloser Mensch. Solche Menschen der Vergessenheit zu entreißen, bereitete Molotschkow besondere Freude.

Eine Episode dieser Art schenkte ihm Anton Ossipowitsch:

Eine Sondermaschine fliegt im Oktober 1964 von Adler nach Moskau. An Bord des Flugzeugs ist Chruschtschow. Man hat ihn nicht direkt verhaftet, aber ihn von seiner Regierungsdatscha abgeholt und gebeten mitzukommen. Er wurde ins Auto gesetzt, zum Flughafen gebracht. Von unbekannten, wortkargen Männern mit steinernen Gesichtern, die sandfarbene Einheitsanzüge, gelbe Schuhe und Hüte trugen. Sie fliegen also. Man teilt ihm mit, sie seien unterwegs zu einem ZK-Plenum. Er hat keins einberufen und überlegt, was das bedeuten mag. Bereits zuvor hat er Informationen bekommen, daß Breshnew etwas im Schilde führe, es aber nicht geglaubt. Chruschtschow geht ins Cockpit und bittet, in Kiew zu landen. Der Pilot erklärt, er dürfe die Route nicht ändern. Chruschtschow hebt die Stimme: »Weißt du, wer ich bin? Ich bin der Generalsekretär, ich befehle dir, eine Landeerlaubnis für Kiew einzuholen.«

Die Männer in den Einheitsanzügen drängen sich an der Tür, fordern Chruschtschow auf, in die Kabine zurückzukehren, wenden aber keine Gewalt an. Schließlich weiß niemand, wie die Sache ausgehen wird. Chruschtschow bleibt hartnäckig, der Pilot schwankt einen Augenblick, fliegt dann aber doch nach Moskau. Wäre er in Kiew gelandet, hätten sich die Ereignisse womöglich anders entwickelt.

»Das heißt, der Pilot hätte ein Wirrwarr im ganzen Land anstiften können?« fragte Geraskin.

»Durchaus«, bestätigte Molotschkow. Die Geschichte gefiel ihm.

»Ich kann mir gut vorstellen, was der Pilot in diesen Minuten durchgemacht hat«, sagte Drjomow. »Vielleicht hat er es hinterher sein Leben lang bereut, nicht auf Chruschtschow gehört zu haben.«

3

Das Astrolabium

Bei diesem Thema wurde Molotschkow ganz aufgeregt. Seine normalerweise sanfte Stimme klang fest, seine abstehenden Ohren liefen rot an.

»Bei uns heißt es immer: Zar und Zimmermann, Zar und Zimmermann. Das klebt an Peter und wird allgemein bewundert – ein Zar, Herrscher über ganz Rußland, und geht so geschickt mit dem Zimmermannsbeil um! Vor dem Gebäude der Admiralität in Petersburg steht sogar ein Denkmal: Der Zar, bekleidet mit einem einfachen Hemd, baut mit dem Beil an einem Boot. Ein Schiffszimmermann. Ein Symbol, wie aus dem Bilderbuch! Aber Peter als Zimmermann zu bezeichnen ist das Gleiche, als würde man Lew Tolstoi einen Artilleristen nennen. Purer Unsinn, von wegen Zimmermann!«

Man hält etwas für das Wichtigste in seinem Leben, und später stellt sich heraus – das Wichtigste war etwas ganz anderes. Bocaccios Hauptleidenschaft war die Wissenschaft, er hat Enzyklopädien verfaßt und antike Handschriften erforscht. Am Ende seines Lebens wurde er Priester und widmete sich der Auslegung von Dantes »Göttlicher Komödie«. Doch was ist von seinem ganzen Werk geblieben? Ein Buch mit unzüchtigen Geschichten, die er mehr aus Spaß für eine Prinzessin aufgeschrieben hat – das wunderbare »Dekameron«. Im Alter distanzierte er sich heftig davon, dennoch ist sein Name seit Jahrhunderten vor allem damit verbunden.

Goethe begründete eine Farbenlehre. Lewis Carrol befaßte sich sein Leben lang mit Mathematik.

Als Heranwachsender zeigte Peter keinerlei Interesse für seine Zarenpflichten. Bis er fünfzehn war, trieb er sich in der Schmiede herum, in der Tischlerei, widmete sich Kriegsspielen, baute Festungen, schwamm mit einem alten Boot auf der Jausa. Seine Vorlieben aus dieser Zeit ließen kaum ein künftiges staatsmännisches Genie vermuten. Hätte ihm das Schicksal nicht die Zarenkrone aufgesetzt – wer weiß?

Als Peter sich mit dem Schiffbau befaßte, lernte er alles, was dazugehörte: Hobeln, Bohren, Kalfatern, Schmieden, Zeichnen und natürlich Zimmern. Er baute die Fregatte »Peter und Paul«, wurde vom einfachen Zimmermann zum Meister. Dabei ging es ihm nicht nur um praktische Fertigkeiten – er wollte die Bauweise der Schiffe studieren, die Lage der Masten, die Proportionen. Bereits nach einem halben Jahr hatte er herausgefunden, daß jeder Meister auf der Werft seine eigenen Formeln hatte, daß es keine einheitlichen Regeln gab. Ohne Theorie aber konnte man in Rußland keinen Schiffbau etablieren, keine Flotte aufbauen. Im Handel waren die Holländer die besten Spezialisten, den Schiffbau aber betrieben sie rein empirisch. Peter wollte die Gesetzmäßigkeiten erfassen, er war im Grunde nicht »Zar und Zimmermann«, sondern »Zar und Ingenieur«. Deshalb verließ er Holland, so lieb es ihm auch war, und ging nach England, um den Schiffbau zu studieren.

»Zar und Ingenieur? Das ist mal etwas Neues«, ließ sich der Professor aus seiner Ecke vernehmen.

Der Einwurf freute Molotschkow.

»Das ist es ja, das will keiner wahrhaben. Mehr noch, er war nicht nur Ingenieur.« Molotschkow machte eine Pause und fuhr feierlich fort: »Er war ein Naturforscher! Ich behaupte, seine eigentliche Berufung war die Wissenschaft. Daraus ergibt sich alles übrige. Ihn plagte die Neugier, die jeden Wissenschaftler treibt – die Neugier, Neues auszuprobieren, Vollkommeneres, Gesetze zu erkennen, die Gesetzmäßigkeiten der Natur, der Welt.

Die Historiker bewundern das ungewöhnliche Verhalten des Zaren, betonen, daß dergleichen für die europäischen Monarchen seiner Zeit – für Ludwig XIV., den englischen König Wilhelm von Oranien oder Leopold von Österreich – undenkbar gewesen wäre.

Viel ungewöhnlicher aber ist etwas ganz anderes: Daß er, obwohl ohne höhere Bildung, ja eigentlich ohne jede Bildung, den holländischen Schiffbau kritisch beurteilen konnte, den Mangel an ›geometrischer Vollkommenheit‹ erkannte. Dazu braucht man ein angeborenes Talent, und ein solches Ingenieurtalent saß zum ersten Mal auf einem Thron. Zum ersten und letzten Mal.«

Der Professor lachte spöttisch.

»Erlauben Sie die Frage, auf welchem Gebiet war Peter Wissenschaftler? Hegte er für irgend etwas ein besonderes Interesse?«

»Ach, Professor, Sie wissen ganz genau, daß die Wissenschaftler zu jener Zeit universell waren. Michail Lomonossow, ein halbes Jahrhundert nach Peter, war Physiker, Chemiker, Geograph, beschäftigte sich mit Elektrizität, dichtete Oden, schuf Mosaike und war Philologe. Auch Peter trieb die Wißbegier. Statt sich auf Bällen oder bei der Jagd zu vergnügen, Paläste aufzusuchen, geht er in einen Anatomiesaal und sieht zu, wie der Leichnam eines Erwachsenen und der eines Kindes seziert werden. Alle beugen sich hinunter, betrachten den aufgeschnittenen Bauch, die lila Gedärme; und auch er wühlt mit bloßen Händen in den Eingeweiden. Was bedeuten Peters Besuche in Druckereien, in Münzhöfen? Und in Papierfabriken, wo er selbst versucht, ein Blatt Papier zu schöpfen?«

»Die pure Neugier«, warf der Professor ein. »Die löbliche Neugier des Novizen.«

»Werden Sie nicht auch von Neugier getrieben?« rief Molotschkow. »Warum beobachten Sie seit Jahren das Intimleben der Insekten? Genauso ging es Peter. Nur daß Sie entdecken möchten, was noch niemand weiß, er aber wollte alles erfahren, was er noch nicht wußte, deshalb steckte er überall seine Nase rein. Er wollte die Zeitung nach Rußland bringen, die Apfelsinen, das Billardspiel; er mußte in den Bauch des Menschen fassen, die Gedärme berühren. Auch die Sterne lockten ihn, wenngleich sie nicht zu fassen waren. Alles wollte er verstehen, ausprobieren, lernen. Aus der Finsternis der Unbildung kam er mitten ins Zentrum der europäischen Zivilisation. Und ließ sich nicht verwirren, hielt Augen und Ohren offen.«

Molotschkow vertiefte sich bei seinen Forschungen immer mehr in Peters Kindheit. Wenn ein Kind rasch Rechnen lernt, Schachspielen, Malen oder Modelle bauen, dann heißt es, es habe besondere Fähigkeiten. Manchmal erwacht in ihm ohne jede Anregung von außen plötzlich der Drang nach etwas Bestimmtem: Eine Berufung. Diese seltene, glückliche Eigenschaft erspart die lange Suche nach einem Beruf – alles ist vorbestimmt. Die Berufung weist einem gebieterisch die Richtung.

Peters kindliche Seele reifte schnell und entfaltete früh ihre Potenzen. Kriegsspiele sind eine natürliche Passion aller Jungen. Mit Soldaten spielen sie alle gern, nur daß Peter, im Unterschied zu anderen Jungen seines Alters und zu den Jungen späterer Jahrhunderte, keine Zinn- oder Computersoldaten befehligte, sondern lebendige »Spielsoldaten«. Die Kanonen waren zuerst aus Holz, später echt, genau wie die Säbel und Hellebarden. Die Festungen, die er baute, wurden immer größer, die Mauern immer höher. Aber noch blieb alles Spiel.

Eine ganz persönliche, skurrile Leidenschaft unterschied Peter von anderen Jungen. Beim Stöbern im Schuppen seines Großonkels Nikita Romanow in Ismailowo fand er ein altes Boot, das sein Vater, Zar Alexej Michailowitsch, für Vergnügungsfahrten auf der Moskwa hatte bauen lassen. Beim Anblick des Bootes verspürte er eine sonderbare Erregung. Er staunte über das spitze Kiel. Der Junge – eine Landratte, unter lauter Landratten lebend – entdeckte wie das häßliche Entlein aus dem Märchen seine verborgene Natur. Er fragte Franz Timmerman, was das für ein Boot sei. Ein englisches Boot. Wozu man es brauche? Als Beiboot für Schiffe. Und warum ist es russischen Schiffen überlegen? Timmermans Antwort verblüffte den Zarewitsch. Zweiunddreißig Jahre später erinnert sich Peter an diese Szene und schreibt:

»Er sagte mir, daß es nicht nur mit dem Wind, sondern auch wider den Wind segeln kann, was mich in großes Erstaunen versetzte und mir schier unmöglich schien.«

Weiter erinnert sich Peter, daß er sofort wissen wollte, ob es jemanden gebe, der das Boot reparieren und ihm zeigen könne, wie es gegen den Wind segelt. Als Franz das bejahte, freute sich Peter und befahl, den Mann ausfindig zu machen, den Holländer Carsten Brant, den Alexej Michailowitsch für den Schiffbau am Kaspischen Meer ins Land geholt hatte.

Peter hat keine Memoiren hinterlassen, er hatte keine Zeit, seine Erinnerungen aufzuschreiben. Diese Szene aus seiner Kindheit hat sich ihm offenbar so stark eingeprägt, daß sie als einzige in seine Aufzeichnungen geraten ist. Er hatte seine verborgene Berufung gefunden; die kindliche Leidenschaft für das Handwerkliche, für die Technik konzentrierte sich nun auf dieses Boot. Ihn reizte die scheinbar widernatürliche Aufgabe: gegen den Wind zu segeln. Das mußte er sehen und begreifen.

Das Boot wurde repariert; sie schwammen auf der Jausa. Sie manövrierten, hin und wieder stieß das Boot ans Ufer. Über den schmalen Fluß gelangten sie auf einen See, doch auch dort konnte man kaum richtig Fahrt machen. Aber die Lust darauf wuchs, wie Peter schreibt, von Stunde zu Stunde. Er verlegte seine Seefahrtsübungen auf den größeren Pereslawler See. Schritt für Schritt näherte er sich seinem Traum vom Meer. Auf dem Globus waren Meere und Ozeane abgebildet, aber was das war, konnte er sich kaum vorstellen.

Peters älterer Freund, der aus der Deutschen Vorstadt stammende Schweizer Franz Lefort, sein fröhlicher, sympathischer Gefährte und Initiator aller möglichen Vergnügungen, beschäftigte sich Peter zuliebe mit der Seefahrt, legte vor seinem Haus einen Teich an und führte ihm mit kleinen Schiffsmodellen Seeschlachten vor. Peter war begeistert; er ließ Brant auf dem See zwei Fregatten und drei Jachten auf Kiel legen.

Bezeichnend ist auch eine weitere Geschichte. Fürst Jakow Dolgoruki erzählte dem Zarewitsch, er habe im Ausland ein Gerät gesehen, mit dem die Seeleute Entfernungen zwischen Gegenständen bestimmen konnten. Peter bat ihn, ein solches Gerät zu beschaffen. Bald traf aus Frankreich eine Kiste ein. Der Name des Geräts klang geheimnisvoll: As –tro-labium. Sie packten es aus, hatten aber keine Ahnung, wie man es benutzte. Franz Timmerman kam zu Hilfe. Sie schraubten das Astrolabium auseinander, aber Peter hatte noch nie etwas gehört von Länge, Breite und Neigungswinkel. Von allen Seiten betrachtete er die Ringe, mit denen man die Himmelskoordinaten bestimmte, die Alidaden. Die Bezeichnungen bezauberten durch ihren Wohlklang: Limbus, Sextant, Nonius.

Peter zu unterrichten war leicht, er selbst trieb den Holländer an, preßte soviel wie möglich aus ihm heraus.

Die Gestirne rückten näher, die Sterne vereinigten sich zu Bildern: Schütze, Skorpion, Jungfrau, Großer Bär. Der schwarze Moskauer Himmel wurde lebendig. Von der Weite des Universums wurde ihm ganz schwindlig. Man konnte sich auch am Ufer orientieren, aber es reizte Peter, seinen Standort auf der Erdkugel einzuordnen, ihre Größe zu ermessen.

Er brauchte die Weite des Meeres, um sich zu verlieren – über sich nur die Sterne, vor sich den Kompaß und das Astrolabium. Doch zum Großen Wasser sollte er nicht so bald gelangen. Das nächstgelegene Meer war das Weiße Meer, am Kaspischen besaß Rußland nur einen kleinen Zipfel der Nordküste, alles andere beherrschten die Perser und Kaukasier.

Am Hof hatte niemand Verständnis für Peters Leidenschaft. Sie waren alle Landratten, gewöhnt, Länder zu erobern. Einen realen Wert besaßen nur Wälder, Äcker, Siedlungen. Aber das Meer? Woher hatte der junge Zar nur seinen Traum vom Meer – keiner seiner Vorfahren war zur See gefahren, keiner je gereist.

Tatsächlich sucht man in Peters Stammbaum vergebens nach der Wurzel seiner Schiffs- und Seeleidenschaft. Der Ursprung eines Genies ist immer ein Rätsel. Woher kamen das Genie Newtons, dessen Vater ein mittelloser Farmer war, oder Leonardo da Vincis – auch ihre Stammbäume liefern keine Erklärungen. Genies entstehen nicht durch Vererbung, sie sind Lichtblitze, Erleuchtungen der Natur, von ihr allein erzeugt.

Niemand kümmerte sich darum, was Peter trieb. So kam es, daß er zur allgemeinen Überraschung plötzlich Maurer, Mechaniker und Tischler war, daß er viel und schnell schrieb, wenngleich fehlerhaft und in einer schrecklichen Schrift. Er beherrschte die Regeln der Etikette nicht, kannte sich dafür aber im Bauwesen aus. Es sah so aus, als würde er Militäringenieur oder Schiffbauer werden. Aber das war ihm zu wenig. Ihn interessierte immer das Wie. Am liebsten hätte er die Innereien der Erde bloßgelegt, das Sonnensystem auseinandergenommen – was war da drin? Auf seinem Wappen hätte ein Astrolabium sein sollen.

Die Seefahrt war eine Wissenschaft voller Wunder. Tatsächlich hatte er auf dem See gelernt, gegen den Wind zu segeln; man konnte den Wind einfangen, zwei Segel setzen oder drei. Damals dienten nur Wind und Wasser den Menschen, und die Wirkungsweise dieser Kräfte zu begreifen war nicht einfach.

Die Lehrer, die Peter unterrichteten, waren gewissenhaft, aber sie beherrschten nur die Geschichte, die Geographie und die Heilige Schrift. Peters Geist lechzte danach zu erfahren, wie eine Kanonenkugel fliegt, wie man eine Festung baut, sie uneinnehmbar macht, sie vor Feuer und Kugeln schützt, wo man Kanonen aufstellt, wie ein Schiff manövriert und was man tut, wenn kein Wind geht.

Perikles wurde von den Philosophen Zenon und Anaxagor unterrichtet, berühmten Gelehrten Griechenlands. Alexander der Große verdankte seine Bildung einem großen Geist der Menschheitsgeschichte – Aristoteles, außerdem wurde er von Vertretern des mazedonischen Adels erzogen. In den Lebensbeschreibungen großer Menschen finden sich stets bedeutende Lehrer oder Schulen, denen sie ihre breite Bildung verdanken.

Peter hat keine systematische Ausbildung bekommen, weder in einer Schule noch von seinen Lehrern. Auf die Thronfolge wurde sein älterer Bruder Fjodor vorbereitet, der zweitälteste war Iwan. Niemand glaubte, daß Peter Zar werden würde. Er war sich selbst überlassen, wuchs faktisch unbeaufsichtigt heran. Das Wissen seiner zufälligen Lehrer war rasch erschöpft, zu schnell begriff der

Schüler alles. Er suchte sich seine Lehrer selbst, überall: in der Schmiede, in der Schlosserei, bei den Zimmerleuten.

Er spielte Krieg, ging in der Deutschen Vorstadt Vergnügungen nach. Seine lebenslustigen Freunde lenkten ihn ständig von seinem Astrolabium und von der Seefahrt ab. Andere erinnerten ihn an seine Zarenpflichten. Der Strelitzenaufruhr von 1689 mußte bezwungen, die Ambitionen seiner Schwester Sophia auf den Thron vereitelt werden. Die Zarenkrone ist ein lebensgefährlicher Schmuck. Ablehnen durfte er sie nicht, zu viele Verwandte und Vertraute waren an seiner Regentschaft interessiert – sein Militärberater Patrick Gordon, der Initiator der fröhlichen Gelage Lefort und alle jungen Leute von Iwan Golowin bis zu Kikin. Sie hatten Peter das Trinken, Tanzen und Singen beigebracht, ihn mit Anna Mons zusammengeführt, und sie beschützten ihn auch, waren im Kampf gegen Sophia auf seiner Seite.

Gelage, Vergnügungen und Besuche wechselten mit militärischen Spielen. Wäre ein Meer in der Nähe gewesen, hätte Peter sich lieber auf See vergnügt, doch der einzige Seehafen war weit weg, in Archangelsk. Also mußte er seine Seeschlachten auf dem Pereslawler See austragen.

Dort rüstete er Marinetruppen aus. Es kostete große Mühe, ihn von diesen Spielen loszueisen und nach Moskau zu bringen, wenn er zum Beispiel den neuen persischen Gesandten empfangen sollte.

Der Zarendienst war für ihn öde Pflicht, sein Herz gehörte den Schiffen, den Segeln. Gaffel-, Latein- und Seitensegel – allein die Takelage verlangte höchste Konzentration.

Dann endlich kam er nach Archangelsk.

Das langersehnte Meer war ganz anders, als er es sich erträumt hatte – größer und furchteinflößender. Die unermeßlichen Wasser vereinigten sich zu einer Macht, die mit nichts vergleichbar war. Das rauhe Nordmeer verlor sich in unsichtbaren Weiten. Es lockte, drohte und war voller Verheißungen. Von hier gelangte man in beliebige Länder und Gebiete. Das offene Meer schimmerte trübe; es schien endlos, man konnte wochenlang darauf schwimmen, ohne störende Ufer und Grenzen, bis in warme Meere und Ozeane. Das Wasser im Weißen Meer war ganz anders als das in der Dwina, es roch auch anders. Das Festland war ihm nie so riesig erschienen wie das Meer. Die endlose Weite erzeugte ein Glücksgefühl von totaler Freiheit. »Ich sehe die Schönheit der Welt!« rief er.

Das Meer wurde seine große Liebe. Die Liebe beruht meist auf einem Geheimnis, und das Meer, je besser er es kennenlernte, wurde für ihn immer geheimnisvoller.

Tagelang streifte er an den Anlegestellen der Handelsschiffe entlang, ging in die Büros der Kaufleute. Im Hafen lagen Schiffe mit ausländischen Flaggen. Über Laderampen wurden Holzstämme an Bord gerollt, Fässer mit Kaviar und Bündel von Pelzwerk und Häuten getragen. Gelöscht wurden Seide, Tuche, Kisten mit Schmuck, Spiegel, Farben. Auf Fuhrwerken wurden Hanf und Leinen gebracht. Rumpelnde Gespanne, knarrende Planken, Rufe und Flüche in allen Sprachen. Bitter war, daß im einzigen russischen Hafen kein einziges russisches Schiff lag.

Peter hatte Franz Timmerman mitgenommen. Auf der Jacht »Sankt Peter« fuhren sie aufs offene Meer hinaus. Erst hielten sie sich in Hafennähe, dann begleiteten sie auslaufende Handelsschiffe ein Stück. Die Jacht schaukelte. Peter schöpfte Wasser, kostete – es war noch salziger als im Hafen. Es war schon Abend, aber die Julisonne wollte nicht untergehen, und Peter steuerte die Jacht auf ihrer goldenen Spur. Seine Augen glänzten, sein Haar wehte im Wind; als Franz ihn ansprach, antwortete er nicht, er bewegte die Lippen, als rede er mit dem Meer. Der Wellengang nahm zu, an der Ostküste der Halbinsel befahl Franz umzukehren. Später erzählte er dem Archangelsker Wojewoden Apraxin, natürlich habe er Angst gehabt, mit dem kleinen Schiff so weit aufs Meer hinauszufahren, aber vor allem um den Zaren, der wie von Sinnen gewesen sei, das Meer umarmen wollte; das Meer aber dulde keine Unbesonnenheit, es verlange Respekt, es kenne keine Zaren oder Herren.

Das nächste Mal, ein Jahr später, bestätigte Neptuns Reich die Worte des holländischen Seemanns. Das war im Mai 1694, zur

Hochzeit der weißen Nächte in Archangelsk. Sie fuhren mit derselben Jacht zu den Solowki-Inseln – eine echte Seepartie. Alle Anzeichen versprachen eine ruhige Spazierfahrt. Die Stadt war hinterm Horizont verschwunden, die Küste nicht mehr zu sehen, ringsum nur das Meer, trübweiß mit lila Flecken; kleine Wellen schlugen gegen die Bordwände, die kalte Sonne glitt über den leeren Himmel. Plötzlich schien das Meer sie bemerkt zu haben; auf einmal rollte eine riesige Welle an, wie Peter sie noch nie gesehen hatte. Sie schleuderte das Schiff herum, erhob sich und klatschte mit voller Wucht darauf nieder. Aus heiterem Himmel brach ein Sturm los, das Schiff schlingerte, wurde emporgehoben, der Wind drehte, die Segel knallten, Peter sah, wie die Matrosen die unteren Focksegel einholten. Der Zar griff zum Ruder, aber der Maat schob ihn beiseite. »Wenn du's nicht kannst, laß die Finger davon!«

Peters Gefolge, Bojaren, Kämmerer und Burschen, beteten und weinten vor Angst. Sie waren zum erstenmal auf offener See, und nun gleich so ein Sturm. Peter ließ sich nicht anmerken, daß er Angst hatte. Das verboten ihm seine Zarenwürde und die Liebe zum Meer – das Meer unterzog sein Gefühl einer Prüfung, und er mußte sie bestehen.

Molotschkow sagte, alles, was Peter tat, sei immer unter dem Aspekt bewertet worden, daß er der Zar war. Seine Kühnheit zählte nicht, denn als Zar war er verpflichtet, Ruhe zu bewahren. Wenn Menschikow oder Apraxin sich so verhielten, gereichte ihnen das zur Ehre. Auch, daß er etwas von Mathematik und Astronomie verstand, war selbstverständlich, ein Zar hatte schließlich allwissend zu sein. Er durfte keine Schwächen haben. Als er in der Nacht aus Moskau floh, seine Familie allein ließ, um sich im Troiza-Kloster vor den Strelitzen zu verstecken, rechtfertigte niemand seine Angst. Lächelnd flüsterte man sich in allen Ecken zu, daß er im Nachthemd davongerannt war, und bedachte dabei nicht, daß er erst siebzehn war. Ein Zar hat kein Alter.

Während des ganzen Sturms stand er auf der Brücke, neben dem Kapitän. Der Sturm legte sich ebenso plötzlich, wie er aufgekommen war. Er hatte Peter ernüchtert: Noch hatte das Meer nicht ernsthaft rebelliert, es hatte nur seine Muskeln spielen lassen, ihn am Kragen gepackt und ein bißchen durchgeschüttelt.

Als sie trinkend in der Kajüte saßen, sprach Peter lachend vom Perserkönig Xerxes, der das Meer auspeitschen ließ, weil es bei einem Sturm mehrere Schiffe seiner Flotte versenkt hatte. Nein, mit dem Meer mußte man sich vertragen. Peter begriff, daß es eine andere Welt war, in der die Regeln und die Macht des Festlandes nicht galten, und um darin zu leben, mußte man es nicht nur lieben, sondern sich auch unterordnen können. Es war wie ein Spiegel, in den man hineinsehen mußte, um sich selbst zu erkennen. Das Meer verlangte, gründlich erforscht zu werden.

Das reizte Peter und bestimmte seinen Traum von einem Zugang zum Meer, zum nahen europäischen Meer.

»Wie alt war er da?« fragte Anton Ossipowitsch.

»Zweiundzwanzig.«

»Nach unseren Maßstäben ein Berufsanfänger, noch zu jung für selbständige Aufgaben.«

»Peter hatte genug Ratgeber.«

Molotschkow schüttelte den Kopf. »Keinen wirklich guten. Guten Rat bekam er nie vorher, immer erst hinterher.«

»In diesem Alter muß die Seele schon reif sein«, sagte Drjomow. »Mit zwanzig ist der Mensch fertig. Wenn er sich bis dahin noch nicht endgültig festgelegt hat, ist das schlecht, dann kann er sich nicht mehr richtig entfalten. Wer Großes erreichen will, muß sich beeilen. Alle Großen waren noch keine dreißig, als sie berühmt wurden. Danach ist es zu spät. Ein Genie hat es natürlich leicht, seine Fähigkeiten sprühen nur so aus ihm heraus, ob er will oder nicht. Aber wir, die übrige Masse, quälen uns zeitlebens auf der Suche nach uns selbst.«

In seiner Jugend war Peter fasziniert von der Deutschen Vorstadt, die sich so sehr vom übrigen Moskau unterschied. Blitzsaubere, ordentliche Häuschen, Nachttöpfe, Porzellangeschirr, Bilder an den Wänden – die Ausländer lebten anders als die Moskauer. Ziegelhäuser in schnurgeraden Reihen, plätschernde Springbrunnen. Abends tanzten die Damen mit ihren Kavalieren »Großvater«.

Die Deutsche Vorstadt, die Peter von Jugend an fleißig besuchte, war noch vor der Herrschaft der Romanows entstanden. Neben Deutschen lebten dort Holländer, Dänen, Engländer und Schotten. Im dortigen Theater, das Zar Alexej gern besuchte, gab es Musik zu hören, wurden Bücher gelesen.

Die wohlriechende Oase europäischen Komforts unterstrich noch den muffigen, byzantinischen Charakter der russischen Hauptstadt. Kein Wunder, daß Peter in der Deutschen Vorstadt aufatmete, heiter war und träumte; sein junger Kopf schmiedete grandiose Pläne.

Der Drang nach Westen begann nicht erst mit Peter. Schon die Politik Iwans des Schrecklichen zielte auf die Erschließung des Ostseeraums für den Handel mit Europa, für kürzere und sichere Wege. Alexej Michailowitsch setzte das fort. Seine Mitstreiter Matwejew und Ordyn-Nastschokin wollten um einen Zugang zur Ostsee Krieg gegen die Schweden führen. Im Grunde erfüllte Peter nur das Vermächtnis seines Vaters, aber mit dem Tempo, der Energie und der Radikalität seiner Reformen ließ er alle Vorgänger weit hinter sich, deshalb wird die Orientierung nach Westen oft allein Peter zugeschrieben. In Wirklichkeit war Peter nur ein Beschleunigungsfaktor, sein gewaltiger Anschub hat Rußland noch lange vorangetrieben, aller Faulheit und Unfähigkeit zum Trotz, bis hin zu Katharina, die Peters Schwung wieder aufgriff.

Peter wird oft vorgehalten, was er alles nicht realisiert hat. Aber Kriege und politische Wirren, unglückselige Störenfriede aller großen russischen Unternehmungen, haben ihn viele Jahre gekostet. Er hat den Weißmeerkanal in Angriff genommen, den Wolga-Don-Kanal, die Metallurgie im Ural, die Kriegs- und Handelsmarine, den

Bau von Häfen – er hat Rußland für die Zukunft gerüstet, den Weg angelegt, der in ferne Jahrhunderte wies, er hat den Horizont geöffnet und die Potenzen des Landes aufgezeigt. Nicht alles gelang bereits zu seiner Zeit. Die Deutsche Vorstadt bereitete den Geist des jungen Peter auf die Begegnung mit der europäischen Kultur vor. Noch mehr beeindruckte ihn, was er in Deutschland und Holland sah. Gewaltige Schlösser mit Türmen und uneinnehmbaren Mauern, hoch aufragende Kathedralen, in denen mächtige Orgeln klangen, funkelnde bunte Glasscheiben. Auf den Stadttürmen schlugen Uhren. Laternen beleuchteten die gepflasterten Straßen. Hinter jeder Ecke entdeckte er Neues: Frauen mit Leierkästen, glitzernde Schaufenster. In den Kanälen schwammen Barkassen. Peter stürzte sich ins Gedränge der Anlegestellen und Märkte, bewunderte die Kunst der Händler. Faszinierendes aus Übersee, französische Töpfe, Öllampen, englische Kompasse, Fernrohre, Pistolen, gefederte Kutschen.

Molotschkow hatte Ähnliches am eigenen Leib erlebt. Als er zum erstenmal in Berlin war, fühlte er sich wie ein Barbar. Der Luxus in den Geschäften, die Warenflut – das alles bedrückte den Lehrer und schüchterte ihn ein. Er hatte nicht geahnt, daß die Menschen im Westen so gut lebten, er schämte sich seiner Armut, seiner Unkultur; er wußte nicht, wie man die Straße richtig überquerte und warum in seinem Hotelzimmer eine Bibel lag.

Peter besaß die Kühnheit, alle Bräuche des russischen Hofs zu brechen. Kein Zar war je soviel gereist, nicht einmal durch Rußland. Damals blieb man hübsch zu Hause, es sei denn, der Krieg nötigte einen zum Reisen. Unter Michail Fjodorowitsch Romanow wurde jeder Russe, der einen fremden Staat lobte, getadelt. Wer nach Europa reisen wollte, galt als Verbrecher. Fürst Chworostin wurde angeklagt, ins Ausland gehen zu wollen. Schwedische Diplomaten des 17. Jahrhunderts berichteten, den Russen sei es verboten, ins Ausland zu reisen, man befürchte, sie könnten Gefallen finden an fremdländischen Einrichtungen und sich der Ordnung der Moskowiter schämen.

In Amsterdam brodelte das Leben auf den Kanälen der Stadt und auf dem Meer, das ganz in der Nähe rauschte. Die Holländer hatten sich daran gewöhnt, drängten es sanft zurück, trotzten ihm Land ab. Sie verstanden mit dem Meer auszukommen, sie bauten Staudämme und Schlösser auf Pfählen. Peter besuchte protestantische und katholische Kirchen, Synagogen, besichtigte Seefahrerdenkmäler, Märkte mit exotischen orientalischen Früchten und Stoffen, mit afrikanischen Masken, Speeren und Götterfiguren. Amsterdam war die reichste Stadt Europas. Die Augen gingen ihm über von all den Waffen und Kostbarkeiten; im Hafen wurden unermüdlich neue Waren aus Indien, Malaysia, Madagaskar und Zypern gelöscht. Ein vielsprachiges Stimmengewirr, Mohren aller Schattierungen, Hindus mit Turbanen, Sarazenen in weißen Gewändern, Maurinnen mit nackten Beinen. Peter lernte Pfeife rauchen, am Schießstand schießen und Biersorten unterscheiden.

In Holland verliebte sich Peter augenblicklich und für immer. Fortan bevorzugte er Holländer, freundete sich mit holländischen Seeleuten, Kaufleuten und Gelehrten an. Zu Peters Zeiten war Holland noch ein mächtiges, reiches Land; Wissenschaft und Künste erlebten eine Blütezeit. In der holländischen Gesellschaft, in den Häusern, die Peter besuchte, wurde heftig über das Verbot von Spinozas »Ethik« gestritten. Der Autor wollte die Menschen vom Aberglauben befreien, bestritt die Existenz von Satan und Teufel. In einem historischen Roman wurden Spinozas Ideen dargelegt. Vor Peters Augen wurden diese Bücher im Rathaus öffentlich verbrannt. Ein anderer Philosoph, John Locke, trat für den Schutz des Menschen vor religiösem Fanatismus ein. Er predigte Toleranz: Es ginge den Staat nichts an, wie der Bürger die ewige Seligkeit erringen wolle.

Peter arbeitete auf der Werft und verzichtete auf mondäne Vergnügungen. Seine gesamte Freizeit widmete er den Kunstkammern, der Anatomie und neuen Maschinen. Er hörte von der Erfindung des Mikroskops und begab sich zu Antony van Leeuwenhoek, um sich das Gerät anzusehen. Ihn trieben keine praktischen Erwägungen, sondern reine Neugier. Instinktiv griff er unter allen Neuheiten die Bemerkenswerteste heraus. Die Revolution, die Leeuwenhoeks Erfindung bringen sollte, stand erst bevor.

Die Möglichkeiten des Mikroskops ahnte damals noch niemand. Peter bewunderte einfach das phantastische Leben, das man mit bloßem Auge nicht sehen konnte – ein anderes Universum, eine Mikrowelt, genauso unendlich wie die der Sterne.

Der Blutkreislauf galt in der Medizin und auch in der Zoologie als geheimnisvolle Erscheinung. Wie er funktionierte, wußte niemand. Nun zeigte Leeuwenhoek mit Hilfe des Mikroskops, wie das Blut durch den Körper eines Aals zirkulierte. Ein junger Aal hing kopfunter in einem mit Wasser gefüllten Glaszylinder, und man sah, wie in seinem Körper das Blut durch die Gefäße floß. Genauso, behauptete Leeuwenhoek, flösse das Blut auch durch den Körper des Menschen.

Peter überredete den mürrischen Greis, das erstaunliche Bild einfachster Präparate unterm Mikroskop zu demonstrieren. Der Stachel einer Biene wurde sagenhaft riesig und grob, ein Biberhaar zu einem zottigen Stamm. Peter staunte, traute seinen Augen kaum. Geschmeichelt von seiner Erregung, führte Leeuwenhoek ihn zu seinem Arbeitsmikroskop. Dort befand sich in einer Glasröhre ein Wassertropfen. Der Greis richtete den Lichtstrahl eines Spiegels darauf. Etwas ungeheuer Fesselndes geschah: Winzige Tierchen wuselten durcheinander, ganze Schwärme zweifellos lebendiger Wesen bevölkerten den Wassertropfen. Löste man den Blick vom Okular, verschwand diese Welt – man erkannte nur einen klaren Wassertropfen, aber sobald man hineinsah, erwachte die phantastische Welt wieder zum Leben.

Peter war vermutlich der erste Russe und der erste Monarch, der die Welt dieser Lebewesen zu sehen bekam, die selbst den alten Griechen unbekannt war.

Der mißtrauische, brummige Leeuwenhoek fand Gefallen am

russischen Zaren. Er erklärte ihm, daß diese furchterregenden kleinen Lebewesen im Wasser der Flüsse und Seen lebten, ebenso im Speichel und in den Zähnen. Woher kamen sie, wozu waren sie da, wie vermehrten sie sich? Darauf wußte er keine Antwort – er müsse noch viel beobachten, noch Hunderte von Experimenten machen.

Der Aufbau eines Mikroskops verlangte Kenntnisse, oberflächliches Betrachten verriet Peter wenig über seine Wirkungsweise. Unzweifelhaft aber war: Was er gesehen hatte, waren keine Wunder, keine Zaubertricks, die Tierchen existierten wirklich. Er mußte das Mikroskop erwerben, es nach Rußland bringen. Aber das lehnte Leeuwenhoek rundweg ab. Für kein Geld der Welt würde er ein Mikroskop verkaufen. Wie sehr Peter auch auf ihn einredete – er blieb stur. Peter fluchte wütend, griff nach seinem Hut, schlug die Tür zu und rannte hinaus. Als er das Haus verließ, lehnte Leeuwenhoek aus dem Fenster und rief ihm zu, er solle am nächsten Tag jemanden vorbeischicken, er werde ihm ein Mikroskop schenken. Der Zorn des Zaren hatte dem Greis offenbar imponiert. Es war das einzige Mal, daß Leeuwenhoek ein Mikroskop verschenkte.

Der Erfinder der Vakuumpumpe dagegen verkaufte Peter seine Maschine gern. Peter lernte schnell damit umzugehen und verblüffte in der Kunstkammer in Rußland die Zuschauer mit physikalischen Experimenten.

Die anatomische Sammlung von Friedrich Ruysch inspirierte Peter, stundenlang die geheimnisvolle Kunst des Gelehrten zu studieren. Ruysch vermochte den in Spiritus eingelegten Präparaten, ob menschliche Innereien, unreife Embryos, kranke Organe oder Mißgeburten, ein lebendiges Aussehen zu verleihen; er beherrschte ein Verfahren, die natürlichen Farben zu bewahren, brachte die Exponate in bizarre Posen und hüllte sie in Spitzengewänder. Ruysch interessierte der Moment des Sterbens, er wollte wissen, was ein Mensch empfand, wenn der Tod eintrat. Er stellte fest, daß kein Sterbender diesen Augenblick bemerkt, ebensowenig wie man den Augenblick des Einschlafens registriert. Ruysch war enttäuscht.

Die Toten konnten ihm nichts Neues über den Tod mitteilen, sie erklärten lediglich, daß beim Sterben zu wenig Leben bleibt, um Schmerzen oder Gefühle zu empfinden.

Ruyschs anatomische Phantasmagorien halfen dem jungen Peter, den Aberglauben abzulegen, das Innere des Menschen als einen Mechanismus zu sehen, der den Launen und Unbillen der Natur unterworfen ist.

In Haag erfuhr Peter von einem Mathematiker, der den Standort eines Schiffes ohne Sonne und Sterne bestimmen könne, allein durch Berechnungen. Diese Erfindung erschien ihm äußerst wichtig, vor allem für die Flotte, und überdies recht erstaunlich. Er bat, das Experiment in seinem Beisein vorzuführen. Eine spezielle Schaluppe wurde mit einem hüttenartigen Aufbau ausgerüstet. Sie fuhren auf einen großen See. Am Ufer standen überall Stäbe mit Nummern. Ihre Positionen wurden auf einer Karte eingetragen; sie symbolisierten Länder und Häfen – das Ganze war also eine Art Modell des Meeres. Auf Kommando des Steuermanns lief die Schaluppe die markierten Punkte an. Der Mathematiker saß in der nach allen Seiten geschlossenen Hütte und sollte mit seinen Instrumenten anhand der Sonnenstrahlen bestimmen, an welchem Stab sich die Schaluppe jeweils befand. Das zeichnete er auf seinem Plan ein und verkündete es laut. Peter ging zu ihm in die Hütte, stellte Fragen, machte Bemerkungen. Manchmal geriet der Holländer durcheinander, irrte sich. Peter ertappte ihn dabei und verdächtigte ihn der Scharlatanerie. Drei Stunden dauerte das Experiment. Peter, der sich in der niedrigen Hütte bücken mußte, bat um Verlängerung. Sie fuhren alle Stäbe ab. Trotz einiger Fehler hatte der Mathematiker mit seiner Methode gute Resultate erzielt. Peter schloß daraus, daß es ihm noch an Vollkommenheit fehle, seine Bemühungen aber Förderung verdienten, und belohnte ihn großzügig – mit hundert Goldmünzen, was er selten tat. Er lud ihn nach Rußland ein. Bemerkenswert an dieser Episode ist vor allem Peters anschließende Äußerung: »Ich schmähe nicht im geringsten den Alchimisten, der Metall in Gold zu verwandeln sucht, den Mechaniker, der das Perpetuum mobile erfinden will, oder den Mathematiker, der trachtet, die Koordinaten eines Ortes zu ermitteln, denn auf der Suche nach dem Außerordentlichen (man beachte diese Formulierung!) werden unversehens viele nützliche Nebendinge erfunden. Solche Menschen müssen allseits bestärkt werden und nicht verachtet, indessen viele ihnen Widriges antun, indem sie solche Übungen einen Unfug nennen.«

»Wenn das so ist, dann vertritt er einen ziemlich modernen Standpunkt«, bekannte der Professor erstaunt. »Über den Nutzen der mittelalterlichen Alchimie hat sich kürzlich ein angesehenes Akademiemitglied geäußert. Viel vorsichtiger als Peter, aber schon das wurde als Kühnheit gewertet. Man beglückwünschte ihn zu einer neuen Sicht.«

Doch nun lenkte Geraskin das Gespräch entschieden auf die Liebe – einem jungen, gutaussehenden Mann ersetze auch das schönste Gerät nicht die Liebe. Man kann eine Frau durch eine andere ersetzen, die Liebe aber ist durch nichts zu ersetzen.

Drjomow zitierte Shakespeare:

> Lieb ist nicht Liebe, wenn sie Störer stören,
> Wenn sie Zerstreuung kann zerstreun.
> O nein! Sie ist ein ewig sichres Ziel,
> Thront unerschüttert über Sturmeswogen;
> Ein Angelstern für jeden irren Kiel;
> Kein Höhenmaß hat seinen Wert erwogen.*

Molotschkow kam den Wünschen der Rehabilitanten entgegen und erzählte die Geschichte der ersten Liebe von Zar Peter.

---

* William Shakespeare, Sonett 116, Philipp Reclam jun., Leipzig 1987, Übers. Gottlob Regis

4
Anna Mons

Mit neunzehn verliebte sich der Zar in die Tochter eines Weinhändlers aus der Deutschen Vorstadt, die schöne Anna Mons, ein fröhliches, kräftiges Mädchen, das gern tanzte und von jung und alt, Russen und Deutschen umschwärmt wurde. Anna spottete unbekümmert über Peters Versuche, Deutsch zu sprechen, er lachte über ihren Akzent und ihr komisches Russisch. Sie fühlten sich wohl miteinander. Sie waren ein schönes Paar – der junge Hüne mit dem lebendigen, ausdrucksvollen Gesicht und den prächtigen Locken, der kein Blatt vor den Mund nahm, und Anna, die eine gute Figur hatte, schöne Beine, sich ausländisch kleidete, angenehm roch und im Bett heiter und erfinderisch war. Und stets alles ordentlich bereitlegte – Handtuch, Duftwasser. Ihr Verhältnis entwickelte sich rasch, sie fesselte Peter wie noch keine Frau zuvor. Die Beziehung dauerte ein Jahr, zwei, drei; er geizte nicht mit Geschenken: Perlen, Ringe, ein brillantengeschmücktes Porträt. Er erfüllte ihr jede Bitte, und sie hatte viele. Er schenkte ihr ein Gut samt dazugehörigem Land, dann ein zweites. Großzügig ließ er ihr ein Haus in der Deutschen Vorstadt bauen. Jeder der Familie Mons – Mutter, Schwester und Brüder – hatte Wünsche. Die Bojaren, die von der Liebe des Zaren wußten, baten Anna in gerichtlichen oder Karriereangelegenheiten um Fürsprache beim Zaren. Für ihre Dienste belohnten sie Anna mit Geld, Pelzen, Gold und Silber. Sie nahm alles gern entgegen. Die junge Liebe brachte also bald Gewinn, was aber das Vergnügen keineswegs schmälerte. Die Musik spielte bis zum Morgen, Tanz und Gelage hielten an, und Peter fühlte sich immer enger mit ihr verbunden, mit diesem Haus, das so anders war als russische Häuser.

Zehn Jahre hielt ihre Romanze unvermindert an. Anna machte ihm nie Vorhaltungen wegen seiner flüchtigen Affären. Wenn es ihm in den Sinn kam, schnappte er sich die Erstbeste, egal ob Köchin, ob Fürstin, ob Frau oder Tochter eines Bekannten. Anna war nicht eifersüchtig. Offenbar war sie sich seiner sicher.

Liebte sie ihn? Gibt es überhaupt Liebe ohne Eifersucht? Doch ein Verliebter übersieht bekanntlich die Schwächen seiner Geliebten.

Mit Anna Mons begann eine sonderbare Kette fataler Zufälle, die ihn bis zu seinen letzten Lebenstagen begleiten sollten. Als hätte die Familie Mons einen Teufelskreis um Peter gezogen, dem er nicht entfliehen konnte. Anna selbst hatte nichts von einer femme fatale. Sie war schön, verrückt und praktisch. Was in ihrer Seele vorging, wußte keiner ihrer Zeitgenossen – um so mehr wird es uns heute, dreihundert Jahre später, verborgen bleiben. Niemand konnte voraussehen, welche rätselhafte Wendung die Liebesaffäre des Zaren nehmen würde.

Molotschkow sann darüber nach, was Anna Mons und Peter verband.

Auf seiner ersten Auslandsreise vermißte Peter seine Geliebte nicht. Die neuen Eindrücke überwältigten ihn so, daß er seiner Annuschka in den anderthalb Jahren keinen einzigen Brief schrieb.

In Europa mag ihm seine treuherzige Affäre altmodisch vorgekommen sein.

Die Herrscher Europas brüsteten sich mit der Zahl ihrer Liebhaber und Geliebten. Alles spielte sich offen ab, wurde regelrecht zur Schau gestellt. Die Intimität war aus dem Leben verbannt. Jeder Höfling eiferte dem Herrscher nach, so gut er konnte. Man wechselte die Geliebten, tauschte untereinander die Liebhaber aus, erörterte deren Vorzüge. Nichts wurde diskret behandelt, nicht das eigene Intimleben und schon gar nicht das von anderen. Die Frau galt als Werkzeug des Vergnügens; man verehrte sie nur als Quelle der Sinnlichkeit. Physischer Genuß war das Wichtigste im Leben am Hof, und der wurde kunstvoll und mit Raffinesse zelebriert.

Peter war auf amourösem Gebiet völlig ahnungslos, er ging schlicht und grob vor, nahm ungeniert, was ihm in die Hände geriet.

Im Ausland wurde er von den Hofdamen attackiert. Sie wollten ihn gewinnen, mit ihrer Liebe und ihren Reizen beschenken, ihrer Liste von Eroberungen den Namen des russischen Monarchen zufügen.

Affären erforderten die Einhaltung bestimmter Regeln, und das brauchte Zeit, aber die hatte Peter nicht. Bälle und Salons waren ihm fremd, genau wie der höfische Luxus, wie Schmuck, schöne Kleidung und Kartenspiel.

In Rußland hatte er sich einmal überreden lassen, mit auf eine Treibjagd zu gehen. Der Zar mußte die Tradition wahren – schon sein Vater und sein Großvater hatten sich an Treibjagden beteiligt. Am festgesetzten Tag erschienen die Bojaren mit vielen Hunden und deren Wärtern. Peter betrachtete die ganze lärmende Meute und ordnete an, die Jäger sollten die Diener wegschicken. Die Bojaren übernahmen die Hunde. Auf offenem Feld begann ein großes Durcheinander – die Bojaren hatten keine Gewalt über die Hunde. Die liefen zu den Pferden, fielen übereinander her, die erschrockenen Pferde rannten über den Acker, hörten nicht mehr auf ihre Reiter und versuchten sie abzuwerfen. Die Jagd fiel aus. Lachend kehrte Peter nach Preobrashenskoje zurück.

»Sollten wir nicht lieber Krieger sein als mit Hunden jagen?« sagte er zum Abschied. »Der Ruhm eines Zaren ist der Wohlstand seines Volkes, die Jagd aber ist der Ruhm der Hundewärter.«

Über die Rituale der Liebe, die galanten Gepflogenheiten eines Kavaliers erfuhr Peter zum erstenmal von König August, einem Meister der Verführung und des Lasters.

Doch in England erlag Peter den Reizen der Schauspielerin des Königlichen Theaters Laetitia Cross. Ihre Affäre währte nur kurz. Die hübsche, auf der Bühne wundervolle Cross machte auf Peter in der Liebe keinen Eindruck. Vielleicht war er von anderen Wundern in Anspruch genommen, vielleicht durchschaute er ihre Heuchelei, jedenfalls endete ihre Verbindung damit, daß er Menschikow beauftragte, der Schauspielerin im Namen des Zaren fünfhundert Guineen auszuhändigen, das waren tausendzweihundert Rubel. Die Cross äußerte Unmut über die Summe und nannte den Zaren geizig. Menschikow übermittelte Peter ihre Worte, und der erwiderte: »Für die Summe von tausendzweihundert dienen mir Greise mit Fleiß und Verstand, diese aber hat mir schlecht gedient.«

»Wie die Arbeit, so der Lohn«, stimmte Menschikow ihm zu.

Zurück in Moskau, dachte Peter sofort an Anna Mons. Er ließ alles stehen und liegen und fuhr gleich am ersten Tag in die Deutsche Vorstadt.

Anna hatte während seiner Abwesenheit nicht tatenlos dagesessen und auf ihren Zaren gewartet, sondern eine Affäre mit dem sächsischen Gesandten angefangen. Das hinterbrachte man Peter natürlich. Er wurde wütend, befahl, Anna unter strenger Aufsicht in Hausarrest zu sperren, ihr selbst den Kirchgang zu untersagen. Übrigens kamen die Einzelheiten des Treuebruchs rein zufällig ans Licht – der Gesandte ertrank, und in seinen Taschen fand man Liebesbriefe von Anna Mons.

Ihre Untreue traf Peter empfindlich. Monate vergingen, er sehnte sich nach seiner Deutschen, die Liebe blieb. Süße Erinnerungen quälten ihn. Hätte Anna mehr Takt und Verstand besessen, würde sie Reue gezeigt und ihn um Vergebung gebeten haben. Statt dessen griff sie auf Anraten von Freundinnen zu Magie, Hexerei und Beschwörungen. »Er soll nicht sein können ohne mich, nicht leben, nicht essen, nicht im Morgengrauen, nicht in der Abenddämmerung, wie ein Fisch ohne Wasser, ein Säugling ohne Mutter ...« und so weiter.

Schwarze Magie und Hexerei standen zu der Zeit unter strenger Strafe. Anna wurde verraten, unverzüglich wurde eine Untersuchung eingeleitet. Peter ließ sie einstellen, nahm der Undankbaren aber Haus und Güter weg. Menschikow redete ihm zu, sie aus Rußland auszuweisen – vergeblich.

Daß Anna Mons in Ungnade gefallen war, kam Menschikow sehr zupaß; wie jeder Günstling duldete er keinen Nebenbuhler, außerdem hatte sie es gewagt, ihn anzuschreien. Als er ihr einmal betrunken zu nahe getreten war, hatte sie ihn vor aller Ohren beschimpft, zudem auf seine homosexuellen Neigungen angespielt. Menschikow verzieh Kränkungen nicht. Seit Anna in Arrest saß und er den Zaren leiden sah, schmiedete er Pläne, ihn mit seiner Schwägerin Warwara zu verkuppeln. Eine aberwitzige Idee, aber Dreistigkeit hatte dem Fürsten schon oft weitergeholfen. Warwara war von äußerst bösartigem Wesen und obendrein häßlich. Die Verschwägerung mit dem Zaren hätte Menschikow ein für allemal den Makel der zweifelhaften Herkunft genommen und ihm eine sichere Position garantiert – alles, wovon er nur träumen konnte. Doch seine Bemühungen blieben ohne Erfolg. Peter vergnügte sich einmal angetrunken mit Warwara, und damit war sein Interesse an ihr erschöpft. Dafür interessierte er sich für Menschikows Stubenmädchen, die ehemalige Wäscherin von Feldmarschall Scheremetew, die zuvor Regimentswäscherin gewesen war und Freudenmädchen für die russischen Soldaten in Livland. Über ihr Vorleben ist nichts Genaues bekannt, sicher ist nur, daß die Livländerin reichlich Erfahrungen mit Männern besaß.

Dienerinnen waren häufige Partnerinnen des Zaren, vermutlich machten sie den Großteil seiner zahlreichen Frauen aus.

Nach dem ersten Rendezvous schenkte Peter der künftigen Zarin Katharina einen Rubel – kein vielversprechender Anfang. Wohin die Beziehung mit der gefangenen Livländerin Peter noch führen sollte, konnte Menschikow nicht ahnen; er brauchte sie nur, um Anna Mons aus Peters Herz zu verdrängen.

Ein Jahr verging. Ein Freund des ertrunkenen Sachsen, der preußische Gesandte Keyserlingk, bat mehrfach, den Hausarrest von Anna Mons aufzuheben. Naiv wandte er sich damit an Menschikow. Der brachte in Erfahrung, daß die schöne Mons es dem preußischen Gesandten angetan und wohl bereits ein Verhältnis mit ihm hatte.

Menschikow begann ein riskantes Spiel gegen Anna Mons, an

dessen Erfolg er keinen Augenblick zweifelte. Er gab Keyserlingk zu verstehen, daß der Zar seiner Bitte stattgeben könne, wenn gewichtige Gründe dafür sprächen, etwa seine Absicht, Anna Mons zu heiraten. Nach einigem Überlegen stimmte der Gesandte zu, doch Menschikow verlangte Beweise. Wenn sie schriftlich bitten würde, Herrn Keyserlingk heiraten zu dürfen, dann ...

Menschikows Rechnung ging auf.

Nachdem er das geforderte Dokument erhalten hatte, ging er zu Peter und berichtete ihm von Keyserlingks Bitte, wobei er seine Empörung äußerte: Wie könne sie den alten, krumm- und kurzbeinigen Gesandten ihm, dem Zaren vorziehen!

»Alles Schwindel«, sagte Peter, »ich weiß sicher, daß sie mich liebt, das kann mir niemand ausreden.«

Menschikow wandte ein, Keyserlingk sei ein ehrlicher Mann und würde nicht lügen.

»Nein, nein«, beharrte Peter, »das kann nicht sein.«

Da überreichte ihm Menschikow Annas Bittschrift.

Peter las sie mehrmals, knüllte sie zusammen und schleuderte sie Menschikow ins Gesicht.

»Das glaube ich nicht. Das sind deine Intrigen. Das soll sie mir selbst sagen.«

Die Liebe zu Anna Mons war stärker, als Menschikow dachte. Er hatte auf Peters Stolz gehofft, aber der wollte Anna um jeden Preis behalten.

Das Schicksal gab Anna Mons noch eine Chance, ihr Leben grundlegend zu verändern, russische Zarin zu werden.

Sie hörte Peter gleichmütig an, unterbrach ihn dann und bestätigte, daß sie Keyserlingk heiraten wolle und niemand anderen.

Peter fluchte obszön. Eine solche Schlampe wolle sowieso niemand besteigen außer diesem Trottel. Wer sei sie denn: eine hohle, dumme deutsche Wirtshausdirne. Er war erzürnt – sie hatte ihn abgewiesen! Die Krone zurückgewiesen!

»Um einen Zaren zu lieben«, sagte er, »braucht es einen königlichen Geist. Den hast du nie gehabt!«

Er konnte sich nicht beruhigen.

»Wenn du so wenig an mich gedacht hast, dann brauchst du auch mein Bild nicht mehr!«

Damit nahm er ihr das brillantgeschmückte Porträt. Ohne Bedenken, daß es sich für einen Zaren nicht ziemt, kleinlich zu sein, einer Frau Geschenke wieder wegzunehmen.

Aber dieser Ausbruch hatte noch nicht viel zu bedeuten. Die Geliebte kann dumm sein und eine Schlampe – ihr wird alles nachgesehen, solange sie geliebt wird.

Zum Namenstag des Zaren wurde ein Empfang gegeben, zu dem auch das diplomatische Korps geladen war. Menschikow machte Keyserlingk betrunken, trank selbst viel und sprach von den Kränkungen, die ihm Keyserlingks Verlobte zugefügt habe. Die Mons, diese Hure, habe den Zaren ausgeplündert, sie sei ein lasterhaftes Weib, habe jeden rangelassen – Menschikow, Lefort. Sie werfe sich jedem an den Hals.

Keyserlingk riß die Geduld, er verteidigte Anna, wandte sich an den Zaren um Beistand: Die Ärmste schmachte schon seit Jahren im Arrest, ihren Brüdern sei der Dienst für den Zaren verwehrt, ebenso Reisen ins Ausland. Ob er nicht aus Anlaß seines Feiertages Gnade walten lassen könne.

Peters Antwort war bemerkenswert. Der Gesandte berichtete seinem König mit deutscher Gründlichkeit darüber: Er, der Zar, habe die Jungfrau Mons für sich erzogen, in der aufrichtigen Absicht, sie zu heiraten, da aber Keyserlingk sie verführt und verdorben habe, wolle er weder von ihr noch von ihren Brüdern mehr wissen noch hören.

Der Preuße versuchte beharrlich, seinen Ruf zu verteidigen. Er sei ein ehrenhafter Mann, niemand könne beweisen, daß er Fräulein Mons verdorben habe, ausschließlich aus Mitgefühl habe er sich ihr genähert, und wenn sie ihm die Ehre erweisen wolle, dann möge man bedenken, daß sie beide niemals gewagt hätten, gegen den Willen Seiner Majestät zu handeln, sie seien nur dem Rat des Fürsten Menschikow gefolgt, der ...

Peter hörte Keyserlingk gar nicht zu Ende an und verließ gereizt den Saal. Nun verhöhnte Menschikow den Gesandten erst recht, beschimpfte ihn mit so saftigen Worten, daß die Damen sich lachend die Ohren zuhielten. Er spottete über die Männlichkeit des Deutschen, über seine krummen Beine: Wie habe er es nur wagen können, dem Zaren in die Quere zu kommen, was sei er denn im Vergleich zu diesem – ein Wurm, ein Nichts, eine Mißgeburt. Dabei kam er Keyserlingk immer näher, bis dieser ihn zurückstieß. Den Degen hatte man ihm am Eingang abgenommen – sonst hätte er ihn wohl jetzt gezogen, um seine Ehre zu verteidigen. Er schrie:

»Fürst, Sie nutzen Ihren Vorteil aus; wären wir an einem anderen Ort, würden Sie es nicht wagen, so mit mir zu reden, Sie glauben, hier blieben Sie ungestraft. Ich erkläre Ihnen: Sie sind ein Lump!«

Der zurückhaltende, gesetzestreue Keyserlingk verletzte die diplomatische Etikette, er legte es darauf an, Menschikow zu einem Duell zu provozieren. Nur bedachte er nicht, daß das Duell erst fünfzig Jahre später nach Rußland kommen würde, vorerst verteidigte man seine Ehre hier mit der Faust, die Seine Durchlaucht auch umgehend einsetzte. Keyserlingk war schwächer als er und zudem in Handgreiflichkeiten ungeübt. Menschikow verprügelte ihn nach Strich und Faden. Vergebens versuchte Schafirow, ihm Einhalt zu gebieten, erinnerte ihn an die Unantastbarkeit des Diplomaten. Aber daran war nicht zu denken. Keyserlingk seinerseits trachtete, sich auf den Beinen zu halten – lieber antastbar, als auf dem Boden liegen.

Auf den Lärm hin erschien Peter, sah, wie der Gesandte verprügelt wurde, und fragte ihn, ob er beabsichtige, sich mit Degen zu schlagen. »Ja!« schrie der Deutsche. Daraufhin stürzten sich Handlanger des Fürsten auf ihn, stießen ihn hinaus, warfen ihn die Steintreppe hinunter, und Menschikow rief Gardeoffiziere herbei, die den Unglücklichen auf dem Hof weiter prügelten.

Am nächsten Tag entspann sich ein internationaler Skandal.

Eine Protestnote wurde eingereicht, eine schriftliche Erklärung verlangt. Alle Gesandten berichteten ihren Herrschern über den Vorfall. Es ging nicht nur um das Verhältnis zu Preußen, sondern auch um die Stellung der Diplomaten in Rußland. Die Regeln geboten eigentlich, daß der Gesandte sofort abreiste.

Molotschkow meinte, das hätte Peter vollauf zufriedengestellt: Keyserlingk wäre abgereist, Anna dagegen geblieben. Er hatte mit Menschikows Fäusten seine Eifersucht gestillt und konnte nun hoffen, daß Keyserlingk in Annas Augen entehrt war. Die Tage vergingen, Keyserlingk reiste nicht ab, er schrieb Briefe nach Berlin. Um in Rußland bleiben zu können, brauchte er eine offizielle Entschuldigung von Menschikow oder von der Regierung. Doch niemand dachte daran, sich zu entschuldigen. Unterhändler teilten ihm mit: Er könne in Rußland bleiben, wenn er selbst sich bei Menschikow entschuldige. Unerhört! Wie Sie wünschen. Es gab keinen anderen Ausweg, wollte er sich nicht von Anna trennen. Der Preis war unerträglich. Aber er zahlte ihn, opferte seine Ehre, quälte sich einen beschämenden Brief an Menschikow ab. Er nahm die ganze Schuld auf sich, erklärte reumütig, betrunken obszöne Worte gebraucht zu haben, und bat ihn, den Streit zu vergessen. Er verzichtete auf jegliche Vorwürfe. Es tut weh, diesen Brief zu lesen – so sehr sein erster Brief an den preußischen König vor Zorn sprüht, so demütig und zerknirscht wirkt seine Bittschrift an den Beleidiger.

Das Gerücht von der Verprügelung des preußischen Gesandten verbreitete sich rasch in ganz Europa. Es mußte etwas unternommen werden. Mit Keyserlingks Entschuldigung war der Affront nicht erledigt. Um den preußischen König zu besänftigen, sollten die von Menschikow herbeigerufenen Gardeoffiziere bestraft werden. Peter überlegte nicht lange: Sie sollten erschossen werden; das Urteil sei unverzüglich nach Berlin zu melden. Typisch russisch – von einem Extrem ins andere.

Der Gesandte war entsetzt, versuchte eine Begnadigung zu erreichen. Dennoch wurde die Erschießung vorbereitet, die Offiziere auf den Platz geführt, man verband ihnen die Augen, gab ihnen

Kerzen in die Hand, verlas das Urteil. Dann erschien Menschikows Adjutant und verkündete, auf Bitte des preußischen Königs werde ihnen verziehen. Der Konflikt war beigelegt, es gab eine Versöhnung. Menschikow schlug vor, das Ganze zu vergessen.

Auch der Zar äußerte sein Bedauern: In betrunkenem Zustand könne so etwas schon mal passieren.

Noch hoffte er, Anna würde sich von ihrem entehrten Bräutigam abwenden, aber nein, das tat sie nicht. Sie heirateten, und nun erst hob Peter den Arrest auf. Sein männlicher Stolz litt. Wie konnte Anna den unscheinbaren Preußen ihm, Peter, vorziehen, dem allseits bewunderten, gutaussehenden Mann; er war jünger, stärker, seinem Rivalen in jeder Hinsicht überlegen – warum also? Er fand dafür keine Erklärung, der Stachel saß ihm noch lange im Herzen. Daß Keyserlingk sich ehrenhaft verhalten hatte, zählte für ihn nicht. Eifersucht hat ihre eigene Wahrheit.

Lebhaft erörterten wir das rätselhafte Wesen der Frauen. Sie vereinbarten die widersprüchlichsten Dinge in sich, niemand wußte, wie man von ihnen loskam. Die Formel: Um einen Zaren zu lieben, braucht es einen königlichen Geist, war ein Schutzschild für Peters Stolz und befriedigte die Höflinge, reizte aber den Professor zum Widerspruch.

»Vielleicht ist Anna ja wirklich beschränkt, aber mir persönlich ist sie sympathisch. Nicht ohne Grund hing Peter so an ihr. Sie behaupten, sie sei geldgierig. Warum hat sie dann die Gunst des Zaren ausgeschlagen und damit alles, was ihr als seiner Auserwählten zugefallen wäre? Ich denke mir, entweder, sie war gekränkt, oder sie liebte ihren deutschen Gesandten von ganzem Herzen. Sie wußte doch, wie schrecklich der Zar in seinem Zorn war. Und zeigte dennoch keine Furcht, gab offen ihrem krummbeinigen Deutschen den Vorzug. Was für eine Frau! Es gehörte Mut dazu, den von Ihnen so gepriesenen Schönen abzuweisen!«

»Weil sie dumm war! Etwas anderes kann ich darin nicht sehen!« rief Molotschkow.

»Ich fürchte, die Liebe zu Peter läßt Sie voreingenommen urteilen.«

»Die Weiber sind anders gebaut als wir. Das ist das Problem«, mischte Geraskin sich ein. »Wir glauben, sie setzen ihr Gehirn ein, ihre grauen Zellen, aber sie denken mit dem Bauch, mit allen möglichen anderen Organen, darum ist ihnen praktisch nicht beizukommen. Wahrscheinlich hat dieser Deutsche sie mit Schöntun rumgekriegt. Blumen, Komplimente. Sie haben Kultur. Bei uns ist das Programm einfach: Angrapschen und Flachlegen. Und dann hat Menschikow ihn auch noch vermöbelt, wollte den Deutschen in ihren Augen demütigen. Verprügelt und die Treppe runtergestoßen. Wie kann man so was tun? Dabei hab ich mir auch mal die Finger verbrannt«, sagte Geraskin und steuerte ein Beispiel aus seinem, wie er es nannte, »persönlichen Dekameron« bei.

Die Person, auf die er ein Auge geworfen hatte, ein »tolles Mädchen«, interessierte sich für einen anderen. Der war ein »lächerlicher Wicht und außerdem Stotterer«. Bei einer Geselligkeit steckte Geraskin diesen »nichtigen Typ« in einem Wutanfall in den Kühlschrank. Er wollte ihn demütigen und seine eigene Männlichkeit beweisen, das Mädchen aber bedauerte den Schlappschwanz und wies Geraskin entschieden ab. Genau wie diese Deutsche, Anna Mons.

»Ach, ich hätte Peter erzählt, was meine Erfahrung mich gelehrt hat.«

»Was denn?« fragte Drjomow.

»Ich hätte gesagt: Majestät, wir müssen endlich begreifen, daß die Liebe kein Dietrich ist, sondern ein Schlüssel.«

Der Professor pflichtete Geraskin bei und lobte, wie ehrenhaft sich der Gesandte verhalten habe, ganz im Gegensatz zum Zaren.

Molotschkow war verblüfft. Er hatte Anna bislang immer mit Peters Augen gesehen, wie im übrigen auch vieles andere in dieser Zeit. Den Professor freute dieses Eingeständnis. Er habe die Geschichte noch nie für eine Wissenschaft gehalten. Nicht nur, weil sie ständig zurechtgebogen und für die Politik benutzt wurde, sondern auch, weil man in der Geschichte keine Experimente machen und die Resultate nicht überprüfen konnte. Der Historiker entwirft die Bilder der Vergangenheit so, wie er sie versteht. Große Historiker existieren ebenso wie die großen Philosophen – Platon und Schopenhauer, Feuerbach und Nietzsche – nebeneinander, wie in einer Galerie, jeder kann sich etwas nach seinem Geschmack aussuchen. Völlig anders als in der Physik oder in der Genetik.

Molotschkow versuchte nicht, die Geschichtswissenschaft zu verteidigen. Diese Sorge könne man den professionellen Historikern überlassen. Er kam wieder auf seinen Irrtum zu sprechen, wenn es denn einer war. Ja, er hatte sich Anna Mons so vorgestellt, wie Peter sie sah, das heißt so, wie Peter sie sehen wollte, als sie seine Gefühle beleidigt hatte. Das war für ihn von prinzipieller Bedeutung. Viele Jahre hatte er geopfert, um in die geheimsten Tiefen von Peters Ich einzudringen und dadurch ein ganz anderes Bild von diesem Menschen zu bekommen.

»Schließlich besteht eine Biographie, lieber Herr Professor, doch nicht aus der Aneinanderreihung von Ereignissen im Leben dieses Menschen. Peters Ich ist uns ebenso verborgen, wie es ihm selbst verborgen war. Wir sehen nur das Objekt, nicht das Subjekt – Peter hoch zu Roß, an Deck eines Schiffes, im Senat –, wir kennen seine Taten, seine Entscheidungen, aber wie sie entstanden sind, das wissen wir nicht. Warum hat er Anna nicht geschrieben, warum hat er sich so und nicht anders verhalten? Das läßt sich nur herausfinden, wenn man tief in sein Innerstes eindringt, dorthin, wo die unbewußten Leidenschaften brodeln, wo der Gedanke noch nicht zum Wort geworden ist – irgendwo dort ist das Ziel verborgen, das Programm, nach dem er handelt. Die Berufung, die angeborene Gabe; jeder von uns trägt so ein Programm in sich, es äußert sich in dem Drang zu etwas Neuem, in einer grundlosen Wehmut oder in dem Glück, das wir empfinden, wenn wir etwas verwirklichen können.«

Diese Gedanken veranlaßten Drjomow, uns von seinem Zerwürfnis mit einer Frau, zu erzählen, die er sehr geliebt hatte. Sie hatte ihn urplötzlich verlassen und war zu einem gemeinsamen Bekannten, einem liebenswerten Mann und mittelmäßigen Kostümbildner gegangen. Drjomow konnte keinen äußeren Anlaß, keinen Grund dafür erkennen. Sie hatten einträchtig zusammengelebt, er hatte sogar erwogen, sie zu heiraten. Und plötzlich ging sie, ohne jede Erklärung, ohne Tränen und ohne Trauer, als steige sie nur in eine andere Metro. Mit sonnigem Gleichmut, ohne Vorwürfe, ohne Aufregung. Es schien ihm absurd, daß sie diesen Bühnenbildner wirklich lieben konnte, früher hatte sie sich stets abfällig über ihn geäußert. Es war weniger die Trauer, die Drjomow zusetzte, als vielmehr Ratlosigkeit und verletzter Stolz, weil sie sich einem anderen zugewandt hatte, der ihm in keiner Weise überlegen war. Zwei Jahre lag die Geschichte zurück, und ihr Verhalten war Drjomow noch immer ein Rätsel und quälte ihn zuweilen heftig.

»Wahrscheinlich müßte ich mich mit ihren Augen sehen. Aber wie macht man das? Man müßte sein Innerstes nach außen stülpen. Sie haben es gut, Vitali Vikentjewitsch, Sie haben Dokumente, Briefe, und was habe ich? Nichts als meine Kränkung. Vielleicht hindert die mich ja auch daran, in die Seele dieser Frau zu schauen.«

Aber Molotschkow hatte nicht von der Seele gesprochen, die Seele sei etwas anderes, sie existiere im Grunde unabhängig vom Körper, sie sei für die Wahl zwischen Gut und Böse zuständig. Das Ich eines Menschen war für Molotschkow ein Chaos aus Wünschen, Leidenschaften, Trieben und Scham, zum Beispiel, wenn man sich entscheiden mußte zwischen ethischen Regeln und dem eigenen selbstherrlichen Wollen. Doch wie diese Entscheidung zustande komme, das wisse er leider nicht. Das Schicksal eines Menschen werde nicht nur von ihm selbst gelenkt, auch unbekannte äußere Mächte hätten darauf Einfluß.

»Das ist fruchtloses Philosophieren«, versicherte der Professor. »Das Gehirn des Menschen ist unfähig, sich selbst zu erkennen, genauso wenig, wie man sich an den eigenen Haaren aus dem Sumpf ziehen kann oder das Entstehen seiner eigenen Gedanken erfassen, den Moment, da sie sich in Worte kleiden. Einen Menschen kann man nur nach seinen Taten beurteilen. Das ist das einzig Reale. Peter besteht aus Taten, aus nichts sonst. Guten und schlechten. Was unterm Strich übrigbleibt, das ist die Lebensbilanz. Bestrebungen und Hoffnungen zählen nicht.«

Sein Rigorismus stieß auf Widerspruch. Jeder normale Mensch müsse sich den Umständen unterordnen, man könne nicht von jedem Heldentum verlangen.

»Das ist die Rechtfertigung der Kleinmütigen«, meinte der Professor. »Der Mensch wird nicht als Held geboren, er macht sich zum Helden. Wenn ich hinterher weiß, daß ich mich den Umständen nicht hätte fügen müssen, daß ich in bestimmten Momenten hätte standhaft bleiben können, dann ist es zu spät, diese Erkenntnis zählt nicht.«

Molotschkow lenkte das Gespräch taktvoll auf ein anderes Thema, bot uns eine neue Geschichte.

5

Das Attentat

Auf Peter wurden mehrfach Attentate verübt, und jedesmal wurde er durch wundersame Umstände gerettet. Molotschkow schien zu glauben, daß Peter eine Art magischen Schutzschild besaß. Man brauchte nur die Geschichte der Verschwörung der Strelitzenobersten Zickler und Sokownin zu nehmen.

Nachdem Peter von ihren Plänen erfahren hatte, ordnete er an, die Verschwörer am Abend zu umzingeln und festzunehmen. Irrtümlich erschien er eine Stunde zu früh im Haus der Verschwörer. Verblüfft erhoben sich alle Anwesenden, um dem Zaren die gebührende Ehre zu erweisen. Peter ließ sich nichts anmerken, sagte, er habe im Fenster noch Licht gesehen und sei hereingekommen, um sich aufzuwärmen. Voller Selbstbeherrschung fand er den richtigen Ton, trank und unterhielt sich mit den Strelitzen. Unbegreiflich, worauf er hoffte. Aber er benahm sich so sicher, als wäre das ganze Haus von Soldaten umstellt, die nur auf seinen Befehl warteten. Man stelle sich vor: Niemand weiß, was im nächsten Moment geschehen wird. Peter begreift, daß er nicht mehr einfach aufstehen und gehen kann, daß er in der Falle sitzt. Aber länger bleiben darf er auch nicht. Einer der Strelitzen sagt zu Sokownin: »Es ist Zeit!« Sokownin flüstert zurück: »Noch nicht!« Peter erfaßt, was los ist, springt auf, streckt Sokownin mit einem Schlag zu Boden und ruft: »Wenn es für dich noch nicht Zeit ist, du Hundesohn, für mich schon. Fesselt die Schweine!« Alle sind verwirrt. Und im selben Augenblick, genau zur ausgemachten Zeit, dringen Soldaten und Offiziere ins Haus ein. Der Rest läuft ab wie in einem amerikanischen Thriller. So erzählt Jakob Stählin diese Anekdote. Inwieweit sie den Tatsachen entspricht, bleibt ungewiß.

Auch der nächste Fall hat etwas Mystisches. Die Rede ist von Alexander Kikins Attentat. Kikin, der als Kanonier in Peters Spielregiment angefangen hatte, wurde bald zu einem seiner engsten Vertrauten, begleitete ihn als Bursche auf Feldzüge, auf die Große Gesandtschaft, blieb mit ihm in Holland, lernte Schiffbau. Ein kluger, tüchtiger und gebildeter Mann, Sproß eines alten Adelsgeschlechts. Seine Vorfahren waren Bojaren bei Dmitri Donskoi. Kein Wunder, daß er den Emporkömmling Menschikow verabscheute, den neureichen, unverschämten Günstling. Die beiden gerieten oft aneinander, und der Zar nahm immer Menschikows Partei. Das empörte Kikin, brachte ihn zur Weißglut.

Peters Burschen waren stets in seiner Nähe, abends warteten sie, bis er eingeschlafen war, und legten sich dann im Nebenraum schlafen. Als Kikin wieder einmal Dienst hat, nimmt er eine geladene Pistole mit, wartet, bis Peter eingeschlafen ist, richtet sie auf dessen Kopf und drückt ab. Ein Versager. Er drückt noch einmal ab. Wieder ein Versager. Wütend wechselt er den Zündstein, überprüft den Abzug, überzeugt sich, daß alles in Ordnung ist, lädt die Pistole neu. Ein erneuter Versager. Hier gehen die Versionen auseinander – die einen erzählen, es seien zwei Versuche gewesen, andere sagen, drei.

Der Mißerfolg verblüffte Kikin. Soviel Zufall war undenkbar. Das waren keine bloßen Versager – göttliche Einmischung gebot ihm Einhalt. Vielleicht hatte der Allmächtige ihn beschützt und würde ihn nun bestrafen. Angsterfüllt weckte er Peter, fiel vor ihm auf die Knie, gestand ihm alles und zeigte ihm die völlig intakte Pistole. Er, Kikin, sei »unwürdig, auf der Erde zu wandeln.«

Peter überlegte und erklärte, Kikins Reue sei ein weiterer Beleg für Gottes Schutz.

Ob er selbst an seinen guten Stern glaubte oder ob ihm das von seiner Umgebung eingeredet wurde, ist schwer zu sagen. Kikin vergab er dieses Mal.

Eine zweifelhafte Geschichte, andererseits zu unwahrscheinlich, um erfunden zu sein.

Molotschkow war ernsthaft der Ansicht, Gottes Vorsehung habe Peter immer wieder geschützt. Er fand viel Unerklärliches in seiner Biographie.

Nach diesem Vorfall ernannte Peter Kikin zum Admiralitätsrat. Vermutlich war Peter überzeugt, Kikins Reue garantiere seine Treue, schließlich hatte er ein Zeichen Gottes erhalten.

Bald darauf wurde Kikin allerdings im Zusammenhang mit einer Bestechungsaffäre überführt und verurteilt. Sein Gut wurde konfisziert, er selbst verbannt. Kikin wandte sich mit einem Bittgesuch an Peter, der glaubte abermals an seine Reue, hob die Verbannung auf, gab ihm sein Gut zurück und ließ ihm seine Titel. Einige Jahre später wurde Kikin als Beteiligter an der Verschwörung des Zarewitsch Alexej entlarvt. Er war derjenige, der dem Zarewitsch geraten hatte, im Ausland zu bleiben und Verbindung zum französischen Hof aufzunehmen; er organisierte 1716 Alexejs Flucht. Kikin wurde zum Tode verurteilt. Peter war nicht nur erzürnt, sondern auch verletzt – Kikin, dem er zweimal verziehen, den er zweimal begnadigt hatte, hätte ihm eigentlich treu dienen, ihn lieben müssen. Statt dessen beging er nicht nur Unterschlagung – daran war Peter mehr oder weniger gewöhnt, wenn er sich auch nicht damit abfand – sondern hegte obendrein, das gestand Kikin unter der Folter, jahrelangen Haß auf den Zaren. Und obwohl Peter ganz von der Affäre um seinen Sohn in Anspruch genommen war, fand er doch die Zeit, den verurteilten Kikin aufzusuchen, um ihn zu fragen, was ihn veranlaßt hatte, »seinen Verstand für eine solche Untat zu verwenden«.

Es heißt, Kikin habe darauf ohne die geringste Reue geantwortet: »Der Verstand braucht die Weite, du aber hast ihn eingeengt.«

6

Der Brief an die Damen von Nöteborg

Auf dem Weg nach Moskau machte Peter Station in Wyschni Wolotschk, um sich anzusehen, wie der Kanal- und Schleusenbau voranging. Er wollte Wolga und Newa miteinander verbinden. Es war erste russische Großbaustelle.

Nach der Besichtigung kehrte er zum Essen in die Stadt zurück. Während er aß, sammelten sich vor dem Tor und im Vorraum Menschen. In Festtagskleidung kamen sie, den Zaren zu sehen und sich zu zeigen. Peter war sehr offen. Er mischte sich nicht speziell »unters Volk«, wie Molotschkow erklärte, das brauchte er nicht, denn der Kontakt ergab sich ganz von selbst, bei der Arbeit. Nach dem Essen ging Peter hinaus. Während des Gesprächs fiel ihm ein Mädchen auf. Sie war hübsch und wirkte bescheiden. Sie stand ein Stück abseits, bemerkte die Blicke des Zaren, wurde verlegen und versteckte sich. Peter ließ sie rufen. Sie kam näher, die Hand vorm Gesicht. Er hielt das für mädchenhafte Schüchternheit, nahm ihre Hand und sagte, sie brauche sich nicht zu fürchten, sie sei ein hübsches Mädchen, sie solle nur bald heiraten, eine wie sie würde jeder gern nehmen. Bei diesen Worten lachten die umstehenden Frauen, einige unanständig laut und ostentativ. »Worüber lacht ihr dummen Weiber, darüber, daß das Mädchen bescheidener ist als ihr?« Darauf johlten die Frauen noch lauter. Peter fragte einen Bauern, der neben ihm stand, warum sie sich so ausschütteten.

»Sind sie vielleicht eifersüchtig, weil ich sie bemerkt habe?«

»Nein, Väterchen Zar, nicht deshalb lachen sie, der Grund ist ein anderer.«

»Welcher denn?«

»Du hast sie ein Mädchen genannt.«

»Was denn, sie ist schon verheiratet?«

»Nein, das ist es ja, sie ist eben nicht verheiratet.«

»Was dann?«

»Sie ist kein schlechtes Mädchen, sie ist fleißig, aber sie hat sich mit einem deutschen Offizier zusammengetan, der hier stationiert war und dann an einen anderen Ort abkommandiert wurde. Einen Sohn hat sie von ihm. Nun wollen unsere Mädchen nichts mehr mit ihr zu tun haben und lachen sie aus.«

»Das ist unrecht«, sagte Peter. »Wenn sie nichts Böses getan hat, warum ihr dann so lange noch Vorwürfe machen. Und sie obendrein beschimpfen. Ein Kind, das ist doch gut.«

Er hob die Stimme, damit alle im Vorraum und auf dem Hof ihn hören konnten.

»Seht zu, daß das unterbleibt. Ich befehle euch, sie fortan nicht mehr zu schmähen und zu meiden!«

Peter nahm erneut ihre Hand, streichelte sie und sagte, sie möge keine Angst haben und nicht traurig sein. Er bat sie, ihren Sohn herzubringen. Es war ein kräftiger zweijähriger Knabe. Peter streichelte ihn. »Ein prachtvoller Junge, der wird mal ein guter Soldat. Sieh zu, daß er gesund aufwächst.« Er küßte die Mutter, schenkte ihr Geld und fuhr davon.

»Wie rührend«, bemerkte der Professor. »Solche Geschichten über Väterchen Zar standen früher in den Volksschullesebüchern. Ihr Peter, Vitali Vikentjewitsch, ist so zuckersüß, von seinen Lippen fließt eitel Honig und er ist ein melancholischer, edler Beschützer. Ich bin sicher, Sie kennen auch ganz andere Geschichten über ihn.«

»War anscheinend ein ganz geiler Bock, der Peter«, sagte Geraskin träumerisch.

»Lassen wir mal das Flittchen«, sagte Drjomow. »Es geht doch um was ganz anderes – er war offen, hat den direkten Kontakt gesucht, sich für den einzelnen interessiert. Das habe ich schon lange bemerkt – ein Chef, der was taugt, der empfängt dich, hört dich an, nimmt sich die Zeit dafür. Wenn ein Chef nichts taugt, ist an ihn kein Rankommen, er ist dauernd beschäftigt. Paradox!«

Geraskin lenkte den Lehrer hartnäckig wieder auf das Thema »Peter und die Frauen«.

»Peter hat viel getan, um die russische Frau aus ihrem isolierten Dasein in den Frauengemächern herauszuholen und in die Gesellschaft einzuführen«, begann Molotschkow, aber dann lachte er und erzählte eine andere Geschichte.

Es war während der Belagerung von Nöteborg – so hieß bei den Schweden die Festung Oreschek. Peter nahm persönlich an den Kämpfen teil. Tag für Tag wurde die Festung von russischen Geschützen beschossen. Ohne Erfolg.

Auf dem unwegsamen Gelände blieben die Fuhrwerke hinter den Truppen zurück, ebenso die Belagerungskanonen. Im Oktober 1700, als der Schlamm die Wege unpassierbar machte, begann der Nordische Krieg bei Iwan-Gorod mit einem Mangel an Kanonenkugeln. Das Pulver taugte nichts. Die Artilleristen mußten die anderthalbfache Menge laden. Davon zerplatzten die Kanonen, Kanoniere starben. Angesichts dieser Zustände lief der Artilleriebrigadier Gummert zu den Schweden über. Peter hatte schlechte Militärberater, sie enttäuschten seine Erwartungen.

Beim Beschuß von Nöteborg wurde so manche Kanone unbrauchbar; ein Versuch, die Festung zu stürmen, scheiterte, weil die Leitern zu kurz waren.

Als die Russen die Festung umzingelt hatten, schickte Scheremetew, der Oberbefehlshaber der Armee, dem Kommandanten eine Botschaft: Die Schweden mögen sich ergeben, ihre Lage sei hoffnungslos, sie hätten von nirgends mehr Hilfe zu erwarten. Ironisch dankte der schwedische Kommandant in seiner Antwort untertänigst für die Erklärung, warum die Garnison sich ergeben solle, und erbat einige Tage Bedenkzeit, um die Erlaubnis seiner Obrigkeit einzuholen.

Diese Antwort mißfiel Scheremetew. Der Beschuß wurde wieder aufgenommen. In der Festung brachen hier und da Brände aus, schwarze Rauchsäulen stiegen in den trüben Oktoberhimmel.

Trommelwirbel mischte sich in den Kanonendonner. Aus dem Tor der Festung trat ein Trommler in Paradeuniform und marschierte auf die russischen Batterien zu. Der Beschuß wurde eingestellt. Der Trommler gelangte, ob Zufall oder Absicht, in die Kanonierkompanie des Preobrashenski-Regiments, das unter dem Kommando von Peter Alexejew stand. Er wurde zu ihm geführt und bat, ihn zum Oberkommandierenden zu geleiten, dem er einen Brief übergeben wolle. »Wo ist der Brief?« fragte der Hauptmann. »Er ist an den Feldmarschall gerichtet!« »Keine Angst, ich werde ihn übergeben.« Sprach's und erbrach mit seinen pulvergeschwärzten Händen umgehend das Siegel. Der Hauptmann war sehr groß, wie der Trommler später berichtete, hatte einen wilden Katerschnurrbart, das Haar klebte auf der schweißigen Stirn, der Hals war in einen Schal gehüllt – er wirkte einschüchternd, so daß der Trommler nicht mit ihm zu streiten wagte.

Der Brief kam von der Frau des Kommandanten. Sie bat den Feldmarschall im Namen der Offiziersfrauen »dringend, daß man gewähre, die Festung zu verlassen wegen der großen Belästigung durch Feuer und Rauch.«

Nachdem der Kanonierhauptmann den Brief gelesen hatte, äußerte er sich derb über die Garnisonsmetzen, die in einer Festung nichts zu suchen hätten, aber wenn sie nun mal da seien, sollten sie ruhig alles zu riechen bekommen. Dann lachte er plötzlich und sagte, er werde ihnen selbst antworten. Sofort schrieb der Schreiber auf der schwedischen Trommel die vom Zaren diktierte höfliche Antwort nieder – daß es keinen Sinn habe, den Trommler zum Oberbefehlshaber persönlich zu schicken, denn der werde »nicht gewillt sein, die schwedischen Frauen durch die Trennung von ihren Männern zu betrüben«, außerdem sei es für sie gefährlich, sich ohne Begleitung in russische Gewalt zu begeben. Zudem riet der Kanonierhauptmann galant, wenn die Damen die Festung zu verlassen wünschten, sollten sie doch ihre lieben Gatten mitnehmen.

Peters Antwort gefiel Anton Ossipowitsch.

»Ein Diplomat! Eine elegante Ablehnung ist das Schwierigste.«

»Was soll das eigentlich – mal gibt er sich als Hauptmann Peter Alexejew aus, mal als Zimmermann Michailow«, wollte Geraskin wissen. »Hatte er seinen Zarentitel satt?«

Molotschkow zuckte die Achseln.

»Er versteckte sich gern. Warum, kann ich nicht genau erklären. Beim Narrenkonzil trat er seine Macht an den Papst-Kaiser ab.«

»Das heißt, er hatte keine Angst, mal ohne Krone zu sein.«

»Er hatte keine Angst vor Konkurrenz«, sagte Anton Ossipowitsch. »In einer Monarchie gibt's keine Debatten.«

»Und was passierte weiter?« Drjomow verlangte nach einer Fortsetzung.

»Der Trommler wurde mit Wein bewirtet und zurückgeschickt. Sobald die Schweden die Antwort gelesen hatten, eröffneten sie vor Wut das Feuer auf die Kompanie des Zaren. Wieder mußten die schwedischen Damen unter Rauch und Feuer leiden.«

Alle Holzbauten der Festung brannten nieder. Die Hälfte der russischen Kanonen wurde durch die Überhitzung unbrauchbar. Die Russen griffen erneut an, drangen durch die von der Artillerie geschossenen Breschen. Die Schweden begossen sie mit Pech, beschossen sie frontal. Sie kämpften verzweifelt. Die Festung galt zu Recht als uneinnehmbar – hohe Mauern, nur ein schmaler Streifen Boden zwischen Festungsmauer und Wassergraben, so daß die Belagerer kaum Platz hatten.

Der Angriff dauerte dreizehn Stunden; immer wieder offenbarte sich die Unerfahrenheit der Russen, die Unzulänglichkeit der Belagerungsmittel. Das alles sah Peter von seiner Artilleriebatterie aus. Seine besten Gardesoldaten fielen. Die Schande der »Konfusion von Narwa« drohte sich zu wiederholen. Das brennende Pech setzte die Holztreppen in Brand. Die Angehörigen des Preobraschenski- und des Semjonow-Regiments, seine Lieblinge, seine Hoffnung, fielen vor den Mauern, Getötete steckten in den zu schmalen Mauerbreschen. Der »Kanonierhauptmann« konnte nichts für sie tun, sein Gesicht zuckte in Krämpfen. Seine Lippen zitterten, als er den Rückzug befahl. Doch da geschah etwas Unerhörtes: Der Oberst des Semjonow-Regiments verweigerte den Gehorsam.

»Sag dem Zaren, ich gehöre jetzt nicht mehr ihm, sondern Gott.«

Peter war nicht erzürnt über den Verweigerer, im Gegenteil, er frohlockte – wenn ein Offizier sich dem Zaren widersetzte, um alles Notwendige für den Sieg zu tun, dann war der erträumte Kampfgeist erwacht.

Seine Gardesoldaten und die Preobrashensker unter Major Karpow wiederholten den Angriff. Es gab kein Zurück; eigenhändig stießen sie die Boote ins Wasser und ließen sie stromab treiben. Nun hatten sie keine Wahl, sie mußten die Festung nehmen. Unablässig schwedischem Beschuß ausgesetzt, ging eine frische Abteilung unter Leutnant Menschikow auf die Insel. Wieder und wieder stürzten sie sich in den Nahkampf. Nichts und niemand konnte die Stürmenden aufhalten. Gegen Morgen ergaben sich die Schweden. Peter nahm von Schlippenbach den goldenen Schlüssel für das Festungstor in Empfang. Durch dieses Tor zogen die Reste der schwedischen Garnison ab. Ein beeindruckendes Bild: Peter in seiner dunkelgrünen Uniformjacke stand mit dem goldenen Schlüssel am Tor. Die schwedischen Soldaten – schmutzig, humpelnd, stoppelig, rußgeschwärzt, mit Brandwunden und Verbänden, zogen riesige gußeiserne Kanonen hinter sich her, die sie mitnehmen durften. Die Gewehre waren gesenkt, die unrasierten Wangen gebläht – beim Zielen und Schießen nahmen die Soldaten die Kugeln in den Mund, weil sie keine Hand frei hatten. Der Trommler, den Peter schon kannte, lief unter der Fahne. Seine Trommel schwieg. Die Frauen schleppten Bündel. Ihnen folgten, die Köpfe gesenkt, die schwedischen Offiziere. Sanitäter begleiteten Fuhrwerke mit Verwundeten.

Die russischen Soldaten, angeführt von Scheremetew und Peter, salutierten den standhaften Verteidigern der Festung. Zum Zeichen des höchsten Respekts durften die Schweden ihre persönliche Waffe mitnehmen, die Offiziere ihren Degen.

Peter ließ die Festung umbenennen in Schlüsselburg, gab ihr eine neue Fahne und ein neues Wappen und ordnete an, alle Belagerer mit Medaillen auszuzeichnen.

Die Geschichte schreibt den Sieg zwei Feldherren zu – Scheremetew und Repnin, und natürlich Peter.

Durch diesen Sieg haben nicht nur Offiziere und Soldaten viel gelernt, sondern auch der Zar selbst; seinen Moment der Schwäche würde er nie vergessen.

Bereits eine Woche später waren Gedenkmedaillen zu Ehren der Einnahme der Festung Nöteborg geprägt. Sie zeigten Peter und die Belagerung der Festung.

7
Vollständig übersetzen

Molotschkow hatte eine eigenwillige Art zu erzählen – ohne Einleitung, ohne jede Erklärung. Er begann immer unvermittelt, manchmal wußten wir gar nicht gleich, worum es ging.

Mit der Übersetzung wurde der Mönch Gawriil Bushinski beauftragt. Dabei kam es zu einem amüsanten Mißverständnis. Das Buch hieß »Einführung in die europäische Geschichte«. Peter persönlich hatte es angefordert; er wählte überhaupt eine ganze Reihe Bücher zur Übersetzung aus. Über Geographie, Architektur, Feuerwerkskunst, Gartenbau, Anatomie. Der Mönch gab sich große Mühe. Er konnte gut Deutsch und brauchte für die Übersetzung nur ein paar Monate. Mit dem Manuskript ging er zu einer Audienz bei Hof und hoffte auf den Dank des Zaren, weil er seine Arbeit früher als geplant geschafft hatte. Der Zar begrüßte die Besucher der Reihe nach. Bei dem Mönch angelangt, fragte er, wann die Übersetzung fertig sein würde. Das sei sie bereits, antwortete der Mönch, voller Vorfreude auf das ihm gebührende Lob. Zufrieden griff Peter nach dem Manuskript und blätterte darin, offensichtlich auf der Suche nach einer bestimmten Stelle. Er begann zu lesen. Auf einmal bemerkte der Mönch, wie sich das Gesicht des Zaren verfinsterte, seine Brauen sich drohend zusammenzogen.

»Was habe ich gesagt, was solltest du mit diesem Buch tun?«

»Übersetzen.«

»Und wo ist deine Übersetzung?« Peter stieß den Finger heftig auf den Abschnitt über den russischen Staat. »Was ist das? Stand das etwa so in dem Buch?«

Der Mönch erschrak. Er hatte beim Übersetzen die Kritik an Rußland einfach weggelassen. Die Passagen über die Unordnung im russischen Machtapparat, über den Alkoholismus, über Bestechung und andere unrühmliche Eigenheiten der Russen fehlten in seiner Übersetzung. Anderes hatte er abgemildert – zum Beispiel über die Faulheit – einiges freundlicher formuliert.

Peter hatte ein gutes Gedächtnis und ertappte den Übersetzer dabei, ganze Seiten weggelassen zu haben. Verärgert gab er ihm das Manuskript zurück.

»Tu, was ich dir aufgetragen habe. Laß alles genau so, wie es dort geschrieben stand.«

Und damit alle Anwesenden es verstanden, erklärte er: Er brauche den vollständigen Text keineswegs, um seine Untertanen zu schmähen; aber zu wissen, was man in anderen Ländern über die Russen dachte, sei nützlich für die Erziehung der Sitten.

Die »Einführung in die europäische Geschichte« war ein berühmtes Buch, geschrieben 1684 von dem namhaften deutschen Gelehrten Pufendorf. Er versicherte darin, der Mensch sei ein Vernunftgeschöpf, und darum sei der natürliche Zustand eines Staates nicht allgemeine Feindseligkeit, sondern Frieden.

Was genau vermißte Peter in der Übersetzung?

Die Russen verhielten sich, so schrieb der deutsche Autor, ebenso wie andere europäische Völker, ob in der Politik oder in allem übrigen, aber man müsse einschränkend sagen, daß sie wenig gebildet seien, von geringer Kultur, und daß die Priester grob wären und jedem Lernen abhold, nur mit ein, zwei Kapiteln aus der ganzen Heiligen Schrift vertraut. Ferner seien die Russen wild und unbeherrscht, maßlos stolz auf ihre eigenen Vorzüge und fremden Vorzügen gegenüber ablehnend. Sie hätten eine hohe Meinung von sich und seien blind für ihre eigenen Mängel. Abschließend bemerkte er, dieses sklavische Volk nehme die Grausamkeiten seiner Herrscher sklavisch hin und gehorche sogar gern. Bushinski hatte sich gescheut, eine solche Charakteristik zu übersetzen.

In ein Buch über die Geschichte des Krieges gegen die Schweden fügte Peter folgende Bemerkung ein: Früher, vor dem Krieg, hätten die Schweden die Russen etwa so beurteilt, wie der »brave

Historiker sie Pufendorf« beschrieben hat, nun aber würden sie anders denken.

Nach dieser Lektion, die Peter ihm erteilte, übersetzte Bushinski fortan jedes Buch ohne die geringste Auslassung.

Peter gab verschiedene Übersetzungen in Auftrag und formulierte so etwas wie Regeln für die Übersetzer. Er verlangte, sie müßten den Gegenstand des zu übersetzenden Textes beherrschen. Wer von den Wissenschaften wenig verstünde, müsse sie erlernen. Es reiche nicht aus, die Fremdsprache zu beherrschen, man müsse auch die eigene gut kennen, deshalb sei es besser, wenn der Übersetzer Russe sei.

»Und was geschah mit dem Mönch?« fragte Geraskin.

»Der Mönch übersetzte Pufendorf wortgetreu. 1723 übergab er Peter das Buch. Es wurde gedruckt. In einer späteren Ausgabe allerdings, nach Peters Tod, wurden die peinlichen Stellen doch weggelassen.«

Der Professor war begeistert, lehnte sich im Sessel zurück und strahlte vor Vergnügen.

»Vaterland, so kenne ich dich! Können wir es etwa dulden, daß ein Ausländer uns beschimpft? Wo wir doch so maßlos stolz auf uns sind! Als höchstes Verdienst gilt bei uns, als Russe geboren zu sein. Und als zweithöchstes, daß ein Russe besser ist als alle anderen. Wer das gesagt hat? Das braucht uns keiner zu sagen, das wissen wir einfach.«

»Sie haben etwas gegen die Russen«, sagte Anton Ossipowitsch.

»Und ob. Und zwar, weil ich Russe bin. Die Tscheljukins waren, nebenbei gesagt, Nowgoroder Bojaren. Ich mag die Russen nicht, weil ich Rußland in- und auswendig kenne, durch und durch, ich bin überall herumgekommen. Ja, wir wollen nicht wissen, wie andere uns sehen, das mögen wir gar nicht. Und wir selbst wollen auch nicht sehen, wie wir sind. Uns muß man mit der Nase in die Scheiße stupsen, damit wir etwas begreifen.«

Er sprach gelassen, sogar heiter, ohne sich zu ereifern. Als hätte er auf dieses Gespräch schon lange gewartet.

»Wofür soll man die Russen auch lieben? Erklären Sie mir das mal. Ein sklavisches Volk. Unsere Spielart der Sklaverei ist die beschämendste – die Lakaienhaftigkeit. Nehmen wir nur unsere Kellner. Keine Höflichkeit, keine Gastfreundschaft, sie sind Lakaien und Flegel. In jedem Russen stecken drei K: Knecht, Klotz und Kriecher. Wir sind Sklaven ohne Ketten und Aufseher. Die Freiheit ist für uns eine Stiefmutter. Bei uns wird bis heute Stalin verehrt. Er hat das Volk verhöhnt, in Lagern verfaulen lassen – egal. Die Menschen waren für ihn Dreck, und wir stimmen freudig zu: Jawohl, wir sind Dreck. Wir sind Schräubchen! Staub! Und zwar mit Freuden. Enthusiastische Schräubchen. Nennt mir irgend etwas, das unser Volk ohne Zwang erreicht hat! In der Nähe meiner Datscha ist ein See. Jedes Jahr werden dort Bänke aufgestellt, und jedes Jahr werden sie zertrümmert, in Brand gesteckt. Es stehen Mülltonnen da, aber niemand wirft seinen Müll hinein. Alles liegt in der Gegend herum, überall zerbrochene Flaschen, Glasscherben. Kakerlaken und Ratten, Säufer und Diebe, Spitzel und Aufseher – das sind die Wahrzeichen von Rußland. Im reichsten Land der Welt sind wir Bettler, uns selbst zum Hohn arm. Wir haben Seen und Flüsse verschmutzt, die Wälder gerodet, neben Kohlelagerstätten Abraumhalden aufgetürmt. Das ganze Land haben wir zum Gerümpelhaufen gemacht, und jetzt bieten wir uns Europa als Müllkippe an.«

Vermutlich hatte das alles den Professor früher einmal sehr aufgeregt, aber mit den Jahren war er abgekühlt und nun erinnerte er sich mit Wehmut und leisem Spott an seine frühere Leidenschaftlichkeit. Er war längst zu dem Schluß gelangt, daß unsere Population vom Standpunkt der Weltzivilisation gesehen schädlich war, daß wir nicht das Recht hätten, über dieses Land zu verfügen, daß man es uns wegnehmen müßte. Ein derart schlampiger Staat ist wirtschaftlich unverantwortlich. Das menschenleere Sibirien, der unerschlossene Norden – ginge es nach ihm, er würde Fremde ins Land holen, Japaner oder Deutsche, damit sie Ordnung schafften.

»In Deutschland hat mich jemand gefragt, woher ich komme. Als er hörte – aus Rußland, hat er mir auf die Schulter geklopft und lachend gesagt: ›Wodka! Dawai, dawai!‹ Das ist ihre Vorstellung von uns. Ich schäme mich, aus Rußland zu sein. Ein dummes Land. Eine Menge kluger Menschen, aber das Land ist dumm.«

»Unser Land hat der Welt Tolstoi, Dostojewski und Tschaikowski geschenkt«, sagte Anton Ossipowitsch.

Der Professor nickte höflich und erwiderte:

»Nein. Es hat sie trotz Rußland gegeben. Rußland hat seine Genies immer unterdrückt. Ein Talent wird bei uns nicht geduldet, es wird entweder verboten oder umgebracht. Erlauben Sie, daß ich Saltykow-Stschedrin zitiere: ›Was ist das für ein Staat?‹ fragte der Fremde. ›Das ist kein Staat‹, bekam er zur Antwort, ›das ist Rußland.‹

> Wer ein Lakai ist im Wesen,
> hat oft eines Hundes Natur,
> Wird er doch geprügelt, getreten –
> Den Herrn liebt er inniger nur.

Ich könnte auch Lermontow zitieren, Tolstoi oder Gorki – sie alle wußten, was Rußland wert ist. Oder Mereshkowskis Aufsatz »Der kommende Flegel«. Das sind wir. Der Flegel ist gekommen und hat der Welt seine Fratze gezeigt. Aber das ist noch nicht alles. Wir lieben niemanden, respektieren kein einziges Volk. Die Polen verachten wir – was haben die schon vorzuweisen? Die Deutschen können wir nicht ausstehen – sie sind Spießer, geizig und seelenlos. Alle Ausländer sind schlecht, weniger wert als wir, sind raffgierig und mißtrauisch. Wir verachten die Ausländer, aber zugleich beneiden wir sie, katzbuckeln vor ihnen. Ich habe neulich eine Creme gekauft, ein einheimisches Erzeugnis, aber es hatte einen englischen Namen, und der war auch noch falsch geschrieben.«

»Für solche Äußerungen kam man früher in den Knast«, sagte Anton Ossipowitsch, »und auch heute kann man dafür noch wegen Diffamierung belangt werden. Mit dieser Gesinnung sollten Sie nicht in Rußland bleiben, warum gehen Sie nicht ins Ausland?«

»Eine berechtigte Frage«, antwortete der Professor, ohne gekränkt zu sein. Er habe schon häufig daran gedacht, zumal seine Tochter mit ihrem Mann nach Deutschland ausgereist sei, sie hätten sich dort gut eingelebt, arbeiteten beide als Ärzte. Aber weggehen, das hieße aufgeben, seinen jahrelangen Kampf für null und nichtig erklären. Nein, lieber, wie es so schön heißt, auf dem Schlachtfeld fallen. Auf einen Sieg könne er nicht hoffen, aber er wolle auch nicht schmählich fliehen.

Da mischte Geraskin sich plötzlich ein. Er habe seine Söhne in eine Englisch-Spezialschule gegeben, damit sie die Sprache lernen und bei der erstbesten Gelegenheit ins Ausland gehen könnten. Man müsse sie schützen vor Drogen, vor Banditen, vor dem ganzen Schmutz – Rußland sei in jeder Hinsicht krank.

Doch obwohl alle dem Professor beigepflichtet hatten, kamen plötzlich Gegenargumente: Die Blockade zum Beispiel. Leningrad war die einzige Stadt, die sich im Zweiten Weltkrieg trotz Belagerung von allen Seiten nicht ergeben hat.

»Zählt das für Sie etwa nicht?« schrie Anton Ossipowitsch.

»Ich verstehe nicht, wie jemand, der in Petersburg lebt, so geringschätzig von unserem Volk denken kann«, sagte Drjomow. »Eine solche Stadt zu schaffen, das verlangt so viel künstlerischen Geschmack, so viel Liebe zur Newa. Ich rede nicht nur von der Architektur, ich rede von der Poesie der Stadt. Erinnern Sie sich an unsere Jugend, an die Bootsfahrten auf der Newa, die Weißen Nächte, die Inseln, die Rendezvous.«

Der Professor lachte sarkastisch. »Meine erste Liebe hat sich in einem nach Katzen stinkenden Treppenhaus abgespielt, auf einem Fensterbrett. Also erzählen Sie mir nichts von Rendezvous. Sie lebte im Wohnheim, ich in einer Gemeinschaftswohnung, zu fünft in einem winzigen Zimmer. Wo haben wir überall nach einem Plätzchen gesucht! Im Gebüsch des Kulturparks, zwischen Hundescheiße. Wir haben Fensterscheiben eingeschlagen, sind in einen Kindergarten eingestiegen. Nie konnten wir uns zum Beispiel ein Hotelzimmer nehmen, uns in ein Bett mit sauberen Laken legen.

Nur flüchtige Paarungen, wie bei den Tieren. Nichts ist von dieser jungen Liebe geblieben, die Erinnerung daran ist beschämend.«

In seinem Ton lag kein Triumph, auch keine Bitterkeit, vielmehr klang es, als wolle er Drjomow trösten und sich für seine harten Worte rechtfertigen.

Drjomow gab nicht auf. »Na schön, Sie hatten vielleicht Pech. Ich aber hatte Glück. Über jedes Volk kann man eine Menge Schlechtes sagen. Nicht alle sehen Rußland so.«

»Sklaven!« wiederholte der Professor starrsinnig. »Peter brauchte bloß zu sagen: ›Ich will euch die Zähne ziehen!‹, und alle haben sofort den Mund aufgerissen, sich dem verrückten selbsternannten Heilkundigen ausgeliefert.«

Drjomow stand auf, warf theatralisch den Kopf in den Nacken und hob die Hand.

»Kennen Sie die Geschichte des alten Rom? Ich habe mich früher einmal dafür interessiert. Sehr lehrreich. Erlauben Sie mir, meine Beobachtungen mitzuteilen. Ich habe viel über Nero gelesen – Sienkiewiczs ›Quo vadis‹, Kosztolányis ›Nero‹, Lewitzkajas ›Die Brüder Gracchi‹. Nero war zweifellos ein Psychopath. Und je schlimmer seine Krankheit wurde, desto größer wurde seine Macht. Alle wußten, daß er krank war, aber keiner sagte etwas. Er vergiftete seinen Bruder, tötete seine Mutter Agrippina. Sein Sadismus kannte keine Grenzen. Die freiheitsliebenden Römer nahmen seine Tyrannei ergeben hin. Jedesmal rechtfertigten und priesen sie ihn. Die Centurier, die Tribunen küßten Nero die Hände, trösteten ihn, nachdem er seine Mutter getötet hatte. Lukan rühmte ihn: ›Es gibt keine Gottheit, die dir nicht ihren Platz abtreten würde. Die Natur läßt dich zum liebsten Gott werden.‹ Er vernichtet, wen er will, ohne Grund, ohne Erklärung. Und die Opfer kommen ihm noch entgegen, ohne zu protestieren. Das ist ja das Schlimme. Es gibt keinerlei Gerichtsprozesse. Er zeigt mit dem Finger auf jemanden, und der Held tötet sich. Ohne Klage und Widerspruch. Vom Tribun unterrichtet, daß die Stunde gekommen sei, setzen die Römer sich in die Badewanne und schneiden sich die Pulsadern auf, einer nach dem anderen: Torquato, Petronius, Lukan. Auch mein geliebter Seneca, ein bemerkenswerter unabhängiger Denker, setzt sich, nachdem er Neros Urteil erhalten hat, in die Wanne und sieht zu, wie sich das Wasser rötet. Im Namen einer Null wird das Leben eines großen Mannes geopfert, ohne Klagen, ohne Widerstand. Plautus, der in Asien weilt und sofort Legionen zu seinem Schutz aufbieten könnte, legt statt dessen auf Neros Befehl seinen Hals unter das Schwert eines Eunuchen. Dem unbegabten Sänger und Schauspieler Nero werden Tausende Lorbeerkränze verliehen, die Statuen der olympischen Helden werden gestürzt und durch Nero-Standbilder ersetzt. Das ist es, was mich verblüfft.«

»Das kennen wir doch«, sagte Geraskin. »Ist ja interessant.«

»Eben. Vielleicht war es bei anderen ganz ähnlich. Bei den Spaniern oder bei den Hindus, was weiß ich, aber ausgerechnet die Römer!«

»Das war vor zweitausend Jahren«, sagte der Professor. »Im Zeitalter der Sklaverei.«

»Es ist immer der Mensch selbst schuld, nicht die Epoche«, sagte Drjomow überzeugt.

Molotschkow preßte die Lippen zusammen, seine blauen Augen blitzten; er wollte etwas sagen, unterließ es aber.

8

Die Schildkrötensuppe

Despotisch, zügellos, starrsinnig, archaisch wild – man hat Peter die verschiedensten Etiketten angehängt. Und alle lassen sich mit Tatsachen belegen. Der polnische Historiker Waliszewski hielt Peter für eine dunkle, furchteinflößende Natur, vergleichbar mit einem Urwald. Mal wird er als Henker bezeichnet, mal Falstaff, Napoleon oder Alexander der Große genannt.

Eine Zeitlang stellte Molotschkow ihn dar als einen Mann, der besessen war vom Dienst am Vaterland, und solche Menschen sind immer Fanatiker, bar aller normalen menschlichen Freuden und Leidenschaften.

Doch je tiefer er in die Materie eindrang, um so häufiger ließ er Peter aus der finsteren Verschlossenheit und schnurgeraden Zielstrebigkeit ausbrechen, verblüffte er uns mit Peters fröhlichem Lachen, seinen kindlichen Streichen.

Peter baute sein Sommerpalais genau gegenüber seinem ersten Häuschen, am anderen Newa-Ufer. Im Frühjahr, als es zu tauen begann, sprang er gern übermütig von Eisscholle zu Eisscholle ans andere Ufer. Sein Hofstaat beobachtete das verrückte Treiben entsetzt. Lachend genoß er das lebensgefährliche Spiel mit dem geliebten Element. Die Eisschollen klirrten, wenn sie zusammenstießen, knirschten, schoben sich übereinander; dazwischen strudelte schwarzes, eisiges Wasser. Menschikow versuchte einmal, Peter zu folgen, bekam aber Angst und gab auf.

Man könnte meinen, Peter habe in der Kindheit nicht genug gespielt. Streiche, Spiele und Spektakel begleiteten ihn sein ganzes Leben.

1723 ertönte eines Nachts in der Hauptstadt Glockengeläut von mehreren Glockentürmen. Die Menschen glaubten, ein Brand sei ausgebrochen, und rannten an die Stelle, wo sie hohe Flammen lodern sahen. Dort wurden die verschreckten, nur notdürftig bekleideten Städter von lachenden Soldaten empfangen. »April, April!« rief der Zar, der am Feuer das Kommando hatte.

Er ließ keine Gelegenheit aus, sich zu amüsieren.

In Dresden auf dem Jahrmarkt setzte er sich auf ein Holzpferd und trieb es an: »Schneller, schneller!« Die Karussellpferdchen drehten sich schneller, Peters Begleiter wurden aus dem Sattel geworfen, Peter lachte vergnügt und war glücklich wie ein Kind.

Anläßlich eines Friedensschlusses ließ Peter in Moskau ein Volksfest veranstalten, trank und aß mit allen zusammen, sang und tanzte auf dem Tisch. Seine Fröhlichkeit war ansteckend, er amüsierte sich wie ein Straßenjunge. Das Fest dauerte bis spät in die Nacht, und am nächsten Morgen ging er wieder früh an die Arbeit. Müdigkeit kannte er bis ans Lebensende nicht.

Bei einer Fahrt auf dem Don beobachtete Peter, wie ein holländischer Matrose eine Schildkröte fing, sie kochte und genüßlich verzehrte. Die Russen sahen entsetzt zu. Peter hieß den Koch, eine Schildkrötensuppe zu kochen und sie als Hühnerbouillon zu servieren. Nachdem alle das Gericht mit Behagen verzehrt hatten, verriet Peter, daß es aus einer Schildkröte gekocht war, und zeigte seinen Tischgenossen deren Panzer, woraufhin einigen übel wurde. Die Ärmsten wußten die Delikatesse nicht zu würdigen.

Neues führte er mit Gewalt, aber auch mit Humor ein. Als sich Admiral Golowin weigerte, einen Salat zu essen, weil er mit Essig zubereitet war, den man damals in Rußland noch nicht kannte, flößte Peter ihm ein ganzes Glas voll ein. Austern wurden mißtrauisch beäugt – er zwang seine Tischgenossen, sie zu essen, lachte über ihre Angst. Das war kein Sadismus, keine Sturheit, es war seine Art, Neues einzuführen. Ohne Aufschub, nach dem Vorbild des Herrn, der die Welt geschaffen hat, unermüdlich, Tag für Tag.

Immer wieder wurden Peter deshalb Vorwürfe gemacht. Zum

Beispiel, weil er den Bojaren gewaltsam die Bärte scheren ließ und sie zwang, ausländische Gewänder zu tragen. Dennoch kehrte nach seinem Tod niemand zum Früheren zurück, niemand ließ sich mehr den Bart stehen, niemand warf die deutschen Kleider ab. Man rasierte sich und stolzierte in europäischen Gewändern herum, mit modischen Perücken.

Er war ungeduldig, er nahm sich nicht die Zeit zum Umerziehen, er behandelte die Menschen wie ein Kind seine Puppen und Spielzeugsoldaten.

Wer sich nichts Kindliches bewahrt, ist zu bedauern. Peter blieb immer ein Wildfang, ein Spaßvogel und Lausejunge.

Er schrieb einen Brief an den Lieblingshund von Menschikow, mit der höflichen Bitte, er möge seinen Herrn nicht zu Hause aufhalten und ihn an seine dringenden Pflichten erinnern.

Zu Neujahr zog er mit einer Gruppe Kostümierter durch die Stadt, die vor den Häusern der Kaufleute Psalmen sang und sich bewirten ließ. Als ein Moskauer Kaufmann sich sträubte, wiegelte Peter die Menge auf und zwang den Geizhals, an jeden eine Strafe zu zahlen.

In Mitawa lernte Peter den Henker kennen und ließ sich dessen Werkzeuge zeigen. Peter handelte ihm eines seiner speziellen Henkersbeile ab und schickte es Romodanowski, dem Fürst-Kaiser seines Narrenkonzils, als Geschenk. Romodanowski schrieb dem Zaren, wie gut er mit dem neuen Beil Verbrecher köpfe.

Schwarzen Humor schätzte Peter ebenso wie fröhliche Scherze.

In Gesellschaft trank er zünftig, mitunter zwei, drei Tage hintereinander, aber er war kein Trinker, lag nie besinnungslos unterm Tisch. Manchmal fehlte ihm hinterher ein Stück Erinnerung. An Admiral Apraxin schrieb er einmal: »Wie ich Euch verließ, vermag ich wirklich nicht zu sagen, denn ich war schwer von den Gaben Bacchus'. Ich bitte, mir zu vergeben, sollte ich mich vor Euch schuldig gemacht haben. Und zu vergessen, was geschehen ist.« Apraxin war älter als Peter, und Peter hielt sich an die in Rußland seit altersher gültige Etikette: Die Achtung vor dem Älteren. Ein Adliger erhob sich vor einem Mann geringeren Standes, wenn dieser graues Haar hatte. Fürst Michail Golizyn, Senator und Generalfeldmarschall mit vielen Kriegsauszeichnungen, blieb noch mit sechzig Jahren stehen, solange sein neun Jahre älterer Bruder Dmitri nicht Platz genommen hatte. Niemand wagte, einen Älteren zu unterbrechen. Älteren gebührte stets der Ehrenplatz.

Peter ging gern zu Fuß. Den Spazierstock in der Hand, lief er zum Hafen, in die Schenken, setzte sich zu den Matrosen und Kaufleuten und fragte sie aus. Wenn auf der Straße ein Passant vor ihm stehenblieb und sich verbeugte, trat er zu ihm, faßte ihn an der Schulter und fragte:

»Was soll das?«

»Ich möchte meinen Respekt bekunden, Eure Majestät.«

»Mein Lieber, ich habe meine Geschäfte, du die deinen, also stehen wir nicht müßig herum.«

Er schaute gern im Palais von Apraxin vorbei, wo in der Galerie jeden Tag ab vier Uhr Tische mit kalten Speisen, Obst und Wein standen und jedermann bewirtet wurde, oder in der Fontanka, im Palais von Scheremetew, in dem jeden Tag für fünfzig Personen gedeckt wurde. Geladene und Nichtgeladene setzten sich zu Tisch, Wohlhabende und Bedürftige.

Wohltätigkeit offenbarte sich vor allem in der Fähigkeit zu speisen, einen Gast zu empfangen, egal, wann er kam. Die Gastfreundschaft machte den Ruf eines Hausherrn aus und seine Lebensfreude. Peter schätzte die russische Gastfreundschaft weit mehr als die ausländische. Er ging gern zu den Handwerkern, aß und trank mit ihnen. Überflüssige Ehrerbietung verbat er sich.

In England besuchte er das Parlament. Er staunte über die rege Aktivität der Opposition. Seitdem wiederholte er oft: »Nützliches will ich mir von jedem gern anhören, auch vom Geringsten. Arme, Beine und Zunge sind frei, jeder hat ungehindert Zutritt zu mir.«

Da er durch ganz Rußland reiste, war er dem Volk näher als mancher Gouverneur. Er taufte Kinder, besuchte Hochzeiten und Beerdigungen.

Als 1723 der Nordische Krieg beendet war, wollte er das Ereignis mit einem flammenden Schlußstrich markieren. Dafür wählte er das Haus in Preobrashenskoje, in dem einst über den Krieg gegen Schweden verhandelt worden war. Er ließ ringsherum Feuerwerkskörper aufstellen und dann das Haus anzünden. Es flammte auf, von allen Seiten sprühten Sterne, schossen Feuersäulen empor – grün, rot, blau. Die Flammen beleuchteten Peters mächtige Figur im grünen Kaftan, mit dem Dreispitz auf dem Kopf; stampfend tanzte er mit seinen geflickten Stiefeln und schlug das Tamburin. Feuerfontänen, ganze Sträuße sprühten am dunklen Nachthimmel. Peter mochte Symbolisches. Er verstand wenig von Musik und Malerei, um so mehr von der Kunst der Allegorie. Er schätzte Farcen, Mysterienspiele, dachte sich prächtige Gauklerspektakel aus und inszenierte sie selbst. Darin erzählte er von seinen Taten, seinen Erfolgen – eine Art Propaganda für seine Regentschaft. Andere Medien hatte er nicht zur Verfügung, nur so konnte er sich an das Volk wenden. Er benutzte gern Fabeln und Gleichnisse; sie entsprachen seiner kindlichen Phantasie. Auch dieses Feuerwerk in Preobrashenskoje gipfelte in einer Äsopischen Fabel: Herakles entdeckt auf einem schmalen Pfad einen Gegenstand, der aussieht wie ein Apfel, und versucht ihn zu zerteilen. Das Ding wächst auf das Doppelte an. Herakles läßt seinen Knüppel mit größerer Wucht darauf niedersausen. Es bläht sich auf, versperrt den ganzen Weg. Herakles wirft seinen Knüppel weg und verharrt erstaunt. Da erscheint Athene und sagt: »Hör auf, Bruder! Das ist die Zwietracht; solange du sie in Ruhe läßt, bleibt sie, wie sie ist, Kampf läßt sie wachsen.«

Die Kriegsepopöe war zu Ende. Zwanzig Jahre hatte sie ihn gekostet. Nun brach die Zeit des sieghaften Friedens an! Natürlich waren Siege ihm als Feldherrn und Flottengründer wichtig und schmeichelten ihm, aber weit wichtiger war ihm das friedliche Leben; er wollte sich um sein Lieblingskind kümmern, um die Akademie der Wissenschaften, wollte Expeditionen ausrüsten, Wunder der Natur sammeln, sich der Aufklärung widmen, den Wissenschaften. Eine neue Hauptstadt bauen. Danach strebte sein Innerstes.

Im Oktober 1721 beging Petersburg die Verleihung des Titels Peter der Große, Allrussischer Imperator, an den Zaren.

Am Abend gab es ein Feuerwerk. Geschützsalven dröhnten von allen Galeeren und von der Festung; die ganze Erde bebte.

Tausende Einwohner der neuen Hauptstadt beobachteten das Spektakel am Himmel.

Ein riesiger Schild flammte auf, darauf die Göttin der Gerechtigkeit, in der einen Hand eine Waage, in der anderen ein Schwert; mit den Füßen zertrat sie die Feinde Rußlands, symbolisiert durch eine Furie; auf dem Schild leuchtete die Inschrift: »Stets die Siegerin!« Daneben flammte ein weiterer Schild auf: Ein Schiff lief in einen Hafen mit der Aufschrift: »Ende gut, alles gut!« Feuerräder, Feuerregen, Leuchtpyramiden. Zwei Stunden dauerte die Vorstellung, die mehr war als bloße Unterhaltung. Peter demonstrierte den Zuschauern die Bedeutung der Siege und des erkämpften Friedens.

Ob es in Europa je Ähnliches gegeben hatte, wußte Molotschkow nicht. Die ausländischen Diplomaten jedenfalls, die die Feierlichkeiten in Moskau und Petersburg erlebten, waren begeistert. Zumindest für Rußland war dieses Schauspiel etwas Neues, aufregend, beeindruckend und unvergeßlich. Über den flachen sumpfigen Ufern, wo zwischen unfertigen Palästen schwarze Hütten standen, Rauch aus Erdhütten aufstieg, strahlten hell wie Diamanten phantastische Szenen, als nähmen die himmlischen Mächte Anteil an der russischen Geschichte, als beurteilten, beleuchteten und segneten sie das Werk der Russen.

Peter sei kompliziert, seine Seele geheimnisvoll und nicht zu analysieren, behauptete Molotschkow; seine Entscheidungen seien oft überraschend, manchmal absurd gewesen. Peter sei in keiner Hinsicht ein Durchschnittsmensch, er sei in allem groß, im Edlen wie im Üblen, sein Handeln sei nie vorhersehbar. Es sei riskant, ihn nur nach den Resultaten zu beurteilen. Bisweilen handelt er scheinbar seinem Charakter zuwider. Seine kindlichen Eskapaden könnte man seiner Ungezwungenheit zuschreiben, dem Spiel überschüssiger Kräfte, mündete der Übermut nicht mitunter in geplantem Spektakel und das Spektakel in Grausamkeit.

In Peter stecken viele Charaktere, die abwechselnd zutage treten, und es ist kaum auszumachen, welcher dominiert.

Peters Lust am Spiel belegt zum Beispiel folgende populäre Geschichte: Peter fährt in seinem Einspänner durch eine Moskauer Straße, und ihm entgegen kommt eine prachtvolle Kutsche, in der Fürst Romodanowski thront. Ihr voran reitet ein Adjutant und verjagt die Passanten mit dem Ruf: »Beiseite, Weg frei für den Fürst-Kaiser, Mützen ab!« Ein vielköpfiges Gefolge begleitet die Kutsche. Sie rasen vorbei, und Romodanowski richtet einen zornigen Blick auf Peter, der sich vor ihm verbeugt mit den Worten: »Sei gegrüßt, mein gnädiger Herr und Kaiser.«

Eine Stunde später überbringt ein Kurier Peter die Aufforderung Romodanowskis, sofort nach Preobrashenskoje in die Kanzlei zu kommen. Peter erscheint. Romodanowski fragt, ohne sich von seinem Sessel zu erheben: »Was soll der Stolz, der Hochmut von Peter Michailow? Warum hast du auf der Straße die Mütze nicht abgenommen?«

Linkisch rechtfertigt sich Peter: »Ich habe Eure Majestät nicht erkannt, Ihr habt ein Tatarenkostüm getragen.«

Der Fürst sieht mit seinem üppigen Schnauzbart und dem gesteppten Halbrock tatsächlich aus wie ein Tatare. Er hört Peter an, steht widerwillig auf, ohne zu erwähnen, daß der Adjutant den Fürst-Kaiser laut angekündigt hat. Sie gehen durch die Gemächer, der Zar läßt dem Fürsten einen Krug Wein bringen, für sich selbst Aniswodka, und bittet den Fürsten öffentlich um Vergebung für seine mangelnde Ehrerbietigkeit. Würdevoll erklärt der Fürst: »Ich verzeihe dir.«

Die Szene ist von beiden perfekt gespielt. Alle Anwesenden, die ganze Dienerschaft und Romodanowskis Beamte, nehmen die Demut des wirklichen Zaren und die Strenge des Fürsten ohne Erstaunen hin. Niemand fällt aus seiner Rolle, und niemand vergißt die wahren Machtverhältnisse.

Ein andermal war der Fürst-Kaiser gekränkt, weil Peter ihn zu einem Feiertag nicht gesondert beglückwünscht hatte, und sprach dem Zaren seinen Tadel aus, den Peter schuldbewußt akzeptierte. »Im letzten Brief geruhst Du über meine Schuld zu schreiben, daß ich Eure Staatsperson zusammen mit anderen angesprochen habe, und dafür bitte ich um Vergebung, denn wir Schiffbauer sind mit Rängen schlecht vertraut.«

Peter machte nicht zufällig gerade Romodanowski zum Fürst-Kaiser. Als Vertreter eines alten Adelsgeschlechts war er Peter ebenbürtig, dem Amte nach, als Leiter der Geheimkanzlei, ein Erbposten übrigens, war er einer der bestinformierten Männer im Staat. In seinen Gefängnissen und Folterkammern liefen Verhöre, Untersuchungen, Denunziationen. Er trank; wer nicht trank, war für dieses Spiel ungeeignet, überhaupt mußte jeder in Peters Umgebung trinkfest sein. Der Fürst-Kaiser unterschied sich von anderen durch Ehrlichkeit und Geradlinigkeit. Seine Uneigennützigkeit gestattete ihm, souverän zu bleiben, dem Zaren zu widersprechen, dessen Tadel mit noch treffenderem Tadel zu parieren.

Als Peter ihn in einem Brief aus Holland wegen unnötiger Grausamkeiten bei der Bestrafung mit Aufrührern tadelte, die er zudem betrunken vorgenommen habe, antwortete Romodanowski: »Das trifft zu für jene, die Muße haben und sie nutzen, um Iwaschka zu besuchen, wir aber handeln besser, denn wir berauschen uns nicht am Wein, sondern baden täglich in Blut.«

Als Iwaschka bezeichneten die Mitglieder des Narrenkonzils ein Saufgelage.

Der Hof des Mimikry-Zaren Romodanowski war recht luxuriös. Sein Jagdgefolge bestand aus fünfhundert Mann; man katzbuckelte vor ihm, fürchtete ihn, und das nicht ohne Grund, denn er kannte keine Gnade. Seine Scheinwürde trug er voller Stolz; er schien gegen jeden Spott gefeit, als kenne er den Sinn des Spiels, das der Zar erfunden hatte.

Zweifellos war er Peter aufrichtig ergeben, respektierte und teilte seine Reformideen. Peter wußte, wem er den Rang des Kaisers verlieh.

Eine Legende, die von mehreren Zeitzeugen überliefert wurde, erzählt, wie Fürst Romodanowski Peter in einem schwierigen Moment beistand. Nach der Niederlage bei Narwa wußte Peter nicht, wie er den Krieg fortsetzen sollte; die Staatskasse war leer, Geld nirgends zu beschaffen. Peter zog sich von allen zurück. Nach mehreren Tagen drang trotz Verbots der Fürst zu ihm vor und beschwor ihn, er möge ihm seinen Kummer offenbaren. Dann fuhr er mit Peter in den Kreml, in die Geheimkanzlei, zeigte ihm eine hinter einem Bücherschrank verborgene Eisentür, löste das Siegel und schloß auf. In dem Geheimfach lagen Silbergeschirr, holländische Münzen, Pelze, teure Gewänder. Ein Teil war vermodert, doch von dem Rest konnte Peter die Truppe auszahlen, Lebensmittel, Ausrüstung, Pulver und Munition kaufen.

Diese Reichtümer, so erzählte der Fürst Peter, habe ihm der verstorbene Zar Alexej Michailowitsch zur Aufbewahrung übergeben und ihn gebeten, sie nur im äußersten Notfall anzurühren.

Was immer an der Geschichte wahr ist – jedenfalls hatte Peter zu Romodanowski stets besonderes Vertrauen.

Der Sieg bei Poltawa wurde gefeiert. Auf dem Weg zum Kreml passierten die Sieger feierlich drei eigens dafür errichtete Triumphbögen. Kolonnen schwedischer Gefangener wurden durch die Straßen geführt, auf Wagen lagen Trophäen: Kanonen, Fahnen, Standarten. Am Ende des Zuges lief der Premierminister des schwedischen Königs, der dicke Graf Piper. Acht Tage lang läuteten in Moskau die Glocken, es gab zu essen und zu trinken für alle, auch die Gefangenen wurden bewirtet. Unaufhörlich donnerten Kanonen.

Parallel zu den offiziellen Zeremonien fand auf der Wiese von Zarizyn ein sonderbares Spektakel statt. In einem provisorisch zurechtgezimmerten Holzpalast, in einer Art Thronsaal saß auf dem Thron der Fürst-Kaiser Romodanowski, dem alle der Reihe nach

Meldung erstatteten. Zuerst berichtete Feldmarschall Scheremetew, wie sie das schwedische Heer besiegt hatten, dann Menschikow: »Durch Gottes Gnade und das Glück Eurer Kaiserlichen Hoheit nahm ich General Löwenhaupt und seine ganze Armee gefangen.« Auch Peter berichtete, wie kühn er mit seinem Regiment bei Poltawa gekämpft hatte.

Mit einer Verbeugung überreichten alle dem Doppelgänger des Zaren ihre Berichte. Er dankte würdevoll, sie traten ab, und einige schwedische Gefangene wurden vor den Fürst-Kaiser geführt. Sie waren natürlich verwirrt, verstanden nicht. Wen hatten sie vor sich, wo war der echte Zar?

Doch für die Russen war alles klar, die Doppelgängerschaft ein Spiel, die Kehrseite der Medaille, eine Art Verfremdung, notwendig, um das Ereignis besser zu erfassen.

Geraskin begriff nicht, was die Historiker daran so herumrätselten. Wir Menschen von heute sollten doch wohl imstande sein, unsere Vorfahren, die vor dreihundert Jahren gelebt haben, als es noch keinen Strom und kein Benzin gab, zu verstehen. Es sei doch alles ganz einfach:

»Peter ist nie in Urlaub gefahren, hat gearbeitet wie besessen, er brauchte Entspannung. In Gesellschaft einen trinken, sich ausruhen, das ist doch ganz normal. Er wollte die Krone mal ablegen, sie einem anderen aufsetzen, dem er vertraute, und sich erholen. So sehe ich das.«

Molotschkow bestätigte, daß einige Historiker das auch so sähen. Doch zu dem Spiel gehörte mehr als nur der Fürst-Kaiser. Mit dreiundzwanzig rief Peter das Allernärrischste oder Allertrunkenste Konzil, bekannt als Narren- oder Saufkonzil, ins Leben, das er im Laufe der Zeit immer weiter ausbaute und festigte. An der Spitze stand der Patriarch oder Papst, Nikita Sotow, Peters ehemaliger Lehrer. Peter selbst nannte das Konzil verrückt. Er verfaßte ein Statut, das er ständig überarbeitete. Zum Konzil gehörten Peters engste Vertraute, die mit ihm tranken, sich amüsierten, Namenstage,

Siege und Schiffstaufen feierten. Narrenhochzeiten wurden ausgerichtet und Feiern zur Butterwoche, aber alles närrisch, entgegen den üblichen Bräuchen, entgegen dem gesunden Menschenverstand.

Bei den Gelagen führten der Fürst-Kaiser und der Allerheiligste oder Allernärrischste Sotow den Vorsitz. Der Fürst-Kaiser wurde nicht als Karikatur aufgefaßt, doch der Fürst-Papst, der Fürst-Patriarch – das war Spott, beinah Blasphemie. Aber vielleicht kommt uns das nur aus heutiger Sicht so vor.

Der Zug des Fürst-Papstes war ein Narrenumzug. Er saß rittlings auf einem Weinfaß, der Karren wurde von einem Ochsen gezogen, ihm folgten Gespanne mit Ziegenböcken und Schweinen, in denen »Kardinäle« saßen; alles pfiff, johlte, tanzte.

Wollte Peter die Geistlichkeit verspotten, vor allem die katholische? Bestimmt nicht.

1714 wollte Sotow unbedingt heiraten und überredete den Zaren, die Hochzeit auszurichten. Der Bräutigam war achtzig, die Braut sechzig. Sotows Sohn, ein Offizier, flehte den Zaren an, dieses entwürdigende Spektakel zu verhindern. Aber es war schon zu spät, Peter hatte bereits das ganze Zeremoniell inszeniert, die Kostüme waren bestellt, der Zar persönlich überwachte die Vorbereitungen. Ein Kanonenschuß von der Peter-und-Pauls-Festung kündete vom Beginn der Hochzeit. Der Zug bewegte sich vom Zarenpalast über die zugefrorene Newa zur Kirche. Am Ufer drängte sich das Volk, begleitete lachend den prächtig geschmückten Festzug. An der Spitze fuhr ein von vier Bären gezogener Schlitten mit dem Fürst-Kaiser, der als König David verkleidet war, eine Leier in der Hand trug und ein Bärenfell über den Schultern. Ihm folgte der Schlitten des Brautpaars, von einem Rentier gezogen. In weiteren Schlitten saßen Diplomaten, Senatoren, Admirale, protestantische Pfaffen.

Alle Kostüme hatte der Zar vorgeschrieben. Katharina war als Finnin verkleidet, Golizyn als Japaner; es gab Mönche, Tungussen. Die bunte Menge fiedelte auf Geigen, blies auf Hörnern und Flöten. Peter, als Pirat verkleidet, schlug die Trommel. Die Zuschauer lachten, johlten: »Der Patriarch heiratet!«, Glocken läuteten.

Auf dem Rückweg steigerte sich die Kakophonie noch.

Auf Peters Geheiß wurden die Gäste von vier Stotterern laut vorgestellt: »der b-b-beste hohlk-k-köpfige P-p-prahlhans, b-b-bis auf die S-s-seele g-g-ganz v-v-voller F-f-flicken«, »K-k-komand-d-dant aller F-f-fässer, ein T-t-trinker und F-f-freßsack.«

Vier Dickwänste, die gefahren werden mußten, waren als Schnelläufer verkleidet.

Die Stotterer gaben ihr Bestes, die Gäste amüsierten sich königlich, das Hochzeitsmahl steigerte sich zum Gelage, zur Orgie, zum Bacchanal.

Peter hatte immer neue Einfälle. Auch die Mitglieder des Allernärrischsten Konzils waren eifrig bei der Sache, zügellos vermischten sie Witziges mit Obszönem. Der Patriarch pinkelte von seinem erhöhten Sitz auf die Tafel, auf die Köpfe der Adligen, auf ihre Perücken, was die Gesellschaft ungeheuer erheiterte.

Nikita Sotow war der erste Lehrer des kleinen Peter gewesen und seitdem am Hof geblieben. Welche seiner Eigenschaften Peter veranlaßt hatten, ihn zur Parodie-Figur des Fürst-Papst zu küren, ist unbekannt. Sotow, ein Trinker mit eiserner Gesundheit, der auch im Alter noch problemlos tagelang feiern und trinken konnte, blieb bis zu seinem Tod Fürst-Papst, das Oberhaupt des Allernärrischsten Konzils.

Der Zar war sein Diakon. Peter stürzte sich mit Feuereifer in diese Vergnügungen, stand aber bisweilen mittendrin auf und verließ den Saal mit den Bildern von Bacchus, Cupido und Venus, um in seinem Kabinett Staatsverhandlungen zu führen oder ausländische Gäste zu empfangen. Und zog anschließend wieder sein Maskeradekostüm an und gesellte sich zu den anderen.

Dieser »Gesellschaft« gehörte auch der Beamte der Bojarenduma Andrej Vinius an. Der Sohn eines holländischen Meisters hatte sich Peters Vertrauen erworben. Von allen Reisen schrieb Peter immer auch an ihn, schilderte ihm seine Eindrücke; der Ton der Briefe ist scherzhaft, freundschaftlich. Doch als Peter eines Tages erfuhr, daß Vinius die Armee nicht ausreichend mit Medikamenten versorgte und die Lieferung von Artilleriemunition verzögerte, änderte sich der Ton der Briefe schlagartig, Peter kündigte Vinius an, er werde ihn eigenhändig behandeln, und beklagte sich beim Fürst-Kaiser, Vinius halte den Zaren hin. Menschikow nutzte die Gelegenheit umgehend, um Vinius der Gunst des Zaren endgültig zu berauben, ganz nach der Höflingsregel: Es darf nachgetreten werden. Schließlich wurde der fröhliche Spaßvogel Vinius aus der »Gesellschaft« ausgestoßen und aller Ämter enthoben. Weder die »Gesellschaft« noch gemeinsame Gelage schützten denjenigen, der seine Pflichten vernachlässigte – darin war Peter streng.

Geraskin blieb bei seiner Sicht der Dinge.
»Bei uns werden wichtige Angelegenheiten auch in der Sauna beredet. Ist doch normal.«
»Verzeihen Sie, das waren keine bloßen Saufkumpane. Das Konzil hatte ein Statut, richtige Ämter. Einen Monat vor Peters Tod, im eisigen Januar, sollte Matwej Golowin, ebenfalls auf Anordnung des Zaren, im Teufelskostüm an einem Umzug teilnehmen. Er stammte aus einem alten Bojarengeschlecht, war achtzig Jahre alt und zutiefst religiös; er weigerte sich. Man zog ihn aus, stülpte ihm eine Kappe mit Hörnern über und setzte ihn mitten auf das Eis der Newa. Der Greis erkältete sich und starb.
Das Vergnügen war verknüpft mit Gewalt; es herrschte eine Mischung aus Freiheit und Disziplin. Der sonderbare Orden despotischer Zügellosigkeit, der seine Anhänger durch die Umkehrung der Verhältnisse verband, schien Peters Phantasie zu entsprechen. ›Ein Dorf fuhr an einem Bauern vorbei, auf einmal bellte unterm Hund das Tor.‹ Das war die Tradition der Gaukler, wenn man so will, eine Methode, sich von Ängsten zu befreien.«
»Scheint ein Spaßvogel gewesen zu sein«, sagte Geraskin.
»Die Natschalniks heute treiben es noch schlimmer«, sagte Anton Ossipowitsch und lachte. »Die reinste Hurerei.«

»Ja, das können sie«, bestätigte Drjomow, »aber ohne jede Phantasie. Lassen die Mädchen auf allen vieren kriechen und stecken ihnen Blumen in den Hintern oder eine Möhre. Die Brüste mit schwarzem Kaviar einschmieren und dann ablecken – mehr fällt ihnen nicht ein.«

Über die Vergnügungen der Natschalniks wußte jeder etwas zu erzählen. Anton Ossipowitsch erboste sich besonders über die ehemaligen Komsomolfunktionäre, die wilde Besäufnisse und Sexorgien veranstalteten, von intelligentem Witz keine Spur. Bei Peters Konzil dagegen war keine Verkleidung zufällig, der Zar teilte jedem eine Rolle zu; jeder Titel war Parodie, das Ganze hatte Geist.

Molotschkow meinte, wir könnten den Sinn dieses Treibens von Peter und seinen Freunden nicht wirklich erfassen. »Sie wußten etwas, was wir nicht wissen«, sagte er. Am schwersten sei es für einen Historiker, die Menschen einer anderen Epoche zu verstehen.

Uns verstehen schon unsere Enkel nicht mehr, meinte er. Wie konnten wir uns abfinden mit Konzentrationslagern und den Repressionen und Stalin auch noch preisen? Sie verstehen es nicht, und wir können es ihnen nicht erklären.

Was bedeuteten zum Beispiel Peters Kostümumzüge? Betrunkenes Gejohle, Erbrochenes, eine Papstmitra mit dem Kruzifix, Kardinäle und daneben nackte Bacchantinnen. Nichts war ihnen heilig. Dennoch waren sie alle religiös, gingen in die Kirche. Mittendrin der Zar, der unumschränkte Herrscher über alles, über Menschen und Dinge, und es machte ihm Spaß, diese Macht abzutreten. Wie paßte das alles zusammen?

Natürlich suchen die Historiker nach Erklärungen, nach Motiven, warum Könige und Heerführer so und nicht anders gehandelt haben. Und wer am sichersten auftritt, gilt als der Kompetenteste. Selten dringt mal jemand zu den Widersprüchen vor, bedenkt die Auswegslosigkeit, in der sich die Menschen damals befanden. Ihre Entscheidungen waren oft intuitiv, unbewußt, erst nachträglich werden ihnen verschiedene Motive zugeschrieben. Molotschkow freute sich jedesmal, wenn er auf Widersprüche stieß, Dinge nicht enträtseln konnte. »Der Mensch ist ein Geheimnis«, sagt Dostojewski. Wahrhaftig: Kaum glaubte man eine Erklärung für Peters Handeln gefunden zu haben, warf er diese mit seiner nächsten Tat wieder über den Haufen.

Geschichtsschreibung besteht im Wesentlichen aus Hypothesen, tröstete sich Molotschkow, sie existieren nebeneinander, lösen einander ab. Wenn alles klar wäre, hätten es die Historiker viel zu leicht.

9

Der Kronleuchter

In der Nähe des Sommerpalais' befand sich die Hofdrechslerei von Andrej Nartow. Zusätzlich hatte sich Peter im Schloß einen Drechselraum einrichten lassen.

Andrej Nartow hatte die Kunst des Drechselns in Moskau erlernt und sein Wissen anschließend auf Peters Veranlassung in London und Paris vervollkommnet; seine Ausbildung entsprach etwa der eines heutigen Ingenieurs, beinhaltete Mathematik, Astronomie und Mechanik.

Peter war von Anfang an begeistert vom Drechseln. In kurzer Zeit hatte er sich bemerkenswerte Fertigkeiten angeeignet und Nartows Schüler überholt. Er schloß sich mit Nartow in seinem Drechselraum ein, oder, was noch häufiger geschah, ging in die Drechslerei, in der es viele Maschinen gab, band sich eine Schürze um und stellte sich an eine Werkbank.

Drechseln war damals an den europäischen Höfen Mode; Karl XII. zum Beispiel fertigte als Kind Nippes und Schächtelchen aus Elfenbein.

Seit Peter von der holländischen Werft zurückgekehrt war, sehnten sich seine Hände nach Arbeit. Nun benutzte er kein Beil mehr, sondern Frässpindel und Stechbeitel; die feinen, präzisen Handgriffe erforderten mehr Konzentration, verlangten volle Aufmerksamkeit. Die Drehbänke wurden von Fußpedalen angetrieben, man mußte den ganzen Körper einsetzen. Späne flogen, das Holz summte, und Peter entspannte sich. Es gab auch Maschinen mit Handkurbeln, die von Soldaten gedreht wurden, außerdem benutzte Nartow ein Wasserrad als Antrieb. Insgesamt gab es in der Werkstatt siebenundzwanzig Drehbänke.

Peter drechselte Kerzenhalter, Salzfäßchen, Löschsandbehälter, einen ganzen Kronleuchter, Kandelaber. Das Drechseln war nur die halbe Kunst, entscheidend war der Entwurf, der möglichst originell sein sollte.

Bisweilen wurde Peter von seinen Beamten bei dieser Arbeit gestört. Senatoren, Boten, Kuriere wollten an Ort und Stelle, sogar in Gegenwart von Nartow, Unaufschiebbares besprechen. Der Zar vertraute Nartow, zumal dieser keine überflüssigen Fragen stellte.

Einmal war Peter von der Herstellung eines Kirchenkronleuchters völlig in Anspruch genommen. Der Entwurf war schwer umzusetzen. Mit Nartows Hilfe versuchte Peter, den Leuchter aus einem ganzen Stück Elfenbein herzustellen, aber es zerbrach, und sie nahmen Holz. Drei Tage lang verbrachte Peter in seinem Drechselraum, gab Order, niemanden vorzulassen. Der Prokurator wurde abgewiesen, selbst die Zarin.

Auch Menschikow wurde von Peters Burschen aufgehalten, doch der schob sie beiseite und ging auf die Tür zu. Als sie ihm erneut den Weg versperrten, begann er zu brüllen, zu schimpfen. Auf den Lärm kam Nartow heraus, erklärte, der Zar sei beschäftigt und nicht geneigt, Besucher zu empfangen. Menschikow stieß ihn weg, aber Nartow ließ sich nicht einschüchtern, hielt den Fürsten gewaltsam zurück, schloß die Tür ab und stellte sich davor. Eine derartige Beleidigung konnte der allmächtige Menschikow nicht hinnehmen.

»Schön, Nartow«, sagte er, »daran wirst du noch denken.«

Die Rachsucht des Fürsten war allgemein bekannt, Kränkungen ließ er nicht durchgehen. Hätte Nartow auch nur mit der Wimper gezuckt, sich ängstlich gezeigt, hätte Menschikow ihn ohne Skrupel verprügelt; er hatte schon ganz andere vermöbelt, gegen ausländische Gesandte die Hand erhoben, zum Beispiel damals gegen den Preußen. Aber Nartow blieb ungerührt und schützte seinen Zaren. Der Fürst entfernte sich, wobei er wiederholte, das würde Nartow noch bereuen. Peters Burschen berichteten dem Zaren von Menschikows Besuch. Peter lachte. »Wo kann ich mich verstecken vor dem Suchenden und Drängenden?« Dann wandte er sich an Nartow: »Wer erdreistet sich gegen meinen Meister? Das will ich sehen. Banausentum duldet keine Kunst und keine Wissenschaft. Aber die Frechheit werde ich unterbinden. Andrej, gib mir Tinte und Papier!«

Er schrieb einen Zettel, den Nartow sogleich an der Tür befestigte: »Wer nicht befohlen oder gerufen wurde, der trete hier nicht ein, kein Fremder und auch kein Diener dieses Hauses, auf daß der Herr einen ruhigen Ort habe.« Dieser Befehl sollte als Schutzbrief dienen, auch gegen Menschikows Drohungen.

Niemand wagte es mehr, sie zu belästigen.

Fortan haßte Menschikow Nartow, und nach dem Tod des Zaren wäre es dem Meister sicher schlecht ergangen, doch Peters Order und die anschließende Zurechtweisung Menschikows schützten Nartow. Den Zettel bewahrte Nartow sein Leben lang als wertvolle Reliquie auf.

Den Kronleuchter schenkte Peter der Peter-und-Pauls-Kirche, um Gott zu danken für die Linderung seiner Beschwerden, die eine Bäderkur ihm verschafft hatte.

Peters Äußerung über das Banausentum, das keine Kunst und keine Wissenschaft dulde, war kein Zufall. Seine Drechselei stieß auf Unverständnis. Als Vergnügen, das einem Zaren gemäß war, galt die Jagd, doch Peter mochte sie nicht. Bälle, Gelage und Feste betäubten, lenkten ab, machten aber den Kopf nicht frei. In der Werkstatt entspannte er sich. Die Gesellschaft Nartows war ihm dabei mehr als recht.

Niemand ahnte, daß dieser unauffällige, wortkarge, fleißige Mann sich alles einprägte, was in der Umgebung des Zaren geschah. Jahre später verfaßte er seine Erinnerungen.

Ihn empörte das Gerede über Peters Grausamkeit. Wenn man eines Tages die Archive durchforste, so schreibt er, werde man entsetzt sein über all die Intrigen, die gegen den Zaren gesponnen wurden. Wer Peter nahestand, könne den Vorwurf, er sei hartherzig gewesen, nicht hinnehmen. Die Menschen wüßten nicht, was er ertragen habe, welche Ungerechtigkeiten er duldete, wie viele Schwächen und Verbrechen er verzieh.

Was genau er meint, wissen wir nur in Einzelfällen.

Über Peter wurde allerorten gemurrt: in der Familie, im Volk, im Senat. Der Metropolit von Rostow rief die Geistlichen auf, das »Ohr am Volk« zu halten, um zu hören, wie man den Zaren beschimpfte, ihn einen Bastard nannte und verbreitete, er habe sich an die Deutschen verkauft.

Aus Treue zum verstorbenen Zaren erzählte Nartow nichts, was er für unangemessen hielt oder was Peter ihm anvertraut hatte.

Doch auch das, was er in seinen Erinnerungen festgehalten hat, ist bemerkenswert.

Bei einem Rundgang mit Nartow durch die Kunstkammer sagte Peter zu dem sie begleitenden Leibmedikus: »Ich habe die Gouverneure beauftragt, Monster zu sammeln und dir zu schicken. Laß Schränke dafür bauen.« Und fügte nach einer kurzen Pause hinzu: »Wenn ich dir Monster schicken wollte, die es nicht ihrer körperlichen Gestalt nach sind, sondern ihren häßlichen Sitten nach, könntest du sie gar nicht alle unterbringen. Mögen sie getrost frei herumlaufen – man wird sie ohnehin erkennen.«

Auch ein Gespräch des Zaren mit Bruce und Ostermann in der Drechslerei hat Nartow festgehalten.

»Die Ausländer glauben, ich befehlige meine Untertanen wie Unfreie. Ich befehlige durch Erlasse. Die Erlasse sind gut für den Staat, nicht zu dessen Schaden. Englische Freiheit ist bei uns unangebracht. Man muß das Volk kennen und wissen, wie man es regiert. Wer Schaden sieht, wer Gutes erdenkt, kann sich ohne Furcht an mich wenden. Ihr könnt das bezeugen. Zu mir hat jedermann Zutritt, so er mich nicht müßig belästigt oder mir unnütz Zeit raubt, deren jede Stunde mir teuer ist.«

Das war sicher keine scheinheilige Phrase – die beiden waren schließlich seine engsten Mitarbeiter.

Einmal war Nartow zugegen, als Peter sein Vize-Admirals-Gehalt ausgezahlt wurde. Nartow wunderte sich, daß der Zar für seine Arbeit Geld bekam. Peter erklärte es ihm: »Dieses Geld ist mein eigenes. Ich habe es verdient und kann es nach eigenem Gutdünken ausgeben. Mit den Staatseinkünften dagegen muß ich sorgsam umgehen; dafür bin ich vor Gott verantwortlich.«

Peter zeigte Nartow den von Generaloberleutnant Münnich angefertigten Entwurf der neuen Befestigung von Kronstadt. Peter, der sich im Festungsbau auskannte, billigte ihn.

»Ich danke Dolgoruki, daß er mir diesen wunderbaren Ingenieur überlassen hat. Wenn die Sachsen und Polen ihn nicht in ihren Diensten zu halten vermochten, so werde ich ihnen zeigen, daß ich Fähige und Würdige zu belohnen weiß.«

Er ernannte Münnich zum Leiter des Ladogakanalbaus. Die Arbeit ging gleich zügiger voran, und nach einigen Jahren war der Kanal fertig.

Nartow hat es verstanden, Wesentliches auszuwählen, Fakten, die auch Jahrhunderte später noch interessant sind. Nartows Name ist nicht deshalb überliefert, weil er mit dem Zaren drechselte, sondern weil sich im Umgang mit ihm sein eigenes Talent entfaltete.

Peters mächtiges Kraftfeld induzierte bei anderen ein Echo, der Kontakt mit seinem Genie ließ jeden über sich hinauswachsen. Katharina, einst Wäscherin und dann Dienstmädchen bei Scheremetew, blühte neben Peter auf. In ihr erwachten Geist, Beharrlichkeit und das Geschick, Menschen zu lenken; sie gab ihrem Mann manchen guten Rat. Die simple Marketenderin, von Peter auf den Thron gehoben, erwies sich ihrer Position würdig, doch nach Peters Tod waren alle ihre Qualitäten wie weggeblasen, sie büßte ihre Souveränität ein und wurde schnell wieder zum Dienstmädchen.

Ein Genie ist eine Offenbarung, aber auch eine Art Strahlung, die die Entfaltung verborgener Talente bei anderen fördert.

In diesem Zusammenhang ist auch ein anderes Schicksal interessant, ein Mann, der ebenfalls von Peters Energie angesteckt wurde.

In der Waffenfabrik in Tula lernte Peter den Schmiedemeister

Nikita Demidow kennen, der ihm sieben selbstgefertigte Gewehre überreichte. Sie gefielen Peter, und er schenkte dem Meister hundert Rubel. Nachdem er mit Demidow gesprochen hatte, überschrieb er ihm obendrein einige Desjatinen Land bei Tula, damit er sein Geschäft ausbauen könne.

Der Zar belohnte also die großzügige Gabe des Schmieds noch großzügiger.

Nikita Demidow errichtete auf dem geschenkten Land ein Eisenwerk und belieferte die Artillerieverwaltung mit Kanonenkugeln. Für die Hälfte des Preises, den andere dafür verlangten. Das scheint unvorteilhaft, den Interessen eines Fabrikanten zuwider. Doch als Peter von diesen Lieferungen erfuhr, schenkte er Demidow »für die Dienste bei der Versorgung des Heeres mit Waffen« ein Stück Strelitzenland. Außerdem räumte er ihm das Exklusivrecht ein, Holz für Kohle und die Beschickung der Öfen zu schlagen. Weiterhin riet er Demidow, Erz aus Tobolsk zu verarbeiten. Woher Peter dessen Qualität kannte, ist unbekannt, aber es war in der Tat erstklassig. Demidow bekam die Schürfrechte für das Tobolsker Erz. Auch während des Krieges gegen Schweden belieferte er das Heer weiterhin zum halben Preis. Das brachte ihm neue Vorteile und Gewinne ein. So erwirtschaftete er trotz seiner niedrigen Preise nicht weniger als andere Fabrikanten, sondern wurde immer reicher. Er war nicht auf Profit aus, und das wußte Peter zu schätzen. Schwer zu sagen, wessen Absicht hier triumphierte, ob Peter mit den Privilegien für Demidow andere stimulieren wollte oder ob Demidow die Bestrebungen des Zaren geschickt nutzte. Die kluge Politik des einen provozierte kluge Reaktionen des anderen.

Niemand außer Nartow sah die Mängel des von Peter gefertigten Kronleuchters. Alle lobten lauthals das neue Werk des Zaren, priesen die Meisterschaft, die feine Arbeit, erinnerten an den Kerzenleuchter aus Ebenholz, den Peter zuvor hergestellt hatte. In Wirklichkeit war der Fuß dieses Leuchters unverhältnismäßig hoch und der Silberrahmen schlecht angepaßt. Nartow schwieg zu den Lobreden, zu sehr freute sich der Zar darüber, doch er hätte ihn zwingen müssen, die Arbeit zur Vollkommenheit zu bringen, Peter hatte das Zeug zu einem Meister, das richtige Augenmaß und einen Blick für Proportionen. Schade, daß er sich nicht entfalten konnte. Hätten diese Schmeichler die Medaillen mit den Ludwig-Porträts gesehen, die Nartow in Frankreich gemacht hatte, wüßten sie, was wahre Kunst ist. Die Franzosen hatten gestaunt, daß Nartow die Medaillen an seiner Werkbank besser herzustellen vermochte als ein Graveur. Bei sich zu Hause erntete Nartow nie solches Lob wie im Ausland.

Der Zar selbst spürte seine Unvollkommenheit. Bei einem Besuch im neuen Haus Nartows, das er ihm geschenkt hatte, sagte er: »Ich muß die Lehre bei meinem Drechslermeister zu Ende bringen.«

Meisterschaft reizte Peter. Schon bei Leeuwenhoek in Amsterdam hatte er begriffen, daß der Weg dorthin ebenso süß wie qualvoll war: Zwanzig Jahre optische Gläser zu Linsen schleifen, Hunderte, Tausende winziger Linsen für Mikroskope. Leeuwenhoek hatte sich ganz und gar seinen Mikroskopen verschrieben, und Peter beneidete ihn.

Peter war nicht an systematisches Denken gewöhnt und hatte keine Zeit für gründliche wissenschaftliche Studien. Er nahm alles im Vorbeigehen auf, wenn er sich die Wirkungsweise einer Maschine ansah oder mit einem neuen Phänomen konfrontiert wurde. Sein Wissensdurst war despotisch. Gefahr oder Verbote konnten ihn nicht aufhalten. Die Menschen waren für ihn nichts anderes als Holzrohlinge, aus denen man dies oder jenes machen konnte. So zog er seinen Untergebenen kranke Zähne, egal, ob sie das wollten oder nicht. Für ihn zählte nur die Praxis, er war ein Experimentator. Der Patient war ein wissenschaftliches Objekt. Einige Dutzend Zähne zog er, bis er es wirklich beherrschte. An einem Patienten probierte er Methoden zur Behandlung der Wassersucht aus. In Holland versuchte er sich im Sezieren einer Leiche, zwang auch seine Vertrauten dazu. Er wühlte in den Eingeweiden, tastete nach der Milz, der Leber.

Warum? Die Wissenschaft entstand aus der Neugier. Neugier ist eine Eigenschaft alles Lebendigen, ob Hase oder Elster, Kröte oder Tiger. Überall gibt es Rätsel, die Natur fordert die Neugier heraus.

Neugier ist das Metier des Forschers. Den echten Wissenschaftler treiben nicht Ruhmsucht oder die Sorge um das Wohl der Menschheit, er ist einfach neugierig, wie DAS gebaut ist, was DA DRIN ist, und was passiert, WENN.

Als in der Peter-und-Pauls-Kirche das Glockenspiel eingebaut wurde, stieg Peter auf das Gerüst, um es sich anzusehen. Ihn interessierte, wie Gravuren entstanden, wie Segeltuch gewebt und wie Pech erzeugt wurde. Überall mischte er sich ein, niemanden ließ er in Ruhe. Er belehrte den Senator Mussin-Puschkin, wie ein Signalbuch für die Flotte auszusehen habe – klein genug, um es in die Tasche stecken zu können. Vorsichtshalber machte er eine Skizze, bestimmte die Schrift, in der es gesetzt werden sollte, und half dabei gleich noch, eine neue, klarere typographische Schrift zu entwerfen. Anschließend gründete er die erste russische Zeitung, die »Wedomosti«, und reformierte das Alphabet. Er veranlaßte die Produktion blauer holländischer Ofenkacheln und ordnete an, daß darauf Szenen aus dem russischen Alltag abzubilden seien. Er rief Trommler zusammen und zeigte ihnen, wie man die Marschtrommel schlägt.

Seine Rechtfertigung lautete: Holz brennt nur, wenn es angezündet wird. Das Land brauchte Meister ihres Fachs, vor allem Handwerker. Das Handwerk ernährt, wird von Generation zu Generation weitervererbt, dem Handwerk gebührt Ehre. Bei einem Besuch in Kiew ging er zuerst zu den Handwerkern im Stadtteil Podol, verbrachte dort mehrere Tage bei Schmieden, Uhrmachern, Mechanikern, Schustern, Glasern und Papierschöpfern.

Die neue Schrift war eine wichtige Reform. Die frühere Kirilliza war unpraktisch, ähnlich wie die gotische Schrift im Deutschen. Peter eliminierte die Zeichen über den Zeilen, vereinfachte die Schrift. Eigenhändig und mit einem sicheren Gefühl für die richtigen Lösungen korrigierte er die Buchstaben, und zwar so gut, daß sie bis heute kaum verändert wurden.

So stieß er Stück für Stück das riesige, eingerostete Rußland aus seiner jahrhundertealten Bahn.

Unterstützung fand Peter bei gebildeten Russen, bei Menschen, die die westliche Kultur nicht abschreckte, sondern anzog. Viele Adlige besaßen gute Bibliotheken. Dmitri Golizyns Büchersammlung zählte rund dreitausend Bände. Berühmt sind die Bibliotheken von Bruce, Scheremetew und Matwejew; eine für die damalige Zeit sehr umfangreiche Bibliothek besaß Menschikow. Den Grundstock zu Peters eigener Bibliothek hatte bereits sein Vater gelegt, er selbst ergänzte sie vor allem mit Büchern über die Seefahrt und den Schiffbau.

Alles ging ihm leicht von der Hand, in allem fühlte er sich sicher. Darum belehrte er jedermann so ungeniert – wie dick Segeltuch zu sein hat, wie man eine Mühle baut, welche Nägel man für Stiefel benutzt. Mit dieser kleinlichen Bevormundung vergeudete er viel kostbare Zeit.

Menschikow meinte: »Peter mischt sich in alles ein.« Viele warfen ihm vor, er befasse sich mit Angelegenheiten, die nicht Sache des Zaren seien. Aber er konnte nicht anders, er wußte, wenn er sich nicht darum kümmerte, würde alles liegenbleiben oder durcheinandergebracht. Er war bereit zu lernen, Dinge von anderen zu übernehmen, die Rückständigkeit seines Landes einzugestehen.

10

Der Rigaer Hektar

Die erste Begegnung mit den Gepflogenheiten im Ausland verwirrte Peter. In Amsterdam rempelte ihn auf der Straße ein Junge an. Peter packte und ohrfeigte ihn. Der Junge riß sich los, lief ein Stück weg und warf dann einen angebissenen Apfel nach Peter. Der Zar erstarrte ob dieser Dreistigkeit, sagte dann aber: »Entschuldige, ich vergaß, daß ich nicht in Rußland bin.«

Ein andermal, in Riga, das erst kurz zuvor erobert worden war, schenkte Peter Generalfeldmarschall Scheremetew und dem Fürsten Menschikow zur Belohnung Land. Ein Hektar dieses Landes gehörte einem Rigaer Bürger. Dieser war sich nicht bewußt, etwas verbrochen zu haben, und ging in die Kanzlei des Zaren, um das zu klären. Anfangs wollte man ihn gar nicht anhören. Seine Majestät habe das eben angeordnet, Ende der Diskussion. Doch auf den Rigaer machten diese Worte keinen Eindruck: Der Hektar sei Erbland, seit Jahrhunderten im Besitz seiner Familie, niemand habe das Recht, es ihm wegzunehmen. Erkundigungen ergaben, daß der Zar das Land Menschikow geschenkt hatte, und jeder wußte, daß man sich mit ihm besser nicht anlegte. Man riet dem Bürger aufzugeben, doch der blieb hartnäckig und verlangte eine Audienz beim Zaren, die ihm schließlich auch gewährt wurde. Er kniete nicht vor ihm nieder, küßte ihm nicht die Hand; voller Würde äußerte er auf Deutsch sein Unverständnis über die ihm widerfahrene Kränkung. Er habe, so glaube er, dem Zaren keinen Anlaß zu Zorn gegeben, keine Gesetze verletzt, man möge ihm also erklären, nach welchem Recht man ihm Land weggenommen und es dem Fürsten Menschikow geschenkt habe und warum, aufgrund welcher Vorschriften die Kanzlei Klagen gegen den Fürsten abweise.

Peter fragte ihn, ob er beabsichtige, vor Gericht zu ziehen. Nach kurzer Verwirrung erwiderte der Bürger, er würde schon gegen Menschikow klagen, die Schwierigkeit sei nur, daß auch der Zar selbst betroffen sei. Ob er denn erlaube, daß sein Vorgehen im hiesigen Rathaus verhandelt würde?

Peter wurde keineswegs wütend. Von ihm aus solle man verhandeln. Sicherheitshalber fragte der erstaunte Rigaer, ob der Zar bereit sei, sich den hiesigen Gesetzen zu unterwerfen und zuzulassen, daß er im Fall des Falles auch gegen ihn klage.

Natürlich hätte Peter anordnen können, dem Rigaer den unglückseligen Hektar zurückzugeben, aber er wollte sowohl Menschikow prüfen als auch die hiesige Ordnung, nach der man sich offenbar erkühnen konnte, den sieghaften Zaren zu verklagen. Würden die Behörden diese unerhörte Prozedur bewältigen?

Im Rathaus ging eine Klageschrift des Rigaer Bürgers gegen den Fürsten Menschikow ein. Der Richter wies ihn ab, mit der Begründung, das Land habe der Fürst vom Zaren geschenkt bekommen, die Klage betreffe also den Zaren, und den könne das Gericht nicht belangen. Der Bürger erklärte, er habe die Angelegenheit mit dem Zaren besprochen und der sei mit einer Klage einverstanden.

Nach langer juristischer Beratung entschied das Gericht, da in der Schenkungsurkunde des Zaren die Eigentumsrechte des Bürgers weder erwähnt noch ihm ausdrücklich entzogen worden seien, müsse die Klage angenommen werden.

Menschikow wurde aufgefordert, sich den hiesigen Gesetzen gemäß im Rathaus einzufinden. Er erwiderte, das Land sei ihm vom Monarchen geschenkt worden, er, Menschikow, sei weder für den Monarchen verantwortlich noch stehe es ihm zu, dessen Handlungen zu beurteilen.

Ein Ratsherr suchte den Zaren auf und erklärte ihm, Menschikow verweise auf ihn.

»Das ist richtig«, sagte Peter.

»Dann wird Eure Majestät selbst ins Rathaus zum Gericht kommen müssen.«

Peter willigte ein. Am festgesetzten Tag erschien er im Rathaus, wo bereits zahlreiche Schaulustige versammelt waren.

Man verlas die Klage, fragte den Zaren, ob das alles so stimme und ob er noch etwas hinzuzufügen habe. Nein. Dann erklärte man ihm, während der Verhandlung müsse er in einem Nebenraum warten. Der Zar ging hinaus.

Als er wieder hineingerufen wurde, verlas man das Urteil, das zugunsten des Klägers ausgegangen war. Peter war gerührt und küßte jeden Ratsherrn auf den Kopf. Er sagte, er beuge sich dem Gesetz, denn wenn der Zar das tue, werde niemand wagen, dem Gesetz zuwider zu handeln.

Diese von den Chronisten reichlich veredelte Geschichte verlief in Wirklichkeit mit Tränen und Beschimpfungen. Menschikow warf den Rigaer fluchend aus dem Haus, drohte ihm mit Knüppeln, falls er es wagen sollte zu klagen. Menschikows Rechnung war simpel: Der Zar hatte seit langem einen Rochus auf Riga, seit dem schlechten Empfang bei seinem ersten Besuch mit der Großen Gesandtschaft. Damals hatte man ihnen die Besichtigung der Festung verwehrt und gedroht, man werde auf sie schießen. Auch Menschikow war damals unschön behandelt worden. Doch diesmal hatte Menschikow sich geirrt, auch wenn der Zar ihm keine Vorwürfe machte wegen der Handgreiflichkeiten, sogar darüber lachte. Der Vorfall sprach sich in der Stadt herum, und man würdigte die vorbildliche Gesetzestreue des Zaren, die im krassen Gegensatz stand zu Menschikows Grobheit und vor allem zum Vorgehen von Karl XII. Der Hektar wurde dem Eigentümer unverzüglich zurückgegeben, und Menschikow ließ sich als Entschädigung vom Zaren ein ganzes Landgut schenken.

11

Zwei Selbstherrscher

Aus seiner Erzählung über Karl XII. und Peter machte Molotschkow eine regelrechte Vorstellung; er schlüpfte abwechselnd in die Rollen seiner Protagonisten. Beide waren groß, schön und stark. Karl hatte ein schmales Gesicht und glattes, hinten zu einem Zopf geflochtenes Haar. Seine Gesichtszüge waren fast starr, er war wortkarg, entschlossen und nachlässig, ja sogar schlampig gekleidet: schmutziges Hemd, abgetragene Tuchjacke, durchgescheuerte Lederhose, um den Hals ein schwarzes Seidentuch. Fast wie ein moderner Hippie, bis auf den Degen. Der war kein bloßes Requisit, er gehörte zu ihm wie das Kreuz zum Priester. Karl war mit Leib und Seele Feldherr. Er war immer im Krieg; Aufenthalte am Hof oder diplomatische Verhandlungen waren für ihn nur kurze Fronturlaube.

Der rundgesichtige, stelzbeinige Peter war im Gegensatz zu Karl fröhlich und gesellig. Im übrigen hatten sie vieles miteinander gemein: Beide waren ausdauernd und zielstrebig, beide legten wenig Wert auf Manieren und auf ihre Kleidung.

Molotschkow sprach von ihnen, als habe er beide gekannt und gemocht. In Peter war er natürlich verliebt, aber auch Karl war ihm sympathisch. Karl war Peter ein ebenbürtiger Gegner, von dem er vieles lernte, obwohl Karl zehn Jahre jünger war. Bereits als Achtzehnjähriger hatte Karl dem russischen Heer die Niederlage bei Narwa beschert. Damit begann ihr Zweikampf, der bis zur Schlacht bei Poltawa anhielt, und auch danach blieb Karl XII. Peters Hauptrivale. Zwanzig Jahre lang mußte Peter die Absichten des schwedischen Königs im voraus erahnen. Im Laufe der Zeit lernte jeder den Charakter des anderen kennen. Beide steckten voller Energie, Ungeduld und militärischer List. Genau wie Peter hatte Karl als Knabe unermüdlich Kriegsspiele, Paraden und Manöver veranstaltet. Auch die Bildung, die er genossen hatte, übrigens keine schlechte, festigte nur seine Überzeugung, daß er ein Krieger war. Der Krieg war seine Begabung, seine Berufung, seine Regierungsform. Ein französischer Mönch sagte über ihn: »Er betrat das Zelt auf dem Schlachtfeld wie ein Mönch seine Zelle.« Er war ein Asket des Krieges, schien sich ganz Mars geweiht zu haben. Die Romanzen und Leidenschaften der Jugend waren dem Kavalleristen in der leuchtendblauen Jacke mit den goldenen Knöpfen fremd. Er trank ausschließlich Quellwasser, wechselte nie die Kleidung. Oft ersetzte der Sattel ihm das Kissen. Geld gab er nie für Vergnügungen aus, sondern um seine Soldaten zu bezahlen, sie zu ernähren, die Armee mit Kugeln und Pulver zu versorgen. Er kannte keine Schwächen, keinen Ehrgeiz. Lorbeerkränze, Triumphbögen und Orden, das alles war ihm egal. Er mußte einfach kämpfen. »Ein Attila, der sich ins achtzehnte Jahrhundert verirrt hat«, wie Saint-Winter es ausdrückte. Karl eroberte Europa ebenso planlos wie der Hunnenkönig Attila. Das annektierte Land verteilte er sofort; es ging ihm nicht um die Erweiterung seines Territoriums. Schießen, töten, kämpfen – das war sein Ziel. Mit lebendigen Soldaten spielen, echte Kugeln pfeifen hören, mitten im Kampfgetümmel sein, Pulverrauch atmen. Der Kriegseifer ersetzte ihm jede andere Freude.

Der Sieg bei Narwa machte Karl überheblich gegenüber der russischen Armee, gegenüber Peter, der zusammen mit Menschikow vor der Schlacht die Truppen verlassen hatte. Der junge schwedische König war bereits vom Glorienschein des unbesiegbaren Heerführers umgeben.

Für Peter war die Niederlage bei Narwa zwar ein empfindlicher Schlag, aber er gab nicht auf. Der Hof dagegen jammerte. Siebentausend Soldaten waren gefallen, achtzig Offiziere und Generale in Gefangenschaft. Es bedurfte der ganzen Energie des Zaren, um die Angst seiner Vertrauten vor dem schwedischen Monarchen und seiner mächtigen Armee zu überwinden. »Der Fehler der Römer war«, sagte Peter gern, »daß sie Unbesiegte für unbesiegbar hielten.«

Um uns vor Augen zu führen, wie schwer es war, die Angst zu überwinden, erinnerte Molotschkow uns an die Situation unmittelbar vor Beginn des Großen Vaterländischen Krieges. Hitler hatte Frankreich geschlagen, Österreich, Polen und die Tschechoslowakei besetzt. Stalin war von Furcht gelähmt, nur so ist sein Kleinmut zu erklären, seine Unentschlossenheit, die Ängstlichkeit, mit der er alle Warnungen ignorierte.

Für Peter dagegen war die Niederlage bei Narwa Ansporn, eine Flotte und eine reguläre Armee aufzubauen. Erstmals wurden die bewaffneten Kräfte gänzlich vom Staat unterhalten. Es entstanden Divisionen, die Artillerie wurde unterteilt in Feld-, Belagerungs- und Festungsabteilungen. Peter führte Mörser, Kanonen und Haubitzen ein. »Sollen die Schweden nur die Russen schlagen, so werden sie uns lehren, sie zu schlagen«, sagte Peter.

Karl hatte von seinem Vater die schlagkräftige Armee geerbt, die bereits die Schlachten des Dreißigjährigen Krieges und den Krieg um die Ostsee bestritten hatte, und dazu ein professionelles Offizierskorps. Er selbst baute die Kavallerie zu einer bedrohlichen Kraft aus, perfekt in der Kunst des Manövrierens; seine Truppen waren unschlagbar im Schießen auf große Distanzen. Die schwedische Armee galt als die mächtigste in Europa.

Peter besaß keine Flotte, keine anständige Ausrüstung, seine Generale waren gedungene Ausländer, seine Kanonen veraltet, und vor allem verfügte er über keine richtige, kampferprobte Armee. Dennoch forderte er Karl heraus. Unvernunft, Selbstherrlichkeit, Unerfahrenheit? Peter war besessen von der Idee, Rußland wieder Zugang zum Meer zu verschaffen, und so schob er alle Vorsicht beiseite. Heute, Jahrhunderte später, verblüfft sein Mut zu dieser Entscheidung. Doch in Wahrheit war es mehr als Mut. Die Gründung Petersburgs wurde für ihn im Laufe des zwanzigjährigen Krieges immer zwingender.

Später behauptete Peter: Ein Sieg der Russen bei Narwa hätte womöglich katastrophale Folgen gehabt, er betrachte also die Niederlage bei Narwa als Gnade Gottes.

Für Karl war die Niederlage bei Poltawa schlimm; er verlor seine Armee und konnte keinen Krieg mehr führen. Peter kämpfte um den Zugang zum Meer; für ihn war der Krieg Werkzeug, das Beil des Zimmermanns; nun war das Fenster geschlagen, das Meer erreichbar, das Werkzeug nicht mehr nötig. Karl war ein Nomade, durch geschickte diplomatische Manöver provozierte er Krieg um Krieg und starb schließlich als Soldat, durch eine Kugel. Er zehrte Schweden aus, aber die Soldaten liebten ihren kühnen, kaltblütigen König, und, so seltsam das klingt, auch Peter liebte seinen Feind.

Überhaupt war Peters Verhältnis zu den Schweden ungewöhnlich.

Als die Lage der schwedischen Armee in der Ukraine immer schwieriger wurde, ließ Karl einen seiner Offiziere bei Peter um Medikamente bitten, die den Schweden ausgegangen waren. Ohne zu zögern schickte Peter die Medikamente, sogar mehr als erbeten. Seine Generale mißbilligten das – wozu den Gegner stärken?

»Ich kämpfe gegen die schwedische Armee, nicht gegen Kranke.«

Karls Bitte um einen Waffenstillstand für den Winter aber lehnte Peter entschieden ab.

Puschkin erzählte oft eine Episode, die ihn besonders beeindruckte.

Die Schlacht bei Poltawa stand kurz vor dem Ende, die Schweden waren geschlagen, der König geflohen, Tausende Leichen schwedischer und russischer Soldaten lagen auf dem Schlachtfeld. Peter besuchte als erstes die Verwundeten, dann ließ er die Truppen antreten und die Feldkirche vor den Regimentern aufstellen. Darin hielt er eine Andacht. Kanonen- und Gewehrsalven ertönten. Der erschöpfte Zar ritt die Regimenter ab, dankte den Soldaten, winkte ihnen mit seinem durchschossenen Dreispitz zu und beglückwünschte sie zum Sieg.

Im Zarenzelt war festlich gedeckt, es gab auch Tische für Soldaten. Peter setzte sich, sah sich um und verlangte plötzlich, man solle die gefangenen schwedischen Feldherren holen und zu den russischen Generalen setzen. Feldmarschall Rehnschiöld, Prinz Maximilian Emanuel, General Schlippenbach, Hamilton und einige andere wurden hereingeführt, etwas später auch der schwedische Premierminister Pier und zwei königliche Sekretäre. Das Erscheinen der Schweden löste bei den Russen Verwirrung aus. Peter, strahlend und erregt, ließ dem Feldmarschall seinen Degen zurückgeben und ihn in seiner Nähe Platz nehmen. Die blutgetränkte Erde war mit Teppichen bedeckt. Der Zar goß allen Wodka ein. Trinksprüche wurden ausgebracht, auf den Zaren, auf seine Familie.

»Gestern hat mein Bruder, König Karl, euch ein Essen in meinem Zelt versprochen, nicht wahr?« rief der Zar mit heller Stimme. »Verzeiht, daß er sein königliches Wort nicht gehalten hat – wir haben ihn daran gehindert, dafür erfüllen wir es an seiner Statt: Ich lade euch ein, mit mir zu speisen.«

Die russischen Generale, noch aufgewühlt vom kürzlichen Kampf, empfanden es als sonderbar, mit den Schweden an einem Tisch zu sitzen.

Dann erhob sich Peter mit einem Pokal. »Ich trinke auf die Gesundheit unserer Lehrmeister im Kriegshandwerk!«

»Wer sind denn diese Lehrmeister?« fragte Feldmarschall Rehnschiöld.

»Ihr, meine Herren Schweden«, erwiderte Peter fest.

»Einen schönen Dank haben die Schüler ihren Lehrmeistern abgestattet«, sagte der Feldmarschall bitter und leerte unter allgemeinem Gelächter sein Glas.

Peter fragte den Feldmarschall, warum die Generale Karl nicht vom Kampf abgeraten hätten, als die Russen zahlenmäßig überlegen waren. Rehnschiöld, der die Schweden befehligt hatte, antwortete: »Wir sind gewöhnt, die Befehle des Königs zu respektieren und auszuführen, nicht, ihm Ratschläge zu erteilen.«

Im Senat entschied Karl tatsächlich alles selbst, er duldete keinen Widerspruch. Er glaubte an seinen guten Stern, ignorierte den Tod, fürchtete keine Gefahr. Sein Ideal war Alexander der Große, nur träumte er nicht von Welteroberung, sondern einzig von Weltruhm. Die Geschichte Karls XII. ist, wie Voltaire bemerkt, amüsant, die Peters dagegen lehrreich. Voltaire hielt beide Herrscher für bemerkenswerte Figuren des 18. Jahrhunderts und widmete ihnen ausführliche Abhandlungen. Für ihn war Karl ein großer Krieger, Peter ein großer Staatsmann.

»Nebenbei bemerkt, die Kriege damals kamen ohne Haß aus«, sagte Molotschkow. »Anders als die unseren wurden sie ganz ehrenhaft geführt, die Offiziere hielten sich an bestimmte Regeln, wie bei einem Duell. Peter nannte Karl respektvoll ›mein Bruder‹.«

In den über zwanzig Jahren, die der Krieg währte, wurde in Rußland kein Haß auf das schwedische Volk geschürt. Niemand stellte die schwedischen Soldaten als Bösewichte dar, die vernichtet werden mußten. Natürlich gab es auch Plünderungen und Grausamkeiten gegen Gefangene, wurden Verwundete getötet, aber eines spielte eine Rolle: In beiden Armeen dienten ausländische Offiziere. Oft kannten sie sich, verkehrten zwischen den Schlachten miteinander, und das sorgte für eine gewisse militärische Ethik, für ein Reglement des Krieges.

Somit war Peters ritterliches Verhalten auch kein einmaliger Impuls.

Den Sieg vor Hanko, den ersten großen Sieg der russischen Flotte, feierte Peter äußerst effektvoll. Durch die Newa fuhren russische Galeeren, gefolgt von schwedischen mit gesenkten Flaggen und der Galeere des Konteradmirals.

Vor dem Senat legte die Flottille an und feuerte aus allen Kanonen Salut ab. Aus der Festung der Admiralität ertönte eine Antwortsalve. Die Sieger zogen durch den Triumphbogen. Sie führten erbeutete Kanonen mit sich, zweihundert gefangene Offiziere und Dutzende schwedische Flaggen. Über dem Tor breitete der russische goldene Adler seine Flügel aus, unter ihm stand ein blauer Elefant – die eroberte Fregatte hieß »Elefant« –, und eine lateinische Inschrift verkündete: »Ein Adler fängt keine Fliegen.« Peters Lieblingssprichwort.

Die Kolonne marschierte zur Festung. Fürst-Kaiser Romodanowski nahm den Rapport der Kommandeure entgegen und beförderte Konteradmiral Peter für seine Verdienste zum Vize-Admiral, nicht per schriftlicher Senatsurkunde, sondern öffentlich.

Eine überzeugende, anschauliche und berechtigte Geste.

Die blaue Flagge des Vize-Admirals wurde gehißt.

In Menschikows Palais fand ein Empfang statt. Wieder lud Peter Schweden mit zu Tisch: Konteradmiral Ehrenschild und mehrere schwedische Offiziere. Die denkwürdige Szene von Poltawa wiederholte sich.

»Meine Herren, vor euch sitzt ein tapferer, treuer Diener seines Königs, der höchsten Ehrungen würdig. Solange er bei mir ist, werde ich ihm immer wohlgesonnen sein, wenngleich er mir leider viele tapfere Männer genommen hat. Ich verzeihe Euch«, wandte er sich an den Schweden, »Ihr könnt immer auf meinen guten Willen vertrauen.«

Ehrenschild stand auf und erhob sein Glas.

»Wie redlich ich auch gekämpft habe, ich erfüllte stets nur meine Pflicht. Heute habe ich den Tod gesucht, leider vergebens. In meinem Unglück tröstet mich nur, daß ich der Gefangene Eurer Majestät bin, daß ihr, ein großer Flottenkommandeur, mir wohlgesonnen seid und mich so auszeichnet. Ich habe gesehen, daß die Russen sich glänzend geschlagen haben, und nun habe ich mich überzeugen können, daß es der Zar war, der sie dazu befähigt hat. Das Heer, besonders die Infanterie, hat mit Verstand gekämpft, ich denke, es gibt auf der ganzen Welt keine Armee, die sie bezwingen könnte!«

Peter gab der russischen Gesellschaft den Ton für den barmherzigen Umgang mit den Besiegten vor. Die gefangenen schwedischen Offiziere, die sich in Petersburg befanden, durften sich frei bewegen, wurden zu Bällen eingeladen, lehrten die russischen Damen und ihre Kavaliere tanzen. Verbeugungen und Knickse verliehen den Festen neue Akzente.

Die Zarin Anna Iwanowna folgte Peters Beispiel. 1735 feierte Petersburg die Einnahme Danzigs. Die Imperatorin empfing die Gäste im Sommergarten. Bevor der Ball begann, wurden zwölf französische Offiziere, die bei Danzig in Gefangenschaft geraten waren, zu ihr geführt. Die Zarin erklärte ihrem Anführer, dem Grafen de la Motte, sie habe die Zeit für diese Audienz nicht zufällig gewählt. Als unlängst einige russische Seeleute gefangengenommen wurden, habe man sie schlecht behandelt, aber sie wolle sich dafür nicht an den Anwesenden rächen, es genüge, daß sie Gefangene seien, und sie hoffe, die hiesigen Damen würden diese Unannehmlichkeit wettmachen. Bei diesen Worten gaben zwölf Hofdamen ihnen die Degen zurück und forderten sie zum Tanz auf.

In den ersten Stunden nach der Schlacht bei Poltawa wurde Peter gemeldet, auf dem Feld sei die zerbrochene Bahre des Königs gefunden worden. Es war bekannt, daß der verwundete Karl darauf in die Kampflinie getragen wurde. Peter befahl, unter den Verwundeten nach dem König zu suchen. Er machte kein Hehl aus seinem Bedauern über den Tod des schwedischen Monarchen. Als er dann erfuhr, daß Karl geflohen war, ließ er ihn verfolgen und gab strenge Anweisung, wenn, so Gott gebe, der schwedische König gefangen werde, sei er respektvoll zu behandeln und in ehrenhaften Gewahrsam zu nehmen.

Als 1718 die Nachricht eintraf, daß Karl gefallen war, wandte Peter sich ab, wischte sich Tränen vom Gesicht und sagte: »Bruder Karl, wie dauerst du mich!« Peter und seine Höflinge zogen schwarze Trauerkleidung an und sandten ein Beileidschreiben an Karls jüngere Schwester.

Inzwischen währte der Nordische Krieg bereits achtzehn Jahre, Russen wie Schweden waren gleichermaßen erschöpft. Beide Seiten hätten verhärten und einander erbittert hassen können, doch das geschah nicht. Warum? Darauf wußte Molotschkow keine Antwort. Er wiederholte, das Schwierigste für einen Historiker sei, sich in die Psyche der Menschen einer anderen Epoche hineinzuversetzen, ihre Motive zu verstehen.

Puschkin äußert sich im Poem »Poltawa« voller Respekt über Karl:

> Drei morsche Treppen melden
> Vom Schwedenkönig Karl, dem Helden
> Der, von der Torheit Star geschlagen,
> Aus dieser mangelhaften Feste
> Der Türken Angriff wild und scharf
> Zurückwies und in seiner Treuen
> Geschmolznem Häuflein, ohn' zu scheuen,
> Den Degen nach dem Halbmond warf.*

Peters Umgang mit den besiegten Schweden beschäftigte Puschkin immer wieder. Er schrieb über Peter:

> Gnädig den Versöhnungsbecher
> Hat der Zar ihm dargebracht,
> Festlich froh im Kreis der Zecher
> Wie nach sieggekrönter Schlacht.**

Für Puschkin war das Maß für die Größe jedes Zaren, Imperators oder Fürsten die Barmherzigkeit, die »Milde mit den Gefallenen«. Er rief Nikolai I. unentwegt auf, den Dekabristen zu vergeben und gemahnte ihn an Peter als Vorbild.

> Sei stolz, du gleichst ihm offenbar!
> So eifre nach nun seinem Bilde!

---

* Zitiert nach: Alexander Puschkin, Gedichte, Poeme, Eugen Onegin; SWA-Verlag Berlin, 1947, S. 226) Übers. A. Ascharin/Fr, Bodenstedt
** Ebenda, Das Gelage Peters des Ersten, S. 158, Übers. G. Edward

> Unbeugsam bist du, wie er war,
> Wetteifre auch mit seiner Milde!*

Puschkin war überzeugt: Wenn Macht nicht von Barmherzigkeit erwärmt ist, wenn sie kein Mitgefühl kennt, dann bringt sie Böses.

»Du meine Güte!« rief Anton Ossipowitsch. »Und das Gesetz? Nein, verzeihen Sie, Macht muß sich auf das Gesetz stützen und nur auf das Gesetz. Gefühle spielen keine Rolle. Man muß sich an das Gesetz halten!«

»Barmherzigkeit steht über dem Gesetz! Erlauben Sie mir, noch einmal auf Puschkin zu verweisen«, sagte Molotschkow.

»Wieso Puschkin? Wer ist denn Puschkin? Die Regierenden sind nicht verpflichtet, Puschkin zu lesen.«

»Na, hören Sie mal!«

»Nicht Dichter müssen regieren, sondern Juristen. Unser Unglück ist, daß wir statt der Gesetze Puschkin lesen. Dauernd heißt es: Puschkin, Dostojewski. Voller Stolz berufen wir uns immer wieder auf den Satz: ›Ein Dichter ist in Rußland mehr als nur ein Dichter.‹ Davon kommt das ganze Chaos in Rußland, jeder mischt sich in die Arbeit anderer ein, statt seine eigene anständig zu machen.«

»Anton Ossipowitsch hat recht«, stimmte Drjomow zu. »Das ist typisch russisch. Stalin hat die Wissenschaftler über die Sprachwissenschaft belehrt, Chruschtschow ihnen Vorschriften über den Maisanbau gemacht. Peter bringt allen das Schießen bei, und ein Dichter, ich weiß nicht mehr, wer, behauptet, er müsse ›den Zaren lächelnd Wahres sagen‹. Das ist unser Element: Wahrheit, Barmherzigkeit, Vergebung. Aber einen eigenen Computer bauen, das bringen wir nicht zustande.«

Als sich alle wieder beruhigt hatten, kam Molotschkow auf Anton Ossipowitschs Bemerkung über die Gesetze zurück. Wenn es nun noch keine gab?

* Zitiert nach: Alexander Puschkin, Gesammelte Werke in sechs Bänden, Bd. 1, Gedichte, S. 258 Stanzen, Übers. M. Remané

Um zu verstehen, was Peter geleistet hat, müsse man wissen, wie es vor ihm aussah, zum Beispiel in der Armee.

Die Artillerie vor Peter verstand sich vor allem auf festliches Salutgeböller.

Die Infanteristen hatten miserable Gewehre, die sie kaum beherrschten, sie verteidigten sich mit Speeren und Streitäxten, und auch die waren oft stumpf.

Die Kavallerie besaß nur alte Klepper, die Säbel waren unbrauchbar.

»Mancher Adlige kann nicht einmal eine Hakenbüchse laden«, schrieb der Augenzeuge Iwan Possoschkow und schilderte, wie dieser Adlige beim Kämpfen nicht daran denke, den Feind zu besiegen, sondern daran, so schnell wie möglich wieder nach Hause zu gelangen. Und möglichst »eine leichte Verwundung zu bekommen, daß sie nicht sehr wehtut, aber daß er vom Zaren dafür belohnt wird, und beim Dienst sieht er zu, sich im Kampf unter einen Busch zu hocken.« Ganze Kompanien versteckten sich im Wald. Viele Adlige hatten nur einen Wunsch: »Vergönn mir Gott, dem großen Herrscher zu dienen, ohne den Säbel zu ziehen.«

Sie mußten zu Kriegern gemacht werden. Aber wie? Peter setzte zwei Mittel ein: Die Adligen mußten von klein auf Lesen, Schreiben, Rechnen und Geometrie lernen und dann als Halbwüchsige in seinen Dienst treten. Wie konnte man sie zum Lernen zwingen? Ganz einfach: Ohne Bescheinigung über eine Ausbildung durfte niemand heiraten. Und das zweite Mittel: Bei dienstlicher Beförderung durfte die Herkunft keine Rolle spielen. So gewährte Peter jungen Männern von niederem Stand die Möglichkeit, mit in den Wettbewerb zu treten.

Als Peter Alexander Newski zur Kultfigur machte, ließ er den Heiligen als Krieger abbilden, und zwar in einer Ritterrüstung, wie sie die Russen eigentlich nie getragen hatten.

Peter begriff die Bedeutung des Sieges bei Poltawa als erster. Rußland trat in Europa nun als Macht mit eigener Flotte und Armee in Erscheinung, als aktiver Faktor der europäischen Politik.

Molotschkow bezeichnete den Sieg bei Poltawa als einen der größten Siege in der Geschichte Rußlands, wenn nicht der ganzen Menschheit.

»Na, und Borodino, ist das nichts?« erkundigte sich der Professor.

»Und Stalingrad war schließlich auch kein Klacks«, meinte Geraskin.

Molotschkow berief sich auf Voltaire, der schrieb, die Schlacht bei Poltawa sei die einzige in der Weltgeschichte, deren Werk nicht Zerstörung, sondern Aufbau gewesen sei, weil sie einem großen Teil des Erdballs den Anschluß an das europäische Leben gebracht habe.

Doch auch Voltaire wollten die anderen nicht gelten lassen, sie verteidigten alle drei russischen Siege, denn jeder einzelne habe Welteroberer gestoppt, und das habe niemand außer Rußland geschafft.

Molotschkow erklärte friedfertig: »Noch eins unterscheidet den Sieg bei Poltawa. Das Symbol bei Peters Siegesfeier war ein Ölbaumzweig. Durch die Straßen ritten Herolde mit weißen Fahnen, auf denen ein mit grünem Lorbeer umwundener Ölbaumzweig abgebildet war. Am Abend gab es wie immer ein Feuerwerk. Diesmal zeigte es den Janustempel auf dem Forum in Rom. Der Gott Janus war zuständig für Krieg und Frieden. Herrschte Krieg, wurde nach Römischem Brauch das Tor geöffnet, und die Soldaten zogen durch dieses Tor in den Feldzug. Brach der Frieden an, wurde das Tor geschlossen. Am Petersburger Himmel schlossen zwei Krieger das Tor und reichten einander die Hand. Es gab keine Militärparade, keinen Triumphzug mit Verhöhnung der schwedischen Fahnen. Peter feierte weniger den Sieg als vielmehr den Frieden.«

Molotschkow zitierte noch einmal Puschkin:

> Gnädig den Versöhnungsbecher
> Hat der Zar ihm dargebracht,
> Festlich froh im Kreis der Zecher
> Wie nach sieggekrönter Schlacht.

Das Problem der Versöhnung interessierte alle. Wir sprachen darüber, wie schwer es ist zu verzeihen. Almosen schenken, jemandem Obdach gewähren oder das Brot mit ihm teilen, das ist leichter, das ist in Rußland gang und gäbe. Aber jemandem vergeben, der deine Kameraden getötet oder zu Krüppeln gemacht hat? Ihm im Innersten vergeben? Und der Lohn dafür? Er wird es dir kaum danken, er braucht deine Vergebung womöglich gar nicht. Wenn dich jemand gekränkt hat, gedemütigt, warum solltest du ihm verzeihen?

»Um mich vom Haß zu befreien«, sagte Drjomow.

»Aber man möchte doch Vergeltung«, sagte der Professor. »Ich persönlich kann den Gaunern, die unsere Wälder verscherbeln, nicht verzeihen. Ich werde keine Ruhe geben, bis man sie zur Verantwortung gezogen hat.«

»Moment mal, aber wir bitten doch Gott auch um Vergebung?« fragte Molotschkow.

»Gott ist etwas anderes, Seine Wege sind nicht unsere Wege«, erwiderte der Professor. »Außerdem hat ihn ja niemand gekränkt.«

»Peter hat vergeben, weil er gesiegt hat«, sagte Geraskin, »wäre er von ihnen vermöbelt worden, dann hätte er sie vernichtet. Hat er ja im Grunde auch; er hat den Schweden erst vergeben, als er sie in die Knie gezwungen hatte.«

»Auch das ist nicht leicht«, sagte Molotschkow. »Wir zum Beispiel können den Deutschen bis heute nicht verzeihen.«

»Genau«, stimmte Geraskin zu. »Mein Vater war empört, als die Deutschen einen Soldatenfriedhof wieder herrichten wollten. Ich lasse nicht zu, hat er gebrüllt, daß sie auf unserem Boden geehrt werden. Er hat getobt, aber Päckchen von der humanitären Hilfe aus diesem verfluchten Deutschland, die hat er genommen. Als ich ihn daran erinnert habe, hat er gesagt: Die schicken sie bloß, um ihr Schuldgefühl loszuwerden, und ich, hat er gesagt, bin Kriegsinvalide.«

»Dann dürfen die Afghanen uns also auch nicht vergeben«, sagte Drjomow. »Und die Tschetschenen, die Balten. So werden wir ewig in Haß leben. Vergeben heißt doch nicht vergessen. Ich habe da eine Regel, die habe ich mir zwar nicht selbst ausgedacht, aber ich halte sie mir immer vor Augen: Tu niemandem an, was du selbst nicht erleben möchtest; wenn du willst, daß man dir vergibt, dann vergib du auch, wenn du geliebt werden willst, liebe selbst.«

»Meistens müssen die unten den Oberen vergeben«, sagte Anton Ossipowitsch nachdenklich. »Von oben kommen mehr Kränkungen.«

Alle sahen den Professor an.

»Vom Kopf her verstehe ich das«, sagte er. »Auch, daß verzeihen können ein Gesetz jeder normalen Gesellschaft ist. Wir werden dauernd gekränkt, gedemütigt. Manchmal ohne böse Absicht. Ich weiß, daß man nicht Gleiches mit Gleichem vergelten darf, daß Toleranz die höchste Form der Vergebung ist. Aber nein, mir mangelt es an Güte. Ich will Rache, Vergeltung! Für alles, was mir persönlich widerfährt, und für das, was meinem Volk angetan wurde. Ohne Vergeltung gibt es für mich keine Gerechtigkeit. Ich habe Tolstoi gelesen, seine Idee der Gewaltlosigkeit. Sehr schön, nichts dagegen zu sagen. Vielleicht kann ein zutiefst gläubiger Mensch sich tatsächlich daran halten. Ich nicht. Und wer hat überhaupt die Kraft dazu? So jemand ist mir noch nie begegnet.«

»Mir schon«, sagte Anton Ossipowitsch. »Das heißt, ich habe die Geschichte nicht selbst erlebt, man hat sie mir nur erzählt. Akademiepräsident Sergej Wawilow hatte einen Widersacher, einen angesehenen Wissenschaftler, der ihn so offen verabscheute, daß er bei der Präsidentschaftswahl gegen ihn stimmte. Damals verhieß das Unannehmlichkeiten. Dann hatte dieser Mann einen Zusammenstoß mit Berija und wurde aller Posten enthoben, er behielt nur die fünfhundert Rubel Gehalt eines Akademiemitglieds. Er richtete sich in seiner Datscha ein Labor ein und forschte dort weiter. Für seine Experimente brauchte er Geräte. Wawilow erfuhr davon und ließ sein Labor ausstatten wie ein Akademie-Institut. Man versuchte ihn daran zu hindern: Das ginge doch nicht, eine Privatperson ... Wawilow wurde wütend, drohte jeden rauszuschmeißen, der seine Anweisung unterlaufe. Zu einem seiner Freunde sagte er: ›Die beste Art, es einem Widersacher heimzuzahlen, ist, ihm Gutes zu tun.‹« Nach kurzem Schweigen fügte Anton Ossipowitsch hinzu: »Das ist schon lange her, jetzt kann ich es ja sagen: Dieser Wissenschaftler war Kapiza.«

»Das ist großartig!« rief Drjomow.

Sein jungenhaftes rundes Gesicht rötete sich. Drjomow sah gut aus. Er trug das lange kastanienbraune Haar im Nacken zu einem Zopf geflochten, was Anton Ossipowitsch mißbilligend kommentierte: »Fehlt nur noch das Schleifchen.« Ohne die Tränensäcke unter den Augen hätte Drjomow als schön gelten können. Es war eine Freude, ihm zuzusehen, wie er sich ereiferte, sich in Pose stellte und mit kräftiger, tiefer Stimme sprach, geradezu predigte.

»Großartig! Das ist eine Formel! Ganz wie bei Puschkin! Das ist wahrer Humanismus! Nein, man kann Puschkins Worte gar nicht oft genug wiederholen. Und Tolstoi? Sein Pierre Besuchow rettet einen französischen Offizier vor den Kugeln. Im brennenden Moskau.«

»Was ist denn das für ein Krieg?« fragte Geraskin.

»Man kann auch im Krieg Mensch bleiben. Ein Sieg ist eine gefährliche Sache, er kann ein Gefühl der Überlegenheit wecken.«

»Karl aber erlebte folgendes«, sagte Molotschkow. »Eines Tages wurde ihm ein sonderbarer Vorfall gemeldet: Ein russischer Gefangener, ein älterer Mann, hatte seinen Posten erstochen und sich widerstandslos dem diensthabenden Offizier ergeben. Dieses merkwürdige Verhalten interessierte den König, und er ließ den Gefangenen zu sich bringen. Ein grauhaariger, großer, kräftiger Mann wurde ihm in Ketten vorgeführt. Kaufmann von Stand, war er vor dem Krieg in Handelsangelegenheiten bereits in Schweden gewesen und sprach leidlich Schwedisch. So konnte er dem König den Vorfall selbst schildern. Die Wachsoldaten hatten abfällig und beleidigend den russischen Zaren geschmäht. Der Gefangene bat sie aufzuhören, doch sie fuhren lachend fort, verhöhnten ihn noch ärger. Der Kaufmann rief den Unteroffizier, ersuchte ihn, die Posten zu zügeln und sie für die Beleidigung des Monarchen zu bestrafen.

Der Unteroffizier lachte über die Klage. Da entriß der Kaufmann einem Posten das Gewehr, erstach ihn mit dem Bajonett und ergab sich der Justiz. Bei der Untersuchung erklärte er ruhig, er habe als treuer Untertan die Ehre seines Herrschers verteidigt und sei bereit, furchtlos in den Tod zu gehen. Der Fall erschien den Männern, die das Verhör führten, so bemerkenswert, daß sie dem König davon berichteten. Nachdem Karl den Kaufmann angehört hatte, sagte er: »In einem so groben Volk ein so großer Mann!« Er befahl, den Kaufmann zu Peter nach Rußland zu schicken, und beglückwünschte den Zaren zu einem solchen Untertan. Es waren bereits geheime Verhandlungen mit Rußland in Gang, die Umstände waren also günstig, aber darüber hinaus wußte Karl ritterlichen Anstand zu würdigen.

Als Karl aus der Türkei in seine Heimat ausgewiesen werden sollte, verschanzte er sich in seinem Haus in Bender. Er erschoß die Araberhengste, die der Sultan ihm geschenkt hatte, und ließ deren Fleisch an seine Garnison verteilen. Dreihundert Schweden, sein ganzes Heer, verbarrikadierten die Fenster und bauten Befestigungen. Karl besichtigte die Arbeiten und setzte sich zum Schachspiel. Nichts konnte ihn aus der Ruhe bringen. Der Sultan befahl den Türken, alle Schweden zu vernichten. Die Kapläne flehten Karl auf Knien an, keinen Widerstand zu leisten, die Reste der Truppe und seine heilige Person zu retten. Der König wurde wütend: Er habe sie zum Beten mit auf den Feldzug genommen, nicht als Ratgeber.

Karl erklärte, dreihundert Mann unter seinem Kommando könnten dem Angriff einer ganzen Armee standhalten. Bald hatte das türkische Heer die Schweden umzingelt, die Soldaten ergaben sich. Bei Karl blieben einige Offiziere und vierzig Gardisten. Das Haus wurde gestürmt, Karl verwundet – ihm wurde die Nase abgeschossen. Die Schweden hatten bereits zweihundert Türken getötet, als das Haus angezündet wurde. Karl und sein Gefolge stürzten mit Pistolen und Degen hinaus, bereit, bis zum Letzten zu kämpfen, doch Karl stolperte, fiel hin, die Türken stürzten sich auf ihn, packten ihn an Armen und Beinen und schleppten ihn zum Pascha.

Wunde um Wunde, Kampf um Kampf – nichts brachte den König zum Halten. Er kämpfte weiter, diesmal gegen die Preußen. Fords, Inseln, Festungen; Monat für Monat, jedesmal rettete ihm in letzter Minute ein Zufall das Leben. An seiner Seite fielen Adjutanten und Generäle, es waren bereits Dutzende. Er selbst schien durch einen Zauber geschützt. Die leere Staatskasse kümmerte ihn wenig. Das Königreich war schließlich dazu da, ihn mit Soldaten und Waffen zu versorgen. Er war ungenierter als Peter. Die schwedischen Städte und Dörfer waren entvölkert. Alle jungen Männer über fünfzehn wurden zum Armeedienst gezwungen. Das ganze Land war ausgeplündert, alles Eisen konfisziert. Karl kämpfte gegen die Dänen, die Engländer, die Preußen und die Russen. Nach und nach verbündeten sich alle gegen Schweden, im Grunde gegen Karl. Er aber zog aus, Norwegen zu erobern. Bei strengstem Frost schlief er unter freiem Himmel, nur mit einem Mantel zugedeckt, als Vorbild für seine Soldaten.

Im Dezember 1718 wurde er im Schützengraben getötet, und der Militäringenieur, der bei ihm gewesen war, sagte kalt: »Das Stück ist aus, gehen wir zu Abend essen.«

Karl war sechsunddreißig. Sein halbes Leben hatte er auf dem Schlachtfeld verbracht; wenn gerade kein Krieg herrschte, hatte er einen angezettelt. Am meisten beschäftigte ihn der Krieg gegen Rußland. Weniger gegen das Land als gegen dessen Zaren. Der Mensch ist eigentlich nicht für den Krieg geboren, doch Karl war eine Ausnahme; der Krieg war sein Kult. Er wußte, was Wunden sind, er war voller Narben, aber er glaubte an seine Unverwundbarkeit. Er lebte nie im Luxus, trug keine teuren Kleider, interessierte sich nicht für die Künste. Er war im Grunde ein unkultivierter Haudegen. Warum wurde er so geliebt? Weil er lebte, um zu dienen. Nicht seinem Volk, nicht seinem Land, sondern dem Krieg. Darin sah er sein höchstes Ziel, seine Berufung. Nie zuvor oder danach hat die schwedische Armee je soviel Angst in Europa verbreitet wie unter Karl XII. Er hat sein Land ruiniert, es ausgeplündert, trotzdem hat man ihm mitten in der Hauptstadt ein Denkmal gesetzt. Auf einem mit grüner Patina überzogenen Pferd sprengt er voran, noch immer ruft sein ausgestreckter Arm die Soldaten in die Schlacht, obwohl Schweden längst frei ist von jeder militärischen Ambition. Karl hat Schweden ein für allemal Abscheu gegen den Krieg eingepflanzt.

Beide, Karl und Peter, legten eine ungeheure Hartnäckigkeit an den Tag, als es um Petersburg ging. Karl wollte Petersburg nicht den Russen überlassen, jede angebotene finanzielle Kompensation für diesen Flecken Erde schlug er aus. Solange Petersburg sich in russischer Hand befand, war er zu keinerlei Friedensverhandlungen bereit.

Dabei war Petersburg damals nur eine Siedlung im Sumpf, eine Festung aus Erdhütten, eine kleine Werft. Warum lag Peter so viel an der Newa-Mündung? Seine Mitstreiter verstanden die Starrköpfigkeit des Zaren nicht.

Wäre es Peter um Eroberungen gegangen, hätte er viel von Karl lernen können. Karl hatte immer noch einen neuen Krieg in petto und die persönliche Courage, ihn zu beginnen. Um Geldnot und Verluste machte er sich keine Gedanken. Als ein Soldat ihm einmal ein Stück schimmliges Brot hinhielt – hier, sowas gibt man uns zu essen! – aß Karl es und sagte: »Ja, es ist schlecht, aber man kann es noch essen.«

Karl liebte die Gefahr, Peter mied sie. Doch bei der Schlacht von Poltawa fürchteten weder Peter noch seine Generale die Gefahr. Drei Pferde von Menschikow wurden getötet, während er darauf saß. Peter wurde der Hut durchschossen. Molotschkow behauptete, Peter habe unter dem Schutz höherer Mächte gestanden. Seiner Ansicht nach war Peter Rußland gesandt worden, um es in die Welt hinauszuführen.

Molotschkow verglich gern drei gekrönte Häupter: Peter, August den Starken und Karl. Alle drei waren kühn, alle drei bestanden so manches Abenteuer. August verlor mehrfach seine Krone, war hin- und hergerissen zwischen Karl und Peter, schwor ihnen Freundschaft, verriet mal den einen, mal den anderen, küßte den, auf dessen Seite der Sieg war, machte dem Liebeserklärungen, der ihm die Krone erhalten konnte. Jedesmal kam er reumütig zum Sieger gekrochen, ohne lange Scheu. Seine Ehre kümmerte ihn kaum, er verzieh sich schnell jeden Frevel, er war nicht nachtragend und erwartete das auch von anderen.

In Schweden hatte das Rittertum eine jahrhundertealte Tradition. Doch woher rührte Peters ritterlicher Umgang mit dem Feind?

Ein Rätsel! In Rußland gab es kein Rittertum. Weder als Orden, noch als Reglement von Mut, Ehre und Schutz der Schwachen.

Solche Dinge lassen sich nicht per Erlaß einführen. Peter tat es mit Angst: Wer vom Schlachtfeld wegläuft, den versprach er zu hängen. Wer vom Studium im Ausland zurückkehrte, ohne etwas gelernt zu haben, den verprügelte er mit dem Stock, enthob ihn seines Amtes, schickte ihn zu den Matrosen.

»Mit Gewalt erreicht man nichts«, sagte der Professor. »Das hat die sowjetische Erfahrung noch einmal bewiesen.«

»Erlauben Sie mir die Bemerkung, daß die europäische Kleidung mit Gewalt eingeführt wurde, unter Androhung von Strafe. Das wird Peter gern vorgeworfen. Aber wie sah es in Wahrheit aus? Alle legten die Kaftane und Pelze ab, kleideten sich in Gehröcke nach französischer Fasson, in purpurrote und blaue Mäntel nach englischer und schwedischer Machart. Der Begriff Mode kam in Umlauf, die modische Kleidung veränderte das Aussehen der ungehobelten Bojaren, das Verhalten, den Geschmack und die Gewohnheiten der jungen Leute, der Frauen; alle nahmen mit Freude am mondänen Leben teil, an Bällen, Maskeraden und fröhlichen Stadtfesten.«

»Aber die Sitten blieben die alten«, beharrte der Professor.

12

Die Akademie im Sommergarten

In Holland sah Peter zum erstenmal Gärten mit Zitronen- und Apfelsinenbäumen. An den Ästen hingen exotische Früchte: gelb und orange, wie Laternen. Das beeindruckte ihn ebenso wie die Kanäle, die Kathedralen und die Glasmalereien. Das Klima in Holland war ähnlich wie in Rußland, also konnte man diese Wunderdinge auch in Rußland anbauen.

Die Idee für einen solchen Garten reifte allmählich; wenn es sein mußte, konnte Peter sehr geduldig sein. Aus vielen Parks und Schloßgärten entstand seine Vision des Sommergartens.

Der Bau von Petersburg begann mit der Peter-und-Pauls-Festung, der Troiza-Kirche, und, so glaubte Molotschkow, mit dem Sommergarten.

Peter lud berühmte Gartenbaumeister ein, die seinen Plan umsetzen sollten, und beteiligte sich selbst aktiv an den Entwürfen. Molotschkow kannte eine von Peter eigenhändig angefertigte Zeichnung. Die Idee war keine plötzliche Laune – seit seiner Kindheit liebte Peter die Kremlgärten. Doch der Sommergarten sollte anders werden. Aus Holland hatte Peter Gartenbaubücher mitgebracht: Über das Beschneiden von Bäumen, über dekorative Kronenschnitte.

Peters Zeichnung offenbart seine Sympathie für das holländische Barock: lauschige Plätze, kleine Inseln, Grotten und Pavillons. Schnurgerade Alleen, daneben Labyrinthe, dichte Wäldchen, Blumenrabatten.

Am Sommergarten arbeitete der aus Schweden stammende Gartenbaumeister Schröder. Er plante hohe Spaliere aus Linden, Ahorn und Akazien, Bänke zum Ausruhen. Der Zar kam oft, um sich den

Fortgang der Arbeiten anzusehen. Er ächzte, seufzte: Irgend etwas fehlte ihm. Er war mit Schröders Arbeit zufrieden, alles war schön, aber würde das den Besuchern genügen? Was könnte man ihnen noch bieten? Der Schwede war verwirrt: Was denn noch außer Vergnügen? Was der Zar denn meine? Nun, vielleicht nützliche Kenntnisse, beharrte Peter. Der Gartenbaumeister stutzte kurz, dann erinnerte er sich an eine alte Tradition der Renaissance. Bücher! Man könnte auf die Bänke geeignete Bücher legen, zum Lesen für die Spaziergänger. Natürlich in Leder gehüllt, gegen schlechtes Wetter.

Peter lachte. Die hauptstädtische Aristokratie liest nicht gern, sie will sich im Garten erholen, spazierengehen. Nein, sollte man nicht lieber Szenen aus Äsops Fabeln zeigen? Szenen mit verschiedenen Personen! Mit Text!

Bassins wurden ausgehoben, die Ränder mit Muscheln ausgelegt, und in jedem Bassin gab es einen Springbrunnen und Tierfiguren aus vergoldetem Blei. Insgesamt sechzig Stück. Jede Gruppe verkörperte eine Fabel von Äsop. Ungefähr wie auf dem Krylow-Denkmal, das hier hundertfünfzig Jahre später errichtet wurde.

Äsops Fabeln waren zu Peters Zeit neu für Rußland. Ihr Inhalt war unbekannt, ihre Bedeutung schwer verständlich. Darum ließ Peter an jedem Bassin eine Säule aufstellen; auf weißem Blech waren die Fabel und ihre Deutung zu lesen.

Eines der ersten Bücher, die auf Peters Weisung übersetzt wurden, waren Äsops Fabeln. Sie erschienen im Jahr 1700. Der Sommergarten wurde eine Art Fortsetzung des Buches. Wenn Peter in den Garten kam, scharte er die Spaziergänger um sich und erklärte ihnen den Sinn der dargestellten Fabeln.

Er hielt Fabeln für das anschaulichste, verständlichste Mittel zur Allgemeinbildung.

Einer der Unterhändler, die Peter nach Italien schickte, um dort Gemälde und Statuen zu erwerben, war Juri Kologriwow. 1718 ergatterte er ein echtes archäologisches Fundstück aus der Antike: eine marmorne Venusstatue. Die Venus war anders als die zeitgenössischen Statuen, sie atmete zweitausend Jahre altes Leben, stammte aus einer Zeit, als es noch kein Rußland gab und noch kein Christentum; sie demonstrierte die damalige Auffassung von Schönheit. Die fehlenden Arme taten der Vollkommenheit keinen Abbruch. Kologriwow, keineswegs ein Kunstexperte, verliebte sich regelrecht in die Göttin. Doch auch die Regierung in Rom erkannte den Wert der Venus, und auf Anweisung des Gouverneurs Falconieri wurde sie konfisziert und der Verkäufer verhaftet. Kologriwow gab nicht auf, er schwor, die Venus freizubekommen. Doch seine privaten Bemühungen führten zu keinem Ergebnis. Peter schaltete einen zäheren Unterhändler ein: Ragusinski. Der wandte sich über einen befreundeten Kardinal an die allerhöchste Macht, an den Papst. Im Vatikan war bekannt, daß sich in Rußland die Gebeine der heiligen Brigitte befanden, einer irischen Heiligen, die in England hoch verehrt wurde. Der Papst willigte ein, die Gebeine der christlichen Heiligen gegen die Statue der heidnischen Göttin auszutauschen. Als der Handel perfekt war, schickte Peter Ragusinski ein Dankschreiben für die »Befreiung der Venusstatue aus dem Arrest« und bat ihn, den Kardinälen seinen Dank zu übermitteln. Anschließend mahnte er, die Statue nicht auf dem Seeweg zu transportieren, weil das zu riskant sei, sondern in einer speziellen Kutsche.

Die Reise der Venus durch ganz Europa – über verschneite Wege und zugefrorene Flüsse, über Gasthöfe, Grenzen und Zollstationen, wo sie von neugierigen Beamten belästigt wurde, – war voller Abenteuer und Gefahren.

Nach mehreren Monaten stand die durchgefrorene Venus vor dem kritischen Blick des Zaren. Er war kein Kenner der antiken Kunst, doch von weiblichen Reizen verstand er etwas. Die Römerin war das Geld und die Mühen wert.

Peter ließ sie nicht in einem Pavillon aufstellen, sondern in der offenen Galerie.

Die schneeweiße Marmorgöttin im Evaskostüm verursachte in der Hauptstadt große Aufregung. Alle eilten in den Park, um diese Schamlosigkeit zu sehen. Der Anblick weiblicher Nacktheit an einem öffentlichen Ort war für Rußland etwas Unerhörtes, eine weitere Herausforderung des Zaren gegen die alte Ordnung.

Die Venus war immer dicht umlagert. Die Sündhaftigkeit ihres Leibes veranlaßte die einen zu obszönen Scherzen, die anderen zu Empörung. Frauen suchten an der Venus begierig nach Mängeln. Sie hatte keine, und das war einerseits bedrückend, bezeugte aber andererseits, wie wunderschön die Frau an sich war. Die Männer verglichen ihre Frauen und Geliebten mit der ewigen Gestalt, berührten und streichelten sie.

Kühl ertrug die Göttin die Belästigungen. Antioch Kantemir schrieb, hätte sie Arme, würde sie Ohrfeigen austeilen. Schließlich beschützte der Zar sie: Er ließ sie von einem bewaffneten Posten bewachen.

Der Zar stand meist früh auf, gegen fünf. Eines Morgens fand er in der Galerie im Sommergarten Antioch Kantemir vor der Venus. Die tiefstehende Morgensonne ließ den Marmor fast durchsichtig wirken, erfüllte ihn mit rosigem Licht, erweckte die Skulptur zum Leben. Tautropfen glitzerten auf ihren Schultern. Der junge Mann sagte, er versuche vergebens, sie sich mit Armen vorzustellen. Hätten sie ihrer Gestalt etwa noch etwas hinzuzufügen vermocht? Wohl kaum! Ohne Arme war sie geheimnisvoll; vielleicht hatte sie nie Arme gehabt, vielleicht hatte der Bildhauer seine Arbeit abgebrochen, um sie nicht zu verderben.

Der Zar nickte zustimmend, freute sich an dieser einzigartigen Herrlichkeit, betrachtete sie und seufzte traurig. Es gab nichts Schöneres als den Körper einer Frau.

»Bedenken Sie, der Normalbürger kannte damals weder weltliche Malerei noch Skulpturen, und plötzlich befand er sich mitten in einer Galerie der großen Kunst! Alte Götter sahen durch grünes Laub. Mythologische Gestalten fanden Eingang in die Welt des russischen Städters.«

Unter den Gemälden, die auf Peters Anweisung gekauft wurden – meist maritime Landschaften oder Genrebilder – waren auch

Werke alter Meister, zum Beispiel Rembrandts »Davids Abschied«. Der Zar liebte Bilder mit Schiffen, vor allem solche, auf denen die ganze Takelage deutlich zu erkennen war; davor examinierte er gern junge Seeleute.

Der große Sommergarten war voller Neuheiten. Reiher liefen darin herum, Obstbäume blühten und ganz besondere Rosensträucher, die Peter aus dem Ausland mitgebracht hatte. In großen Käfigen sangen und zwitscherten seltene Vögel. In den Grotten warteten Vogelscheuchen auf die Spaziergänger, auf den Alleen Wasserfallen; in den Wäldchen lagen kunstvoll gefertigte halbnackte Schäferinnen.

Auf dem Teich war eine kleine Insel mit einem Pavillon, auf die man nur mit einem Boot gelangte. Dorthin zog sich der Zar gern zurück. Diese Insel sollte in Peters Leben noch eine verhängnisvolle Rolle spielen.

Die Statuen standen nicht in Nischen an der Wand, sondern frei im Raum, so daß man sie von allen Seiten betrachten konnte.

Mit Traditionen zu brechen war für Peter etwas ganz Natürliches, er fühlte sich in allem als der Erste, wie Gott, der die Welt erschuf. Seit Peter gibt es in Rußland Museen, eine Flotte, Ziegeldächer. Im Museum von Lipezk ist noch heute der Bronzeguß eines Tonabdrucks von Peters Hand zu sehen. Die Hand des Schöpfers, des Mannes, der das Zepter hielt, die Hand, die Erlasse unterschrieb und Todesurteile, die Hand des Kanoniers, des Architekten, die Hand, die schenkte und belohnte. Diese gewaltige Pranke zeichnete den Plan des Monplaisir, prügelte mit einem Knüppel, drechselte Leuchter.

Als Peter Versailles besichtigte, bestaunten er und seine Begleiter es wie ein Wunder. Noch nie hatte er ein so beeindruckendes Werk der Phantasie gesehen, eine wahre Sinfonie der Pracht, die er so liebte: Grün, Springbrunnen, raffinierte Parkanlagen. Lange bewunderte er das großartige Ensemble aus Schloß, Terrassen, Wiesen und Wasserspielen.

Etwas Derartiges wäre ein würdiger Schmuck für seine neue

Hauptstadt. So entstand die Idee für Peterhof, das jedoch keine Variation von Versailles werden sollte, sondern Peters ureigenes Werk. Peterhof ist barock, weil auch Peters Wesen barocke Züge trug.

Versailles rühmt König Ludwig. Peterhof rühmt Rußlands Durchbruch zum Meer. Peters Phantasie war unerschöpflich. Den Entwurf für Peterhof zeichnete er selbst, er skizzierte das Schloß, den unteren Park mit dem Kanal zum Meer, den Oberen Garten. Am ausführlichsten befaßte er sich mit Monplaisir.

Ein technisches Problem galt es zu lösen: die Wasserversorgung für die Springbrunnen. In Versailles bewerkstelligten das Pumpen. Das war unzuverlässig. Peter erforschte das Gelände um Peterhof, fand auf den Höhen von Ropschino eine Quelle und schlug vor, einen selbstfließenden Kanal nach Peterhof anzulegen. Die Hydrotechniker setzten seine Idee um, und bis heute werden die Springbrunnen in Peterhof auf diese Weise mit Wasser versorgt.

An dem Tag des Jahres 1714, als das Wasser zu fließen begann, begleitete Peter aufgeregt den ersten gurgelnden Strom, ritt neben den Rinnen und Röhren von den Ropschinoer Höhen bis zu den Springbrunnen. Was für ein glücklicher Moment, als die Fontänen hochschossen!

Er war voller Ideen. In seinem geliebten Monplaisir ließ er Wasser in Rohren zur Toilette leiten; womöglich war dies das erste moderne Wasserklosett in Europa. Übrigens ein ernsthaftes Problem der damaligen Zeit. Alle Schlösser stanken, auch Versailles, was Peter in Paris besonders verblüffte.

In den Grotten ließ sich ein Wasservorhang einschalten, der den Ausgang versperrte. Die Architekten wetteiferten gemeinsam mit Peter um die witzigsten Einfälle. In einer Grotte zum Beispiel war ein Marmortisch gedeckt, die Gäste traten heran, streckten die Hände aus, und plötzlich schoß um den Tisch herum aus unsichtbaren Löchern eine Wasserwand. Peter lachte – er hatte einem Diener ein Zeichen gegeben, den Hahn zu öffnen. Manches wirkt ein wenig naiv, provinziell. Die junge russische Gesellschaft machte sich noch keine Gedanken um ihren Ruf.

Peterhof und Strelna sind legendenumwobene Orte.

In den dreißiger Jahren besuchte Stalin Peterhof. Er hielt sich lange in Monplaisir auf, blickte aufs Meer, besichtigte die Einrichtung des kleinen Palais, stand dann lange schweigend vor Peters Totenmaske und sagte: »Zu früh hat Petrucha das Beil aus der Hand gelegt.«

Was er damit sagen wollte, wagte der Museumsdirektor nicht zu fragen. Er dachte an das Zimmermannsbeil für »das Fenster nach Europa«, wie Puschkin schrieb. Viel später, als er aus dem Lager zurückkam, vermutete er, Stalin habe vermutlich etwas anderes gemeint: das Henkersbeil.

Peter liebte Monplaisir besonders. Von der Terrasse aus blickte man bis nach Kronstadt und Petersburg. Beim Einschlafen – er übernachtete gern hier – hörte er das Wasser plätschern, und direkt vom Bett aus sah er das Meer.

Auch Katharina die Große und Nikolai I. kamen gern her.

In der Kirche von Strelna ließ Peter sich 1707 heimlich mit Katharina trauen. Als Puschkins Witwe Natalja Nikolajewna in Strelna heiratete, war die kleine Holzkirche bereits verfallen, doch das Schloß und die beiden Springbrunnen – die ersten in ganz Rußland – waren noch erhalten, ebenso die Bienenstöcke, das Wasserbecken mit Fischen und die Gemüsebeete, auf denen Peter zum erstenmal in Rußland Kartoffeln und Johannisbeeren anbaute.

An diesem Ort gönnte sich die rauhe nördliche Natur ein heiteres Spiel und ließ überseeische Früchte und Gemüse wachsen.

Alles war hier neu. Peter schmückte zum erstenmal Wohnräume mit Gemälden, richtete ein Spielzimmer ein, »Fortunas Gemach«, in dem man Schach, Dame und Karten spielte, es ging ganz gesittet zu, wie in holländischen Patrizierhäusern – solange es nicht in wüste Gelage ausartete.

Den Hauptzugang zum Schloß bildet nach Peters Plan ein Kanal vom Finnischen Meerbusen; der terrassenförmig ansteigende Hang ist von Wasserfontänen gesäumt – eine anschauliche Verbindung zwischen Schloß und Meer.

Die Springbrunnen illustrieren in allegorischer Form den Nordischen Krieg. Das mächtigste Wasserspiel der Großen Kaskade, das Hauptsymbol des Sieges, Samson, der den Löwen besiegt, (den, der auf der schwedischen Flagge abgebildet war), wurde erst nach Peters Tod fertiggestellt.
Peter überprüfte die verschiedenen Wassereffekte selbst, baute mit den Meistern zusammen Modelle.

Bei der Eröffnung von Peterhof trat der Zar auf den Balkon der Oberen Gemächer und sagte zum französischen Gesandten:
»Einen solchen Ausblick hat Versailles nicht zu bieten: Auf der einen Seite das Meer und Kronstadt und auf der anderen Seite Petersburg.«
Das Wasser war Peters Lieblingselement, und ihm richtete er hier ein Fest aus. Zwanzig Jahre hatte er gebraucht, um den Ostseeraum zu erobern. Peterhof war sein Jubel, er genoß das viele Wasser, spielte damit, demonstrierte Wunder der Wasserkunst, ließ alle an dessen Verwandlungen teilhaben. Dabei war er erfinderisch wie ein Liebhaber. Peterhof ist seine Liebeserklärung. Dankbar sprudelt das Wasser der Flüsse und Bäche in die Freiheit, ins Meer. Peter errichtete keine Triumphbögen und Monumente für Feldherren, sondern feierte den Zugang zu den Weiten des Meeres, zu freien Kontakten, die Befreiung vom eingemauerten Dasein.

13

Peters Sprache

Diesmal brachte Molotschkow ein Heft mit. Er wollte uns von Peters Sprache erzählen.

Selbst in Amtspapieren und militärischen Befehlen brach Peter alle üblichen Regeln.

Aus Peters großem, noch nicht vollständig veröffentlichtem Archiv hatte Molotschkow eine ganze Sammlung bemerkenswerter Aussprüche aus Briefen, Anekdoten und Erinnerungen gefischt.

»Den Dienst wegen einer Frau zu vergessen ist unverzeihlich. Gefangener einer Geliebten zu sein ist schlimmer als Kriegsgefangenschaft; vom Feind kommt man eher frei; die Fesseln einer Frau halten lange.«

1712 klagt Peter in einem Brief an Katharina, wie schwierig es sei, gleichzeitig einen Krieg und die Staatsgeschäfte zu leiten:
»Wir sind gottlob gesund, aber das Leben ist sehr schwer, denn ich beherrsche die linke Hand nicht, muß also in einer Hand Degen und Feder halten, und wie viele Helfer ich habe, weißt Du selbst.«

Bei der Besichtigung der drei Schiffe, die Sinjawin in England gekauft hatte, fand Peter viele Mängel, er verglich die Schiffe mit den russischen und sagte seufzend:
»Wie angenommene Kinder gegen eigene.«

Über Polen, wo die Gemüter ständig erhitzt waren, schreibt er:
»Die Dinge gären dort wie junges Bier.«

In einem Papier über die Einrichtung des Amtes eines Generalprokurators im Senat: »Er soll verhindern, daß man mit den Gesetzen spielt wie mit Karten, sich die passende Farbe auswählt.«

Vom Asow-Feldzug schreibt er in einem Privatbrief: »Wir sind dicht an das Nest herangekommen und haben die Hornissen gereizt, die nun aus Ärger heftig stechen.«

Seine Schwester Natalja bat ihn, vorsichtiger zu sein. Peter antwortete ihr: »Nach Deinem Brief meide ich die Nähe von Kanonen- und Gewehrkugeln, aber sie kommen zu mir, befiehl ihnen, daß sie damit aufhören.«

»Von Peter wisset, das Leben ist ihm nicht umsonst gegeben, sondern damit Rußland in Seligkeit und Ruhm lebe, damit es uns gut gehe.«

»Man muß nach seinem eigenen Verstand leben, nicht ewig wie ein junger Vogel anderen auf den Mund schauen.«

Aus Anlaß des ersten Sieges über die Schweden bei Lesnaja sagte Peter: »Das Kind des Glücks ist geboren.«

»Ob Rußland nun Asien wird oder Europa, es bleibt trotzdem Rußland.«

»Es ist nicht recht, Silber zu nehmen und dafür Blei zu liefern.«

»Aus Unwissenheit glauben unsere Alten, ohne Bart gelangten sie nicht in den Himmel, aber Gott hält ihn für alle ehrlichen Menschen offen.«

»Fortuna läuft zwischen uns hindurch; glücklich, wer sie beim Schopf packt.«

Krank begab sich Peter zum Bau des Ladogakanals. Die Reise verschlimmerte die Krankheit, und der Doktor machte ihm Vorwürfe. Darauf erwiderte Peter:

»Die Krankheit ist natürlich starrköpfig, die Natur versteht ihr Geschäft, aber auch wir müssen uns um den Nutzen des Staates kümmern, solange wir die Kraft haben.«

Bekannt sind seine Worte über den Tod, als unerträgliche Schmerzen ihn quälten: »Erfahrt an mir, was für ein armseliges Geschöpf der Mensch ist.«

»Wir besitzen nichts Eigenes außer der Ehre. Von ihr abgehen hieße kein Zar mehr sein.«

»Soldat ist ein gemeinsamer, ruhmreicher Name, Soldat ist der erste Feldherr ebenso wie der letzte Schütze.«

In Versailles betrachtete Peter die Büste von Richelieu und sagte: »Wenn Kardinal Richelieu noch lebte, würde ich ihm mein halbes Reich geben, damit er mich lehrte, die andere Hälfte zu regieren.«

Diesmal stieß Peter, der jede Gelegenheit für effektvolle Äußerungen nutzte, auf französischen Witz, der seinen Ausspruch sofort parierte: »Um ihm dann, wenn ich es gelernt hätte, die andere Hälfte wieder wegzunehmen.«

In England veranstaltete der König, der Peters Liebe für die Seefahrt kannte, eine Schauseeschlacht. Die Eleganz, Koordination und Schnelligkeit der englischen Schiffsmanöver entzückte Peter so, daß er ausrief:

»Wäre ich nicht russischer Zar, dann wäre ich gern ein englischer Admiral.«

Die kindliche Fähigkeit zu staunen, begeistert zu sein von Wundern und menschlichen Fähigkeiten, bewahrte er sich auch als Erwachsener.

Beim Stapellauf des Schiffes »Prophet Ilja« im Jahre 1715 sagte Peter in seiner Rede über Rußland:

»Wer von uns hätte sich vor dreißig Jahren träumen lassen, daß wir einst hier an der Ostseeküste Schiffe bauen würden, in dieser Gegend, die wir erobert haben durch unsere Arbeit und unseren Mut. Daß wir die Stadt bauen würden, in der ihr lebt. Daß wir es erleben würden, so tapfere und siegreiche Soldaten und Matrosen russischen Blutes zu sehen. Söhne, die in fremden Ländern waren und verständig zurückkommen. Daß wir es noch erleben werden, daß ich und ihr von fremden Staaten so geachtet werden!«

Angesichts des Diebstahls in seiner Umgebung rief er aus: »Sie untergraben die Grundfesten der Redlichkeit.«

1716, nachdem er erfahren hatte, daß August gegen den russischen Anspruch auf Danzig protestierte, schrieb Peter an Scheremetew, daß Nachgeben nicht in Frage komme. Im Falle der Weigerung versprach er, die Stadt durch Abführmittel zu heilen, die er bereits mitgebracht habe.

»Wer sich stellt, als sei er vom Teufel besessen, dem ist der Teufel mit der Knute auszutreiben. Die Knute hat einen längeren Schwanz als der Teufel.«

»Manches Schwein muß gewaltsam mit der Schnauze in den Trog gestoßen werden, denn es versteht seinen eigenen Nutzen nicht.«

Zur Einnahme von Nöteborg schrieb er: »Wahrlich, das war eine sehr harte Nuß, aber wir haben sie gottlob geknackt, wenngleich nicht ohne Schwierigkeiten, denn viele unserer ehernen Zähne haben dabei Schaden genommen.«

Zur Einigung mit Dänemark:
»Unser Bund ähnelt einem Paar Hengste, die man zusammengespannt hat.«

Zu einem Aufschneider sagte er:
»Der Bär hat sich auch gebrüstet, er könne die Stute einholen.«

»Wer Unglück fürchtet, dem bleibt das Glück versagt.«

Über den Galeerenbau schreibt er an einen Bojaren:
»Wie Gott und unser Vorvater Adam es uns befohlen, essen wir unser Brot im Schweiße unseres Angesichts.«

14

Die Livländerin

Die Frau eines Genies zu sein, noch dazu eines Zaren, der kein Andersdenken duldet, ist nicht leicht. Katharina hat es vermocht. Sie fügte sich, keineswegs sklavisch, sondern wie eine Verliebte. Nicht, daß sie ihm seinen Zynismus und seine Zügellosigkeit verzieh – um zu verzeihen, muß man sich überlegen fühlen. Die Livländerin Martha Skawronskaja war nicht überlegen; sie, eine Waise ohne Erziehung, ohne adlige Abstammung, ohne jedes Talent, gewann Peters Herz mit dem Wunder der Weiblichkeit, die herrschsüchtige Naturen wie Peter in einer Frau suchen. Sie akzeptierte seine Überlegenheit in allem, schätzte seinen Mut, seinen Scharfsinn, seinen Verstand, seine Schönheit, seine männlichen Qualitäten. Alles, was er tat, fand ihr Verständnis, und wenn sie es nicht verstand, dann hielt sie das für ihren Fehler. Jeden Rat, jede Weisung von Peter erfüllte sie mit Freuden, ob es um die Wasserspiele von Peterhof ging oder um die Erziehung der Kinder. Ihre Verehrung für Peter war keine Verstellung – sie hätte Peter kaum so lange etwas vormachen können. Er war es würdig, geliebt zu werden, und sie verliebte sich wirklich in ihn. Ihre Briefe an ihn sind voller Zärtlichkeit, ihre Gefühle frei von Eifersucht, frei von lastenden, erstickenden Ansprüchen. Es ist eine heitere, freudige, dankbare Liebe. Und es geschieht ein Wunder: Peters eiserne Natur wird weich. Er, der scheinbar nach allen Seiten abgeschirmt ist durch den Panzer seiner Regierungspflichten, verletzt durch eine unglückliche Liebe, er fühlt sich zu Katharina hingezogen, erwidert ihre zärtlichen Gefühle. Nach Anna Mons erlebt er zum zweitenmal die Liebe. Er hat nun eine Familie, ein Familienleben. Er sorgt sich nicht mehr nur um die Flotte und den Senat, sondern auch um seine Frau, um die Töchter. Er schreibt an Katharina, sie solle aus Nowgorod nicht denselben Weg nehmen wie er, denn dort sei das Eis unsicher, und gibt dem Kommandanten entsprechende Anweisungen. Ein andermal bittet er sie, einige Brücken in Petersburg lieber zu Fuß überqueren. Er schickt ihr Geschenke. Als sie heirateten, war Peter vierzig, Katharina achtundzwanzig. In Briefen an sie bezeichnet Peter sich wehmütig spöttelnd als alten Mann. Mit den Jahren wird Peters Bindung an seine Frau immer enger. Ihre Ehe ist anders als die anderer Monarchen ihrer Zeit. Sie erinnert ein wenig an die kurze und glückliche zweite Ehe seines Vaters Alexej Michailowitsch. Irgendwie ähnelt Katharinas Charakter dem seiner Mutter Natalja, die Peter bis zu ihrem Tod sehr liebte. Peter war ein Wunschkind seiner Eltern, und in Liebe empfangene Wunschkinder werden die besten Menschen.

Katharina besaß eine besondere Gabe, Peter bei seinen Anfällen zu beruhigen. Immer wieder wird von ihren nahezu hypnotischen Fähigkeiten berichtet. Ihre Stimme beruhigte Peter. Normalerweise wagte in solchen Momenten niemand, sich dem Zaren zu nähern, sie aber ging furchtlos zu ihm, legte seinen Kopf in ihren Schoß, kraulte und streichelte ihn, und er schlief an ihrer Brust ein. Nach zwei, drei Stunden erwachte er, erholt und friedlich.

Eine schöne Legende erzählt, wie Katharina Peter das Leben rettete. 1711, während des Pruth-Feldzuges, war das russische Heer von den Türken umzingelt. Achtunddreißigtausend Russen waren durch eine hundertvierzigtausend Mann starke Armee von ihrem Hinterland, von ihrem Nachschub abgeschnitten. Die Soldaten litten unter Hunger und Krankheiten, es gab kein Wasser, Seuchen setzten ein. Die Lage war kritisch. Die Russen wollten versuchen, aus der Umzingelung auszubrechen, wenn die Türken Friedensverhandlungen ablehnen sollten. Die Erfolgsaussichten dafür waren gering.

Auf diesem unglückseligen Feldzug begleitete Katharina Peter. Kurz zuvor hatten sie sich trauen lassen, und Katharina wollte nicht ohne Peter in Polen bleiben. An jenem schweren Abend, vielleicht dem schlimmsten für Peter, spendete sie ihm keinen Trost, machte ihm aber auch keine Vorwürfe wegen seines leichtsinnigen Vertrauens zu dem rumänischen Fürsten, der ihn verraten hatte und mit dem gesamten Lebensmittelnachschub zu den Türken übergelaufen war.

Nicht ohne Grund hatten böse Ahnungen Peter vor dem Feldzug gequält. Mehrfach schrieb er: »Ich begebe mich auf einen unbekannten Weg.«

Ein Parlamentär mit einem Brief von Feldmarschall Scheremetew wurde zu den Türken geschickt. Es kam keine Antwort, auch beim zweitenmal nicht. Nun blieb nichts weiter übrig, als das Lager in Brand zu stecken und den Durchbruch zu versuchen.

Peter erteilte die letzten Weisungen und zog sich in sein Zelt zurück; er wollte von niemandem gestört werden. Wie hatte er sich nur auf einen so schlecht vorbereiteten Feldzug einlassen können, ohne ausreichend Lebensmittel, in der leichtsinnigen Hoffnung auf die Hilfe der Moldawier und Walachen? Bei Poltawa so glänzend den besten Feldherrn Europas zu schlagen und nun eine so dumme Niederlage zu erleiden gegen die unfähige türkische Landwehr, die nicht einmal ein Heer zu nennen war – ihre einzige Stärke war ihre zahlenmäßige Übermacht. Verzweiflung nahm ihm den Atem. Er wußte am besten, in welche Falle er seine Soldaten geführt hatte. Warum hatte er nicht auf die Stimme gehört, die ihn gewarnt hatte?

Er setzte ein Dokument auf, das die Historiker als Testament bezeichnen. So und so, meine Herren Senatoren, infolge einer falschen Information bin ich von einer siebenfach überlegenen türkischen Macht umzingelt und habe nichts zu erwarten als die Niederlage. Möglicherweise werde er, der Zar, in türkische Gefangenschaft geraten. Sollte das geschehen, dürfe der Senat ihn nicht länger als Zaren und Herrscher ansehen und keinerlei Anordnungen ausführen, die vielleicht in seinem Namen erfolgen würden. Sollte er aber fallen, dann mögen sie unter sich einen würdigen Nachfolger wählen.

Während Peter allein im Zelt saß, beriet sich Katharina mit Scheremetew und den anderen Generalen. Nüchtern erörterten sie, wie gering die Chance war, aus der Umzingelung auszubrechen. Im Kampf könnte auch der Zar fallen. Man müsse nach Wegen suchen, sich mit den Türken zu einigen, müsse versuchen, sich wieder und wieder an sie zu wenden.

Katharina ging entgegen seiner Anweisung in Peters Zelt, fiel ihm zu Füßen und flehte ihn an, den Türken keine weiteren Sendschreiben zu schicken, sondern einen Bevollmächtigten, der auf alles eingehen solle, jede Bedingung annehmen. Peter dürfe sich und andere nicht opfern. Lieber Ländereien und Festungen aufgeben als in Gefangenschaft geraten und die unter solchen Mühen geschaffene Armee verlieren.

Ob mit Worten oder mit Tränen – jedenfalls brachte sie Peter dazu, seinen Entschluß zu revidieren. Das gelang selten jemandem, aber Peter konnte nicht nur zuhören, er hatte auch ein Gespür für Situationen.

Nach gründlicher Überlegung schickte er Vizekanzler Schafirow zum türkischen Wesir. Er sollte den Frieden anbieten, auf alle Bedingungen eingehen. Wenn die Türken die eroberten Ländereien am Don zurückverlangten – sie sollten sie haben, ebenso die am Dnepr. Sogar Taganrog, das Peter selbst gegründet hatte und an dem er hing. Falls die Türken zusammen mit ihren Verbündeten, den Schweden (Karl stand ja in Bender), Provinzen im Norden forderten – nun, auch hier würde man Opfer bringen müssen, nur Petersburg, Peters Lieblingskind, sollte nach Möglichkeit bewahrt werden. Schafirows Mission war schwierig.

Weiter erzählt die Legende, Katharina habe ihren gesamten Schmuck genommen, um ihn dem Wesir zu schenken, und Schafirow begleitet.

Das Geschick Schafirows und womöglich Katharinas persönliche Teilnahme führten zu einem überraschenden Verhandlungserfolg. Die Türken verlangten nur Asow; die übrigen kleinen Städte, die am Ufer des Asowschen Meeres entstanden waren, sollten abgerissen werden. Hätten die Türken gewußt, in welcher prekären Lage sich die russische Armee befand, wären die Bedingungen andere gewesen.

Wie die Verhandlungen beim Großwesir abliefen, warum die Türken bereit waren, die Russen samt ihrem Zaren aus ihrer Falle abziehen zu lassen, ist unbekannt.

Zwei Tage dauerte das qualvolle Warten auf das Ergebnis der Friedensverhandlungen.

Tod oder Sklaverei, das war, laut Einschätzung eines französischen Oberst, der bei Peter diente, die Perspektive der Russen. Puschkin übersetzte seine Erzählung »Aufzeichnungen des Brigadiers Moreaux de Brase«, sie ist ein wichtiges Dokument über Peter.

Moreaux schreibt, wäre dem Großwesir ernstlich am Sieg gelegen gewesen, hätte er nur Vorsicht walten lassen, sich im Schützengraben verschanzen und warten müssen. Den Russen ging der Proviant aus. Schon fünf Tage hatten sie kein Brot mehr, die Pferde hungerten. Hätte in diesen Tagen jemand prophezeit, daß Frieden geschlossen würde, obendrein zu solchen Bedingungen – er wäre für verrückt gehalten worden. Bereits als der erste Parlamentär mit einem Brief vom Feldmarschall zu den Türken geschickt wurde, sagte ein Offizier, derjenige, der Peter zu diesem Feldzug geraten habe, sei ein Wahnsinniger, aber wenn der Großwesir auf den Vorschlag des Waffenstillstands einginge, dann sei er ein noch größerer Wahnsinniger. Weiter schreibt Moreaux, offenbar sei es Gottes Wille gewesen, daß der Großwesir sich vom Glanz des Goldes blenden ließ, um redliche Menschen zu retten.

Die Legende hat einiges verzerrt, denn eine Legende verlangt nach Einfachheit und Klarheit. Ob die Zarin tatsächlich beim Großwesir war, ist nicht belegt, auf jeden Fall sprach Peter später, zum Beispiel im Erlaß zu ihrer Krönung, von wichtigen Diensten am Vaterland, die Katharina beim Pruth-Feldzug geleistet habe. Für die Nachgiebigkeit des türkischen Großwesirs haben Historiker unterschiedliche Erklärungen gefunden.

Der schwedische König, von den Verhandlungen mit Schafirow

unterrichtet, schwang sich sofort aufs Pferd und ritt siebzehn Stunden hintereinander aus Bender ins türkische Lager, aber er kam zu spät, der Vertrag war bereits unterzeichnet. Die glückliche Gelegenheit, Oberhand über den Feind zu gewinnen, war ihm im letzten Augenblick entgangen. Karl entlud seine Wut auf den Großwesir, schrie, tobte, schimpfte: Wie habe der Großwesir verhandeln können, ohne ihn, den König, um dessentwillen der Sultan diesen Krieg begonnen habe, davon zu unterrichten? Der Großwesir antwortete, der Krieg werde um türkische Interessen geführt, nicht um schwedische.

Die russische Armee näherte sich trommelschlagend bereits dem Dnestr, die Fahnen wehten im Wind, die Degen der Reiter blitzten, Flöten spielten, und in einer Kutsche saßen Peter und die Zarin, glücklich über den Friedensschluß. Ein schlechter Frieden, aber ein Frieden ohne Schande.

Fortan begleitete Katharina Peter häufig auf Reisen und Feldzügen. Sie verhielt sich taktvoll, zurückhaltend, ganz, wie es sich für die Gemahlin des russischen Imperators ziemte. Für eine ehemalige Dienstbotin verfügte sie über erstaunliches psychologisches Feingefühl und einen gehörigen praktischen Verstand. Davon zeugen ihre Briefe an Peter.

Peter war immer bereit, Liebe zu geben. Wenn er jemanden für würdig erachtete, band er ihn an sich, wie zum Beispiel Menschikow, dem Peter selbst seine Eigenmächtigkeiten und Unterschlagungen verzieh. Doch neben Freundschaft, Treue und Anhänglichkeit sehnte er sich wie jeder Mann danach, für ein weibliches Wesen zu sorgen. Katharina entfachte in ihm zum erstenmal das Feuer der ehelichen Liebe. Dieses Gefühl wuchs, wurde stärker und bescherte ihm immer mehr Freude.

Für die fröhliche Livländerin stand die Liebe an erster Stelle; sie wurde seine Mätresse, verliebte sich in ihn, umgarnte ihn regelrecht.

Sie eroberte ihn mit einer schlichten, aber seltenen Eigenschaft: Sie interessierte sich für alle seine Sorgen und Angelegenheiten. Genau das brauchte Peter. Zudem war ihre Beziehung verspielt, voller Scherze. »Gestern war ich in Peterhof und speiste mit vier Kavalieren, die zweihundertneunzig Jahre alt sind.«

Es war weniger Katharinas Schönheit, die ihn anzog, als vielmehr ihre offene Sinnlichkeit. Feurige Augen, üppiger Busen, schwarzes Haar – sie war ganz anders als ihre bedächtigen, hellhaarigen Landsleute. Sie hatte genug Temperament für Bälle, Tänze und Gelage, teilte mit Peter aber auch das Soldatenbrot und die Beschwernisse der Feldzüge.

Sie kleidete sich geschmacklos, behängte sich mit Perlen, Orden, Armbändern, Amuletten – die Dienstbotin in ihr ließ sich nicht verhehlen. Auch in ihrem Werben um Peter blieb sie die Marketenderin. Immer fröhlich, gesund, voller Aufmerksamkeit für seine Gewohnheiten. Bisweilen billigte Peter ihre Einmischung, änderte auf ihren Rat hin Entscheidungen. Schon bald machte man sich am Hof ihren Einfluß geschickt zunutze.

Sie verkörperte den heimischen Herd, an den es Peter mit den Jahren immer stärker zog. Zum vollkommenen Glück fehlte ihm nur eines – ein Thronerbe. Nach zwei Töchtern gebar Katharina ihm noch weitere elf Kinder, die alle bald nach der Geburt starben. Peters Geduld war erschöpft, er hoffte nicht mehr auf einen Sohn und gab seiner Frau die Schuld daran.

Trotz der 1711 vollzogenen Trauung mit Katharina gönnte sich Peter auch weiterhin Liebesabenteuer, zufällige, flüchtige Beziehungen mit Hoteldienstmädchen, Köchinnen, Bäuerinnen und mit Adelstöchtern wie Maria Rumjanzewa und der fünfzehnjährigen Jewdokija Rshewskaja. Aus Peters zahlreichen vermutlichen Nachkommen wurden später Feldherren, Helden, Minister – so hat Peter indirekt die Herrschaft von Katharina II. befruchtet.

Unter seinen Passionen spielten zwei Aristokratinnen eine besondere Rolle. Die eine war Fürstin Ljubomirskaja. Ohne Rücksicht auf ihren Gatten war sie gern mit Peter zusammen; sein Geist faszinierte sie. Er schätzte ihre Kultur, ihre Musikalität, ihren subtilen Geschmack. Er unterhielt sich stundenlang mit ihr, teilte ihr seine Gedanken über Polen und über die ausländischen Söldner mit. Sie gab ihm, was ihm in seiner Beziehung mit Katharina fehlte. Noch stärker reizte ihn die blutjunge Tochter seines Beraters, des moldauischen Hospodars Kantemir. Sie war sechzehn, als Peter sie nahm. Die Familie Kantemir war eine der kultiviertesten in Peters Umgebung. Dmitri Kantemir war Diplomat, Schriftsteller und Enzyklopädist, ein Mann von europäischer Kultur, und ließ seinen Kindern eine glänzende Bildung angedeihen. Einer seiner Söhne, Antioch, gehörte zu Peters »gelehrten Mannen« und wurde als satirischer Dichter berühmt.

Katharina erklomm den russischen Thron auf der Liebesleiter. Ihre Biographie, das sind die Namen derer, denen sie gehört hat. Als uneheliches Kind geboren, machte sie als Siebzehnjährige ihre ersten Erfahrungen mit einem Schüler des Rigaer Pastors, bei dem sie angestellt war; kurz darauf wurde sie mit einem schwedischen Dragoner verheiratet. Der verschwand bald, und sie ging von Hand zu Hand. Sie begann mit einem kleinen Offizier und wechselte zu immer höheren Rängen. Man bemerkte ihre schöne, üppige Figur, ihre Lebhaftigkeit und Akkuratesse und nahm sie zu sich – als Wäscherin oder Dienstmädchen. Sie strahlte Sinnlichkeit aus, und das zog die Männer an. So gelangte sie zu Feldmarschall Scheremetew, von dem Menschikow sie wegholte, bis sie schließlich Peter auffiel.

Ihr Äußeres blieb immer das einer Schenkenmagd. Das Soldatenleben machte ihr nichts aus, sie hatte keine Angst vor Kugeln, trank mit den Soldaten Wodka, schlief, wenn es sein mußte, auf der Erde oder gar nicht, saß stundenlang in einem rüttelnden Wagen.

Sie schämte sich ihrer Vergangenheit nicht im geringsten, war überzeugt, sie überwunden zu haben. In Wirklichkeit ließ diese Vergangenheit sie nie los. Eines Tages bemerkte Peter, daß Katharina unter falschem Namen Kapital beiseite geschafft hatte, auf Konten in Hamburg und Amsterdam. Woher konnte sie soviel Geld haben? Sie nahm ungeniert von allen, die sich ihr zu Füßen warfen und ihr die Hand küßten, um etwas zu erbitten. Es war nicht leicht, an die Zarin heranzukommen, auch ihre Hofdamen ließen sich bezahlen. Katharina war sich im Grunde ihrer gekrönten Stellung nie sicher, sie fürchtete, das alles könnte jeden Moment vorbei sein. Genau wie Menschikow, der ebenfalls Konten auf deutschen und holländischen Banken besaß und Katharina dazu geraten hatte.

Aber eins ist unbestritten: Sie verstand es, das Feuer der Liebe zu erhalten. Peter hegte für Katharina ähnliche Gefühle wie für Anna Mons. Auch Katharina hatte etwas Fremdländisches an sich, eine fremde Sprache, fremde Gewohnheiten. Ihr Vorzug gegenüber Peters erster Liebe bestand darin, daß sie für ihn unentbehrlich wurde. Zunächst brauchte sie ihn, und das war für ihn neu. Sie hatte keine Verwandten, kein Vermögen, nichts – ein herrenloses Hündchen. Später dann brauchte er sie: Sie war seine Vertraute, sein Schutz, sein Zuhause.

Keiner seiner Höflinge, nicht einmal der Geschickteste, konnte Peter lenken, mit seinen Schwächen oder Ängsten spekulieren. Katharina konnte es, aber auch ihre Macht hatte Grenzen.

1718 besucht Peter in Berlin das Münzkabinett und die Abteilung für antike Statuen. In Begleitung eines vielköpfigen Gefolges besichtigt er die Exponate und bleibt vor einer altrömischen Gottheit stehen. Die Marmorfigur zeigt den Zustand der sexuellen Erregung, was Peter sehr erheitert. Er fordert Katharina auf, den Phallus des Gottes zu küssen. Die Zarin ist verlegen, sträubt sich, da wird er wütend und zwingt sie, das Marmorglied in den Mund zu nehmen. Das Ganze begleitet er mit Kommentaren in einem Gemisch aus Deutsch und Holländisch. Die Höflinge feixen. Und Peter, den weder ihr Spott noch Katharinas Tränen kümmern, bittet den König, ihm die Skulptur zu verkaufen.

Peter verwies Katharina immer wieder auf ihren Platz – er ohrfeigte sie, schlug sie sogar mit der Faust. Sein Gefühl war ohne Respekt, er liebte sie wie einen Hund oder ein Pferd, das man nach Belieben streicheln oder schlagen kann. Er betrachtete sie als seinen Besitz, wie alle seine Untertanen, vor allem seine Höflinge.

Nach dem Tod des kleinen Peter Petrowitsch sah sich Katharina in Gefahr. Das Problem des Thronerben beschäftigte den Zaren zunehmend. Der Wunsch nach einem Sohn wurde immer dringender, immer hartnäckiger, er klang wie eine Warnung. Solange der kleine Peter noch lebte, hatten die Liebesabenteuer ihres Mannes Katharina nicht beunruhigt, nun aber konnte jedes Verhältnis zur Katastrophe werden. Katharina hatte die Zarin Jewdokija vor Augen, die er einfach ins Kloster gesteckt hatte. Sie mußte ihre Position festigen. Und sie erreichte ihr Ziel.

1723 unterrichtete der Zar Rußland, er wolle seine Gattin zur Imperatorin krönen. Er verwies darauf, daß sie das Imperium und ihn selbst gerettet habe, als er am Pruth um ein Haar den Türken in die Hände gefallen wäre, und deshalb würdig sei, Zarin zu werden.

Ein unerhörtes Finale! Ein einfaches Dienstmädchen errang allein durch die Liebe den Titel der Imperatorin. Derartiges gab es in Rußland weder vor noch nach Katharina.

»Eine erstaunliche Karriere«, sagte Anton Ossipowitsch.

»Eine Liebeskarriere«, meinte Geraskin. »Dieses Mädchen hätte zeitlebens Soldatenwaschfrau bleiben können, eine Hure, und dann so eine Wendung. Was für ein Glück!«

»Der Mensch schafft sich seine glücklichen Zufälle selbst«, sagte der Professor. »Den Zufall muß man auch zu nutzen verstehen. Diese Frau hat es gekonnt.«

Molotschkow schüttelte den Kopf.

»Nutzen paßt hier nicht, sie hat ihn doch geliebt. Daß letztendlich alles so gekommen ist, das war dann schon Glück. Aber ihr Gefühl war aufrichtig, sonst hätte Peter es nicht erwidert. Er hat doch so viele Weiber gehabt! Sogar Adlige, Russinnen und Ausländerinnen, und alle hat er ohne Bedauern verlassen. Aber diese einfache Frau nicht, so hing er an ihr.«

»Der Mann hatte ein Glück«, sagte Geraskin. »Ein Prachtweib, fröhlich, immer munter, hat seine Seitensprünge ertragen, keine Juwelen erbettelt. Und ein heißes Temperament hat sie gehabt, oder, Vitali Vikentjewitsch?«

»Wahrscheinlich.«

»Vor allem hat sie nicht an ihm rumerzogen.«

»Zwanzig Jahre diesen wilden Charakter auszuhalten, das zeugt von echter Anhänglichkeit«, sagte Drjomow.

Wir waren uns einig, daß wohl jeder Mann von einer solchen Frau träumt.

Molotschkow hörte uns zu, mal erfreut, mal traurig.

Anton Ossipowitsch warf ein, Peter hätte, nachdem er sich von Katharinas Treue überzeugt hatte, aus Berechnung gehandelt: Ein Zar kann nicht bis ins hohe Alter Junggeselle bleiben, er muß irgendwann heiraten, an die Nachkommen denken, an einen Thronerben. »Und es hat auch keinen Sinn«, fügte er noch hinzu, »Ehe und Familie zu zerstören, man gerät nur in ein neues Joch. Ist doch viel besser, sich eine Geliebte zu halten, die die Mängel deiner Angetrauten kompensiert.«

Geraskin pflichtete ihm bei: »Die Ehe ist keine so ernste Angelegenheit, als daß man sich deshalb scheiden lassen müßte.«

»Und wenn deine Frau fremdgeht?« fragte der Professor überraschend.

Wir wurden nachdenklich.

»Sie können unangenehme Fragen stellen, Jelisar Dmitrijewitsch«, sagte Drjomow. »Wir sind hier drei Wochen lang eingesperrt, wozu da solche Spekulationen?«

»Frauen sind genauso geneigt wie Männer, sich das Ihre zu nehmen.«

»Mit einem Unterschied: Die Frau muß die Familie erhalten.«

»Frauen können nicht einfach so fremdgehen, bei ihnen verändern sich gleich die Gefühle. Ein Mann, der schüttelt sich nur kurz, und alles ist vergessen.«

Unsere stürmische Debatte über das Recht der Frauen, ihren Mann zu betrügen, gipfelte in der Losung: »Eifersucht ist das unverbrüchliche Recht auf Privateigentum!« Wir fragten Molotschkow, ob Peter eifersüchtig gewesen sei. Er zuckte unbestimmt die Achseln. Warum sollte er eifersüchtig sein, er wurde ja nicht betrogen, erklärte Geraskin. Anton Ossipowitsch meinte, die Frage habe für den Zaren nicht gestanden, am Hof sei doch bestimmt alles streng überwacht worden.

»Stimmt etwas nicht?« fragte er plötzlich Molotschkow.

»Nein, nein, schon gut.«

Molotschkow rieb sich mit beiden Händen kräftig das Gesicht und wandte sich dann uns wieder zu.

15

Der Schwur

Von allen Historikern, die sich mit Peter beschäftigt haben, fand Molotschkow einen gewissen Iwan Golikow am sympathischsten; von ihm erzählte er gern und voller Respekt.

Golikow stammte aus einer Kaufmannsfamilie, lernte beim Gemeindeküster Lesen und Schreiben, las sehr viel, besonders gern Bücher über die russische Geschichte. 1755 fand er Aufzeichnungen eines ehemaligen Regimentsgeistlichen, der noch unter Peter gedient hatte. Der Zar interessierte den Halbwüchsigen, fortan suchte er Bücher über Peter und schrieb auf, was er über ihn hörte. Ohne bestimmte Absicht. In Orenburg lernte er Nepljujew kennen. Senator Iwan Iwanowitsch Nepljujew, ehemaliger Gesandtschaftssekretär in Istanbul, war als junger Mann von Peter nach England geschickt worden, um Seefahrt zu studieren. Er machte Golikow mit dem Geographen und Ökonomen Rytschkow bekannt, einem petrinischen Gelehrten, und in Petersburg mit Krekschin, einem in Peter vernarrten Historiker, dann mit Talysin, Nagajew und Serikow – sie alle hatten Peter gekannt. Golikow interessierte sich nicht nur für Anekdoten, sondern für alles, was Peter betraf. Jede Notiz, jeder Brief, jeder Zettel – er sammelte, was er bekommen konnte, ohne zu ahnen, welche jähe Wendung sein Schicksal nehmen sollte. Zunächst war es nur eine erfreuliche Abwechslung im hektischen Kaufmannsalltag. Heute möchte man meinen, Fortuna habe ihn auf sein späteres Werk vorbereiten wollen. 1779 wurde Golikow wegen Betrugs vor Gericht gestellt. Die Untersuchung ergab, daß er Schmiergelder genommen, Wein verdünnt hatte und noch anderes mehr. Nach zweieinhalb Jahren, 1782, gab es aus Anlaß der Jubiläumsfeiern für Peter unverhofft eine Amnestie. Golikow begab sich aus dem Gefängnis schnurstracks in die Kirche, noch im Sträflingshemd, dankte Gott und fuhr dann auf den Petersplatz, zur feierlichen Denkmalseinweihung. Es war das erste Denkmal, das er sah, und es war in zweifacher Hinsicht groß: Ein großes Denkmal für einen großen Imperator. Er kniete vor dem Ehernen Reiter nieder, mitten in der Menschenmenge, und schwor, dem Großen Peter zu danken, ihm den Rest seines Lebens zu widmen.

Molotschkow räsonierte: Wenn man jemanden vor Gericht stellt und ihn dann ohne Verurteilung laufenläßt, ist das äußerst wirkungsvoll, wie er aus der Erfahrung mit seinen Schülern beobachten konnte. Wer ertappt wird, rechnet mit Bestrafung, zumindest mit Vorwürfen oder einer Standpauke, und nach der Bestrafung sind beide Seiten quitt. Bleibt dies aus, empfindet der Schuldige keine Erleichterung und muß sich selbst bestrafen. Zumindest, wenn er ein Gewissen hat. Iwan Golikow glaubte, Zar Peter habe ihn gerettet, ihm verdanke er seine Begnadigung, und nun müsse er seine Schuld sühnen, indem er ihm diene. Das bloße Sammeln von Material über Peter schien ihm zu wenig, und er beschloß, ein Buch über den Imperator zu verfassen, Jahr für Jahr seines Lebens zu dokumentieren.

Ein einfacher Kaufmann, ohne jede historische Bildung, ohne Schreiberfahrung, völlig mittellos – seinen Besitz hatte das Gericht ja konfisziert. Ein kühner, nahezu wahnwitziger Entschluß für einen Vierundvierzigjährigen. Aber wer von einem Ziel besessen ist, kann wahre Wunder vollbringen.

Golikow sammelte Spenden, genierte sich nicht, wohlhabende Bekannte und selbst unbekannte Adlige anzusprechen, zu überreden. Er brauchte Geld, um Manuskripte, Dokumente und Briefe zu kaufen. Der berühmte Fabrikbesitzer Demidow unterstützte sein Vorhaben und gab ihm Geld. Golikow konnte aus verschiedenen privaten Händen wertvolle Papiere erwerben, die durch Tod, Umzug oder Bankrott so schnell verlorengehen. Die Bedeutung solcher Dokumente war damals noch kaum jemandem bewußt. Auf der Basis des zusammengetragenen Materials schrieb Golikow eine detaillierte Geschichte der Herrschaft Peters, Tag für Tag, Jahr für Jahr, wobei er immer wieder einschränkt, er sei kein Historiker, zudem auch in der Sprache ungeübt, er sei lediglich ein Sammler. Dennoch ist sein Buch mehr als eine bloße Sammlung oder Montage, es ist ein wesentlicher Beitrag zur Geschichtsschreibung. Golikow kannte sich in der Antike aus, in den biblischen Texten und auch in der europäischen Geschichte. Wann und wie er sich diese Kenntnisse angeeignet hatte, wußte Molotschkow nicht zu sagen. Golikows Geschichte ist, wie er selbst warnt, panegyrisch. Er preist Peter ebenso, wie Lomonossow es getan hat. Mit dem Unterschied, daß er Peters Weg Schritt für Schritt verfolgt, seine Taten und Entscheidungen zu verstehen versucht. Verstehen heißt für ihn rechtfertigen. Vor dem Gericht der Geschichte ist er einer der flammendsten Anwälte Peters. Er arbeitete Tag und Nacht, ohne sich zu schonen, die ganzen neunzehn Jahre, die ihm das Schicksal noch ließ. Sein fundamentales Werk umfaßt dreißig Bände und wird von den Historikern bis heute genutzt, auch wenn es nicht immer objektiv ist.

»Besessene Menschen sind mir eigentlich suspekt«, bekannte Molotschkow. »Aber ich muß gestehen, Wissenschaft und Fortschritt verdanken vieles gerade solchen Fanatikern. Wir sind uns gar nicht darüber klar, was jemand leisten kann, der von einer Idee besessen ist.«

Geraskin hatte die Geschichte mit Golikows Schwur beeindruckt. Was war das für ein Schwur, der keiner Frau, keinem Freund galt? Golikow hatte einen Schwur geleistet, um zu sühnen. Und sühnen wollte er, weil er ein Zeichen gesehen hatte. Ein religiöser Mensch nimmt die Welt anders wahr. Sein Gewissen reagiert auf Dinge, die andere einfach nicht bemerken.

»Ich denke, das Gewissen ist ein geheimes Gericht, vor das jeder nur selbst treten kann«, sagte der Professor. »Aber wir nehmen immer die Moralvorstellung unserer Umgebung zum Maßstab.

Und was, wenn diese uns gar nicht verurteilt? Ein Student von mir zum Beispiel hatte eine Käfersammlung gestohlen und verkauft. Ich fragte ihn: Wie konnten Sie das tun, was hat Sie dazu veranlaßt? Wissen Sie, was er geantwortet hat? Ich habe einen guten Preis dafür bekommen. Das war der ganze Grund. Ich wollte wissen, ob ihm sein Ruf denn gar nicht wichtig sei. Er lachte nur und erklärte, im Gegenteil, die anderen würden ihn beneiden. Und wenn man Sie vor Gericht stellt, fragte ich ihn. Darauf er ganz ruhig: Erstens muß man mir das erst mal beweisen, und zweitens, Professor, würde Sie dann nicht Ihr Gewissen quälen, weil Sie mir das Leben versaut haben?«

»Zu uns in die Direktion ist mal ein Meister gekommen«, erzählte Geraskin daraufhin, »und hat gestanden, daß er Ersatzteile gestohlen und sie schwarz verkauft hat. Wir fragten, warum er uns das erzählte, und da stellte sich heraus, daß seine Kumpels ihn auf die Schippe genommen hatten. Sie hatten ihm gesagt, er wäre am Tor durchleuchtet und von der Videokamera aufgenommen worden, und wenn er sich freiwillig stelle, dann würde ihm nichts passieren. Wir lachten ihn aus, aber er verlangte, daß die anderen bestraft werden.«

Sergej Drjomow, unser Bücherwurm und Philosoph, sagte: »Ich verstehe diesen Iwan Golikow so: Er bereute seine Tat und wollte sie sühnen. Warum ist eigentlich bei uns niemand auf die Knie gefallen, hat niemand geschworen, seine Sünden zu sühnen? So viele KGB-Leute, Richter und Denunzianten haben gegen das Gesetz gehandelt, das waren doch Hunderttausende, aber man hört nie, daß sich irgend jemand schuldig fühlen würde. Oder, Anton Ossipowitsch?«

»Was soll das, wollen Sie jetzt persönlich werden? Wir haben doch alle zugestimmt, haben Beifall geklatscht, sozusagen unser Gewissen niedergeklatscht.«

Drjomow senkte angriffslustig den runden Kopf, hielt sich aber zurück.

»Eine unglückliche Generation seid ihr«, sagte er. »Ihr habt alles verloren, eure Führer, alle, die ihr verehrt habt. Ihr solltet eure Seele reinigen.«

»Golikow hat das Gesetz verletzt«, sagte Anton Ossipowitsch, »und er hat es bereut.«

»Ich verstehe Sie«, sagte Molotschkow. »Reue zeigen ist nicht leicht. Man muß beichten, um seine Sünden zu sühnen. Das fällt schwer. Ein Priester kann dabei helfen. Zu einer Beichte gehören immer drei: der Beichtende, der Zuhörende und Jesus. Allein schafft man das nicht. Ich will Ihnen eine Geschichte erzählen, die auf Golikow einen starken Eindruck gemacht hat. Ein petrinischer Beamter hatte Staatsgelder unterschlagen – mehrere Tausend Rubel – und das seinem Beichtvater gestanden. Vielleicht hoffte er auf Vergebung oder daß der Priester ihm raten würde, das Geld den Armen zu spenden. Doch der Priester sagte, für eine solche Sünde gebe es keine Vergebung und er müsse das Geld zurückzahlen. Der Beamte erklärte sich einverstanden, sagte aber, er fürchte den Zorn des Zaren, unter dem nicht nur er leiden würde, sondern auch seine Frau und seine Kinder. Der Priester wandte ein, man könne seine Sünde nicht sühnen, wenn man Angst vor der Strafe habe; man müsse die Strafe annehmen. Im biblischen Gleichnis vom verlorenen Sohn habe der Vater die Reue des Sohnes angenommen, und genauso werde Zar Peter die Reue seines Beamten annehmen. Der Beamte entschloß sich dazu, legte das Geld auf einen Teller, ging zu Peter, stellte den Teller vor ihn hin und warf sich ihm zu Füßen. Er bekannte seine Unterschlagung. Peter hob ihn auf, sagte, wie es Sitte war: ›Gott wird dir vergeben‹ und bat ihn zu erzählen, warum er gekommen sei. Der Beamte erzählte es ihm. Peter dankte ihm, rief den Priester zu sich und dankte auch ihm.

Interessant, daß Peter offenbar sehr genau wußte, wie schwer es dem Menschen fällt, von ganz allein Reue zu bekennen.«

16

Das Experiment des Zaren

Drjomow las zum wiederholten Mal »Die drei Musketiere« und konnte sich nicht davon losreißen. Der Professor lachte darüber, fand das kindisch. Drjomow widersprach ihm nicht. Als er fertig war, sagte er: »Ein großes Buch! Hundertfünfzig Jahre, und kein bißchen veraltet.«

»Ein Buch für Kinder«, meinte der Professor.

»Für jeden. Ich mag diese Jungs. Und es ist wahnsinnig spannend! Ich weiß nicht, ob alles darin historisch exakt ist, aber der König, die Königin, der Kardinal, die Herzöge – die gab es alle wirklich.«

»Dumas hat gesagt, die Geschichte sei nur der Aufhänger für sein Bild.«

»Solche Aufhänger sollte man auch aus unserer Geschichte machen. Wir stellen sie immer so tierisch ernst dar, so problembeladen.«

Molotschkow schwieg zu diesem Thema. Erst als Geraskin eine Viertelliterflasche Wodka brachte, begann er zu erzählen, wie immer ohne jede Einleitung.

»Mit der Liebe wird's bei dieser Geschichte etwas hapern, obwohl, ein paar Vermutungen in dieser Richtung habe ich auch.«

Also, Peter wurde über Machtmißbrauch und Unterschlagungen des sibirischen Gouverneurs Fürst Matwej Gagarin unterrichtet. Die Meldungen wiederholten sich, aber jedesmal, wenn der Sache nachgegangen wurde, war alles in Ordnung. Zudem war Gagarin über jeden Zweifel erhaben: Ein Angehöriger des Hochadels, aus einem uralten Fürstengeschlecht. Man warf Peter ohnehin vor, die alten Bojaren zu benachteiligen. Außerdem reichten die

Verdienste des Fürsten noch in die Zeit zurück, da er Kommandant von Moskau gewesen war. Auch in Sibirien hatte er in den zehn Jahren seiner Amtszeit einiges erreicht, zum Beispiel konnte er die Goldgewinnung beträchtlich erhöhen.

Peter vertraute ihm, seit er seine Ehrlichkeit und Unbestechlichkeit als Richter der Sibirischen Kanzlei unter Beweis gestellt hatte. 1711 machte der Zar ihn zum Gouverneur von Sibirien und überließ ihm auch die Rechtsprechung. Fortan fühlte Gagarin sich als Herr im Haus. Er war unantastbar, bei niemandem konnte man sich über ihn beschweren. Außerdem war er verwandt mit Kanzler Golowkin und befreundet mit dem allmächtigen Menschikow.

In die Hauptstadt gelangen also Gerüchte über krumme Geschäfte Gagarins, doch sie treffen auf taube Ohren. Aber sie halten sich hartnäckig, bohrend wie Holzwürmer: Gagarin bereichert sich aus den Schätzen Sibiriens, das Essen wird in seinem Haus auf silbernen Tellern angerichtet, die Räder seiner Kutsche sind mit Silber beschlagen, seinen Pferden läßt er wie im Märchen silberne Hufeisen machen. In Moskau hat er sich einen Palast bauen lassen, die Saaldecke ist ganz aus Glas, darüber schwimmen Fische – ein Aquarium. Sein Sohn reist im Ausland herum und wirft mit dem Geld nur so um sich.

Einerseits bekommt Peter lobende Berichte über Gagarin, andererseits hören die Gerüchte nicht auf. Der Oberschatzmeister Nesterow beschäftigt sich eingehend mit der Sache und findet heraus, daß der Gouverneur sich von den Kaufleuten bestechen läßt, gegen Geschenke ungesetzlichen Handel erlaubt und sich Dinge aneignet, die vom Fiskus erworben wurden. Er leistet sich immer offensichtlicheren Luxus. Seine Ikonen sind an allen vier Ecken mit Brillanten übersät. Aber ihm ist nichts nachzuweisen, alle Dokumente sind tadellos.

Was macht Peter? Er beordert Gagarin nach Petersburg – er soll am Prozeß gegen Alexej, den Zarewitsch, teilnehmen. Zur selben Zeit schickt er einen seiner treuen Obersten nach Sibirien, um den Gouverneur zu überprüfen.

Peter ist sich längst darüber im klaren, daß die Bestechung in Rußland unausrottbar ist, aber die Veruntreuung von Staatsgeldern, die schamlose Plünderung des Staates ist noch etwas ganz anderes. Er instruiert den Oberst höchstpersönlich. Dieser soll heimlich abreisen, unterwegs sein Inkognito wahren, die Sibirier vorsichtig über ihren Gouverneur ausfragen und Klagen sammeln. Nach der Ankunft in Tobolsk soll er nicht sofort bei der dortigen Obrigkeit vorstellig werden. Um jeden Verdacht auszuräumen, denkt Peter sich eine durchaus glaubwürdige Legende aus: Der Oberst sei auf dem Weg zur chinesischen Grenze, mache in Tobolsk nur Station, um sich mit Proviant zu versorgen. Dabei soll er in aller Stille die Angelegenheit untersuchen und sich erst offenbaren, wenn die Indizien klar sind. Für diesen Fall gibt Peter ihm eine Order mit, die den Oberst ermächtigt, die Kanzlei des Gouverneurs zu versiegeln, alle nötigen Papiere zu beschlagnahmen und nach Petersburg zu bringen.

Peter kann nicht ahnen, wo die undichte Stelle ist. Die Zarin erfährt von der geheimen Mission des Oberst – gegen sie wurden keine besonderen Sicherheitsvorkehrungen getroffen. Vielleicht hat Menschikow irgend etwas erfahren und die Zarin gebeten, sich einzumischen. Menschikow ist mit Gagarin in Goldgeschäfte verwickelt. Katharina fängt den Oberst vor seiner Abreise ab und bittet ihn, sollte er etwas herausfinden, es vor dem Zaren zu verbergen. Dies tut sie womöglich auch im eigenen Interesse – Gagarin schickt ihr bereits seit Jahren Juwelen, die er allerdings, wie sich später herausstellte, mit Staatsgeldern bezahlte. Was Katharina dem Oberst versprach, ist unbekannt, jedenfalls gab er nach und versprach zu tun, was sie verlangte. Einige Historiker vermuten, sie hätte von Gagarin eine große Summe bekommen und mit einem Teil davon den Oberst bestochen.

Also, der Fürst wird gewarnt und schickt einen Boten nach Tobolsk, der dem Abgesandten des Zaren zuvorkommt. Für den Oberst wird ein perfektes Spektakel inszeniert, er wird mit den richtigen Leuten zusammengeführt, jeder spielt seine Rolle. Der wichtigste Akt läuft in Tobolsk: Gegen jeden Klagepunkt werden Zeugen aufgeboten, die den Gouverneur mit entsprechenden Dokumenten entlasten.

Den Oberst kann man hinters Licht führen, mit Peter ist das schwieriger. Er weiß zwar nichts von Katharinas Rolle, aber er hat ein ungutes Gefühl oder will sich einfach absichern. Jedenfalls schickt er ein paar Tage später einen seiner Burschen nach Sibirien. Die Burschen, mehrere junge Offiziere, die Tag und Nacht an seiner Seite sind, kennt er in- und auswendig; sie sind ihm treu ergeben. Er weist seinen Burschen an, nach Tobolsk zu reisen, natürlich jede Begegnung mit dem Oberst zu vermeiden und dafür zu sorgen, daß niemand einen Verdacht schöpft. In Tobolsk soll er überprüfen, ob die Papiere des Gouverneurs versiegelt sind, wenn nicht, soll er sie versiegeln und in jedem Fall mitbringen. Er soll die Vorwürfe gegen den Gouverneur untersuchen und bei seiner Rückkehr dem Zaren persönlich Bericht erstatten. Der Bursche erledigt alles gewissenhaft. Um nicht aufzufallen, maskiert er sich als notorischer Zecher: Er trinkt aus Kummer oder weil er eine Erbschaft bekommen hat. Dem Oberst, der inzwischen auf dem Rückweg nach Petersburg ist, weicht er geschickt aus. Peter empfängt den Oberst seelenruhig und hört ihn aufmerksam an. Dieser berichtet, die Gerüchte hätten sich nicht bestätigt, der Gouverneur habe kein Gesetz verletzt und keine Vergehen begangen und man sei in Sibirien überaus zufrieden mit ihm. Peter nickt freundlich, scheinbar zufrieden.

In Tobolsk schlägt der Besuch eines weiteren Bevollmächtigten des Zaren ein wie ein Blitz aus heiterem Himmel. Man hatte geglaubt, die Gefahr sei vorüber. Der Abgesandte versiegelt die Kanzlei, beschlagnahmt alle Papiere und befragt Beamte, Angestellte und Kaufleute. Die Gesetzesverstöße des Gouverneurs bestätigen sich. Alle begreifen, daß sich der Gouverneur angesichts der versiegelten Papiere nicht mehr herauswinden kann.

Zurück in der Hauptstadt, erstattet der junge Offizier dem Zaren Bericht. In seiner Gegenwart läßt Peter den Oberst holen, damit auch er alles hört.

Der Oberst sinkt auf die Knie. Er habe nicht gewagt, die Bitte der Zarin abzuschlagen.

Daß Katharina ihm in den Rücken gefallen ist, verletzt Peter; von jedem hätte er das erwartet, aber nicht von seiner Frau.

»Wem hast du die Treue geschworen?« brüllt er wütend. »Mir oder meiner Frau?«

Der Oberst reißt seine Uniformjacke auf, entblößt seine Schulter, die bei Poltawa von einem Säbel durchstochen wurde.

»Das ist meine Treue, mein Eid!«

Wunden aus der Schlacht bei Poltawa rührten Peter immer, auch diesmal wird er für einen Augenblick sanfter.

»Ich bin bereit, deine Wunden zu küssen«, sagt er, »aber sie ändern nichts an deiner Tat. Du hast deinen Schwur gebrochen, und ich habe geschworen, alle Gesetzesverletzer zu bestrafen, ohne Ansehen von Rang und Verdiensten. Und ich werde meinen Schwur nicht brechen.«

Der Oberst führt sein letztes Argument ins Feld: Er habe den Zaren nicht mit seiner Frau entzweien wollen. Darüber lacht Peter nur spöttisch.

»Du konntest uns nicht entzweien. Meine Frau werde ich maßregeln, und die Sache ist erledigt. Aber du wirst gehängt.«

Genau so geschah es.

Matwej Gagarin, Gouverneur von Sibirien, wurde vor Gericht gestellt und zum Tode verurteilt. Peter beobachtete die Hinrichtung mit seinem ganzen Hofstaat von den Fenstern des Justizpalastes aus; auch Katharina mußte zuschauen. Nach Gagarin war der Oberst an der Reihe. Ihm wurde eine Gnade erwiesen – wegen seiner militärischen Verdienste wurde er nicht gehängt, sondern erschossen.

»Ja, das sind Accessoires«, sagte Geraskin begeistert.

Wir schwiegen.

Drjomow beschäftigte vor allem das Verhalten von Katharina. Wie hatte sie so etwas tun können? Warum? Hatte sie etwa irgendein Interesse an Gagarin?

»Sie hat sich bestechen lassen«, sagte Molotschkow. »Es gibt zwar keine Unterlagen darüber, aber offenbar hat sie Geschenke genommen, Gold und Geld. Anfangs half sie anderen aus Gutmütigkeit, bewahrte sie vor der Verbannung oder Hinrichtung. Jeder in ihrer Umgebung ließ sich für die geringste Gefälligkeit bezahlen; und eines Tages begann auch sie damit. Genauer gesagt, sie nahm Geschenke an. Zum Beispiel von Gagarin.«

Wir verstanden trotzdem nicht, warum sie das nötig hatte, als Zarin. Das war doch dumm.

»Wieso dumm? Das Schicksal konnte sich jeden Moment wenden. Wie würde es ihr dann ergehen, der livländischen Magd, die Peter auf Menschikows Rat hin zu sich genommen hatte? Ihr Vermögen hat sie vermutlich in einer Hamburger Bank untergebracht, unter fremdem Namen.«

»So ein Aas«, sagte Geraskin. »Und so berechnend. Mit der Peitsche hätte er sie versohlen sollen.«

»Das konnte er nicht. Peter hat sie geliebt. Katharina gegenüber war er schwach. Vielleicht hat sein Gefühl auch einen Riß bekommen, aber Katharina hat alles getan, um die Wunde zu heilen, das konnte sie. Zeitgenossen schreiben, sie hätte Peter regelrecht umgarnt.«

»Nun, was sagen Sie?« fragte der Professor Drjomow. »Ist doch nicht schlechter als Dumas, oder?«

»Was soll daran amüsant sein? Nur Schmutz und Gemeinheit.«

»Sagen Sie das nicht, ein begabter Belletrist könnte die Geschichte zum Funkeln bringen wie einen Diamanten, sie meisterhaft schleifen, mit einer hübschen Fassung aus Hofintrigen, Verrat und Verfolgungsjagden versehen.«

»Sie interessieren an der Historie nur spannende Sujets«, sagte Anton Ossipowitsch mißbilligend. »Ich finde, sie muß lehrreich sein. Diese Geschichte hier zeigt zum Beispiel, wie man Ordnung schafft. Das geht bei uns nur mit Strenge. Mit Peitsche und Galgen. Peter kannte kein Pardon, egal, ob jemand ein Fürst war und dazu noch Gouverneur. Ach, man müßte heutzutage wieder öffentliche

Hinrichtungen organisieren! Angst erzeugen. Ohne Angst gibt es keine sichere Macht.«

»Nein, Anton Ossipowitsch«, sagte Molotschkow. »Wenn es mit Strenge allein ginge, dann hätte Peter für hundert Jahre im voraus Angst eingeflößt. Das ist es ja gerade: Unsere Schmiergeldjäger haben sich durch keine Strafen abhalten lassen, gegen diese Krankheit hat noch niemand ein Mittel gefunden. Gegen Ende von Peters Herrschaft war das wie eine Epidemie. Dabei hatte er besser als jeder andere die Mechanismen der Bestechlichkeit durchschaut. In einem Erlaß schrieb er, wenn ein Vorgesetzter aus Gier sündige, dann werde er aus Angst, daß seine Untergebenen ihn verraten, diese ebenfalls zur Korruption verführen und dadurch abhängig von ihnen werden, ›was für den Staat nicht nur ein Übel ist, sondern der endgültige Ruin.‹

Ein Historiker hat errechnet, daß in jener Zeit nur dreißig von hundert Steuerrubeln an den Fiskus gingen; der Rest blieb bei den Beamten hängen. Der Kampf gegen Korruption und Unterschlagung zermürbte Peter, aber er gab nicht auf. Man wirft ihm vor, er habe die Denunziation gefördert, dabei war sie für ihn immer nur das allerletzte Mittel. Zur gleichen Zeit, als die Untersuchung gegen Gagarin lief, wurde auch den Gouverneuren von Smolensk und Kasan sowie den Moskauer Vizegouverneuren Jerschow und Korsakow die Veruntreuung von Staatsgeldern nachgewiesen. Ebenso den Vertretern des Hochadels Apraxin und Golowkin. Und dem ehemaligen Kämmerer Saltykow und Obersekretär Nejelow. Ganz zu schweigen von der Unzahl Beamter und Amtsschreiber. Graf Jakow Bruce, Chef der Artillerie, ein Gelehrter, übrigens einer der kultiviertesten Männer seiner Zeit, war in krumme Geschäfte bei der Artillerie verwickelt. Peter verstand das nicht. »Menschikow, na schön, der ist ein hoffnungsloser Gauner und Dieb«, schrie er Bruce an, »der kennt nichts als raffen, ist zu Macht gekommen und scheffelt, was er kriegen kann, aber du, du bist doch ein gelehrter Mann, verfaßt Kalender, warum mußt du stehlen?«

Selbst der Oberfiskal Nesterow, der ein- für allemal mit den Unterschlagungen aufräumen sollte und voller Eifer, ohne sich zu schonen, an die Arbeit gegangen war, der Haß und Beschimpfungen ertragen hatte – auch Nesterow hatte nicht standgehalten, auch er ließ sich bestechen. Er wurde hingerichtet, der oberste Fiskal Rußlands. Die Einführung dieses Amtes hatte Peters Hoffnungen nicht erfüllt. Aber er stürzte sich immer wieder in den Kampf, schlug mit seiner Reckenkraft auf die Hydra ein. Unentwegt rollten Köpfe. Er bestrafte ohne Ansehen von Amt und Würden, die Namhaftesten am strengsten. Nach dem Tod des Zarewitschs Alexej hatte er mit niemandem mehr Erbarmen, schonte nur Menschikow, doch schließlich leitete er auch gegen ihn eine Untersuchung ein. Aber das alles ist viel zu traurig. Ich erzähle euch lieber etwas Komisches.«

Es war einmal ein Obersekretär des Senats, der gut arbeitete und seine Sache beherrschte. Eine Zeitlang blieb er unbestechlich. Bis er sich, wie man damals sagte, verführen ließ und Bestechungsgelder nahm; frei nach der Devise: »Was andere können, kann ich auch«. Bald baute er sich ein großes Haus, kaufte Möbel, Teppiche und Geschirr.
    Darüber unterhielten sich eines Tages Peters Burschen. Auf den Kufen des Zarenschlittens stehend, erörterten sie lautstark die Anschaffungen des Obersekretärs und wunderten sich, woher er die Mittel dafür hatte, ein einfacher Beamter, der nur von seinem Gehalt lebte, keinen Adelstitel besaß und nichts geerbt hatte.
    Peter hörte zu, ohne sich einzumischen. Als sie am Haus des Obersekretärs vorbeikamen, drehte Peter sich um und erklärte, er sei durchgefroren und wolle sich ein wenig aufwärmen. Der Hausherr war im Senat; Peter beruhigte die Frau, er sei nur zufällig vorbeigekommen. Er lobte das Haus, die Einrichtung, ließ sich alle Zimmer zeigen. Er bedankte sich für die Gastfreundschaft, fuhr in den Senat, sagte zum Obersekretär, er sei in seinem Haus gewesen – ein schönes Haus, selbst ein Adliger mit tausend Seelen könnte sich nicht besser einrichten.

Peter schob nie etwas auf; er belohnte, bestrafte und überprüfte alles am liebsten ungesäumt. Nach der Sitzung bat er den Obersekretär in ein separates Zimmer und fragte ihn, woher das Geld für das Haus stamme.

Der Sekretär wand sich, redete sich heraus: Er habe gespart, Kopeke für Kopeke, Schulden gemacht bei Freunden. Peter hörte sich das eine Weile an, dann fuhr er mit ihm in die Festung. Den ganzen Weg über schwiegen sie, passierten das erste Tor, das zweite, die Posten öffneten Türen, und schließlich gelangten sie in die Folterkammer der Geheimkanzlei. Die Offiziere standen stramm und warteten auf Anweisungen. Der Obersekretär sah die Folterbank und die Instrumente zum erstenmal. Nach einer Pause fragte Peter, ob er nicht alles gestehen wolle. Im Zorn war Peter schrecklich, und schon seine Strenge flößte Angst ein – seine Augen wurden rund, sein Gesicht zuckte. Jeder wußte, daß in einem solchen Moment ein aufrichtiges Geständnis die einzige Rettung war. Wenn man reumütig seine Schuld bekannte, beruhigte er sich und milderte die Strafe oder vergab dem Schuldigen mitunter ganz. Für ein Geständnis gibt es Vergebung, wiederholte er oft, für Verschweigen dagegen keine Gnade. Verheimlichte Sünde war am schlimmsten.

Der Obersekretär fiel auf die Knie, bekannte, das Haus sei von Bestechungsgeldern bezahlt, ebenso die ganze Einrichtung; und er erzählte, von wem, wofür und wieviel er bekommen hatte.

Er hielt mit nichts hinterm Berg. Doch Peter blickte nach wie vor finster.

»Zu spät, Bruderherz. Das hättest du mir im Senat mitteilen müssen. Du aber mußtest erst an diesen Ort. Die Knute hat dich erschreckt, ohne sie hättest du wohl kaum gestanden.«

Er befahl, ihm ohne Zeugen mehrere Peitschenhiebe zu verabreichen. Gnädige natürlich, denn richtige Peitschenhiebe waren schrecklich: beim dritten floß Blut, beim zehnten lagen die Rippen bloß.

Damit wurde der Obersekretär entlassen.

Drei Tage später brauchte Peter den Obersekretär im Senat für eine Auskunft. Ihm wurde gemeldet, er sei nicht da, sei krank. Peter, der den Grund der Krankheit kannte, bestellte ihn am Abend zu sich ins Schloß. Der Obersekretär erschien, und Peter erläuterte ihm, als wäre nichts geschehen, die Angelegenheit, die dringend zu erledigen sei. Der Obersekretär fiel auf die Knie und erklärte, er könne sein Amt und seine Pflichten nicht mehr ausüben, denn er sei entehrt, er könne sich nirgends mehr blicken lassen, bevor nicht seine Ehre wiederhergestellt sei. Es gab damals ein Rehabilitationsritual für Offiziere: Wenn jemand zu Unrecht bestraft worden war, wurde ihm vor der angetretenen Truppe die Fahne vorgehalten, und damit war die Angelegenheit vergessen. Soweit der Betreffende nicht durch die Folter völlig entstellt war.

Auf die Worte des Obersekretärs schüttelte Peter nur den Kopf.

»Ein Dummkopf bist du. Jetzt weiß niemand, daß du bestraft wurdest, dann aber wird jeder erfahren, daß du Prügel bezogen hast, und zwar mit der Knute.«

Er mahnte ihn, diesmal verzeihe er ihm ausschließlich deshalb, weil er seine Dienste brauche, sollte sich Ähnliches aber wiederholen, würde er öffentlich ausgepeitscht oder sogar ohne Gnade hingerichtet.

»Alle Zaren haben gegen die Korruption gekämpft. Selbst der Günstling Biron«, sagte der Professor. »Und was hat die ganze Strenge genützt? Feldmarschall Scheremetew zum Beispiel – warum hatte er das nötig?«

»Bestochen wurde nicht nur mit Geld. Manchmal wurden einem Dinge regelrecht aufgezwungen, man konnte sich schwer dagegen wehren. Pferde, Pelze, Sättel und Zaumzeug, Feldzelte, Stiere, Tabakdosen, alles mögliche. Von Scheremetew hat Peter sich übrigens losgesagt – Menschen mit unsauberen Händen ertrug er nicht.«

»Und die Fiskale? Warum ist der Begriff zum Schimpfwort geworden?« fragte Geraskin.

»Ich glaube, die Fiskale haben zu sehr mit Denunziationen operiert. Für Peter waren sie das letzte Kontrollmittel. Denunzianten wurden belohnt. Auch Peter selbst hatte die unangenehme Angewohnheit, sich in jedem Haus, in dem er zum erstenmal war, alles genau anzusehen, unauffällig das Vermögen des Hausherrn abzuschätzen.«

»Sicher lebte damals jeder Beamtenhaushalt über seine Verhältnisse«, sagte der Professor.

»Vermutlich.«

»Keine schlechte Methode«, sagte Geraskin. »Er besucht jemanden, ißt und trinkt, und dann: Bitte zum Staatsanwalt. Ich denke auch bei manchen Leuten: Woher haben die bloß das Geld für all die Sachen?«

In einem Anfall von Verzweiflung befahl Peter dem Generalprokurator Jagushinski, folgenden Erlaß vorzubereiten: »Jeder Dieb, der soviel stiehlt, wie ein Strick kostet, ist unverzüglich aufzuhängen.«

Jagushinski weigerte sich. »Majestät«, sagte er, »willst du denn alle Untertanen verlieren? Es stehlen doch alle, manche nur mehr und auffälliger als andere.«

Aber Peter blieb hartnäckig. Er erklärte denjenigen, der bestach, für ebenso schuldig wie den, der Schmiergelder nahm. Wer bei Bürgermeisterwahlen Wahlmänner bestach, wurde genauso mit Peitschenhieben oder Verbannung bestraft wie derjenige, der das Geld nahm.

Alle russischen Zaren kämpften gegen die Korruption an: Katharina II., Pawel – vergebens.

Peter sah sich umzingelt von Personen, die »die Grundfesten der Redlichkeit untergraben«, selbst seine treuesten Anhänger zählten dazu.

Nachdem Sibiriens Gouverneur Gagarin gehängt war, ließ Peter den Vizegouverneur von Petersburg foltern und öffentlich auspeitschen. Selbst der Untersuchungsrichter für Veruntreuung von Staatsgeldern wurde der Korruption überführt und erschossen. Wohin Peter seinen Blick auch wandte – niemand hatte eine reine We-

ste. Er gelangte zu der Überzeugung: »Jeder Mensch ist eine Lüge.«
Man mußte noch härter vorgehen, noch mehr Angst einflößen.
 Bei einem Brand beobachtete Peter, wie ein Soldat sich ein Stück geschmolzenes Kupfer einsteckte. Peter wurde so wütend, daß er den Soldaten mit einem einzigen Knüppelhieb tötete.

»Dafür kann es aber keine Rechtfertigung geben«, sagte der Professor.
 Molotschkow runzelte die Stirn und schüttelte traurig den Kopf.
 »Ich weiß, ich weiß. Aber ich kann ihn nicht verurteilen. Steigen Sie mal auf den Thron und sehen sich an, was los ist. Wir denken immer, von unten sieht man alles besser. Nein, meine Lieben, wenn man von oben auf Rußland herunterschaut, auf die Gouverneure, die Plünderer der Provinz, dann zerspringt einem das Herz vor Zorn.«

In seinem Kampf gegen die Korruption versuchte Peter alles mögliche, machte ein Experiment nach dem anderen. Ein typischer Fall war der eines Moskauer Advokaten. Er war ein exzellenter Kenner der alten und neuen Gesetze und in ganz Moskau berühmt. Vor Gericht korrigierte er häufig die Richter, selbst zum eigenen Nachteil. Das Gesetz stand für ihn über dem Schöpfer, er verteidigte seine Mandanten mit aller Konsequenz, verlangte von ihnen aber absolute Aufrichtigkeit. Als Peter von diesem Ritter des Rechts erfuhr, wollte er ihn kennenlernen, denn ein solches Verhalten war für einen Advokaten äußerst ungewöhnlich. Er unterhielt sich mit ihm, bezweifelte jedoch, daß alles stimmte, und ließ Erkundigungen einziehen. Die Ehrlichkeit des Advokaten bestätigte sich. Peter rief ihn ein zweites Mal zu sich, erkundigte sich nach seinen laufenden Fällen und Prozessen. Der Mann gefiel Peter so sehr, daß er ihn zum Gouverneur von Nowgorod ernannte – einen sehr hohen Posten. Auf die allgemeine Verwunderung entgegnete Peter: Erstens kennt dieser Mann die Gesetze vorzüglich, zweitens liebt er die Gerechtigkeit, und drittens können weder Geschenke noch Drohungen seine Rechtssprechung beeinflussen.

Der Advokat versicherte Peter, daß er seine Pflicht zum Ruhm des Zaren fromm erfüllen werde. Und er hielt ehrlich Wort. Ein Jahr verging, ein zweites, Peter stellte ihn als Vorbild hin, war stolz auf seine Entscheidung. Es verging ein weiteres Jahr, und ungute Gerüchte über den Gouverneur erreichten den Zaren. Er verkaufe Posten, nehme Geld für die Vergabe von Aufträgen. Peter glaubte das nicht. »Ich kenne diesen Mann besser als ihr, der Gouverneur ist makellos.«

Doch der Gouverneur ließ sich tatsächlich bestechen – mit Geld und Geschenken.

Der Zar bestellte ihn zu sich, konfrontierte ihn mit entlarvenden, beschämenden Fakten. Der Gouverneur leugnete gar nicht erst. Er bekannte, daß er von Betrügern Geld genommen und Urteile zu ihren Gunsten gefällt und Posten und Ränge verkauft habe.

Peter raufte sich die Haare. Es ging ihm nicht um die Bestrafung des Advokaten, er wollte dessen Beweggründe herausfinden. Warum war er dem Gesetz untreu geworden, sobald er aufgestiegen war? Was war das Geheimnis, woher rührte das Übel?

Der Gouverneur riß sich die üppige Perücke vom Kopf, Schweiß und Tränen strömten ihm übers Gesicht. Nein, er habe nicht gleich gefehlt, habe sich gehalten, so gut er konnte, und versucht, ehrlich zu leben, aber es sei nicht gegangen. Das Gehalt habe nur für ein sehr bescheidenes Auskommen gereicht, keine Kopeke habe er für die Kinder sparen können. Er habe Schulden gemacht, das Geld dann aber nicht zurückzahlen können. Und von allen Seiten kamen unlautere Angebote, jeder wollte ihm etwas zustecken; schließlich habe er nicht mehr standgehalten und sich verführen lassen. Das ging einmal gut, noch einmal – und von da an lief es wie geschmiert.

Er erzählte so aufrichtig von seiner Versuchung, daß Peter nachdenklich wurde. Wie man es auch drehte und wendete, der Grund war zu gering, um dafür seine Ehre aufs Spiel zu setzen.

»Ehre ist gut, aber sie macht nicht satt«, erwiderte der Gouverneur.

»Aber warum hast du dich früher nicht verführen lassen, als du viel weniger verdient hast?«

Das sei alles richtig, bestätigte der Gouverneur, früher habe er in Schenken Papiere aufgesetzt, sei für ein paar Groschen von Gericht zu Gericht gelaufen und habe nie gefehlt. Aber in einem Gouverneurshaushalt mit Dienstboten und ständigen Gästen müsse man anders leben. Da könne man es sich nicht mehr leisten, in einem einfachen Leinenhemd herumzulaufen.

»Wieviel brauchst du denn, um kein Geld und keine Geschenke mehr zu nehmen, damit du deine Geschäfte unbestechlich erledigen kannst?« wollte Peter wissen.

»Mindestens das doppelte Gehalt«, antwortete der Gouverneur.

»Und damit wirst du auskommen?« fragte Peter. »Dann werden keine Gewinne und Geschenke dich mehr locken?«

»Nein, nein«, versicherte der Gouverneur. »Wenn ich mich nicht daran halte, dann bestrafe mich auf das strengste.«

Peter überlegte, verzieh dem Gouverneur ausnahmsweise und ließ sein Gehalt auf das Zweieinhalbfache erhöhen.

»Wenn du dich aber wieder vom Gold blenden läßt, dann wirst du gehängt. Dann hoffe nicht auf Gnade! Dafür stehe ich mit meinem Zarenehrenwort.«

Der Gouverneur fiel auf die Knie, bedankte sich, weinte und schwor bei allen Heiligen, standhaft zu bleiben.

Einige Jahre lief alles bestens, es gab keinerlei Klagen, der Gouverneur hielt sein Wort. Doch mit der Zeit verfiel er wieder den alten Gewohnheiten. Wie er später erklärte, hatte er geglaubt, der Zar hätte die Geschichte vergessen. Doch Peter konnte sie nicht vergessen. Denn er wollte begreifen, ob man das Übel besiegen konnte, wenn man das Gehalt erhöhte, und ob Angst die Korruption verhinderte. Die Informationen über die erneuten Verfehlungen des Gouverneurs bestätigten sich. Peter war am Verzweifeln. Was war das für eine zügellose Leidenschaft, der man weder mit viel Geld noch mit Todesangst beikam?

Peter ließ den Gouverneur vor Gericht stellen und dem zum

Tode Verurteilten übermitteln: Er, der Gouverneur, habe sein Wort gebrochen, der Zar dagegen werde seines halten.

Der Gouverneur von Nowgorod bat nicht um Gnade. Er schien selbst erstaunt ob seiner Schwäche gegenüber der Macht des Bösen. Mit den Worten »der Teufel hat mich geritten«, ging er zum Galgen.

Er wurde gehängt. Das Experiment war fehlgeschlagen. Die Hinrichtung war für Peter eine Niederlage. Zurück konnte er nicht, er mußte weiterkämpfen, aber wie? Womit, außer mit Hinrichtungen? Die Ausweglosigkeit machte Peter rasend, er mußte diese Scheußlichkeit ausrotten, es konnte doch nicht sein, daß es keinen einzigen ehrlichen Menschen gab. Er hängte, pfählte – alles nutzlos, das Laster saß entweder im Mechanismus des Staates oder im russischen Leben; er fand es nicht heraus. Alles vermochte er, aber hier war er machtlos.

»Sie meinen, das war ein bewußtes Experiment?« fragte der Professor zweifelnd.

»Ich bin sicher«, sagte Molotschkow. »Peter hat versucht, mit Vernunft weiterzukommen. Wenn die Bedürfnisse eines Menschen befriedigt sind, wird er nicht mehr stehlen. Warum sollte er auch? Der Mensch stiehlt, wenn er nicht genug hat, schrieb der deutsche Jurist Pufendorf. Logisch und einleuchtend. Peter handelte danach, aber ohne Erfolg.«

»Und wenn dieses Übel in unserem Charakter steckt? Nirgends wird so viel gestohlen wie in Rußland.«

»Erlauben Sie, daß ich Ihnen widerspreche, Professor«, sagte Drjomow. »Erstens gibt es darüber keine Statistik. Wieviel wird zum Beispiel pro Kopf gestohlen? Wie viele Diebe kommen bei uns auf tausend Einwohner und wie stehen wir im Vergleich zu anderen Ländern der Welt da?«

»In Rußland wird noch immer genauso gestohlen wie zu Peters Zeiten und genauso bestochen. Vielleicht noch mehr. Viel mehr«, meinte Anton Ossipowitsch.

Er wußte Bescheid, er kannte die Beamten.

»Soviel Peter sich auch bemühte, diese Aufgabe konnte er nicht lösen. Die hat er uns hinterlassen. Angst hat er eingeflößt, alle haben vor ihm gezittert, aber Angst allein ist zu wenig.«

Anton Ossipowitsch behauptete, die Angst unter Stalin sei wirksamer gewesen, damals hätte es keine so offene, unverschämte Korruption gegeben. Offenbar habe diese Angst noch etwas Besonderes gehabt.

Der Professor schüttelte den Kopf.

»Dann lieber Korruption als die Angst von damals.«

Doch Geraskin wollte sich nicht damit abfinden, daß Peter diese Pest in Rußland nicht auszurotten vermochte. »Warum nicht?« fragte er Molotschkow vorwurfsvoll. »Ein schönes Erbe hat er uns da hinterlassen, und wir quälen uns jetzt noch wer weiß wie lange damit herum.«

17

Die einsame Eiche

Als Peter einmal im Frühling auf der Wassili-Insel spazierenging, sah er in einem Garten einige eingezäunte blühende junge Eichen. Er blieb stehen, um die Bäume zu bewundern, klopfte an die Tür und rief nach dem Hausherrn. Ein Mann kam heraus, ein Meister der Seilfabrik der Admiralität. Peter fragte ihn nach den Eichen. Erschrocken erklärte der Meister, weil er wisse, daß der Zar sich um die Erhaltung der alten Eiche in Kronstadt sorge, habe er beschlossen, junge Eichen als Nachwuchs heranzuziehen. Gerührt küßte Peter den Meister auf die Stirn. Am nächsten Tag wählte er auf dem Weg nach Peterhof ein Grundstück aus, schritt es ab und ordnete an, es mit Eichen zu bepflanzen, einzuzäunen und eine Warntafel anzubringen: Nicht abbrechen, die Setzlinge nicht beschädigen.

In Kronstadt ließ er um die alte Eiche herum einen Tisch und eine Bank bauen. Dort saß er gern mit den Seeleuten. Ihm gefiel die ausladende Krone der Eiche, er bewunderte die braunen Eicheln, glatt wie gegossene Kugeln, die fest in ihrer rauhen Schale saßen. Es müßte hier so viele Eichen geben wie Eicheln, träumte er laut, während er die Schönheit und Vollkommenheit der Eicheln pries.

Das war keine Sentimentalität – Eichen wurden für den Schiffbau gebraucht. Eichen und Kiefern. Dreitausend ausgesuchte Bäume für ein Schiff. Fünfundzwanzig Werften verlangten tagtäglich neues Qualitätsholz, Stämme über Stämme. Wälder, Haine und Forste wurden abgeholzt. Der militärische Bedarf hatte Vorrang. Alles für die Armee, alles für die Flotte! Also hieß es Holz schlagen, Hunderte, Tausende Fuhrwerke voll.

Die Schiffbauer glaubten, für die Flotte würde Peter alles opfern. Aber die Massenabholzungen machten ihm zunehmend Sorgen. Im Unterschied zu seinen Generalen und Admiralen fühlte er sich verantwortlich für das ganze Land und seine Reichtümer. Er unterband die Vernichtung der Wälder entlang der Flüsse, denn er begriff, daß diese die Flüsse schützten, die Holzhändler sie aber aus Bequemlichkeit als erste abholzten, um sie gleich flußab flößen zu können.

Dann verbot er, wertvolle Holzarten wie Eiche, Ahorn, Ulme, Lärche und hohe Kiefern für den lokalen Bedarf zu verwenden und Bauholz, das zum Schiffbau geeignet war, als Brennholz zu schlagen. Ein solches Verbot war ungewöhnlich. Wald gab es in Rußland immer genug, und Peters Sparsamkeit erregte Verwunderung. Vielleicht hatte er gesehen, wie auf den englischen und holländischen Werften jeder Stamm gezählt wurde, vielleicht war es einfach die Sorge des Besitzers, der sein Eigentum schützen wollte.

»Warum fehlt uns dieses Bewußtsein?« fragte Anton Ossipowitsch. »Die Zaren waren also weiter als wir?«

»Die Monarchie war das Beste für unsere Wälder«, erklärte der Professor. »Deshalb bin ich zu ihrem Anhänger geworden! Ein Monarch kümmert sich darum, die Wälder für seine Kinder zu erhalten. Er denkt geschichtsbewußt, ihm ist wichtig, wie das Volk ihn einmal in Erinnerung behalten wird, er blickt stets zurück auf seinen Vater, seinen Großvater, will nicht schlechter dastehen als diese, sie noch übertrumpfen; er bemüht sich für seine Erben, damit sie sich nicht von den Taten ihrer Vorfahren lossagen. Er weiß, daß alles, was er sagt und tut, in die Geschichte eingehen wird. Er hat ein ganz anderes Verantwortungsgefühl als zum Beispiel ein Forstminister. Der Minister betrachtet uns Wissenschaftler als Feinde, die die Forstwirtschaft behindern; ein Zar wäre freundlich zu uns, weil wir uns um seine Schätze kümmern. Ein aufgeklärter Monarch ist das Beste für die russischen Wälder! Unter Peter begann man den Wald zu achten.«

Ein Wissenschaftler war Peter für den Professor nicht, dafür aber ein echter Forstwirt. Vom Wald habe Peter mehr verstanden als mancher Spezialist heute. Der Professor ließ keine Gelegenheit aus, Minister, Akademiemitglieder und Forstwirtschaftler zu beschimpfen. Das hatte ihm seinerzeit viele Unannehmlichkeiten eingebracht. Wegen seiner losen Zunge wurde er nach Karelien versetzt. Dort sah er, wie die Forstwirtschaftsbetriebe die Wälder regelrecht ausrotteten, verkauften, niederbrannten. Er versuchte, dagegen anzugehen, bis er eines Nachts verprügelt wurde. Er fuhr nach Moskau, ins Ministerium. Dort wurde ihm ein Expertengutachten vorgelegt: Die Waldbestände waren neu definiert und das Alter für den Holzeinschlag herabgesetzt worden, es gab also nichts zu beanstanden. Die erste Unterschrift war die seines Chefs. Wieder in Petersburg, wollte der Professor von ihm wissen, wie er das habe unterschreiben können. Er erklärte ihm ungeniert, man habe ihn darum gebeten und ihm im Gegenzug ein Institut gegeben – wenn der Professor wolle, könne er dort ein Labor haben – darum bemühe er sich doch seit langem – und ein gutes Gehalt. Ja, also habe er den Mund halten müssen, schließlich wollte er leben und weiterkommen. Der Chef, der obendrein auch noch einen Staatspreis bekommen hatte, fand seinen Handel gerechtfertigt. Seitdem wußte der Professor, daß er nicht mit der Faust auf den Tisch hauen konnte, er war ein zu kleines Licht; bisweilen mußte er sich beugen, ja und amen sagen, sonst war nichts zu machen. Und der Wald wurde nach wie vor nach Belieben abgeholzt.

»Verstehen Sie, Wald, das sind nicht nur Bäume, das ist keine Masse, das ist ein lebendiges Wesen«, sagte der Professor vollkommen ernst. »Wenn ich jetzt im Wald bin, dann spüre ich, daß er mir nicht mehr vertraut. Daß Pflanzen den Menschen spüren, ist eine längst bekannte Tatsache. Sie wissen über uns vielleicht Dinge, die wir selbst nicht wissen. Alles Lebendige ist ein Geheimnis. Manche Wissenschaftler glauben, weil sie die DNS erforscht haben, könnten sie Gott belehren. Macht euch keine falschen Hoffnungen!«

Er war in Fahrt geraten, reckte das Kinn vor, streckte den Arm aus.

»Ein angepflanzter Wald! Das ist doch die reinste Kaserne!« Er sah uns voller Abscheu an. »Eine Demonstration der Machtlosigkeit! Was bringt man den Kindern bei: Der Wald ist eine Arena des grausamen Überlebenskampfes. Armer Darwin! Wissen Sie, was das schönste Gefühl ist, das wir kennen?«

»Die Liebe«, warf Drjomow ein.

»Nein, nein! Es ist das Gefühl für das Geheimnisvolle. Was ist denn die Liebe? Sie lebt durch das Geheimnis, entsteht durch Geheimnis. Und die Quelle der Wissenschaft? Die Neugier, heißt es. Aber woher rührt die Neugier? Aus der Begegnung mit etwas Unbekanntem. Dabei empfinden wir Glück. Ich weiß noch, wie sehr mich einmal das Verhalten einer verletzten Eiche erregte. Warum blühte sie stärker, warum trug sie fünfmal soviel Eicheln wie ein gesunder Baum?«

Er quoll geradezu über vor Waldgeschichten und achtete gar nicht darauf, daß ihm niemand mehr zuhörte. Uns interessierte nicht sonderlich, daß Menschikow sein Haus auf der Petersburger Seite aus Eiche bauen lassen wollte, was Peter ihm untersagte. Das war rührend, aber, wie Drjomow sagte, ein bißchen kleinkariert.

Über Peters Waldreformen wußte der Professor gründlich Bescheid. Mehr als Molotschkow, der wie gebannt zuhörte, als der Professor von den Eichenanpflanzungen bei Taganrog und Woronesh erzählte.

Auf einmal rebellierte Drjomow gegen die Waldpassion des Professors, gegen seine Holzideologie, die Idylle des hölzernen Rußland. Wie ein Bulldozer ging er mit seinen Zweifeln auf den Professor los; er behauptete, die Wälder seien nicht der Reichtum, sondern das Unglück Rußlands, ihretwegen sei es in seiner Entwicklung zurückgeblieben, zum Kostgänger, zum Schmarotzer der Wälder geworden. Er empfand keine Bewunderung für die russische Holzarchitektur – Dörfer aus Holz, Trottoirs aus Brettern, Holzkirchen. Das alles sei nicht aus Klugheit geboren, sondern lediglich aus dem unerschöpflich scheinenden Holzreichtum.

»Immer wieder vernichteten Brände die Städte und Dörfer. Dazu kamen noch die Kriege. Jahrhundert für Jahrhundert fiel das Geschaffene dem Feuer zum Opfer, und wieder wurden die gleichen

Blockhäuser gebaut, Holzbrücken, Brunnen, Viehhöfe, Lagerhäuser und Scheunen. Die Wälder waren ja unermeßlich. In ganz Europa baute man längst alles aus Stein, selbst in Schweden und Finnland. Aber bei uns verbrannte oder verfaulte alles. Schöner Grund zum Stolzsein – die Axt! Auch wir hätten Wunder schaffen können. Nehmen Sie bloß die Nowgoroder Kirchen aus dem 12. oder 15. Jahrhundert. Eine unbeschreibliche Schönheit! Aus Stein. Ein See, ein Grashügel, und inmitten von schwarzen Hütten funkelt ein geschliffener Brillant. Was für Proportionen, welche Eleganz – ein steinernes Wunder. Die Bauwerke im Westen sind Sinfonien aus Stein, unsere sind Nocturnes aus Stein. Wenn wir Steinhäuser gebaut hätten, wäre das Rußland aus jenen Jahrhunderten noch heute erhalten; unvorstellbar, wie schön unsere Städte wären. An allem ist Ihr Holz schuld, es hat uns faul gemacht – warum sich anstrengen, davon ist doch genug da. Rußland hat Pech: Wälder über Wälder, unermeßlich viel Land, von allem mehr als genug, und dieser Reichtum hat uns verdorben. Dazu die ständigen Kriege. Vor Stolz auf die Siege wurde ständig getrunken, und keiner mochte nüchtern werden. Ein unglückliches Land«, sagte Drjomow. »Hat Rußland sich unter Peter eigentlich unglücklich gefühlt?«

»Nein, ich habe nicht den Eindruck«, sagte Molotschkow lächelnd. »Das Land war seiner Rückständigkeit gegenüber den europäischen Ländern längst überdrüssig. Peter hat ihm keine Gewalt angetan, Rußland wollte selbst anders werden. Warum sonst ist es nach dem Tod des Zaren nicht wieder zur alten Ordnung, zu den alten Kleidern zurückgekehrt? Das wollte niemand mehr.«

Der Professor schien anderer Meinung zu sein. Er strich sich das Bärtchen und erklärte die Historiographie als unwissenschaftlich, weil sie sich auf keinerlei Gesetze stützen könne und in diesem Sinne nutzlos sei.

»Ihr Historiker«, sagte er mitfühlend, »müßt, ob ihr wollt oder nicht ...«

»Ich bin kein Historiker«, widersprach Molotschkow sofort.

»Egal. Jedenfalls wißt ihr immer, was weiter passiert. Ihr könnt dieses Wissen nicht abstreifen, und das prägt euer Urteil. Ihr seht unwillkürlich, ob jemand richtig oder falsch gehandelt hat. Die Menschen damals aber hatten keine Ahnung, wohin ihr Handeln führen würde. Wissen wir Naturwissenschaftler etwa vorher, was wir entdecken werden? Unsere Suche kann in eine Sackgasse führen, eine Theorie sich als Irrtum erweisen; die Wahrheit versteckt sich vor uns.«

Die Suche danach war für den Professor voller Romantik und tragischer Irrtümer.

Molotschkow nickte, man hätte meinen können, er stimme zu. Doch nachdem er die Vorzüge der Biologie eingeräumt hatte, erklärte er, die Geschichte sei von Mythen überwuchert und wenn man es schaffe, sie davon zu befreien, könne man überraschende Entdeckungen machen. Er führte einige amüsante Beispiele an. Am meisten beeindruckte uns das mit Peters Eichenknüppel, jenem berühmten Knüppel, mit dem er oft Faulenzer gezüchtigt haben soll. Dieser Knüppel war beinahe so etwas wie sein Markenzeichen. Und plötzlich erfährt Molotschkow von einem Marinehistoriker folgendes: Peter hatte einen Spazierstock, der war ganz leicht, und den trug er viel häufiger bei sich als den Eichenknüppel. Auf dem Stock, der noch gut erhalten war, befanden sich Inschriften und Kupfernägel in einer komplizierten Anordnung. Sie markierten die verschiedenen Längenmaße – russischer Arschin, englischer, Straßburger, dänischer, schwedischer, römischer.

Peter benutzte den Stock auf Werften und Baustellen zum Vermessen. Nebenbei mochte er damit mal einem nachlässigen Arbeiter eins übergezogen haben, vor allem zur Demütigung.

Und in den Geschichten über Peter war immer von einem Eichenknüppel die Rede!

Anschließend erzählte Molotschkow davon, wie Peter mit einem Mythos aufgeräumt hatte.

18

Der Tintenfleck

Peter befand sich auf der Durchreise in der sächsischen Stadt Wittenberg. Im Hotel fragte er, was es am Ort für einen Ausländer Interessantes zu sehen gebe. Der Hotelinhaber zeigte auf die Kirche gegenüber: Dort sei die Grabstätte von Martin Luther, an der Tür dieser Kirche habe er seine berühmten Thesen angeschlagen. Peter verließ das Hotel, überquerte die Straße, betrachtete das niedrige Holztor der Kirche, ging hinein zur Grabstätte und blickte lange auf das in Kupfer geprägte Lutherbild.

»Ich habe dieses Relief nach dem Krieg in Wittenberg gesehen«, sagte Molotschkow, »und mir war klar, wie sehr Peter dieser breitschultrige Mann mit dem derben Gesicht imponiert haben mußte, der gegen den Papst rebelliert hatte. Ihm gefielen Luthers einfache, klare Thesen – jeder Christ sei sein eigener Priester, der Geistliche müßte der Gemeinde unterstehen, kirchliche Strafen seien ebenso unnötig wie kirchliche Feiertage und der Papst in Rom könne nicht Gottes Statthalter auf Erden sein.«

Als Peter erfuhr, daß Luthers Wohnhaus noch erhalten war, wollte er es besichtigen. Luther war seit zweihundert Jahren tot, das Haus inzwischen ein Museum. Ein Mönch zeigte Peter den Klosterhof, die Stelle, wo Luther die päpstliche Bulle öffentlich verbrannt hatte, dann führte er ihn in Luthers Arbeitszimmer. Als besondere Sehenswürdigkeit zeigte er dem hohen Gast den berühmten Tintenfleck an der Wand und erzählte die Legende von seiner Entstehung: Luther hatte am Tisch gesessen und an seinen Aufsätzen gearbeitet, da wurde er vom Teufel besucht, der ihn mit allerlei Reden zu verwirren suchte. Was er ihm erzählte, womit er ihn ablenkte, ist unbekannt – ob er den Papst verteidigte, gegen die

Kirchenreform war oder ihm die Bibelübersetzung nicht gefiel, an der Luther gerade saß – jedenfalls störte er ihn bei der Arbeit. Luther überlegte nicht lange, packte das Tintenfaß und warf es nach dem Teufel. Seitdem lasse sich der Fleck nicht abwaschen.

Unzählige Besucher hatten diese Legende voller Respekt, ja ganz hingerissen angehört.

Der hohe russische Gast indessen spuckte sich kurzerhand auf den Finger und rieb an dem Tintenfleck herum. Und statt »oh!« und »ach!« zu rufen und zu staunen, lachte er verächtlich und schrieb mit Kreide an die Wand: »Die Tinte ist frisch, und das Ganze ist gelogen.« Seinem Gefolge erklärte er, die Tinte ließe sich leicht abreiben, und überhaupt könne es nicht sein, daß ein so gelehrter Mann wie Luther den Teufel für sichtbar gehalten habe. Er akzeptierte den Teufel als Verkörperung des Bösen, aber daß er Gestalt annahm und sich mit schweren Gegenständen bewerfen ließe, das sei Unsinn, so sei dem Teufel nicht beizukommen. Man könne ja meinen, Luther sei ungebildet und abergläubisch gewesen. Nichts lag Peter ferner. Hochmut gegenüber den Vorfahren hielt er für unwürdig, für ein Zeichen oberflächlichen Geistes. Weil Peter Luther achtete, zweifelte er an der Legende und war wohl der einzige in dieser Zeit, der Luther lautstark gegen die Dummheit verteidigte. »Das ist typisch Peter – ein wahrer Gelehrter, auch wenn Sie, verehrter Professor, das bestreiten!«

»Und woher kam der Fleck?« fragte Geraskin.

»Den haben die Pfaffen hingemalt«, erklärte Anton Ossipowitsch. »Die Tinte war ja noch frisch, der Zar hat sie ertappt.«

»Das meine ich nicht. Wo er überhaupt herkam«, beharrte Geraskin. »Wieso haben sie ihn hingemalt?«

»Das hat mich auch interessiert«, sagte Molotschkow. »So wurden offenbar Luthers Worte ausgelegt. Als er die Bibel übersetzte, hat er irgendwann gesagt, der Teufel habe ihn gestört, habe in seinem Tintenfaß gesessen. Damit meinte er natürlich, alle möglichen Gedanken hätten ihn abgelenkt. Diese Metapher nahm man für bare Münze. So entstand der Tintenfleck, sozusagen als anschauliche Spur des Teufels. Seriöse Theologen verlangten die Beseitigung des Flecks; er wurde überstrichen, aber die Besucher fragten immer wieder danach, also wurde er erneuert. Heute gibt es nur noch auf der Wartburg einen, da, wo Luther die Bibel tatsächlich übersetzt hat. Zumindest war damals, als ich das Zimmer in Wittenberg besichtigt habe, kein Fleck mehr an der Wand, nur noch Peters Unterschrift, aber ich denke, er wird auch dort wieder auftauchen, die Leute hängen nun einmal daran.«

»Hat man Sie etwa nur wegen des Tintenflecks auf eine Dienstreise dorthin geschickt?« erkundigte sich Anton Ossipowitsch ironisch.

»Nein, ich habe dort gedient«, erklärte Molotschkow. »Und stellen Sie sich vor, unser Divisionskommandeur hieß Pjotr Alexejewitsch und wohnte in demselben Hotel, in dem Peter damals abgestiegen war, und zwar in dem Zimmer, in dem einige Jahre vor Peters Besuch sein Erzrivale Karl XII. übernachtet hatte. Die Geschichte ist voller seltsamer Zufälle.«

»Wenn ich das alles richtig verstehe, war Peter also nicht gläubig«, sagte Geraskin.

»Natürlich nicht«, sagte Anton Ossipowitsch. »Ein so kluger Mann, ein Genie – wie konnte er an Gott glauben!«

Der Professor lachte spöttisch.

»Sie meinen, nur Dummköpfe glauben an Gott? Viele äußerst kluge und gelehrte Menschen waren und sind bekanntlich gläubig. Umgekehrt gibt es unter den Atheisten jede Menge Dummköpfe.«

Molotschkow schwieg dazu, bis er nach seiner Meinung gefragt wurde.

Peters Rationalismus ließ sich schwer mit dem orthodoxen Glauben vereinbaren. Sein Glauben war keineswegs naiv. Ein englischer Bischof, der sich in England oft mit dem Zaren unterhalten hatte, bescheinigte ihm tiefe Kenntnisse der Heiligen Schrift. Englische Theologen führten mit dem Zaren theologische Gespräche, und niemand berichtete, er sei ein Atheist gewesen. Damals konnte man sich die Welt nicht ohne Gott vorstellen. Die Religion bot

Schutz, der Mensch fühlte sich ohnmächtig, er hoffte nur auf die Gnade Gottes. In Rußland gab es damals wohl kaum einen Atheisten.

Peter empfand sich als ein Werkzeug in der Hand Gottes, als ein Gesalbter des Herrn.

Glaube und Aberglaube paßten für Peter nicht zusammen. Der Teufel existierte als Verführung, als Schwäche des Menschen, aber keinesfalls als ein Wesen mit Schwanz und Hörnern oder als Schlange. Aberglaube empörte Peter. Wunder, Prophezeiungen, Beschwörungen und Verhexungen empfand er als eine Provokation, als Angriff gegen die Vernunft, gegen die Aufklärung und folglich als einen Affront gegen sich persönlich und gegen den wahren Glauben. 1720 sprach ganz Petersburg von einem Wunder: In einer Kirche auf der Petrograder Seite vergoß ein Madonnenbildnis Tränen. Die Menschen strömten in Scharen dorthin, versammelten sich auf dem Kirchenvorplatz und rätselten, warum und weshalb die Gottesmutter wohl weinen mochte. Bestimmt beweinte sie die neue Stadt, diese sumpfige, wilde Gegend, und prophezeite damit dem ganzen Staat, dem ganzen Volk baldiges Unheil. Die Gerüchte breiteten sich aus, erregten die Stadtbewohner. Staatskanzler Graf Golowkin versuchte vergebens, die Menge auseinanderzutreiben. Er schickte unverzüglich einen Boten zu Peter, der beim Bau des Ladogakanals weilte. Die Nachricht beunruhigte Peter. Er hing sehr an seinem Lieblingskind Petersburg und wußte, wie viele Unzufriedene es gab, wie gefährdet die Existenz der neuen Stadt noch war. Er ließ alles stehen und liegen, fuhr die ganze Nacht durch, erreichte am Morgen die Stadt und begab sich sofort zur Kirche. Die Priester führten ihn zum weinenden Marienbildnis. Peter konnte an der Ikone keine Spur von Tränen entdecken, aber alle ringsum behaupteten, über das Antlitz der Madonna seien schon mehrfach Tränen geronnen. Peter sah sich die Ikone lange an und bat dann die Priester, sie abzunehmen und ihm mit ihr ins Schloß zu folgen. In Anwesenheit des Hofstaats untersuchte Peter die Ikone gründlich. Schließlich entdeckte er in den Augenwinkeln der Madonna winzige Löcher. Sie waren gekonnt abgedunkelt und deshalb nicht gleich zu sehen. Peter zeigte sie den Priestern, drehte die Ikone um, löste den Rahmen und die hintere Abdeckung. Hinter den Augen befanden sich geschnitzte Vertiefungen, die noch etwas Öl enthielten.

»Das ist das Geheimnis!« rief Peter triumphierend. »Deshalb vergießt sie Tränen!«

Er ließ alle Anwesenden die Vorrichtung in Augenschein nehmen und erklärte, wie das Ganze funktionierte: Solange es kühl war, blieb das Öl in den Vertiefungen zähflüssig, erst beim Gottesdienst, wenn die Kerzen das Bildnis erwärmten, rann es heraus.

»Dieses listig gemachte und keineswegs wundersame Bildnis behalte ich für die Kunstkammer«, schloß er.

Äußerlich war Peter sehr zufrieden, fragte nicht, wer für diese Gaunerei verantwortlich war, heimlich aber ließ er Nachforschungen anstellen und gab erst Ruhe, als die Schuldigen gefunden waren.

»Ein richtiger Atheist!« rief Anton Ossipowitsch.

»Was hat denn das mit Atheismus zu tun, mein Lieber?« fragte der Professor. »Er hat doch nicht die Religion entlarvt, sondern Betrüger. Die Religion hat dadurch keinen Schaden genommen.«

»Immerhin hatte er keine Hemmungen, eine Ikone auseinanderzunehmen!« sagte Geraskin. »Und wenn er nun nichts gefunden hätte? Sie weint eben, und aus. Wunder sind doch für einen Gläubigen unerläßlich. Jesus hat doch Wunder vollbracht, oder?«

»Wunder verletzen die Gesetze der Physik«, sagte der Professor. »Der Glaube an Gott ist das eine, Wunder dagegen sind etwas anderes. Nur ein Banause kann an eine Aufhebung der Gesetze der Physik glauben.«

»Oh, sagen Sie das nicht, Professor«, entgegnete Drjomow. »Was ist, wenn ein Wunder die Gesetze der Physik nicht verletzt? Sagen wir, ein Mensch erhebt sich in die Lüfte. Oder läuft übers Wasser. Das ist dann ein Einzelfall, das Gesetz der Schwerkraft wirkt nach wie vor.«

»Eine solche Aufhebung ist dennoch undenkbar.«

»Nein, nein, ich glaube, die Naturgesetze werden nicht aufgehoben, sondern überwunden. Der Mensch kann zum Beispiel solche Kräfte entwickeln, daß er die Erdanziehung überwindet.«

»Aber Sergej, Sie sind doch ein gebildeter Mensch! Ich verstehe nicht, wozu Wunder gut sein sollen. Damit die Menschen glauben? Gott verletzt also die Logik der Naturgesetze, nur um sein Vorhandensein zu demonstrieren? Ziemlich kleinkariert.«

Drjomow seufzte.

»Ich gestehe, ich beneide jeden, der glaubt. Meine Großmutter zum Beispiel, die hat ihren Tod ganz gelassen angenommen. Drei Tage vorher hat sie genau gesagt, wann sie sterben wird, sich vorbereitet, saubere Wäsche angezogen; sie hat richtig geleuchtet, war freundlich und festlich gestimmt, als würde sie in einen Palast umziehen.« Er lachte unnatürlich hoch, und seine Mundwinkel zuckten.

»Ob wir nun Angst haben oder nicht, unser Leben ist jetzt ohnehin so beschissen, daß es nicht einmal den Tod wert ist«, sagte Geraskin. »Trinken dürfen wir nicht mehr, lieben auch nicht, selbst brüllen sollen wir vermeiden. Hol's der Geier. Wann immer man stirbt, es ist ein verlorener Tag.«

Molotschkow lachte lautlos. Davon wurde uns leichter, das machte das Gespräch über den Tod weniger schlimm. Jede Philosophie, jeder Wille versagt angesichts der Angst, die man im entscheidenden Moment empfindet. Bei dem einen von uns lag das einen Monat zurück, bei anderen etwas länger, doch das in der Todesstunde des Infarkts Durchlebte, die ganze klebrige Angst war geblieben. Sie saß im Herzen, das seine Muskeln reißen hörte. Es schrie, und sein verzweifelter Todesschrei erreichte uns, aber wir konnten ihm nicht helfen. Jeder von uns wußte nun, wie es geschehen würde. Wir hingen an einem nur noch fadenscheinigen Seil überm Abgrund, versuchten stillzuhalten, zu horchen, wie die Fasern aneinander rieben. Ganz langsam zog uns man wieder hoch. Würde es gutgehen?

Wir waren auf dem Weg der Genesung und spürten unsere Gesundheit wie nie zuvor.

Molotschkow erzählte uns noch eine Geschichte.

»Vor der Kirche auf der Petrograder Seite wuchs eine hohe alte Erle. Eines Tages verbreitete sich das Gerücht, im September würde eine gewaltige Überschwemmung diese Erle überfluten. Ein Mann prophezeite voller Inbrunst eine verheerende Wasserflut. Die Leute glaubten ihm, denn die neue Stadt litt tatsächlich häufig unter Hochwasser. Die Menschen kamen, sahen sich die Erle an, schätzten ihre Höhe und waren entsetzt; wenn das Wasser so hoch stiege, dann würde es die ganze Stadt bis zum Dachfirst überschwemmen. Die Unruhe wuchs, ganze Familien verließen bereits ihre Häuser, zogen in höher gelegene Dörfer. Die Bürger des noch jungen Petersburg waren anfällig für Ängste und Gerüchte. Peter erfuhr von der Aufregung. Die neue Hauptstadt hatte viele Feinde, die jede Gelegenheit nutzten, den von Peter gewählten Ort schlecht zu machen. Die Panik nahm zu, die Einwohner mußten irgendwie beruhigt werden. Aber wie? Peters Vorgehen ist sehr lehrreich. Als erstes ließ er die Erle fällen. Wozu? Vermutlich, um das anschauliche Maß zu beseitigen. Dann wurde einer nach dem anderen befragt, wer das Gerücht von wem gehört hatte, bis die Kette aufgerollt und die Quelle ermittelt war. Der Mann war ein Umsiedler aus dem Süden. Unzufrieden mit der feuchten, sumpfigen und kalten Gegend, hatte er sich diese Prophezeiung ausgedacht. Der Schuldige war also gefunden. Peter, sonst mit Bestrafungen schnell bei der Hand, hatte es diesmal nicht eilig. Er ließ den Mann bis zum vorhergesagten Zeitpunkt der Überschwemmung in Haft nehmen. Die ganze Stadt wußte davon und wartete, was passieren würde. Der September war zu Ende, es gab kein Hochwasser, es verging eine weitere Woche – nichts. Eines Tages hieß es, aus jedem Haus habe sich eine Person an der Stelle einzufinden, wo die Erle gestanden hatte. Dort war ein Podest errichtet, auf das man den Scheinpropheten führte. Man verlas ihm eine Ermahnung und verabreichte ihm fünfzig Peitschenhiebe. Die Strafe fand allgemeine Billigung. Erleichtert schoben alle ihm die Schuld an ihren Ängsten und ihrer Leichtgläubigkeit zu.

Anton Ossipowitsch sah uns triumphierend an.

»Ein echter Staatsmann! Stimmt's? Das zeigt sich selbst in einer solchen Bagatelle.«

»Und Mut zum Risiko«, sagte Geraskin. »Es hätte ja tatsächlich ein Hochwasser geben können.«

»Natürlich. Aber der Mann hat es nicht vorausgesagt, weil er es wußte«, sagte der Professor, »er hat den russischen Hang zum Aberglauben ausgenutzt. Böse Vorzeichen, Zauberei, Wahrsagerei. Bis heute gibt es bei uns noch so viel Archaisches, Heidnisches!«

»Peter wird vorgeworfen«, fuhr Molotschkow fort, »daß er Lefort befohlen hat, den Strelitzen die Ärmel und die Rockschöße zu stutzen. Peter selbst hat allen damaligen und künftigen Kritikern entgegengehalten: Aus Unwissenheit glauben die Alten, daß sie ohne Bart nicht ins Himmelreich kommen, dabei steht es allen guten Menschen offen, ob mit oder ohne Bart, mit Perücke oder mit Glatze.«

Die Angst, den Bart zu verlieren, war eine Art Aberglaube. Nicht gegen alte Sitten ist Peter zu Felde gezogen – lange Bärte hatten nichts mit religiösen Vorstellungen zu tun. Es ist auch Unsinn, daß er sich zu sehr am Westen orientiert hätte. Schließlich gibt es auch Asiaten und Tataren ohne Bart.

Peter war gegen jede Art von Prophezeiung skeptisch. Wissenschaftliche Prognosen dagegen nahm er sehr ernst. 1705 teilten die Astronomen ihm mit, daß es in Zentralrußland eine Sonnenfinsternis geben würde. Peter war besorgt. Es war ein schweres Jahr. Feldmarschall Scheremetew hatte bei Mur-Mys eine Niederlage erlitten, in Astrachan rebellierten Strelitzen und Soldaten. Und dann auch noch eine Sonnenfinsternis. Ihm war klar, daß sie von eiligen Propheten als schlimmes Zeichen ausgelegt werden würde, das allerhand Übles bedeute: eine Niederlage gegen die Schweden, Seuchen und Hungersnöte. Nun konnte er ein Zeichen des Himmels nicht einfach fällen wie die Erle, er mußte eine andere Lösung finden. Molotschkow erzählte uns, er habe seine Schüler gefragt, wie sie an Peters Stelle gehandelt hätten. Er machte eine Pause, als wolle er auch uns darüber nachdenken lassen, wartete aber nicht lange.

»Peter verschickte an alle Gouverneure und Bischöfe Briefe, in denen die Sonnenfinsternis angekündigt wurde. Sie sollten das Volk aufklären: Diese Erscheinung steht bevor, das ist etwas ganz Natürliches, ein regelmäßiges Naturereignis, nichts Übernatürliches. Wäre es das, könnte man schließlich nicht schon vorher darauf hinweisen. Diesen Brief schickte er auch an Naryschkin, an Golowin und weitere hochrangige Personen:

›Herr Admiral! Am ersten Tag im kommenden Monat wird es eine große Sonnenfinsternis geben; deshalb habe die Güte und erkläre unseren Leuten, daß diese stattfinden wird, auf daß sie es nicht für ein Wunder nehmen. Denn wenn sie es vorher wissen, dann ist es kein Wunder mehr.‹ Beachten Sie den letzten Satz: Ein Wunder bedeutet Unwissenheit.«

Sonderbarerweise waren bis auf den Professor alle der Ansicht, daß auch heute noch Wunder geschehen. Jeder kennt aus seinem Leben merkwürdige, unerklärliche Dinge, schier unglaubliche Zufälle, die wie Wunder erscheinen. Selbst Anton Ossipowitsch glaubte an Telepathie, fliegende Untertassen, den Schneemenschen und die Wahrsagerei von Zigeunerinnen.

Geraskin erinnerte sich an eine Geburtstagsfeier in früher Jugend, bei der sich alle bis zur Besinnungslosigkeit betranken. Am nächsten Morgen wollte er seine Freunde nach Hause fahren. Sie quetschten sich alle zusammen in den Moskwitsch. Geraskin setzte sich ans Steuer, ließ den Motor an, legte den ersten Gang ein und wollte losfahren, aber der Wagen rührte sich nicht von der Stelle; er konnte das Kupplungspedal nicht treten, er war wie gelähmt, bekam einfach den Fuß nicht aufs Pedal. Er stellte den Motor ab, stieg aus und sah plötzlich unter dem Auto seinen gemütlich schnarchenden Schwiegervater liegen. Schlagartig war Geraskins Rausch verflogen, der Schweiß lief ihm in Strömen.

»Erklären Sie mir das mal, Jelisar Dmitrijewitsch«, wandte er sich triumphierend an den Professor. »Ich bin doch Berufskraftfahrer, bei mir läuft jede Bewegung automatisch ab. Und dann auf einmal diese Blockierung! Ich für mein Teil glaube an Wunder.«

»Jetzt, im Zeitalter der Wissenschaft, kann man leicht an Wunder glauben, aber glauben Sie im Zeitalter des Aberglaubens mal an die Wissenschaft.«

Jeder erzählte etwas von Wundern, von weisen Heilkundigen und wundersamen Funden. Erstaunlich, wie viele solcher Zeugnisse und Ereignisse jeder beisteuern konnte und wie sorgsam er sie im Gedächtnis bewahrt hatte.

Den Schlußpunkt setzte Geraskin. Sein Freund hatte einen Herzinfarkt gehabt. Ein Team der »Schnellen Hilfe« kam, machte ein Kardiogramm und was bei einem mittelschweren Infarkt sonst noch zu tun ist. Da kam die Nachbarin, die als verrückt galt. Sie hatte von dem Unglück gehört und bot ihre Hilfe an, bat sogar, helfen zu dürfen. Die Ärzte waren dagegen, der Patient aber erklärte, er vertraue ihr. Sie legte ihm die Hände auf. Die Ärzte warteten. Die Nachbarin strich ihm mehrmals über die Brust, dann sagte sie: Fertig! Die Ärzte machten ein zweites Kardiogramm – keine Spur mehr von einem Infarkt! Danach holte Geraskin die Nachbarin zu einem befreundeten Physiker, dessen Sohn eine Lungenentzündung hatte. Sie hielt die Hände eine Weile über den Rücken des Jungen. Zurück blieb eine leichte Verbrennung, die Lungenentzündung war weg. Der Physiker setzte ihr hinterher auseinander, daß sie solche Felder oder Strahlen gar nicht haben könne. Er war sehr überzeugend – die Frau glaubte ihm. Und verlor ihre Kräfte.

Geraskin schloß resigniert: »Er hat sie entlarvt. Fragt sich nur – wozu? Wir dulden keine Wunder, darum gibt es auch keine mehr.«

19

Grausamkeit

Ja, er war grausam, das ist unbestritten. Jedoch nicht nur aufgrund seiner schrecklichen Kindheitserinnerungen. Grausamkeit lag im Geist der Zeit. In allen Ländern wurde gerädert und geköpft. Mal wurden solche Dinge per Gerichtsurteil sanktioniert, mal von den gekrönten Häuptern willkürlich vollstreckt. Karl XII., König des angeblich aufgeklärten Schweden, konnte auf das Grausamste strafen.

Peter folterte und prügelte eigenhändig. Und da er impulsiv war, traktierte er oft den Rücken eines Unschuldigen, wie in jenem berühmten Fall mit dem französischen Gartenbauerarchitekten Leblond. Der für seine Parkanlagen berühmte Leblond war Peter in Paris empfohlen worden. Er überredete ihn, in seine Dienste zu kommen. Peter wollte ihm die Leitung der Arbeiten in Peterhof übertragen. Leblonds Talent hätte sich in Rußland in seiner ganzen Größe entfalten können, wäre nicht eine für Peter typische Geschichte passiert.

Nach Peters Idee sollten die Straßen der Wassili-Insel in der Mitte von Kanälen durchzogen sein. Deren Breite hatte Peter nicht vorgegeben. Gedacht war aber natürlich, daß zwei Barken mühelos aneinander vorbeikommen sollten. Im Herbst 1717 kam Peter von einer Auslandsreise zurück und begab sich geradewegs auf seine geliebte Wassili-Insel, um zu sehen, was sich dort in seiner Abwesenheit getan hatte. Eine Menge hatte sich getan, und Menschikow, der die Arbeiten leitete, erwartete Lob. Es kam keins. Peter schwieg finster. Mehrmals fuhr er im Laufe der Woche auf die Wassili-Insel, lief sie immer wieder ab und reagierte nicht auf Menschikows Fragen.

Sobald Leblond eingetroffen war, führte er ihn durch die Straßen. Die Kanäle waren zu schmal, Leblond sah den Fehler sofort: Zwei Barken kamen nicht aneinander vorbei, die Kanäle waren nicht befahrbar. Das alles hatte Peter bereits selbst begriffen, doch er hoffte, mit Leblonds Hilfe einen Ausweg zu finden. War noch etwas zu korrigieren?

Leblond zuckte die Achseln. Zu reparieren war da nichts. Man konnte nur alles zuschütten, die Uferbebauung wieder abreißen und neue Kanäle graben.

Der Zar verharrte in lastendem Schweigen.

»Das denke ich auch«, sagte er mürrisch.

Das war eine Katastrophe. Zwei Jahre Arbeit waren umsonst. Abreißen, zuschütten, neu bauen – das wären gewaltige Kosten. Das einzige, was blieb: Alles zuschütten, das heißt, auf seinen Traum verzichten. Wie oft hatte er wiederholt: »So Gott mir genug Leben und Gesundheit gibt, wird Petersburg ein zweites Amsterdam.« Unvergeßlich war der Eindruck seiner ersten Reise in die holländische Hauptstadt, die von einem Netz von Straßen-Kanälen durchzogen war, wo sein geliebtes Element, das Wasser, Teil der Stadt war, ihre Straßen bildete, wo der Stadtverkehr auf den Kanälen stattfand. Kanäle mit Uferstraßen. Die Straßen der Wassili-Insel würden breiter sein als die in Amsterdam, angelegt nach einem einfachen, klaren geometrischen Schema, bequem für Schiffe und Menschen. Die Wassili-Insel sollte das Zentrum von Petersburg werden. Während seiner Abwesenheit hatte er seinen Traum gehätschelt – nun war er dahin. Unwiederbringlich. Die neue Hauptstadt, noch kaum bei Kräften, hatte einen schlimmen Schaden erlitten. Niemand außer Peter sah das Ausmaß des Verlusts. Die Stadt hatte vielleicht ihre schönste Zierde eingebüßt, ihren Ruhm, das geplante Wunder.

Er stieß Menschikow wie einen ungezogenen Welpen mit der Nase auf den Plan, packte ihn am Nacken, schüttelte ihn und fuhr mit seiner Nase übers Papier. »Du ungebildeter Tropf, du Dummkopf, du kannst nicht rechnen und nicht messen, du hast alles verdorben, verdorben, durch deine Dummheit hast du nichts als Schaden angerichtet.«

Menschikow konnte Leblond seine Demütigung nicht verzeihen. Eine Gelegenheit für Rache bot sich bald.

Nach der Enttäuschung mit der Wassili-Insel konzentrierte Peter seine ganze Fürsorge und alle Hoffnungen auf Peterhof. Menschikow hatte Leblond unverzüglich alles zu liefern, was er verlangte, und ihn in jeglicher Weise zu unterstützen. Bei der Anlage des Parks von Peterhof kümmerte sich der Zar um alle Details selbst, bestellte sogar die Bäume – Linden und Kastanien aus Holland, Zirbelkiefern aus Sibirien. In einem Brief an Kurakin gab er Anweisungen für die Bäume aus Holland, bestimmte die Höhe und Dicke der Linden und forderte, man solle sie »auf dem Schiff mit der Wurzel in den Sand pflanzen, der als Ballast an Bord ist.«

In Peterhof pflanzte er die gelieferten Bäume eigenhändig und erteilte strenge Order, sie nicht zu berühren.

Leblond wurde zum Generalarchitekten ernannt, kein Projekt konnte ohne seine Unterschrift ausgeführt werden. Er baute das Große Palais, entwarf die gesamte Anlage von Peterhof; Menschikow stand oft unter seinem Kommando.

Im Park von Peterhof wollte Leblond, um eine freie Aussicht auf den Zwinger zu ermöglichen, ausladende wilde Baumkronen beschneiden lassen. Er bat Menschikow um Arbeitskräfte dafür. Menschikow ließ die Arbeiten in Angriff nehmen und schickte, ohne Leblond ein Wort zu sagen, einen Boten zu Peter nach Schlüsselburg mit der Meldung, Leblond fälle die von Peter gepflanzten Bäume. Die Nachricht erzürnte Peter so sehr, daß er am nächsten Morgen unverzüglich nach Peterhof aufbrach.

Auf hohen Leitern standen Arbeiter und hackten Äste ab. Sägen kreischten, Peter schrie, befahl, sofort aufzuhören und rannte los, den Schuldigen suchen.

Leblond freute sich, als er den Zaren kommen sah, eilte ihm entgegen, verbeugte sich mit einem zeremoniellen Kratzfuß. Er bekam einen Knüppelhieb versetzt. Der französische Architekt war noch nie geschlagen worden; das hatte Fürst Menschikow ihm voraus. Dem Schlag folgte noch eine lange Beschimpfung, die keiner Übersetzung bedurfte; dem Franzosen knickten die Knie ein, er griff sich ans Herz und sank still zu Boden. Er wurde mit einem Herzanfall nach Hause gebracht und lag mehrere Wochen danieder.

Nachdem der erste Zorn verflogen war, besichtigte Peter die Arbeiten und stellte fest, daß die Bäume durch das Beschneiden nur gewannen. Er schickte Leblond eine Entschuldigung. Vergebens. Der sensible Franzose wurde nicht mehr gesund; im Jahr darauf starb er an Herzversagen.

Peter ahnte, wessen Intrige hinter dem Vorfall steckte, und Menschikow bezog vom Zaren wieder einmal Prügel.

Peters Impulsivität, seine Gewohnheit, gleich zum Knüppel zu greifen, hatte häufig tragische Folgen. Niemand wagte, dem Zar Einhalt zu gebieten. Aber es war sicher keine mutwillige Grausamkeit; Peter hatte keine Freude an der Gewalt, er war nur unbeherrscht. Zudem war er als Selbstherrscher die höchste Instanz im Staat, nichts schränkte seine Macht ein – weder das Gesetz noch die Sitten –, und kannte keinen Respekt vor anderen Menschen. Alle um ihn herum waren von sklavischem Geist durchdrungen. Hinzu kam sein Gefühl der persönlichen Überlegenheit, der Überlegenheit des Genies, das um seinen Wert weiß.

Grausamkeit war in vielen Ländern durchaus an der Tagesordnung, von Schweden bis zur Türkei.

Die Geschichte mit Patkul ist ein Beispiel dafür.

Der Geheime Rat Johann Patkul stand in schwedischen Diensten, geriet in einen Konflikt mit dem Vater Karls XII., floh aus Schweden und diente anschließend Peter. Er wurde zum Generalkommissar der russischen Armee ernannt. Daß Offiziere von einer Armee zur anderen wechselten, war damals normal. Der König aber war zutiefst gekränkt und betrachtete Patkul als Verräter.

Peter ernannte Patkul zum Gesandten bei König August. Als August ein Geheimabkommen mit Karl schloß und sich von seinem Bündnis mit Peter lossagte, verlangte Karl von August die

Auslieferung Patkuls. Diese Forderung verletzte die üblichen Regeln. Es war klar, daß die Auslieferung Patkuls sicheren Tod bedeutete. August wußte, wenn er sich Karl fügte, würde er Peters Zorn auf sich ziehen und wäre in den Augen von ganz Europa entehrt. Karls Forderung abzulehnen wagte er jedoch nicht; seine militärische Lage war zu unsicher, als daß er es hätte riskieren können, sich dem allmächtigen schwedischen König zu widersetzen. Alle Länder fürchteten ihn. Er entschied sich für eine List. Patkul wurde für die Zeit der Verhandlungen mit Karl im Schloß festgehalten. August würde eine Gruppe von Offizieren beauftragen, den verhafteten Patkul zu den Schweden zu bringen. Doch am Tag zuvor schickte er einen Vertrauten zum Schloßkommandanten, der diesen anwies, Patkul die Flucht zu ermöglichen. Der Plan hätte auch wunderbar funktioniert, wären nicht menschliche Leidenschaften dazwischengekommen. Sie sind immer unberechenbar, haben schon so viele Pläne durcheinandergebracht und nehmen der Geschichte oft genug jede Logik und Ordnung.

Der Kommandant bot Patkul an zu fliehen, allerdings unter der Bedingung, daß er dafür zahle – die Gelegenheit war günstig. Patkul kannte Augusts Befehl und verlangte, unentgeltlich freigelassen zu werden. Der Kommandant lehnte ab. Ein unerbittliches Feilschen begann. Patkul wollte den dreisten, unrechten Forderungen des Kommandanten nicht nachgeben – als wäre die Flucht selbst Recht gewesen.

Sie konnten sich nicht einigen, der Streit zog sich in die Länge, und da trafen die Offiziere ein, packten Patkul und brachten ihn ins schwedische Lager. Armer Patkul. Dummer Patkul. Dabei galt er als klug.

Karl befahl, den Verräter aufs strengste zu richten. Damit stand die Todesstrafe von vornherein fest. Patkul wurde zum Rädern und anschließenden Vierteilen verurteilt.

Ein derartiger Akt gegen den Gesandten des Zaren widersprach den internationalen Gepflogenheiten. Europa verurteilte die Willkür des schwedischen Königs einhellig, aber darauf pfiff Karl.

Patkul wurde aufs Rad geflochten und, nachdem man ihm Arme und Beine zertrümmert hatte, dem Tod überlassen. Er schrie drei Tage lang.

Der schwedische Offizier, der die Exekution vornahm, befahl dem Henker, dem Märtyrer den Kopf abzuschlagen. Dafür wurde er vom König degradiert, denn »der König hat nicht befohlen, ihm den Kopf abzuschlagen, bevor er sich zu Tode gequält hat«. Auf Karls Befehl wurde der Leichnam auf einen Pfahl gespießt.

Sechs Jahre später ließ August, nun wieder König, die Gebeine des ihm treu ergebenen Patkul begraben.

Schweden galt als kultiviertes Land, und die Historiker bezeichnen Karl XII. keineswegs als grausamen Barbaren. Übrigens gelangte das Rädern aus Frankreich nach Schweden und Rußland.

Die internationale Meinung kümmerte Karl ebensowenig wie die seiner Vertrauten. Nicht einmal rein pragmatische Erwägungen, wie zum Beispiel mögliche materielle Vorteile, konnten ihn zum Verzicht auf grausame Härte bewegen.

Ein sächsischer Offizier wurde gefangengenommen, Karl befahl, ihm den Kopf abschlagen zu lassen. Das war weniger schlimm als Rädern, gefiel dem Offizier aber trotzdem nicht. Er wollte überhaupt lieber leben und erklärte, gegen eine Begnadigung würde er dem König das Geheimnis der Goldherstellung verraten. Karl ließ ihn im Gefängnis experimentieren, vor den Augen des versammelten Magistrats der Stadt. Und, oh Wunder, nach diversen chemischen Prozeduren vor aller Augen funkelte im Tiegel geschmolzenes Gold. Die Prüfung bestätigte, daß es sich um hochkarätiges Gold handelte. Die Urteilsvollstreckung wurde ausgesetzt und das Ergebnis dem König mitgeteilt, der wie immer auf irgendeinem Schlachtfeld weilte. Der König überlegte eine Weile und sagte, er wolle nicht auf die Hinrichtung verzichten, um des Goldes willen würde er nicht von seinen Prinzipien abrücken. Der Offizier wurde hingerichtet, und zum Leidwesen aller ging damit auch das wichtige Geheimnis verloren.

Den Bau von Petersburg setzte Peter mit rigoroser Härte durch. Tausende Bauern wurden aus den umliegenden Gouvernements zusammengetrieben. Inmitten von Sümpfen und Morast lebten sie in Erdhütten; im Winter litten sie unter der Kälte, zogen sich Erfrierungen zu. Vergebens sucht man nach Geschichten, die von Barmherzigkeit gegenüber den Erbauern erzählen. Für Peter waren sie lediglich Arbeitskräfte. Es heißt, Petersburg sei auf Leichen erbaut – dabei ist diese bekannte Redensart nicht mit Fakten belegt. Es gibt keinerlei Angaben darüber, wie viele Menschen im Baujahr umkamen; sie wurden nicht gezählt. Einige Historiker vermuten, die Bojarenopposition habe die neue Hauptstadt absichtlich zum menschenfressenden Drachen gemacht und den Zaren zum Antichristen. Es gibt keine Zeugnisse über Meutereien, Unzufriedenheiten, ebensowenig über Massenfluchten von Bauarbeitern. Epidemien und Todesfälle wurden vom Zaren überwacht, Schuldige streng zur Verantwortung gezogen. Es wurden Hospitäler eingerichtet und Asyle für Opfer von Arbeitsunfällen. Besonders schwere Arbeiten mußten Häftlinge verrichten und schwedische Gefangene.

Die Stadt wuchs, von Tag zu Tag, von Stunde zu Stunde. Eine Steinstadt, einmalig für Rußland. Auf erobertem Boden, an der Meeresküste, eine Hafen- und Festungsstadt. Ihre künftige Schönheit gewann bereits Konturen. Die Begeisterung des Haupterbauers übertrug sich auf die Architekten, Ingenieure und Lieferanten, auf Peters gesamte Mannschaft.

Der Enthusiasmus hielt nicht lange an. Die riesige Baustelle verlangte Nachschub, die Lieferungen verführten zur Veruntreuung von Staatsgeldern. Besonders Skrupellose kamen in kurzer Zeit zu beträchtlichem Vermögen. Der Kampf dagegen machte Peter hart. Sein Knüppel schlug immer heftiger zu. Vergebens. Die Lust am Raffen war stärker als alles, was der Zar ersinnen konnte. Zu Nartow sagte Peter einmal, als er eine menschliche Figur aus Elfenbein schnitzte: »Ich kann mit dem Stemmeisen Elfenbein nach meinem

Willen formen, aber Starrköpfe mit dem Knüppel zurechtzubiegen gelingt mir nicht.«

Die angestaute Wut bringe ihn bisweilen zur Weißglut.

»Ja, er war ein Mörder, er hat zum Beispiel Glebow getötet, bloß weil er der Liebhaber seiner Exfrau war, der Zarin Jewdokija«, sagte Molotschkow. »Ist das etwa ein Grund, jemanden zu töten? Mary Hamilton, seine Geliebte, hat er hingerichtet. Wofür? Sie hatte ihr Neugeborenes getötet, ihr uneheliches Kind. Peter vermutete, der Bastard sei sein Sohn. Aber ich bitte Sie: Bringt man dafür jemanden um? Einen Soldaten hat er mit seinem Knüppel zu Tode geprügelt. Wollte man ihn wegen Amtsüberschreitung zur Verantwortung ziehen, käme ein beachtliches Strafregister zusammen. Aber ist er deshalb ein Verbrecher? Er war doch nicht von Grund auf böse, trotz aller seiner Verbrechen. Peter war ganz und gar von der Idee des Vaterlands beseelt. Was ich daraus folgern soll – ich weiß es nicht. Ich liebe ihn und schäme mich dieser Liebe. Er ist ein Mörder, und ich liebe und bewundere ihn. Ich will ihn rechtfertigen und darf es nicht. Ich müßte ihn verurteilen und kann es nicht. Und was ist mit denen, die ihn geliebt, ihn bewundert haben? Nartow zum Beispiel, kein Adliger, kein Würdenträger, ein einfacher Handwerker, aber der enge Kontakt mit Peter hat sein Herz mit heißer Liebe erfüllt, und dieser Drechsler hat Mitleid mit dem Zaren, er verteidigt ihn nach Kräften gegen den Vorwurf, er sei grausam gewesen. Und Feofan Prokopowitsch, Mitglied des Heiligsten Synods, der erklärte, die Menschen sollten nicht Peters Zorn fürchten, sondern ihr eigenes Gewissen?«

Der Professor sagte:

»Aber Ihr geliebter Puschkin hat doch gesagt, Genie und Verbrechen seien unvereinbar, oder? Wenn ein Mörder kein Bösewicht ist, was ist denn dann böse? Das erklären Sie mir mal.«

Drjomow sagte:

»Puschkin hat vom Künstler gesprochen. Auf Staatsmänner bezieht sich das nicht. Sie haben alle Böses getan. Aber auch unter ihnen gab es Genies. Alexander der Große, Napoleon …«

»Nenn ruhig noch Lenin, genier dich nicht«, warf Anton Ossipowitsch ein.

Molotschkow sagte: »Einen Bösewicht, scheint mir, kann man nicht beschämen. Peter war anders. Schrecklich und zügellos im Zorn, bewahrte er im Innern doch Vernunft und Menschlichkeit. Zarewna Sophia war Peters Todfeindin, das wußten alle. Als Peter wieder einmal eine Verschwörung von ihr aufgedeckt hatte, fuhr er zu ihr ins Kloster, wo sie eingesperrt war, um sie zu verhören und zu entlarven.

Sophia, die selbst in der Gefangenschaft ihren widerspenstigen Charakter nicht zähmen konnte, stritt alles ab, verteidigte sich, wobei sie mit ihren Worten nicht wählerisch war, und verspottete Peter so, daß er wütend schrie, er werde sie töten – er oder sie. Die zwölfjährige Dienerin der Zarewna warf sich zwischen die beiden, umklammerte Peters Beine und rief: ›Was tut Ihr, Majestät? Sie ist doch Eure leibliche Schwester!‹

Peter erstarrte, schwieg einen Moment, verzieh seiner rebellischen, ungehorsamen Schwester und küßte das Mädchen auf den Kopf. ›Danke, Mädchen, ich werde dich nicht vergessen.‹

Besänftigt verließ er das Kloster.

Nicht ohne Grund sagten die Römer, von allen Siegern sei der am meisten zu rühmen, der seine Leidenschaft zu besiegen vermag, besonders seinen Zorn.«

Der Professor sagte:

»Zorn ist ein Augenblick des Wahns.«

20

Die Qualen des Korns

Molotschkow machte niemandem Vorwürfe, der Peter nicht verstand. Er staunte und freute sich über jeden, der Peter in seiner ganzen Widersprüchlichkeit erfaßte, wie Puschkin es vermocht hatte, den Molotschkow als besten Peter-Kenner schätzte. Puschkin bringt sein Peter-Bild auf eine interessante Formel:
Ein Werkmann auf dem Thron, fürwahr,
Im Schiffbau tätig, in der Schmiede,
Gelehrter, Held in Kriegsgefahr,
Als Schöpfer Rußlands nimmermüde!
Nicht zufällig nennt er Peter einen Gelehrten.

Das Interesse großer Geister beruht entweder auf Verständnis oder auf totaler Ablehnung. Puschkin verstand Peter so gut wie kaum ein anderer.

Peter ist so schwer zu erfassen, weil er Unvereinbares in sich vereinte. Schüchternheit und Hemmungslosigkeit, Grobheit und Takt, Geradlinigkeit und List.

Molotschkow erzählte, wie begeistert Peter von der europäischen Kultur war und wie barbarisch er mit ihr umging.

Bei seiner ersten Europareise mit der Großen Gesandtschaft genierte Peter sich und mied offizielle Gesellschaften. Er spürte, wie ungehobelt seine Manieren waren. Prinzessin Sophie-Charlotte schrieb, daß er am Tisch rülpste und nicht wußte, wozu man eine Serviette benutzte. Eine unschöne Geschichte passierte in England. Peter wollte möglichst in der Nähe der großen Werften wohnen. Die Regierung mietete für ihn ein Haus in Deptford. Ein exquisit möbliertes geräumiges Haus, mehrere Schlafzimmer, ein großer Garten. Zweieinhalb Monate verbrachte er dort. Nach seiner Abreise waren die Eigentümer entsetzt. Alles war ruiniert. Und wie! Die Seide in den Schlafzimmern war besudelt und zerfetzt, ein Palisanderholzbett zertrümmert. Decken hatten Brandlöcher. Damasttapeten waren bahnenweise von den Wänden gerissen. Kaminschilde waren verbogen – daran hatten die Kraftprotze ihre Muskeln demonstriert. Prächtige Gemälde waren beschmiert, die Rahmen zerbrochen, Teppiche und Federbetten zerschnitten, Stühle und Sessel zertrümmert. Der Rasen im Garten war aufgewühlt, die Hecken nicht geschnitten und Blumen herausgerissen. Das Wächterhäuschen war gänzlich zerstört.

Ähnlich hauste Peters Horde auch andernorts, nach der Devise: Holla, jetzt kommen wir! Zerschlag das Geschirr, aus dem du trinkst, damit alle sehen, wessen Sohn du bist!

Er benahm sich wie ein Flegel, andererseits arbeitete er fleißig auf der Werft, überwachte das Gießen von Kugeln, übte sich in der Seefahrt.

Zugleich aber nahm er schnell und sensibel wie kaum ein anderer die europäische Umgangskultur an. Ein spanischer Bischof berichtet in seinen Briefen, der russische Zar verfüge über Takt und weltliche Manieren, wenngleich er die große Gesellschaft nicht möge.

Noch vor kurzem hatte er sich, als er mit deutschen Frauen tanzte, über deren spitze Knochen gewundert – dafür hatte er die Fischbeinkorsetts gehalten. Sophie-Charlotte bemerkte damals, in ihrer Gegenwart habe Peter nicht gewagt, sich zu betrinken, doch nachdem sie und ihre Mutter abgefahren seien, habe er mit seinem Gefolge das Versäumte schnell nachgeholt.

Auch bei seiner zweiten Europareise, fast zwanzig Jahre später, kümmerte ihn die gesellschaftliche Meinung wenig. Manchmal hielt er sich an die Normen, manchmal leistete er sich wüste Gelage.

In Paris hatte er auf der Straße zwei Mädchen aufgelesen, sie mit ins Schloß genommen, Kurakin und ein paar andere Männer dazugeholt und, wie Geraskin neidisch feststellte, ordentlich einen draufgemacht.

Bei einem Diner in Fontainebleau betrank er sich derartig, daß er auf dem Rückweg die ganze Kutsche mit Erbrochenem besudelte. Auf der Flucht vor dem Gestank mußte der Herzog d'Antin in eine andere Equipage umsteigen.

Mal war er geradezu unanständig geizig, bezahlte in Paris für eine eigens für ihn angefertigte prächtige Perücke nur ein Zehntel des üblichen Preises, feilschte beim Einkaufen, dann wieder, vor der Abreise aus Paris, gab er den Bediensteten fünfzigtausend Livres, eine riesige Summe für die damalige Zeit, und dreißigtausend an die Fabriken und Manufakturen, in denen er gewesen war.

In Europa glaubte man, er interessiere sich nur für Schiffe, Technik und Erfindungen. Indessen kaufte er längst auch Gemälde, ließ Hunderte Bilder erwerben. Zwar überwiegend maritime Landschaften, mit Schiffen und Flottengeschwadern, aber auch das war Malerei, und keine schlechte. Zum erstenmal schmückten Gemälde die Gemächer und Schloßsäle in Rußland.

Die neue Hauptstadt sollte schön werden. Peter holte aus ganz Europa Baumeister, Gärtner, Architekten, Bildhauer und Kunstschmiede. Und sie alle erwiesen sich als Meister ihres Fachs. Schlüter, Leblond, Vater und Sohn Rastrelli, Trezzini, Miketti, Philipp Pilman. Eine solche Konzentration von Talenten ist kaum Zufall. Peters Vorhaben reizten die Künstler durch ihre Grandiosität. Er verstand es, ihnen rein künstlerische Aufgaben zu stellen. Mit den militärischen Erfolgen wuchs sein Bedürfnis, das kunstarme russische Leben zu verschönern. Jetzt, da das Land eine sieghafte Flotte besaß, eine Artillerie und Kavallerie, wurde deutlich, daß das nicht genügte. Allein die Angst, die Rußland einflößte, machte noch keine Größe aus. Rußland brauchte Schönheit. Mit demselben Eifer, mit dem er seine militärische Macht aufgebaut hatte, machte sich Peter an die Erbauung von Peterhof – ein Tribut an die reine Schönheit, für nichts anderes gedacht. Ja, es sollte ein Symbol sein, an den Sieg erinnern, aber die Hauptsache war die Schönheit. Der damals riesige Sommergarten, Strelna, wo die ersten Wasserspiele sprudelten, die Pavillons von Marly und der Eremitage und schließlich Peters geliebtes kleines Palais »Monplaisir« – alles zeugte von Peters Geschmack, offenbarte die poetische Natur seines Genies. In Monplaisir saß er gern auf der Terrasse, bewunderte den Sonnenuntergang, das Mondlicht, und wenn er im Bett lag, hörte er die Wellen rauschen.

Monplaisir war mit maritimen Gemälden geschmückt, hier befanden sich Peters Fernrohr und sein Teleskop. In diesen Gemächern konnte er in Ruhe nachdenken, arbeiten, entspannen und seinen Sorgen nachhängen.

In diesem kleinen Palais ist am meisten von Peter bewahrt. Deshalb hielt sich Katharina die Große manchmal stundenlang darin auf; genau wie später Nikolai I., der herkam, um, wie er sagte, »bei Peter zu sein.«

Katharina II., Nikolai und alle späteren Herrscher haben Peterhof weitergebaut und viel dafür getan, neue Wasserspiele errichtet, Alleen angelegt, dennoch gilt alles hier als Peters Werk.

Leibniz erzählte Peter einmal, wie ein Samenkorn sich quält, bevor es eine Frucht hervorbringt. Die Qualen des Samenkorns – das beeindruckte Peter. Genauso brachte er Petersburg hervor und auch Peterhof. Und was für Früchte sind das geworden, welche Schönheit inmitten der Sümpfe!

In seinem Peterhof sollte es gesittet zugehen. In Monplaisir hingen sogar vom Zaren unterzeichnete Anstandsregeln, wie zum Beispiel diese: »Nicht mit Stiefeln oder Schuhen ins Bett legen.«

21

Die Entdeckung

Professor Tscheljukin war gegen jeden Kult um Könige, Präsidenten, Heerführer oder Revolutionäre. Bewundern dürfe man nur Ärzte und Erfinder, außerdem Musiker und Dichter und eventuell Wissenschaftler. Alle anderen verdienten keine Denkmäler. Wir hatten Spaß an Tscheljukins Duellen mit Molotschkow, an seinen Provokationen, den Gedankenspielen der beiden und daran, wie jeder es immer wieder schaffte, den anderen ratlos zu machen.

Einmal griff Molotschkow von überraschender Seite an: Rußland habe Peters Reformen ohne ernstlichen Widerstand angenommen. Das Volk habe kaum protestiert, es habe geduldet und keinen Versuch unternommen, sich zu wehren. Es gab zwar keine Begeisterung, aber auch keine Protestschreie. Molotschkow fand, das bedeute sehr viel. Und es lohne sich, darüber nachzudenken, denn wenn man sich nicht wundere, entdecke man auch keine Wunder.

Mit erhobenem Zeigefinger gebot der Professor Molotschkow Einhalt und schloß die Augen, als wolle er einen Gedanken fassen.

Molotschkow hielt kurz inne, fuhr dann aber eifrig fort: Peters Vater hatte die Reformen bereits begonnen, eher still und allmählich, Peter aber sei wie ein Sturmwind ins russische Leben eingebrochen, mit brachialer Gewalt, er habe eine radikale Revolution eingeleitet. So etwas hatte es zuvor nie gegeben. Ja, man nannte ihn unchristlich, flüsterte, er sei ein falscher Zar, schmähte ihn hysterisch als Antichrist, aber bis zur völligen Ablehnung ging es nie. Warum verhielt sich das Volk so friedlich? Vielleicht wegen unserer berühmten Geduld. Unserer Pferdegeduld. Peter agierte wie ein Hammer, und das Volk war der Amboß. Gefühllos. Stumpf. Nach dem Motto: Das überstehen wir schon.

Der Professor hob erneut den Finger, wie eine ausgefahrene Antenne, als wolle er ein Signal einfangen, und als er es hatte, wandte er sich zufrieden an Molotschkow. Was die Situation und die Reaktion der Bevölkerung anging, so bestritte sie der Professor nicht, wer wollte Molotschkow da widersprechen, er, Tscheljukin, habe große Hochachtung vor dem Wissen Molotschkows, der sich in Peters Angelegenheiten besser auskenne als in seinen eigenen. »Verzeihen Sie«, sagte er, »das ist alles richtig, bis auf Ihre Schlußfolgerung.« Er erklärte den mangelnden Widerstand, der Peters Reformen entgegengesetzt wurde, mit interessanten Argumenten. Ein Freund von ihm, Evolutionsbiologe, war bei der Arbeit an einem Lehrbuch bei dem Historiker Kostomarow auf Zeugnisse über die Pestepidemie unter dem Zaren Alexej Michailowitsch gestoßen. Die Pest verwüstete im 16. Jahrhundert in Mitteleuropa ein Land nach dem anderen; noch heute stehen in Tschechien und Deutschland auf Marktplätzen Pestdenkmäler. Kein Wunder, daß die Pest 1654 auch in Rußland ganze Gouvernements ausrottete. Es starben mehr Menschen, als am Leben blieben. Der Historiker führt Zahlen an:

In Kaluga – 1836 Tote, 777 Überlebende,
in Pereslawl-Salesskoje – 3624 Tote, 28 Überlebende,
beim Bojaren Morosow – 343 Tote, 19 Überlebende,
beim Fürsten Trubezkoi – 270 Tote, 8 Überlebende und so weiter.

Kostomarow führt die Zahlen an, um die verheerenden Auswirkungen der Pest in diesen Jahren zu belegen. Die Gedanken des Biologen gingen in eine andere Richtung, er urteilte als Genetiker: Ein solches Massensterben mußte starke Auswirkungen auf den Genofonds haben. Ähnliches hatten die beiden Weltkriege, die Revolution von 1917 und die stalinschen Repressalien ausgelöst. Der Professor schilderte uns in verständlicher Form, wie diese Verluste den Genofonds des Volkes deformiert hatten. Das Land verlor durch die Kriege Millionen junger, aktiver Menschen; es überlebten nicht unbedingt die Besten. Unter diesem Aspekt betrachtete der

Biologe die petrinische Epoche. Peter hatte vom Vater ein durch die Pest verwüstetes Land übernommen. Inzwischen waren vierzig Jahre vergangen, die Verluste regeneriert, es waren andere Menschen herangewachsen, es gab eine beinah schlagartige Erneuerung der gesamten Bevölkerung. Die Generationenkette war unterbrochen, die patriarchale Ordnung geschwächt; die Reformen erreichten eine neue Generation. Familien- und Stammesbande hielten kaum noch, das war in gewissem Sinne Peters Glück: Die neuen Menschen, aufgewachsen ohne Großeltern, ohne feste Traditionen, waren wenig beschwert mit Erinnerungen an die Vergangenheit, sie zogen leichter von Ort zu Ort, waren eher geneigt, ihre Heimat zu verlassen, wo sie keine Wurzeln mehr besaßen; sie gingen bereitwillig zu den Soldaten, auf Werften und Baustellen.

Das konnten wir uns gut vorstellen: Ausgestorbene Dörfer, Flüchtlinge auf den Landstraßen, Pilger, Bettler. Die Pest, Krieg, Reformen, ein politischer Kurswechsel, Hunger – und jedesmal reichten die Folgen bis in die Erbanlagen.

Für Peter waren diese Umstände wie eine günstige Fügung. Übrigens gab es in seinem Leben viele glückliche Zufälle: Wundersame Rettung aus Gefahr, die richtigen Ereignisse im richtigen Moment, nützliche Begegnungen.

»Die Pest – wer hätte das gedacht«, murmelte Molotschkow.

Die Genetik brachte einen ganz neuen Aspekt in die Betrachtung der Spezifik dieser Epoche.

Es fiel Molotschkow nicht ganz leicht, eine andere Sicht zu akzeptieren. Ihn tröstete nur, daß sie nicht von einem Historiker stammte, sondern von einem Biologen.

Der Professor war stolz auf seine Rolle.

»Ihre klassische Geschichtsschreibung befaßt sich mit den Machtkämpfen: Wer – wen. Die Geschichte feiert die Sieger, diejenigen, die aufgestiegen sind, die andere überlistet, die Länder erobert haben. Sie gelten als groß, nicht weil sie den Krieg vermieden und ihren Bürgern Ruhe garantiert, sondern weil sie eine neue Provinz annektiert haben.«

Dann redete er noch über den Hochmut der Historiographie, die nie andere Wissenschaften heranziehe, zum Beispiel eben die Biologie, die Psychologie oder die Sprachwissenschaft. Er sprach klug, sanft und überzeugend, aber mit einem Unterton höflicher Überlegenheit.

Anton Ossipowitsch hielt es nicht länger aus.

»Ich glaube nicht an Ihre Genetik; der Mensch läßt sich nicht berechnen. Ich plage mich seit zwanzig Jahren mit diesem Geschöpf ab, so viele sind durch meine Hände gegangen, und eins weiß ich genau: Dem Menschen kann man nicht trauen. Er ahnt selbst nie, was er tun wird, und manchmal entpuppt er sich als ein solches Ungeheuer, daß einem die Haare zu Berge stehen.«

22

Der Zar als Brautwerber

Diese Geschichte erzählte Molotschkow ganz im Stil alter Märchen über Könige, Prinzessinnen und den dummen Iwanuschka – ein glückliches Zaubermärchen. Es begann, wie viele Märchen, verheißungsvoll: Es begab sich eines Tages ...

Es begab sich eines Tages, daß der Zar eine Truppenschau seines geliebten Preobrashenski-Regiments veranstaltete. Er lief die Reihe der dunkelgrünen Waffenröcke ab. Schwarze Hüte, ein rotes Wams unterm Kaftan, weiße Strümpfe – Prachtkerle, einer wie der andere. Besonders schmuck war die Kompanie der Kanoniere, die Lederhüte mit einer Feder trugen. Stolze Hähne! Der Zar weidete sich an ihrem Anblick, kniff die Augen zusammen und lächelte zufrieden.

Das Preobrashenksi-Regiment der Leibgarde stellte die jungen Männer, die der Zar zum Lernen ins Ausland schickte. Die Offiziere des Regiments wurden vom Zaren mit geheimen Sonderaufträgen betraut; die Eifrigsten bekamen einen Posten am Hof.

Er lief die Truppe ab, blieb stehen und musterte über die Köpfe der ersten Reihe hinweg einen blutjungen Korporal. Er sah unscheinbar aus, einer der Menschen, an denen man achtlos vorübergeht, die sich in jeder Gesellschaft im Hintergrund halten und an die sich später niemand mehr erinnert.

Irgend etwas an diesem Korporal zog die Aufmerksamkeit des Zaren auf sich. Der Korporal errötete unterm Blick des Zaren, straffte sich, sah ihm aber ohne Scheu in die Augen, was nicht jeder fertiggebracht hätte. Peter erkundigte sich nach seinem Namen – Alexander Rumjanzew. Der Name sagte ihm wenig, aber er glaubte sich zu erinnern, daß ein Rumjanzew bereits zu seinen Spielsoldaten gehört hatte. Tatsächlich hatte er mit Michail Golizyn, Alexander Menschikow, Pjotr Jagushinski und anderen inzwischen namhaften Würdenträgern gedient. Sie alle waren längst in die engere Umgebung des Zaren aufgerückt, hatten Posten und Auszeichnungen bekommen.

Nach der Truppenschau fragte der Zar die Offiziere nach Rumjanzew. Sie konnten wenig über ihn sagen, das Interesse des Zaren erstaunte sie – der Korporal tat sich in keiner Weise hervor, er diente, wie es sich geziemte.

Bald nahm das Regiment an der Schlacht bei Grodno teil. Peter erkundigte sich beiläufig, wie sich Korporal Rumjanzew verhalten habe, und bekam Lobendes zu hören. Peter beförderte ihn zum Sergeanten. Nach der nächsten Schlacht fragte er erneut nach ihm und erfuhr, daß er sich gut geschlagen habe. »Seht ihr«, sagte Peter, »er ist auch ein verläßlicher Sergeant.« Er beförderte ihn zum Fähnrich. Nach dem Sieg bei Poltawa erkundigte sich Peter wieder nach Rumjanzew. Er hatte gut gekämpft, war nicht verwundet worden. »Also ist er auch ein verläßlicher Unteroffizier«, sagte er, »ich denke, er wird auch in anderen Rängen verläßlich sein.« Er machte ihn zum Oberleutnant und zu seinem Adjutanten.

Verläßlichkeit – diese Eigenschaft hatte Peter an dem jungen Rumjanzew erkannt, geprüft und gewürdigt. Fortan schickte er ihn mit persönlichen Aufträgen nach Kopenhagen, nach Archangelsk, nach Finnland. Und nahm ihn schließlich in sein kleines Gefolge für Auslandsreisen auf.

Keiner seiner Vertrauten verstand, warum ihm unter den Preobrashenskern ausgerechnet Rumjanzew aufgefallen war. Diese geheimnisvolle Fähigkeit des Zaren, Menschen richtig einzuschätzen, hat schon Puschkin hervorgehoben. Er schrieb:

»Alle kennen die Worte Peters des Großen, die er sagte, als ihm der zwölfjährige Schüler Wassili Tredjakowski vorgestellt wurde: ›Ein ewiger Arbeiter!‹ Welcher Scharfblick! Was für eine genaue Einschätzung! In der Tat, was war Tredjakowski, wenn nicht ein ewiger Arbeiter!«

Oder eine Episode, die Puschkin vom Fürsten Golizyn kannte: »Ein Obermaat im Ruhestand war als Kind zusammen mit anderen jungen Adligen, die in den Dienst des Zaren traten, Peter I. vorgestellt worden. Der Zar hob seinen Kopf hoch, blickte ihm ins Gesicht und sagte: ›Nun, der hier ist schlecht, aber schreibt ihn bei der Flotte ein. Zum Obermaat wird er es wohl bringen.‹ Der Alte erzählte den Vorfall gern und fügte stets hinzu: ›Was für ein Prophet – selbst zum Obermaat habe ich es erst im Ruhestand gebracht!‹«

Solche Prognosen verhalfen Peter zu manchem seiner Mitstreiter. Er fand sie wie zufällig und irrte sich dabei nie. In der Navigationsschule in Moskau fiel ihm der junge Drechsler Nartow auf, der später ein großartiger Mechaniker und Ingenieur werden sollte. Ein zufälliges Gespräch mit Jagushinski offenbarte ihm die Potenzen dieses Mannes. Einige seiner »Funde« enttäuschten ihn später, aber es war nie Peter, der sich irrte – sie waren es, die sich unter dem Einfluß von Macht, Geld und höfischen Lastern veränderten.

Rumjanzew hatte im Unterschied zu vielen anderen nicht den Ehrgeiz, dem Zaren aufzufallen; er war frei von Unterwürfigkeit. Peter spürte, daß Rumjanzew ihm aufrichtig diente, und das war ihm wichtig, denn er brauchte verläßliche, uneigennützige Untergebene. Rumjanzew führte jeden Auftrag zuverlässig aus. Ihn schickte Peter als einen der ersten in einer heiklen Mission nach Österreich: Er sollte den flüchtigen Zarewitsch Alexej zurückholen. Rumjanzew brachte alles Nötige in Erfahrung. Die Rückkehr des Zarewitsch war ziemlich schwer zu bewerkstelligen; zu vielen Personen lag daran, daß er in Österreich blieb. Man mußte ihn geschickt von dort weglocken, mit Versprechungen, Bestechung, mittels Spionage, Diplomatie und Täuschungen – darauf verstand sich Rumjanzew nicht, und das gestand er Peter offen. Außerdem erforderten die Verhandlungen eine Person mit Rang und Namen. Für diese Rolle eignete sich am besten Tolstoi, der gewiefteste und listigste seiner Würdenträger. Peter schickte ihn, aber zur Sicherheit und der Zuverlässigkeit halber in Begleitung von Rumjanzew.

Rumjanzew war wenig flexibel, doch dieser Mangel war zugleich sein Vorzug.

Der Zarewitsch wurde zurückgebracht, Rumjanzew zur Belohnung zum Generaladjutanten befördert. Außerdem, und das war noch wichtiger, erhielt er Dörfer und Ländereien, beschlagnahmtes Eigentum der hingerichteten Verschwörer Kikin und Matjuschkin.

Rumjanzew, Sohn eines armen Adligen aus Kostroma, brauchte, je höher er aufstieg, immer mehr Mittel. Sein Gehalt erlaubte ihm nicht, eine Familie zu gründen, das Geld vom Fiskus reichte gerade so für die Wohnung und gelegentliche Ausfahrten. Der Zar jagte Rumjanzew von Auftrag zu Auftrag, ohne sich um dessen materielle Lage zu kümmern. Eines Tages faßte Rumjanzew sich ein Herz und versuchte, mit dem Zaren über seine Armut zu sprechen, doch der bedeutete ihm: Warte ab! Aber er hatte keine Zeit mehr, er war schon vierzig, alle redeten auf ihn ein: Heirate, sonst bleibst du ewig Junggeselle.

Natürlich fehlte es ihm an Schneid und Vermögen, eine aristokratische Braut kam für ihn also kaum in Frage. Doch die Gunst des Zaren machte ihn zu einem akzeptablen Bräutigam. Ihm wurde eine Braut mit einer Mitgift von tausend Seelen vermittelt. Für ihn ein gewaltiges Vermögen. Er freute sich, bestellte sich eine neue Uniform. Die Brauteltern setzten den Zeitpunkt der Brautschau fest, bei der nach gutem altem Brauch auch gleich die Verlobung stattfinden sollte.

Rumjanzew, der Peters Eigenheiten kannte, erklärte den Brauteltern, er müsse die Erlaubnis des Zaren einholen, das sei so üblich. Er ging ins Schloß, wohin er jederzeit freien Zutritt hatte. Der Zar wollte wissen, ob Rumjanzew die Braut schon gesehen habe, wie sie denn sei. Nein, er habe sie noch nicht gesehen, sagte Rumjanzew, aber es heiße, sie sei klug und schön. Peter gab seine Einwilligung für den Ball, von der Verlobung solle Rumjanzew jedoch vorerst absehen. Er versprach, selbst zu kommen und sich die Braut anzusehen; wenn sie Rumjanzews würdig sei, werde er sein Einverständnis geben.

Da sich herumgesprochen hatte, daß der Zar höchstpersönlich erscheinen wolle, kamen viele Gäste zum Ball. Stunde um Stunde verging, der Zar tauchte nicht auf. Ein Diener flüsterte dem Hausherrn zu, er sei kurz dagewesen und wieder abgefahren. Er hatte unbemerkt in der Menge gestanden und sich die Braut angesehen. Er hatte gebeten, seine Ankunft nicht zu melden, die Gesellschaft solle nur weiter tanzen und sich vergnügen.

Und er ist einfach wieder abgefahren? Jawohl. Hat er etwas gesagt, als er ging? Nichts. Er hat nur etwas vor sich hin gemurmelt. Was denn? Na ja, etwa: Nein, daraus wird nichts!

Die Braueltern und auch der Bräutigam waren betrübt, verstanden nicht, was den Zaren störte. Am meisten wunderte sich Rumjanzew. Die Braut gefiel ihm, und auch die Familie war akzeptabel.

Am nächsten Tag rief der Zar Rumjanzew zu sich, erklärte, er habe sich die Braut angesehen, sie passe nicht zu seinem Adjutanten, Rumjanzew habe Besseres verdient, aus der Hochzeit würde nichts.

Der arme Rumjanzew war verzagt. Ablehnen war leicht, aber was nun? Er verhehlte seinen Kummer nicht. Er war gehorsam, aber nicht schüchtern, und er wollte seine Zukunft klären. Peter versprach, eine neue Braut für ihn zu werben. Er zögerte nicht lange: Was du heute kannst besorgen, das verschiebe nicht auf morgen. Am nächsten Abend stieg er in den Schlitten; Rumjanzew stand hinten, auf dem Platz des Adjutanten. Sie hielten vor einem großen Steinhaus, das noch im Bau war. Der Hausherr erwartete sie schon. Rumjanzew erkannte ihn sofort: Graf Matwejew, Senator, Präsident des Justizkollegiums, berühmt in ganz Rußland, ein gebildeter Mann, der Latein und andere Sprachen beherrschte.

Matwejew führte sie in den Salon. Rumjanzew sah sich um – Schränke voller Bücher in Deutsch und Französisch. Dicke Perserteppiche, Vasen, Büsten. Kaffee, eine Karaffe und Gläser wurden gebracht. Silbergeschirr. Rumjanzew wußte nicht, wie er sich verhalten sollte, als Adjutant oder als Bräutigam; doch Bräutigam in einem solchen Haus – das war unvorstellbar.

Der Zar aber kam gleich zur Sache.

»Andrej Artomonowitsch, du hast eine Braut, ich habe einen Bräutigam. Ruf Maria her, damit sie einander ansehen können.«

Der Graf war verblüfft, versuchte sich herauszureden, das käme so überraschend. Der Zar ließ keinen Einwand gelten, er gebot, die Tochter holen zu lassen. Er kannte sie seit langem, von Bällen und anderen Vergnügungen, hatte schon mit ihr getanzt, vielleicht auch mehr als das – so sachkundig, wie er Rumjanzew ihre Anmut und Fröhlichkeit schilderte.

Als sie hereinkam, wurde Rumjanzew ganz verlegen: Sie war zu schön für ihn. Und noch sehr jung. Neunzehn, erklärte ihr Vater.

Sie war in der Blüte ihrer Jugend und wunderhübsch. Ein dicker dunkelblonder Zopf, glänzende Augen; ein Lachen umspielte die vollen Lippen. Rumjanzew kroch verschüchtert in sich zusammen, fühlte sich alt.

»Treib keinen Scherz mit ihm«, warnte der Zar Maria, »er ist Soldat und hat keine Erfahrung mit der List der Damen. Dafür ist er streng, genau der richtige Mann für dich, streng und treu, einen treueren findest du nicht.«

Die Brautwerbung machte Peter offensichtlich Spaß. Er rühmte Rumjanzew derartig, daß dieser vor Peinlichkeit schwitzte. Dann nahm er den Grafen am Arm und führte ihn aus dem Salon, damit die jungen Leute einander kennenlernen konnten. Der Graf deutete an, der Bräutigam sei kein vornehmer Bojar. Er habe zwar den allerbesten Brautwerber, aber die Herkunft sei nun einmal wichtig, früher oder später würde die Abstammung eine Rolle spielen, auch sei ihre Bildung unterschiedlich, seine Tochter beherrsche Fremdsprachen – und überhaupt.

Seine Einwände mißfielen dem Zaren, denn sie trafen auch die Zarin, eine livländische Bäuerin.

»Was heißt hier Herkunft! Wir stammen alle von Adam ab. Es steht in meiner Macht, Rumjanzew vornehm zu machen«, sagte der Zar. »Dein Vater, Gott hab ihn selig, war auch nur der Sohn eines einfachen Schreibers. Hätte mein Vater ihn nicht an den Hof geholt, wer wärst du dann? Antworte! Ich liebe Rumjanzew, das ist seine Empfehlung, und die ist besser als jede Herkunft!«

Der alte Matwejew sträubte sich, verwies auf die Armut des Bräutigams, und der Zar redete geduldig auf ihn ein. Bei einem anderen hätte er nicht lange gefackelt, doch die Matwejews standen ihm nahe, seit den unvergessenen Schrecken des Strelitzenaufstands, als Andrej Artomonowitschs Vater vor Peters Augen von der Roten Treppe auf die Speere der Strelitzen geworfen und zerstückelt worden war.

»Denk an meine Worte, Andrej Artomonowitsch«, sagte Peter, »die beiden werden ein gutes Paar! Sträube dich nicht, in solchen Dingen habe ich eine glückliche Hand.«

Da war nichts zu machen. Matwejew dankte dem Zaren, man brachte eine Ikone und eine Kerze, das Paar erhielt den Segen, die Verlobung wurde per Handschlag besiegelt und Maria zur Braut erklärt. Sie wagte nicht, sich zu widersetzen, war aber betrübt. Peter hieß Braut und Bräutigam, sich nebeneinander zu stellen, bewunderte beide und sagte zu allen:

»Freuen solltet ihr euch, ohne mich hätten sie einander nicht gefunden! Du wirst noch stolz sein auf deinen Schwiegersohn, Andrej Artomonowitsch. So Gott will, wirst du die Nachkommen noch erleben, die deinem Geschlecht der Matwejews ebenso Ruhm und Ehre machen werden wie dem der Rumjanzews.«

Der Graf war natürlich überrumpelt vom Tempo der Ereignisse, ließ sich aber nichts anmerken. Nachdem Brautwerber und Bräutigam abgefahren waren, sagte er zu seiner Tochter: »Der Zar hat sich in Rumjanzew als Adjutant nicht getäuscht, also wird er sich wohl auch in ihm als dem richtigen Mann für dich nicht täuschen.«

Die Hochzeit war bescheiden. Rumjanzew verhehlte seine Armut nicht, erbat keine Unterstützung vom Zaren – er war restlos glücklich über die Braut. Bald darauf fand in Menschikows Palais ein Ball statt. Maria tanzte wie immer begeistert, ihr Mann stand abseits und bewunderte sie. Einer von Peters Burschen überreichte ihm einen Zettel, den Rumjanzew, ohne einen Blick darauf zu werfen, in die Tasche steckte. Als der Tanz zu Ende war, fragte der Bursche, ob er die Nachricht gelesen habe, der Zar warte. Rumjanzew las, lief zu seiner Frau und erzählte ihr, was in der Nachricht stand. Sie fanden den Zaren im Nachbarsaal und fielen ihm zu Füßen, um ihm zu danken – für die Beförderung zum Brigadier, für die geschenkten Dörfer und Ländereien.

Der Zar erinnerte Rumjanzew daran, wie er ihn gemahnt hatte zu warten. Er habe warten können, und nun sei es soweit.

So das belehrende Ende der Geschichte.

Doch ebenso interessant ist, wie sie weiterging. Die Ehe der Rumjanzews wurde in der Tat glücklich. Maria war eine gute Ehefrau, heiter und freundlich. Auch am Hof war sie beliebt, und ihr Haus wurde zu einem der ersten Salons in Petersburg. Alexander Iwanowitsch Rumjanzew genoß wegen seiner Gewissenhaftigkeit und Uneigennützigkeit über den Tod des Imperators hinaus die Gunst des Hofes.

Als Biron erstarkte, kamen überall Deutsche an die Macht und verdrängten nach und nach die letzten Mitstreiter von Peter. Tatistschew fiel in Ungnade, Peters Sekretär Alexej Makarow wurde verhaftet, obwohl man ihm keinerlei Schuld nachweisen konnte. Seine einzige Schuld, so sagten viele, bestand darin, daß er Russe war, und die Fremden wollten alles in ihre Hand nehmen.

Der Oberkämmerer Biron rechnete grausam mit jedem ab, der es wagte, ihm zu widersprechen oder sich zu beschweren. Die Geheimkanzlei unterstützte ihn dabei. Die Höflinge katzbuckelten vor dem Günstling, und er wurde immer hochmütiger, behandelte alle wie Lakaien. Viele Adlige verhielten sich auch entsprechend, schickten ihm Geschenke, ihre Frauen bestickten Pantoffeln und Morgenröcke mit Perlen.

Gleichzeitig wurde das ganze Land brutal geschröpft; die maßlos steigenden Abgaben waren kaum noch zu leisten, sie wurden mit Knüppeln eingetrieben.

Eines Tages wurde Rumjanzew ins Schloß bestellt. Zarin Anna

Iwanowna empfing ihn. Sie erkundigte sich gnädig nach seiner Gesundheit und bot ihm den Posten des Präsidenten des Kammerkollegiums an. Eine Schlüsselposition, der Präsident hatte die Kontrolle über viele Staatseinkünfte: Staatslieferungen, Pachten, den Verkauf von staatlichen Erzeugnissen, Zölle usw. Ein Amt mit großer Macht, bei dem es um die Verwaltung von viel Geld ging. Die Zarin erklärte, sie sei nach langem Überlegen zu dem Schluß gekommen, ein Ehrlicherer als Rumjanzew sei kaum zu finden, und Oberkämmerer Biron unterstütze seine Kandidatur.

Rumjanzew erwiderte, in seinem militärischen und diplomatischen Dienst habe er kaum mit Finanzen zu tun gehabt, davon verstehe er nichts, und das, was er sehe und wisse, ärgere ihn, er werde kaum auskommen können mit denen, die in den anderen Kollegien zusammen mit den Ministern so ungeniert schalteten und walteten. Die Zarin wollte wissen, wen er denn meine.

Rumjanzew, ein Mann aus Peters Schule, wich nicht aus, er nannte ohne Umschweife die deutsche Partei, zählte die Namen von Birons Handlangern auf, obwohl einige von ihnen anwesend waren. Er hatte kaum geendet, als Biron eintrat, parfümiert, mit funkelnden Ringen an den Händen. Er klopfte Rumjanzew freundlich auf die Schulter und sagte, der General könne doch unmöglich eine solche Ehre ablehnen. Es heiße, Peter der Große habe Rumjanzew auserwählt, und genau so habe auch er, Biron, gemeinsam mit der Imperatorin ihn für dieses Amt erkoren, für das es Hunderte Bewerber gebe. Eine solche Ehre könne man unmöglich ablehnen, Undankbarkeit sei das schlimmste Laster. Was die treuen Diener Ihrer Majestät anginge, so verdächtige er sie zu Unrecht, plappere nur üble Gerüchte nach.

»Bei euch Russen sind an allem die Ausländer schuld, Herr General, weil die Russen selbst nicht arbeiten wollen.«

Kühl, ohne ein Lächeln, wartete Biron auf eine Antwort. Das war eine Herausforderung. Gegen Biron war noch niemand angekommen. Rumjanzew würde sich fügen müssen; es wäre dumm, sich auf einen Streit mit ihm einzulassen, noch dazu vor den Augen der Zarin. Aber zurück konnte er auch nicht. Biron war daran gelegen, den Widerspenstigen zu brechen.

Rumjanzew hätte sich gern schweigend aus der Affäre gezogen, denn die Sache war bedenklich und konnte schlimm enden. Er sollte sich verbeugen und gehorchen – das erwartete man von ihm. Das Amt annehmen und dann weitersehen. Er wandte sich an die Zarin, aber seine Worte waren alles andere als unterwürfig. Der Oberprokurator hätte gern, daß er, Rumjanzew, die übermäßigen Steuern eintreibe, niemand aus der deutschen Clique. Er, Alexander Rumjanzew, solle die Gouvernements ruinieren, Menschen an den Bettelstab bringen, und das Geld würden weiterhin die Verschwender bekommen.

Ihre Majestät hörte Rumjanzew an und entließ alle ohne ein weiteres Wort.

Das Gerücht über Rumjanzews Dreistigkeit verbreitete sich wie ein Lauffeuer unter den Beamten der Hauptstadt. Alle freuten sich: Endlich hatte jemand der Zarin die Wahrheit gesagt, noch dazu jemand, der nicht von Biron gekränkt worden war und sich deshalb beschwerte, sondern im Gegenteil. Mutmaßungen wurden angestellt, ob man dem General die Ungehörigkeit durchgehen lassen würde und ob Rumjanzew vielleicht den Günstling besiegen könne.

Ein Tag verging, ein zweiter, am dritten erhielt Rumjanzew aus dem Senat eine Gerichtsvorladung. Die Untersuchung dauerte eine Woche. Im Mai 1731 wurde Rumjanzew wegen staatsfeindlicher Reden zum Tode verurteilt.

Diese Strenge überraschte alle. Biron hatte seine Macht demonstriert.

Im allerletzten Moment begnadigte die Zarin den Verurteilten. Rumjanzew wurde ins Gouvernement Kasan geschickt, seine Orden und sein Geld wurden eingezogen. In der Verbannung stand die Familie Rumjanzew unter strengster Aufsicht, die einzigartig war für die damalige Zeit. Rumjanzew, nun ohne Einkommen, war auf die Mittel seiner Frau angewiesen. Sie verbrauchte ihr Vermögen für den Lebensunterhalt. Über alle Ausgaben wachte ein Hauptmann, der auf Birons Anweisung jeden Kauf, jede Kleinigkeit genehmigen mußte; er las alle Briefe, die die Rumjanzews schrieben und bekamen, und schickte Kopien davon zusammen mit seinen Berichten an Biron. Monat um Monat verging. Niemand durfte die Rumjanzews besuchen. Die kleinliche Strenge war unerträglich. Biron hoffte, Rumjanzew würde die Beherrschung verlieren, den Hauptmann verjagen, ihn angreifen, die Auflagen verletzen, dann könnte man ihn zur Zwangsarbeit schicken. Rumjanzew aber blieb geduldig. Warte ab, schien Peter zu ihm zu sagen, und er wartete, ruhig und gelassen. Worauf, das war nicht seine Sache, er hatte zu warten und zu glauben. So war es immer gewesen, seit Peter vor dem Preobrashenski-Regiment gestanden hatte. Auch Rumjanzews Frau Maria war von dieser Überzeugung durchdrungen. Allein deshalb, weil ihre Ehe, allen Zweifeln der Eltern zum Trotz, glücklich war. Selbst hier in der tiefsten Einöde erlebten sie hin und wieder eine Freude: Einen erfolgreichen Fischfang oder die Fortschritte des kleinen Sohnes Petja in Französisch. Der kleine Rumjanzew wurde von seiner Mutter in Fremdsprachen unterrichtet – als ahnte sie, daß aus ihm einmal der Feldmarschall Rumjanzew-Sadunaiski werden sollte. Seinen Vornamen trug der Sohn natürlich zu Ehren Peters des Großen. Geboren im Januar 1725, lebte er noch einige Tage unter dessen Herrschaft, worauf er später sehr stolz war.

Vier Jahre verbrachten die Rumjanzews unter »besonderer Aufsicht«. In der Hauptstadt setzten sich die Matwejews für sie ein. Feldmarschall Graf Münnich brauchte einen erfahrenen General, einen verläßlichen Mann im Kampf gegen Biron. Ein Beamter mit allerhöchstem Befehl aus Petersburg reiste ins Gouvernement Kasan.

In diesen Zeiten spielte Fortuna mit den Menschen nach Lust und Laune. Man konnte zufällig hoch aufsteigen und ebenso urplötzlich tief fallen. In einem einzigen Augenblick konnten Oben und Unten vertauscht werden. Maria machte ihrem Mann nie Vorwürfe wegen seiner schroffen Haltung gegenüber dem Günstling, und auch er kam nie auf den Gedanken, ein Bittgesuch an Biron zu richten.

Der allerhöchste Befehl also wies ihn an, sich als Gouverneur nach Astrachan zu begeben.

Kaum hatte sich die Familie dort niedergelassen, als eine noch höhere Berufung eintraf: zum Regenten des Gouvernements Kasan. Dann folgten weitere Aufgaben – diplomatische, militärische. Bis zum Tod der Zarin Anna Iwanowna, von dem Rumjanzew auf dem Weg nach Konstantinopel erfuhr. Kurz darauf erreichte ihn auch die Nachricht von der Absetzung Birons, der zum Tode durch Vierteilen verurteilt worden war. Die Offiziere des Feldmarschalls Münnich nahmen ihn mitten in der Nacht gefangen, fesselten ihn und brachten ihn ins Gefängnis. Den Thron bestieg Jelisaweta Petrowna, eine Tochter des Großen Umgestalters Peter. Biron wurde begnadigt und nach Sibirien verbannt, Maria Rumjanzewa ins Schloß berufen und zur Staatsdame ernannt, ihr Mann bekam den neu eingeführten Grafentitel verliehen. Lachend erinnerte sich Maria bei dieser Gelegenheit an Peters Worte: Hab nur Geduld, ich begleiche meine Schuld.

Molotschkow gefiel dieses Paar, er wollte sie in ihrer glücklichen Zeit verlassen, bevor Alter, Krankheit und Trennung sie ereilten. Leider führte ihr einziger Sohn in seiner Jugend ein lockeres, ausschweifendes Leben. Der Vater war maßlos enttäuscht und schämte sich vor der Zarin und vor General Apraxin, bei dem der junge Graf diente. Er erlebte nicht mehr, daß sein Sohn ein großartiger Heerführer wurde, dem man in Petersburg einen Obelisken errichtete. Auch nicht, daß sein Enkel Nikolai Außenminister und später russischer Kanzler wurde und für seine Bibliothek und seine Kunstsammlung das Rumjanzew-Museum gründete.

So gelangte dieses Geschlecht zum Ruhm, ein Geschlecht, dessen Ursprung Peter in den Reihen seiner geliebten Preobrashensker zu entdecken vermochte.

23
Die Opferung

Die politische Anekdote der Sowjetzeit, behauptete der Professor, sei ein besonderes Phänomen, so etwas gebe es nur in Rußland. Historische Anekdoten sind in allen Ländern verbreitet: Es gibt Anekdoten über Churchill, über Napoleon, Anekdoten aus der griechischen Antike. Doch der politische Witz über Staatsmänner, über die Gebrechen der Gesellschaft sei erst in sowjetischer Zeit entstanden. Er half überleben, befreite die Seele.

Präsident Ford fragt Breshnew nach seinem Hobby.

»Ich sammle Witze über mich«, antwortet Breshnew.

»Und, haben Sie schon viele?«

»Schon fast zwei Lager voll.«

Lachen war also eine ernste Angelegenheit. Molotschkows Anekdoten über Peter dagegen waren harmlos, sie gereichten alle dem Herrscherhaus zum Ruhm. Das mißfiel dem Professor, der nicht glaubte, daß über Peter nie gelästert wurde. Der Russe ist ein Spötter, er muß unbedingt an jeder Vergoldung kratzen, den Vornehmen verlachen. Molotschkow gab ihm recht. Im übrigen würden manche Anekdoten im Wandel der Zeiten auch unterschiedlich aufgenommen, mitunter schlage Bewunderung um in Verurteilung. Molotschkow erzählte die Geschichte von den drei Königen. Sie beginnt wie ein Märchen: Eines Tages begab es sich, daß sich in einem Schloß drei Könige trafen. Sie kamen aus Polen, aus Dänemark und aus Rußland. Sie schmausten, tranken und brüsteten sich mit ihren Soldaten. Ein solches Gelage hat tatsächlich stattgefunden, mit König August, König Friedrich und Zar Peter.

Sie zechen und zechen und streiten darüber, wessen Soldaten ihrem Herrscher am meisten ergeben seien. Um die Probe aufs Exempel zu machen, nehmen sie Peters Vorschlag an: Jeder solle seinen besten Soldaten rufen lassen und ihm befehlen, aus dem Fenster des Turms zu springen, in dem sie tafeln. Per Handschlag besiegeln sie die Wette. Der dänische König ruft seinen Grenadier, führt ihn zum Fenster und befiehlt ihm, auf den gepflasterten Hof zu springen. Der Grenadier weicht zurück, fällt auf die Knie und fragt, was er sich hat zuschulden kommen lassen. Der König beharrt auf seinem Befehl. Doch Peter und August der Starke mischen sich ein – er solle ihn laufenlassen, mit diesem Dänen sei alles klar.

August ruft seinen Soldaten. Der Pole blickt hinunter und weigert sich zu springen. Man solle ihn erschießen, bitte sehr, aber selbst springen werde er nicht.

Der Russe wird hereingeführt. Peter befiehlt ihm, sich hinunterzustürzen. Der Soldat fragt nicht, warum und wozu, er steigt aufs Fensterbrett und bekreuzigt sich. »Zurück!« kann der Zar gerade noch rufen. Der Soldat legt die Hand an die Mütze und geht. Peter ist zufrieden und prahlt vor seinen Kollegen. Solche totale Ergebenheit hatten sie nicht erwartet.

Diese Anekdote sollte die petrinischen Soldaten rühmen. Niemandem kam in den Sinn, daß der Pole und der Däne menschlicher wirkten, sich viel normaler verhielten, als sie sich der Laune ihres Königs widersetzten.

Der russische Zar hingegen erscheint als Despot, er hat die Psychologie eines Feudalherren.

Der Professor hob wie in der Schule die Hand.

»Psychologie! Das ist keine Rechtfertigung. Bei Ihnen ist er ein Opfer seiner Zeit, der Ärmste, ein Gefangener der Sitten. Er kann sozusagen nichts dafür. Lieber Vitali Vikentjewitsch, so geht das nicht! Die Regeln der Ethik existieren seit Urzeiten. Seit seiner Kindheit kannte Peter die Bergpredigt und deren wichtigstes Gebot: Du sollst nicht töten! Und trotzdem hat er getötet. Sogar seinen eigenen Sohn. Was ist das Ihrer Meinung nach?«

Molotschkow sank schuldbewußt in sich zusammen, wie von einer Last niedergedrückt.

»Das rechtfertige ich ja gar nicht«, murmelte er beinah schluchzend. »Natürlich nicht.«
Aber plötzlich sprang er auf und lief gereizt hin und her.
»Immer das Gleiche. Niemand will wissen, wie es war. Aber versetzen Sie sich mal in seine Lage, und dann urteilen Sie. Warum gehen die Meinungen der Historiker auseinander? Nein, meine lieben Herren, das ist alles nicht so einfach. Die einen stellen den Zarewitsch als Märtyrer für Rußland dar, der unter Peters Reformen litt. Alexej, behaupten sie, sei für eine kontinuierliche Entwicklung gewesen, er habe, sobald er an die Macht gekommen wäre, eine Rückkehr zu den alten Traditionen gewollt, zu den früheren Sitten – zurück zu den Bärten. Andere meinen gar, er habe Peter gehaßt, der mißratene Sohn habe Petersburg, Peterhof und alles, was der Vater errichtet hatte, zerstören, seine Mitstreiter davonjagen und alle seine Pläne zunichte machen wollen. Wieder andere sagen, Alexej sei nicht als Person gefährlich gewesen, sondern als Symbol, als Banner der Fanatiker eines anderen Weges für Rußland. Die Geschichte mit Alexej wird oft als Peters größte Tragödie dargestellt. Und zugleich als große Tat: Was kann es Höheres geben, als seinen eigenen Sohn dem Vaterland zu opfern! Peter wird vorgeworfen, daß er den Sohn nicht mochte, aber auch der Sohn mochte den Vater nicht, er wünschte ihm den Tod. Für Peter war weniger Alexej selbst gefährlich als dessen Berater, die die Ansichten des Zarewitsch geprägt hatten; dieses Umfeld war eine ernsthafte Bedrohung für Peter. Alexej war der Schild, hinter dem sich Kikin, Lopuchin, Ignatjew und Afanassjew versteckten, die unversöhnliche Opposition, die vor allem eines anstrebte: sich wieder auf die faule Haut zu legen, zurückzukehren zum trägen, dösenden Bojarenleben.«

»Oh, diese Bärtigen!« hatte Peter gerufen. »Die Wurzel vieler Übel sind die alten Mönche und die Popen! Mein Vater hatte mit nur einem Bärtigen zu tun, ich dagegen mit Tausenden!« Es würde erneut Verschwörungen geben. Man mußte das Übel bei der Wurzel packen, nur so war den ständigen Umsturzversuchen beizukommen. Wenn er das nicht tat, würde nach seinem Tod das Chaos ausbrechen. Als erstes würde man versuchen, die Rechte des kleinen Zarewitsch Peter Petrowitsch zu beschneiden, ihn selbst zu beseitigen.

Er mußte für die Sicherheit des Kleinen sorgen – aber wie? Und Alexej unschädlich machen – aber wie? Jede Lösung war eine Tragödie.

Es heißt, Peter habe Alexej nicht geliebt, weil er das Kind einer ungeliebten Frau war. Das stimmt, ist aber nicht die ganze Wahrheit. An der mangelnden Liebe des Vaters war Alexej auch selbst schuld. Viele Jahre bemühte sich Peter, ihn in die Regierungsgeschäfte einzubeziehen – er betraute ihn mit verschiedenen Aufgaben, stieß aber stets auf Desinteresse. Alexej drückte sich, wo er konnte, faulenzte. Peter wird vorgeworfen, er habe sich zu wenig um seinen Sohn gekümmert. Er selbst hatte mit drei Jahren seinen Vater verloren, war ohne väterliche Fürsorge und vernünftige Lehrer aufgewachsen und hatte sich alles allein erarbeitet. Das erwartete er auch von seinem Sohn. Unversehens war der Sohn herangewachsen, ein Riese wie der Vater, aber ohne jede besondere Gabe. Die Kinder der Adligen schurigelte Peter, wenn sie faul und nachlässig waren, sein eigener Sohn aber war ein schlechtes Vorbild, arbeitete nicht, war dumm und willenlos.

Der Vater empfand es als bitter, daß sein Sohn ein Versager war, zu nichts taugte, daß man ihm den Staat nicht überlassen konnte. Und vor allem, daß er ihm fremd war. Die Sorgen des Vaters, seine militärischen Angelegenheiten interessierten ihn nicht. Er hörte nur mit halbem Ohr zu, antwortete träge, blickte zur Seite, seine Augen waren trüb. Angeblich stand er den Geistlichen nahe, aber auch über die Theologie konnte er sich nicht ernsthaft äußern, auch darin kannte er sich nicht aus.

Alexejs Flucht nach Österreich erzürnte Peter und führte zum endgültigen Bruch zwischen Vater und Sohn. Er schrieb ihm nach Neapel: »Du hast meinen Willen mißachtet. Hast bei Gott geschworen und mich betrogen, du bist gegangen, hast dich abgesetzt wie ein Verräter, dich unter fremden Schutz gestellt.«

Ein Verräter – das Gefühl trog Peter nicht. Später sollte er erfahren, daß Alexej zu Karl XII. nach Schweden fliehen wollte.

Pjotr Tolstoi überredete Alexej bekanntlich zur Rückkehr nach Rußland, versprach, der Vater werde ihm vergeben. Der Zarewitsch wurde verhört. Er antwortete ausweichend. Peter ordnete eine Untersuchung und einen anschließenden Prozeß an.

Doch unabhängig vom Gericht mußte Peter auch selbst eine Antwort finden. Die Vertrauten des Zarewitsch taten offen kund, die Aussicht, daß Alexej ins Kloster gesperrt werde, schrecke sie nicht: »Die Mönchskappe ist ja nicht angenagelt.«

Wie konnte er den Sohn unschädlich machen? Wie dafür sorgen, daß er keine Ansprüche stellte, nicht auf die Krone spekulierte, daß sich keine Verschwörer um ihn scharten? Was immer er mit Alexej machte, welche Schwüre er ihm auch abverlangte – er war und blieb der Thronerbe, und genau darauf setzten die Verschwörer. Was konnte der Zar ausrichten? Nichts. »Die Mönchskappe ist ja nicht angenagelt«, hatte Kikin gesagt, und er wußte, wovon er sprach. Kikin konnte man hinrichten lassen, aber damit war das Problem nicht gelöst. Was sollte Peter tun?

Soviel Peter auch darüber nachdachte – es schien nur eine Lösung zu geben, und die war grausam.

Wäre der Thron Alexej tatsächlich gleichgültig gewesen, hätte er längst ins Kloster gehen können, aber das hatte er nicht getan. Er hätte sich in Österreich als Privatmann deklarieren, auf den Thron verzichten können. Auch das hatte er nicht getan.

Es war klar, daß Alexej sich nicht zurückziehen würde, wie er es versprach. Mehrfach hatte er seine Versprechen, sogar Schwüre bereits gebrochen. Er war schwach, würde sich überreden lassen. Als sich in Wien die Nachricht von Peters Krankheit verbreitete, hatten alle dem Zarewitsch ihre Treue versichert und ihm damit neue Hoffnungen gemacht.

Peter war Alexejs Vater, aber er war auch der Vater des vierjährigen Peter Petrowitsch. Welches Schicksal erwartete den Jungen? Katharina verhehlte ihre Sorge nicht. Seit seiner Geburt galt selbstverständlich er als Thronfolger, und beide Eltern waren glücklich. Nun, nach der Aufdeckung der Verschwörung, war das Leben des Kleinen bedroht. Katharina meinte, »sie« würden vor nichts zurückschrecken. Behutsam drängte sie Peter zu einer Entscheidung, und Menschikow erinnerte ihn an die Vergangenheit: Sophia und Peter, Halbbruder und Halbschwester; Sophia wollte Peter vernichten, hatte die Strelitzenverschwörung angezettelt – die Geschichte könnte sich womöglich wiederholen. Die furchtbaren Bilder aus seiner Kindheit standen ihm wieder vor Augen. Noch immer schreckte Peter nachts aus Alpträumen auf, in denen er Iwan Naryschkins durchdringende Schreie hörte.

Das Leben des kleinen Peter hänge von Alexejs Schicksal ab, behauptete Katharina. Sie sah die Zukunft bereits ohne ihren Mann; sein Los war besiegelt.

Peter gestattete sich nicht, an den Tod zu denken, bemerkte aber, daß die Menschen um ihn herum seine Schwäche spürten, sich seiner Sterblichkeit bewußt wurden. Alexej, der die Krankheiten seines Vaters genau beobachtete, wollte deshalb in Wien abwarten.

Der biblische Abraham hatte es leichter: Gott war der Herr seines Lebens, Gott entschied für Abraham.

Molotschkow rief uns die biblische Legende in Erinnerung.

Gott verlangte von Abraham: »Nimm deinen einzigen Sohn, den du liebhast, Isaak, und bringe ihn als Brandopfer dar.« Gott wollte Abraham prüfen. Aber das wußte Abraham nicht, er kannte nur Gottes Weisung. Ob Gott im Recht war oder nicht, war für Abraham keine Frage. Gott wollte es, das genügte. Sein Glaube war absolut, unkritisch, wie jeder echte Glaube. Hätte Gott die Motive seiner Forderung erklärt, hätte Abraham zweifeln oder streiten können. Aber Gott erklärte nichts. Und Abraham nahm seinen Sohn und führte ihn zur Opferstätte. Der Sohn fragte: »Hier sind Feuer und Holz, aber wo ist das Lamm zu einem Brandopfer?« Der Vater antwortete: »Gott wird sich ein Opferlamm aussehen, mein Sohn.« Isaak begriff und bat, ihn zu binden. Im letzten Augenblick, als Isaak schon auf dem Operaltar lag und Abraham die Hand mit dem Messer hob, um ihn zu töten, gebot ein Engel ihm Einhalt. Abrahams Glaube schloß das Bewußtsein für die Sündhaftigkeit seiner Tat aus. Gott konnte nichts Böses, Gottloses verlangen.

Abraham liebte Isaak, Peter mochte Alexej nicht; Abraham hatte von Gott den Befehl bekommen, Peter wurde von niemandem angewiesen – mußte er selbst das Messer nehmen und es über Alexej erheben? Kein Engel erschien, ihm in den Arm zu fallen.

Worin lag Peters Rechtfertigung?

Mit den Jahren ergriff die Vaterlandsidee immer mächtiger von ihm Besitz. Dafür gönnte er sich keine Schonung, dafür trennte er sich sogar von Alexander Menschikow, seinem geliebten Freund aus der Kindheit. Die Vaterlandsidee verlieh ihm Kräfte und machte ihn zugleich zu ihrem Sklaven, annullierte moralische Verbote.

Die Vaterlandsidee ist etwas anderes als der Glaube an Gott. Peter zögerte, sich über die Tradition, über menschliches Empfinden, über die gesellschaftliche Meinung und religiöse Gefühle hinwegzusetzen. Er suchte nach einer juristischen Konstruktion.

In einem Erlaß schrieb er, er könne zwar selbst eine Strafe festsetzen, wolle aber ein Gerichtsurteil einholen. Er ließ Richter aller Ständen zusammenrufen, insgesamt hundertsiebenundzwanzig Personen. Das riesige Gericht berief keine reguläre Verhandlung ein, Alexej wurde nicht angehört. Man befand, die Meinung des Zaren sei bekannt, die Prozedur wurde nur formal durchgeführt, die Todesstrafe einstimmig beschlossen.

Molotschkow war sicher, daß Peter wirklich die ehrliche Meinung der Richter wissen wollte. Er hatte vorher eindringlich gemahnt:

»Laßt Gerechtigkeit walten und verderbt nicht Eure Seele und meine Seele, auf daß die Gewissen rein seien am Tag des Jüngsten Gerichts und unser Vaterland vom Unglück verschont bleibe.«

Es wird behauptet, das habe Peter nur der Form halber gesagt; um vor Europa besser dazustehen, habe er das Ereignis sorgfältig in eine juristische Form gekleidet. Außerdem sei ihm wichtig gewesen, wie spätere Historiker ihn darstellen würden.

Molotschkow meinte, den Richtern hätte keine Strafe gedroht, Peter hätte nach seinem öffentlichen Appell niemanden verfolgen lassen, der für den Zarewitsch eingetreten wäre. Er war sogar überzeugt, daß Peter auf ein solches Wort gewartet hatte. Ein beherztes Wort, und der Teil von Peters Seele, der sich noch sträubte, hätte vielleicht die Oberhand gewonnen. Warum sah niemand etwas Gottloses an dem Fall? Kein einziger Zweifel wurde geäußert, überall traf Peter auf unterwürfigen Gehorsam. Aus Mißtrauen, weil man nicht wissen konnte, ob er nach dem Prozeß noch zu seinem Wort stehen würde?

Die Richter forderten einhellig: »Kreuzigen!«. Die Menge ruft nie: »Verschone ihn!«

Alle glaubten, auf der Seite des Zaren zu sein, aber letzlich haben sie den Zaren bei seiner schwersten Entscheidung im Stich gelassen. Die Einmütigkeit der Menge ist wenig wert. Peter wußte das, und er wandte sich an die Priester. Die reagierten ausweichend, verwiesen auf die Bibel. Sie zitierten Stellen, die strengste Bestrafung ungehorsamer Kinder bis hin zur Tötung rechtfertigten: »Du sollst Vater und Mutter ehren, wer aber Vater und Mutter flucht, der soll des Todes sterben.« Und andere, die für eine Begnadigung sprachen, wie das Gleichnis vom verlorenen Sohn.

Doch was sollte Peter dem Gleichnis vom verlorenen Sohn entnehmen, der sich ja nicht gegen das Leben des Vater vergangen hatte und von allein in dessen Haus zurückgekehrt war? Indessen erpreßte die Untersuchung durch Folter immer neue Belege für die verbrecherischen Pläne des Zarewitsch. Kein Rechtsgelehrter wagte, Peter an sein Versprechen zu erinnern, den Sohn nicht zu bestrafen, wenn er nach Rußland zurückkehre. Niemand trat für den Zarewitsch ein, niemand scherte sich um Peter, um seinen Ruf; jeder dachte nur an seinen eigenen Vorteil. Die Vaterlandsidee war für die meisten zu neu und zu abstrakt. Nur Peter sah Rußland als Ganzes, für alle anderen zerfiel es in einzelne Güter, Dörfer und Ländereien. Lediglich im Krieg war die Heimat ein Land, das es gegen Fremde zu verteidigen galt; der Krieg konnte neue Ländereien einbringen, einen Zugang zum Meer – das war greifbar, verständlich.

Peter bekämpfte nicht den dummen, willenlosen Alexej. Hinter ihm sah Peter Tausende »Bärtige« stehen.

Dann kam die Stunde, da das endgültige Urteil mit allen Unterschriften Peter vorgelegt wurde. Er mußte es nur noch bestätigen. Die Tragödie näherte sich ihrem Ende.

Ein Beispiel aus der römischen Geschichte fiel ihm ein. Als Kaiser Tarquinius Superbus die Römer durch Ehrgeiz, Kriege und Repressalien zermürbt hatte, verjagten sie ihn, riefen die Republik aus, und die gewählten Senatoren schworen, unter keinen Umständen wieder zur Kaiserherrschaft zurückzukehren. Natürlich fanden sich dennoch Anhänger der Monarchie, darunter beide Söhne des Konsuls Junius Brutus. Sie beteiligten sich an der Verschwörung des gestürzten Kaisers. Als sie aufgedeckt war, mußte Brutus seine eigenen Söhne verurteilen.

Auf dem Platz vor dem Forum versammelte sich das Volk, alle warteten auf Brutus' Rede, gespannt, ob sein väterliches Gefühl ihn veranlassen würde, die Rechtsprechung zu verletzen. Die jungen Männer wurden an Pfähle gebunden. Die Liktoren standen bereit und warteten auf das Kommando. Junius Brutus verabschiedete sich von seinen Söhnen und hieß die Liktoren das Urteil vollstrecken. In seinem Beisein wurden die Söhne entkleidet, ausgepeitscht und anschließend enthauptet. Die römischen Historiker werteten sein Handeln als große Tat, als höchstes Opfer, das ein Bürger dem Staat bringen konnte. Junius Brutus wurde zum Vorbild, an dem jungen Menschen römischer Geist demonstriert wurde: Keine Rücksicht auf die eigene Person, wenn es um die Interessen der Republik geht.

Peter mühte sich redlich, die schwerfällige russische Maschinerie von der Stelle zu bewegen; Knochen knackten, Köpfe rollten, und nun, da aus Blut und Flüchen endlich ein neues Land erstand, da es aus dem Hinterhof Europas heraustrat und der Seewind seine Segel blähte, da stellte sich ihm sein hohler, nichtswürdiger Sohn in den Weg und drohte alles Erreichte zu zerstören. Ihm die Macht zu überlassen hätte bedeutet, die Opfer zu entwerten, Tausende gefallener Soldaten. Nein, nicht seinen Sohn vernichtete er, sondern den Gegner seiner Sache, um derentwillen er sich keine Schonung gegönnt hatte. Ein Vater konnte verzeihen, aber er war der Regent und durfte die, die ihm folgten, nicht verraten.

Molotschkow preßte seinen Kopf mit den Händen, seine Stimme klang belegt.

»Ach, ihr wißt nicht, was für eine gewaltige Macht das ist, wenn eine Idee von der Seele Besitz ergreift. Ich habe das erfahren. Man hat versucht, mich zu stoppen. Aber nein, ich war wie besessen. Mein Manuskript wurde konfisziert, ich selbst überall rausgeworfen. Mein Gott, ich war wie von Sinnen, ich wäre imstande gewesen jemanden zu verletzen, zu töten. Seltsam, damals verstand ich Peter besser als heute. Die Treue zu seiner Idee zwang ihn zu töten. Denkt ihr, er wußte nicht, wie die Nachfahren ihn verurteilen würden? Natürlich. Was tun, sagt Goethe, die Welt ist nicht aus Brei gemacht, es sind auch Knochen drin und Wurzeln, die muß man auch kauen und verdauen.«

»Ja, ja, das ist wahr«, stimmte Drjomow ihm zu. »Schlimm, wozu Menschen werden, wenn sie von einer Idee besessen sind. Am besten hat das Dostojewski beschrieben. Sein Rodion Raskolnikow, das ist ein Mann, der an einer Idee leidet. Und das ist Dostojewskis Entdeckung: Weder Liebe noch Gericht oder Zwangsarbeit können Raskolnikow von seiner Idee heilen, vergebens liest Sonja ihm das Evangelium vor. Er bleibt ein Gefangener seiner Idee. Er scheitert, weil er schwach ist; das ist es, was ihn quält, nicht, daß er zwei Menschen getötet hat. Der Autor ist machtlos, er kann ihn nicht zur Reue veranlassen, mit keinem Mittel.«

Auf dieser Ruelosigkeit basierte das Konzept einer Aufführung nach »Schuld und Sühne«, die Drjomow mit seinem Freund zusammen inszeniert hatte. Sie stieß auf Ablehnung, wurde als Verfälschung der Klassik bezeichnet. Außerdem fand man darin gefährliche Assoziationen, die den Gedanken nahelegten, die Regisseure begriffen Raskolnikow als Vorboten eines Führers wie Lenin oder Stalin. Drjomow verließ das Theater, doch den Traum von einer Inszenierung des Romans, die sich von allen bisherigen unterschied, mochte er noch immer nicht aufgeben.

»Ja, das ist wohl so, aber trotzdem, das sage ich euch, seine Hand, die er zur Unterschrift erhoben hatte, hielt im letzten Moment inne!« sagte Molotschkow.

Im Archiv in Moskau hatte Molotschkow das Urteil in der Hand gehalten; die Tinte war altersbraun, doch das Papier noch immer fest und steif. Molotschkow erzählte begeistert, dieses Dokument habe die Gefühle bewahrt, die damals in Peter tobten: Er konnte sich nicht entschließen, zögerte seine Unterschrift hinaus.

Wußte er, daß Alexej, von der Folter gequält, in den Kasematten der Peter-und-Pauls-Festung bereits im Sterben lag?

Es gibt verschiedene Hypothesen über den Tod des Zarewitsch: Man habe ihn erdrosselt, ihn zu Tode geprügelt oder Peters eigenhändige Peitschenhiebe hätten ihn getötet. Puschkin vertrat die Hypothese, Alexej sei vergiftet worden.

Höchstwahrscheinlich ist er an den Folgen von Folter und Schlägen gestorben. Das meinte Molotschkow. Es gab zwar keinen Befehl für die Hinrichtung, das Urteil wurde nicht sanktioniert, dennoch wird die Schuld am Tod des Sohnes Peter zugewiesen, und das wohl zu Recht.

Das Drama, das Peter durchlebte, sei für ihn ausweglos gewesen, meinte Molotschkow. »Niemand konnte ihm helfen, den Knoten seiner Widersprüche lösen.«

»Väter! Auspeitschen sollen hätte man den Zarewitsch«, schlug Geraskin vor. »Die Hosen runter und öffentlich auspeitschen! Dann hätte ihn keiner mehr als Zaren akzeptiert. Und dann hätte man ihn mit einem Weib verheiraten müssen, bei dem er nichts zu melden gehabt hätte.«

Wir hatten noch andere Ideen: Ihn zum Senator machen, damit seine Dummheit für jedermann offenbar würde, ihn kastrieren, zum unehelichen Sohn erklären. Wir gaben Molotschkow Ratschläge, als könnte er sie dem Zaren weitergeben, aber eigentlich wollten wir damit nur ihn beruhigen. Wir erörterten, was für eine Macht das war, was für eine Idee, die einen Vater dazu brachte, seinen Sohn zu töten. Drjomow meinte, das russische Imperium habe sich mit dem Blut eines Zarewitsch Alexej behauptet und mit dem Blut eines anderen Zarewitsch Alexej geendet.

»Man muß sich konsequenterweise mal Alexej Petrowitsch auf dem russischen Thron vorstellen«, sagte Drjomow. »Mit seiner Rachsucht gegen die Anhänger des Vaters, seinem Haß auf dessen Reformen. Dann hätte man Peter vorgeworfen, er habe seine eigene Sache verdorben. So wie die alten Römer Mark Aurel verurteilten, weil er seinem Sohn Commoda die Herrschaft überließ, einem lasterhaften Nichtsnutz.

Mark Aurel war ein großer Philosoph und ein großer römischer Imperator – eine historisch einzigartige Kombination. Doch als sein blutrünstiger und intriganter Sohn, ein Anhänger des Gesetzes der Stärke, den Thron besteigen sollte, verhinderte er das nicht, sondern erklärte ihn öffentlich zum rechtmäßigen Thronfolger. Unzählige Morde und Gemeinheiten begleiteten seine Herrschaft. Schließlich wurde er von seiner Schwester getötet; sie tat es für den Vater. Dabei verfluchte sie ihn, den großen Imperator, der sein Gewissen reingehalten und die Ordnung bewahrt hatte. Die Geschichte rühmt Mark Aurel als wohltätigen, weisen Herrscher. Der Ruf Peters des Großen dagegen ist befleckt. Solche Farcen führt die Geschichte auf.«

»Farcen«, wiederholte Molotschkow und lauschte dem Wort erstaunt nach. »In der Tat. Zwei Monate später, im Herbst, bemerkte Peter, daß sein kleiner Sohn krank war. Katharina hatte das lange vor ihm verborgen, der Kleine war zum Thronfolger erklärt worden, aber er konnte noch immer nicht laufen.« Molotschkow holte Luft. »Im Jahr darauf starb er.«

Molotschkow senkte den Kopf, als wäre er daran schuld.

Der Professor sprach als erster wieder. Darüber, was es bedeute, einen Menschen hinzurichten – man wisse vorher nie, ob sein Tod ein Segen sein würde oder ob es ein Segen wäre, ihm das Leben zu lassen. Der Tod des kleinen Zarewitsch annullierte die Rechtfertigung für die Hinrichtung Alexejs. Das hatte Peter nicht vorhersehen können. Ein Verbrechen hat immer eine Fortsetzung.

Das pedantische Dozieren des Professors zerstörte unser Schweigen. Es gibt Dinge, die man besser nicht erörtert, aber es gibt Menschen, die sich verpflichtet fühlen, absolut alles auszusprechen.

24
Das Rätsel Menschikow

Über Menschikow hatte Molotschkow seine eigene Meinung. Wenn Peter ihm vieles verzieh, hatte er wohl seine Gründe dafür. Die Erklärungen der Historiker befriedigten ihn nicht.

1713 leitete eine Kommission unter Wassili Dolgoruki gegen Menschikow und andere Würdenträger eine Untersuchung wegen Amtsmißbrauchs ein. Es ging um Getreidelieferungen an die neue Hauptstadt. Anstatt wie vorgesehen die Lieferaufträge an diejenigen zu vergeben, die die niedrigsten Preise boten, wurden Vereinbarungen zu Höchstpreisen geschlossen. Die beteiligten Amtspersonen versteckten sich hinter Strohmännern. Menschikow ließ seinen Stellvertreter, den Petersburger Vizegouverneur Rimski-Korsakow, die Verträge abschließen.

Da hohe Beamte wie Apraxin, Golowin und Kikin in die Affäre verwickelt waren, beauftragte der Zar Wassili Dolgoruki, die Untersuchung aufs strengste durchzuführen.

Im übrigen bedurfte die Kommission keiner besonderen Ermunterung; sie ging eifrig an die Arbeit. Menschikow war unbeliebt, sein Hochmut und seine Raffgier waren Dolgoruki seit langem ein Dorn im Auge. In kurzer Zeit war Menschikow reicher geworden als die Dolgorukis, deren Vorfahren bereits unter Iwan dem Schrecklichen Heerführer gewesen waren. Wie hatte er das geschafft?

Die Untersuchung der Getreideaffäre belegte Menschikows Schuld. Der Vorsitzende der Kommission bat um eine Audienz beim Zaren. Der Zar empfing ihn in seiner Drechslerwerkstatt. Wassili Dolgoruki brachte die Materialien der Untersuchung mit. Die Werkstatt wurde abgeschlossen, und Dolgoruki las den Bericht vor.

Keine halbe Stunde später klopfte jemand an die Tür. Der Zar dachte, es wäre Katharina, denn nur sie wußte, wo er war, doch er hatte ihr untersagt, ihn zu stören. Wütend riß er die Tür auf. Davor stand Menschikow. Noch ehe Peter ein Wort sagen konnte, stürmte Menschikow in die Werkstatt, fiel vor Peter auf die Knie und weinte. Die Schurken würden ihn vernichten wollen, sie verleumdeten ihn. Er hatte es also herausgefunden, der Intrigant; sein geheimer Informationsdienst funktionierte.

Wassili Dolgoruki unterbrach empört die Klage des Fürsten, erklärte, er eifere sich zu Unrecht, denn nicht Schurken, sondern eine ernannte Kommission habe sich in aller Gründlichkeit mit der Angelegenheit befaßt und Menschikow eine Verletzung der Staatsinteressen nachgewiesen.

Menschikow hörte gar nicht hin, schluchzte, umklammerte die Stiefel des Zaren, erinnerte ihn an ihre Jugendfreundschaft, daran, wie sie zusammen gespielt und sich mit dem seligen Lefort amüsiert hatten.

Verlegen versuchte Peter, sich aus Menschikows Armen zu befreien, und bat Dolgoruki, die Anhörung auf den nächsten Tag zu verschieben.

Einige Zeit später begab er sich selbst zu Dolgoruki und hörte sich den Bericht der Kommission aufmerksam bis zu Ende an. Als Dolgoruki alles vorgelesen hatte, bat er den Zaren um eine Resolution. Peter lief schweigend im Zimmer auf und ab, dann sagte er einen bedeutenden Satz.

»Dir, Fürst, steht es nicht an, Menschikow und mich zu richten, Gott wird über uns richten!«

Aber Dolgoruki blieb beharrlich; die Kommission mußte einen Beschluß fassen. Er verstand die Bedenken des Zaren und erzählte vom Fall seines Verwandten Lobanow. Sein Verwalter hatte ihn bestohlen, und Lobanow wußte nicht, was er mit ihm machen sollte. Dolgoruki riet ihm, den Gauner auszupeitschen und zum Arbeiten aufs Land zu schicken. Lobanow bekannte, er hänge seit seiner Kindheit an ihm.

»Hat jemand dem Verwalter beim Stehlen geholfen? Der Beschließer vielleicht? Dann laß ihn in Gegenwart des Verwalters auspeitschen, bestrafe ihn an seiner Stelle«, riet Dolgoruki. Und das tat Lobanow.

»Menschikows Helfer war Korsakow, bestrafe ihn vor aller Augen für den gemeinsamen Betrug, Majestät, so erteilst du beiden eine Lektion und beschämst Menschikow.«

Peter sagte: »Willst du mich etwa mit diesem Dummkopf Lobanow vergleichen?«

»Nein«, sagte Dolgoruki, »aber die Sache darf nicht ungestraft bleiben. Und von Menschikow kannst du dich ja doch nicht trennen.«

Dolgoruki hatte den Nagel auf den Kopf getroffen. Der Zar wollte Menschikow nicht davonjagen, weil er an ihm hing. Und auch aus einem anderen Grund: Niemand außer Peter wußte, was Menschikow alles leistete. Der Bau der neuen Hauptstadt, ihre Verwaltung, die Organisation der städtischen Infrastruktur, Peterhof, Strelna – das alles ruhte auf Menschikows Schultern, und er war durch niemanden zu ersetzen, niemand wäre so geschickt, so sicher mit diesem rasch wachsenden Organismus fertiggeworden. Tag und Nacht arbeitete Menschikow im Hafen und auf den Werften, kümmerte sich um die Lieferung von Stein, Ziegeln, Holz und Arbeitskräften, um den Bau der Festung, von Straßen und Kasernen, er unterstützte die Gesandtschaften und die Priester, die Apothekergärten und die Hospitäler. Und wenn Not am Mann war, schickte Peter ihn in die Ukraine, wo er Dragonerregimenter aufstellen mußte, oder nach Kurland; er vertraute ihm das Kriegskollegium an, Marineangelegenheiten oder diplomatische Verhandlungen.

Menschikow ins Gewissen zu reden war sinnlos, seine Habsucht war weder durch Bitten noch durch Drohungen zu zügeln, das wußte Peter.

Ein Monat verging. Der Zar schwieg. Wassili Dolgoruki blieb hartnäckig. Bei jeder Begegnung sah er den Zaren erwartungsvoll an. Keine Reaktion. Das Murren im Senat wurde immer lauter –

warum war dem durchlauchtigsten Fürsten alles erlaubt, wie lange sollte das noch so weitergehen? Zu anderen war der Zar streng, verzieh ihnen nichts, diesen aber schützte er. Warum? Dolgoruki fragte an, was er mit den Untersuchungsmaterialien machen sollte. Es mußte ein Beschluß gefaßt werden.

Als Antwort schickte ihm der Zar eine neue Kommission – Hauptleute der Leibgarde, unparteiische Personen, die das volle Vertrauen des Zaren genossen. Dolgoruki war zwar beleidigt, legte ihnen aber dennoch das gesamte Belastungsmaterial vor. Eine gründliche Prüfung bestätigte den Bericht auf Heller und Pfennig. Dolgoruki ging zum Zaren, meldete, die Kommission werde Menschikow vorladen und ihn Punkt für Punkt verhören, zu jedem Vorwurf. Sie sei entschlossen, den Fall zu Ende zu führen. Der Zar dürfe sie nicht länger behindern. Peter runzelte zwar die Stirn, widersprach aber nicht und sagte, er selbst werde dem Verhör beiwohnen.

Die Sitzung begann. Außer der Korruptionsaffäre im Zusammenhang mit den Getreidelieferungen hatte die Kommission aufgedeckt, daß Menschikow ungeniert Geld aus der Staatskasse genommen und ohne Rechenschaft ausgegeben hatte – über eine Million Rubel! Eine für die damalige Zeit unerhörte Summe, die etwa dem gesamten Etat der Admiralität entsprach. Mit dieser Enthüllung wollte die Kommission sowohl Menschikow als auch den Zaren überraschen. Sie glaubte, das allein würde Menschikows Starrsinn brechen, jeden Rechtfertigungsversuch unterbinden. Aber weit gefehlt. Menschikow hatte bereits ein entsprechendes Papier parat – er wußte also auch diesmal von der vorbereiteten Anklage. Er fiel vor Peter auf die Knie, reichte ihm sein Schuldbekenntnis und hielt eine rührselige Rede über seine Treue zum Zaren, darüber, daß er sein ganzes Leben von Kindheit an nur Peter gedient habe, daß es für ihn nichts anderes gab und geben könne; was die Unterschlagungen angehe, ja, er sei schuldig, aber den größten Teil der Ausgaben könne er belegen, einen Teil werde er zurückgeben, man solle ihm ruhig sein gesamtes Vermögen nehmen, wenn nur der Zar ihn nicht seiner Gunst beraube. Das alles brachte er schluchzend vor, so daß jeder gerührt sein mußte.

Peter las das Papier, runzelte die Stirn und sagte zu Menschikow, es sei schlecht geschrieben, er müsse es korrigieren.

Bei diesen Worten sprang ein junger Gardehauptmann auf und wandte sich an die Kommissionsmitglieder: »Gehen wir, meine Herren, hier haben wir nichts zu suchen.« Er setzte seinen Hut auf und ging zur Tür.

»Wohin willst du?« fragte Peter.

»Nach Hause.«

»Wieso nach Hause?« rief Peter verärgert.

»Was sollen wir denn hier?«

»Verhandeln!«

»Wozu denn, wenn du, Majestät, dem Fürsten sagst, wie er uns am geschicktesten antworten soll.« Verärgert hob der Hauptmann die Stimme. »Dann, Majestät, richte ihn selbst, wie es dir gefällt, wir stören dich doch bloß.«

Peter räusperte sich. Er bat den Hauptmann zurückzukommen und zu sagen, wie er gern weiter verfahren würde.

Immer noch wütend, schlug der Hauptmann vor, das Papier laut zu verlesen, damit alle Menschikows Argumente kannten, und dabei sollte dieser an der Tür stehen, wie jeder Angeklagte; nach dem Verlesen müsse er den Saal verlassen, und die Richter könnten beraten, also nach der üblichen Prozedur verfahren. Man dürfe für den durchlauchtigsten Fürsten keine Ausnahme machen aus der von Seiner Majestät selbst eingeführten Ordnung.

Peter hörte den Hauptmann an und sagte zu Menschikow:

»Danilytsch, hast du gehört, wie es sein soll? Sie sind hier die Herren.«

Menschikows Papier wurde verlesen und er selbst hinausgebeten.

Der junge Hauptmann, dem Wassili Dolgoruki zuerst das Wort erteilte, weil er der Jüngste war, sagte, der höchste vom Monarchen bestimmte Würdenträger müsse Vorbild sein und tadellos dienen, statt dessen habe er andere verführt. Dafür gehöre er bestraft, anderen zur Warnung. Die Strafe solle endgültig sein, nicht durch Klagen und Tränen aufzuheben; man müsse ihm also den Kopf abschlagen und seine zusammengestohlenen Güter der Staatskasse zuführen.

Die nächsten Richter waren weniger hart, die einen forderten Verbannung, andere den Pranger.

Peter wurde immer düsterer. Als alle gesprochen hatten, zählte er Menschikows Verdienste auf, die militärischen, die diplomatischen, die um den Bau der Hauptstadt. Doch er merkte, daß man ihm ohne sonderliches Interesse zuhörte, und wurde wütend. Er begriff, daß niemand sich durch die angeführten Verdienste von seinem Urteil abbringen lassen würde. Dessen unerschütterliche Grundlage war das Gesetz. Aber es gibt nicht nur eine Wahrheit, meine Herren Kommissionsmitglieder. Alle stehlen, nennt mir einen einzigen ehrlichen Gouverneur! Gegen die Bestechlichkeit ist kein Kraut gewachsen, wie viele wurden schon ausgepeitscht, verjagt, hingerichtet, aber nichts hat sich gebessert. Menschikow ist einer der größten Diebe, keine Frage, aber eines unterscheidet ihn von den anderen: Er ist auch einer der Fleißigsten, er arbeitet für zehn. Rauswerfen ist leicht, Hinrichten auch. Aber wer bleibt mir dann noch? Talentlose, unfähige Diebe? Menschikow kann ich mit jeder Angelegenheit betrauen und unbesorgt abreisen, er wird im Nu mit allem fertig.

»Wer wird ihn mir ersetzen?« fragte der Zar angriffslustig und piekte dem unerbittlichen Hauptmann den Zeigefinger auf die Brust. »Er ist klug, ein begnadeter Verwalter, und wenn er sich versündigt, macht er es auch wieder gut – von einem Dummkopf aber kann man nichts verlangen. Urteilt selbst, ob das, was ihr mir ratet, Nutzen bringt.«

Er erinnerte an einen Vorfall, da Menschikow ihm das Leben gerettet und keine Belohnung dafür verlangt hatte. Der Zar erklärte, Undank sei ein schlechter Charakterzug.

Die Kommission griff dieses Argument auf: Da der Angeklagte zu seinem Glück dem Zaren einmal das Leben gerettet habe, verdiene er Nachsicht, die Kommission könne also um seine Begnadigung bitten.

Der Bericht über die mit Strohmännern geschlossenen Lieferaufträge offenbarte, daß im Laufe von fünf Jahren anderthalb tausend Rubel unterschlagen worden waren. Der Zar verfügte, den gesamten Gewinn Menschikows einzuziehen; darüber hinaus habe er eine Strafe von fünfzig Kopeken je Rubel zu zahlen.

Weitere Strafen verhängte er nicht. »Menschikow bleibt im Amt. Ich brauche ihn.«

Peters Ärger blieb, er fühlte sich im Recht, schämte sich aber dennoch. Normalerweise richtete man Bitten für Verbrecher an ihn, und nun bat er für einen Dieb. Er ließ seinen Verdruß sogleich an Menschikow aus, ohne ihm zu erzählen, wie er ihn verteidigt hatte.

Er wußte, daß niemand den Fürsten liebte. Höchstens Katharina. Sie nahm ihn in Schutz, sie hatte ihn über die drohende Gefahr informiert, ihn wohl auch in die Drechslerei geschickt. Sie vergaß nie, wer sie dem Zaren zugeführt hatte. Aber sonst hatte er keine Freunde. Nur Geschäftspartner, die auf ihren eigenen Vorteil bedacht waren. Seine Durchlaucht war einsam.

Nur Peter wußte, daß er Menschikows einziger Freund war. Er verband ihn mit seiner Jugend, mit den Erinnerungen an die gemeinsamen Abenteuer in Moskau, in Holland, in England; an ihre Gelage, Karnevalsfeiern und Ausschweifungen. Wie nah sie sich waren, weiß niemand und wird niemand je erfahren. Menschikow hätte ohne zu zögern für Peter seinen Kopf hingegeben, das hatte er in den dreißig Jahren oft genug bewiesen. Viele Mitstreiter ließen Peter im Stich, waren ihm geistig oder seelisch nicht gewachsen, Menschikow aber blieb unermüdlich an seiner Seite, war ihm manchmal sogar ein Stück voraus. Vielleicht galt wirklich seine ganze Liebe Peter, vielleicht ist das die Rechtfertigung seines Lebens? Um seine Pflicht vor dem Vaterland jedenfalls machte er sich keine Gedanken.

Die Kommission forderte die Rückgabe der veruntreuten Staatsgelder. Eine halbe Million Rubel zu verlieren ging über Menschikows Kräfte, und er begann einen Streit mit der Kanzlei. Er berief sich auf Ausgaben für delikate Zwecke, zum Beispiel ein Geschenk an einen dänischen Minister, eine Bestechungssumme an einen österreichischen Höfling im Zusammenhang mit der Rückkehr des Zarewitschs, Zahlungen an dortige Mitwisser, ein brillantverziertes Peter-Porträt, das dem Herzog Marlborough geschenkt wurde. Solche Dinge konnten nicht überprüft werden. Die Beamten wühlten erbittert in den Papieren, fanden neue Belege und wiesen nach, daß die zurückzuzahlende Summe sogar noch höher war. Ein wahrer Krieg begann. Nach der Affäre um den Zarewitsch wurde Wassili Dolgoruki, der darin verwickelt gewesen war, seines Amtes enthoben, Chef der Ermittlungsbehörde wurde Pjotr Golizyn. Der Bruder des Feldmarschalls fühlte sich als Vertreter der Moskauer Aristokratie, die den hochmütigen Emporkömmling Menschikow nicht ausstehen konnte. Er wies die Unterschlagung von weiteren dreihunderttausend Rubeln nach.

Menschikow lieferte daraufhin überzeugende Belege, aus denen hervorging, daß nicht er der Staatskasse etwas schuldete, sondern umgekehrt sie ihm.

Indessen ergab eine Überprüfung, daß in Menschikows Dörfern neben den fünfzigtausend Bauern, die der Zar ihm bei verschiedenen Gelegenheiten geschenkt hatte, über zweiunddreißigtausend Flüchtige lebten. Peter befahl Menschikow, die Flüchtigen zu ihren früheren Besitzern zurückzuschicken, und zwar auf seine eigenen Kosten. Menschikow dachte jedoch nicht daran, das zu tun. Er baute seinen Besitz stetig weiter aus, raubte den Nachbarn Land und machte die Bauern, ukrainische Kosaken, zu seinen Leibeigenen.

Woronow, der Verwalter seiner Güter im Süden, schlug dem Fürsten vor, seine Eroberungen durch einen gegen ein entsprechendes Entgelt zu dingenden Landvermesser fixieren zu lassen. Er fand einen solchen Landvermesser und stellte ihn dem Fürsten vor. Der erzählte, wie er das Land der Nachbarn, kleiner Landadliger, zugunsten des Fürsten zu begradigen gedachte. Sie würden es nicht wagen, gegen Seine Durchlaucht zu klagen, zudem kämen sie sowieso nie nach Petersburg.

Woronow hatte richtig spekuliert: Die Habgier ließ Menschikow über das Ungesetzliche des Vorhabens hinwegsehen. Der Möglichkeit, sich zu bereichern, konnte er nicht widerstehen. Er nahm natürlich an, auch diesmal ungestraft davonzukommen. Woronow und der Landvermesser machten sich an die Flurbegradigung. Die Nachbarn hielten still, wagten nicht zu klagen, der Landvermesser schaltete und waltete, wie er wollte.

Eines Tages kommt einer der Gedemütigten nach Petersburg und fragt herum, an wen er sich wenden könne. Man verweist ihn an die Dolgorukis, an den eifrigsten Gerechtigkeitsverfechter Jakow Fjodorowitsch. Und richtig, der scheut sich nicht, den Zaren von dem Willkürakt zu unterrichten. Er rät ihm, Menschikows Verwalter, ohne Menschikow vorher zu informieren, zu verhaften, mit den Papieren in die Hauptstadt zu bringen und zu verhören, so daß sein Herr sich nicht mehr herausreden könne.

Doch Menschikows Informationsdienst funktioniert reibungslos. Kaum hat Dolgoruki das Schloß verlassen, schickt Menschikow bereits einen Boten zu Woronow mit der Anweisung, unverzüglich zu verschwinden. Der Bote des Zaren kommt zu spät, Woronow ist unauffindbar. Auch ein zweiter Abgesandter kehrt unverrichteterdinge zurück.

Peter begreift, was da vorgeht. Vertrauen kann er nur den Offizieren seiner Leibgarde. Er betraut Korporal Mikulin mit der Angelegenheit. Um Woronow zu fassen, wird eine gezielte Desinformation in Gang gesetzt: Mikulin werde zunächst einige andere Aufträge des Zaren ausführen und erst im Anschluß daran in Woronows Dorf fahren.

Menschikow schickt Boten, die Mikulin auf halbem Wege abfangen und Woronow warnen sollen, damit der sich rechtzeitig mit allen Papieren verstecken kann.

Nun hängt alles davon ab, wer wen überlistet. Mikulin weiß, mit wem er es zu tun hat. Er nimmt einen anderen Weg, erreicht das Dorf mitten in der Nacht, trifft Woronow schlafend an, packt ihn und die Papiere und bringt ihn auf demselben Umweg in die Hauptstadt, direkt ins Schloß. Alles läuft ganz geheim ab, dennoch wird Menschikow umgehend informiert und rennt zur Zarin. Er weiß, daß er gut beraten ist, bei ihr anzufangen, sie wird den Zaren vorbereiten, ihn erweichen. Er muß vor ihr auf die Knie fallen und sie um ihren Schutz bitten. Keine Rechtfertigungen, nein, er verlegt sich auf eine andere Taktik: Habt Erbarmen, habt Erbarmen mit Eurem treuen Diener. Er erinnert sie nicht daran, daß er vor derjenigen kniet, die ihm einst die Hemden gewaschen hat, ihn ins Bett brachte, wenn er betrunken war, vor einer einstigen Wäscherin und Soldatendirne, die er dem Zaren abgetreten hatte. Damit spielte er nie.

Beim Zaren aber wandte er besser eine andere Taktik an. Reue und Tränen waren erschöpft. Und Menschikow überlegt sich etwas, womit er Peter direkt ins Herz trifft.

Er erscheint beim Zaren in seinem alten Waffenrock aus der Zeit der Schlacht bei Poltawa. Ein abgetragener, zerschlissener Waffenrock voller Flecken von Pulver und dem Blut der drei Pferde, die in der Schlacht von Kugeln getötet wurden. Ohne einen einzigen Orden, ohne jede Medaille – alle seine Auszeichnungen liegen in einem Korb, den er vor den Zaren hinstellt. Dazu legt er seinen rubingeschmückten Degen, ein Geschenk des Zaren. Ich bin unwürdig, das alles zu tragen, unwürdig! Er fällt vor dem Zaren nieder. Er verteidigt sich nicht, spricht nicht von seinen Feinden, die ihm übelwollen; er äußert nur eine einzige Bitte: Der Zar selbst möge ihn bestrafen.

Peter betrachtet die Orden, erinnert sich: Für die Eroberung von Narwa, für Poltawa, der preußische »Schwarze Adler«, der dänische »Weiße Elefant«, der Marschallstab mit Brillanten, der Alexander-Newski-Orden und der für die Eroberung von Nienschanz, wo Menschikow zwei Hundertschaften schwedischer Soldaten vernichtet und einen großen Troß sowie zweitausend Zivilisten gefangengenommen hatte. In diesem Körbchen liegt die Geschichte ihrer Siege. Bei allen Schlachten hatte er tapfer gekämpft, sich nie geschont.

Aber er hatte auch stets an sich gedacht. Sich bereichert, wo er nur konnte, seine Nähe zum Zaren ausgenutzt und ungeniert Forderungen gestellt.

Wer weiß, wie die Sache bei Poltawa geendet hätte, wäre Menschikow nicht mit der Kavallerie, mit allen Regimentern vorgestürmt. Die Schweden flohen in den Wald, er setzte ihnen nach, sie ergaben sich, und er wandte sich ungesäumt gegen das schwedische Reservecorps. Gerade rechtzeitig stürzte er sich mitten ins Getümmel, drei Pferde fielen unter ihm, er jagte die Schweden auseinander, ein General nach dem anderen ergab sich. Um ein Haar hätte er sogar Karl XII. gefangengenommen.

Menschikows Kavallerie war überall. Sein Regiment hatte als erstes bemerkt, wie sich die Schweden kurz vor Morgengrauen anschlichen.

Er duldete kein Kommando über sich, war intrigant. Hinterhältig eliminierte er Feldmarschall Ogilvie, den der Zar 1703 als Armeebefehlshaber in seinen Dienst geholt hatte. Menschikow verleumdete ihn, bezichtigte ihn beinah des Verrats.

Seine Arroganz ärgerte alle, er duldete niemanden, der wie er von niederer Herkunft war. Man munkelte über seine Reichtümer, seine Belohnungen, rechnete sich aus, wieviel Deßjatinen Land er besaß, und war neidisch. Aber er arbeitete schließlich auch Tag und Nacht unermüdlich.

Er redete Peter ein, niemand sei so gut wie er, Menschikow. »Zu Unrecht zieht der Zar Jagushinski in seine Nähe, er ist polnischen Blutes, Rußland ist für ihn eine Stiefmutter, er wird mich nicht ersetzen.« Er bezweifelte, daß irgendein Ostermann ihn zu ersetzen vermochte, und er hatte sogar recht; niemand tat es ihm auf allen Gebieten, in allen Punkten gleich. Niemand erkannte seine Überlegenheit an, nur der Zar, der einzige, dem er aufrichtig ergeben war.

Er hatte die Schlacht bei Kalisch gewonnen und gezeigt, daß die Russen auch ohne fremdländische Generale siegen können. Und indem er Peter folgte, fand er sich selbst. Von Jugend an war er an Peters Seite, ohne alle Beziehungen, ohne Vergangenheit, ohne Erziehung; als ein Niemand kam er zu Peter, ahmte ihn in allem nach, bemühte sich, seinen Gedanken zu folgen, übernahm seinen zielstrebigen Gang, ließ sich den gleichen Schnauzbart wachsen, doch plötzlich offenbarten sich seine eigenen Begabungen und dann auch seine Laster. Unverändert blieb seine Treue zu Peter, Treue war seine Devise, sein Hauptmotiv, seine Rechtfertigung. Peter diente dem Vaterland, Menschikow diente Peter.

Bei den alten Griechen öffnete Geld den Weg zur Macht, in Rußland öffnete Macht den Weg zum Geld. Solange Krieg herrschte, kämpfte Menschikow tapfer, aber nach der Schlacht bei Poltawa begann er gierig zu raffen, konnte nie genug bekommen; wieviel der Zar ihm auch schenkte, alles war ihm zu wenig. Dann erfuhr der Zar auch noch, daß er Konten in Lyon und in Amsterdam besaß. Warum? Diese ausländischen Konten machten Peter betroffen.

Menschikow wollte um jeden Preis mit den französischen und englischen Aristokraten mithalten; er führte in seinem Palais Pagen, Kammerjunker und Kammerherren ein, steckte sie in goldbestickte blaue Röcke, in Schuhe mit goldenen Schnallen und Seidenstrümpfe mit goldenen Streifen.

Pariser Köche bereiteten das Essen zu. Gegessen wurde von goldenem Geschirr. Seine Weinkeller waren so groß wie die in deutschen Schlössern. Zum Sommerpalais des Zaren fuhr er mit einer Fähre, die innen mit grünem Samt ausgeschlagen war und außen vergoldet, während Peter ein einfaches Boot benutzte – Brücken über die Newa gab es damals noch nicht. Dem Fürsten folgte eine ganze Flottille. Im Winter sprengten Reiter vor seinem Schlitten her, um die Menschen aus dem Weg zu jagen. An Feiertagen war Menschikows Ausfahrt wie ein Triumphzug. Seine Kutsche wurde von sechs Pferden gezogen, die mit dunkelrotem Samt und silbernen Troddeln geschmückt waren. Voran liefen Musikanten in Samtkaftanen mit goldenen Tressen, hinter der Kutsche ritt eine Dragonerabteilung.

Menschikows Diener waren weit luxuriöser gekleidet als der Zar. Wenn Peter im Palais des Fürsten erschien, in geflickten Schuhen mit Messingschnallen, einem schon reichlich abgewetzten Kaftan aus grobem Tuch, gestopften Strümpfen und mit dreieckigem Filzhut, paßte er in keiner Weise zur Pracht der fürstlichen Gemächer.

»Ich habe kein Geld für Luxus«, sagte er. »Mein Gehalt ist gering, und für die Staatseinnahmen bin ich vor Gott verantwortlich, die kann ich nicht für mich ausgeben.«

Menschikows Prunksucht war asiatisch, protzig. Kein Vergleich mit dem erlesenen Geschmack des Hauses Scheremetew, wo sich die gelehrten Männer der Hauptstadt zu abendlichen Zusammenkünften trafen. Oder mit der Ausstattung und der aufgeklärten Unterhaltung im Hause von Kantemir und dessen junger Frau, der ersten Schönheit der Stadt. Bei Menschikow trugen die hohen Sessel das geschnitzte Wappen des Hausherrn mit der Fürstenkrone und die Devise: »Virtute duce comite Fortuna« – »Die Tapferkeit führt, das Glück steht ihr zur Seite«.

Ein Punkt in Menschikows Klage gegen die Kommission entsprach der Wahrheit: Der Zar benutzte das Palais des Fürsten häufig für Bälle, Empfänge und Feste. Ausländische Gäste wurden mit französischen und italienischen Weinen bewirtet, die Küche war exzellent, Menschikow großzügig, er organisierte Feuerwerke, Schlittenfahrten auf dem Eis, Jagden und Spektakel. Vielleicht nahm er sich deshalb das Recht, seine Ausgaben aus der Staatskasse zu bestreiten.

Der Tod des Zarewitsch Alexej war günstig für Menschikow, denn bei aller Liebe zu Peter mußte er auch an die Zukunft denken. Die Gesundheit des Zaren war angeschlagen, sollte ihm etwas passieren, würde Katharina seine Nachfolge antreten, der Fürst also seine Macht behalten, sie sogar ausbauen. Doch trotz seines persönlichen Interesses an der Affäre hatte er Peter zu keiner Entscheidung gedrängt. Warum?

»Ich wage zu behaupten«, sagte Molotschkow, »daß Menschikow, allen anderen Meinungen zum Trotz, im Grunde seiner Seele ein guter Mensch war, und mit den Jahren sogar immer herzlicher wurde. Peter wurde härter, er dagegen weicher, doch er mußte seine Gefühle verbergen.«

Peter hob den Korb mit den Orden und dem Degen an und sagte: »Er wiegt schwer, aber das Gold, das du zusammengestohlen hast, ist vermutlich ungleich schwerer.«

Die silberne Medaille für die Eroberung von Schlüsselburg fiel heraus. Peter fing sie auf, betrachtete sie blinzelnd, drehte sie um. Darauf war er als ganz junger Mann abgebildet, mit Locken und Harnisch. Nach der Eroberung der Festung hatten sie gezecht, zusammen mit Menschikows Schwestern mehrere Tage gefeiert, im Dampfbad im Dunkeln Haschen gespielt.

Peter war gerührt.

Was sollten Menschikow alle seine Schätze, warum hatte er alles riskiert, gerafft und gerafft, nicht aufhören können? Er übertrumpfte doch längst alle mit seinen Schlössern, Schätzen und Ausfahrten. Er war Fürst, »Seine Durchlaucht«, Herzog von Ishorsk, Generalissimus, Wirklicher Geheimer Rat, Generalgouverneur des Gouvernements Sankt Petersburg. Und Feldmarschall, gleichrangig mit Scheremetew. Nach dessen Tod war er der oberste Feldherr Rußlands. Er hatte alle Mitstreiter in Rang und Stellung überflügelt. Seine Neider behaupteten, er sei ein Findelkind gewesen und habe als kleiner Junge mit Piroggen gehandelt. Fremdes Glück macht den Russen krank.

Menschikow schimpfte auf die Aristokraten: »Ihre Geldsäcke setzen Moos an; sie liegen nur auf der faulen Haut und sehen den Wald vor lauter Bäumen nicht. Unser ganzes Volk ist träge. Bierbrauereien müßten wir bauen, Teppichfabriken und Seilereien, zu unseren Füßen liegt schieres Gold, und wir sind bettelarm. Ach, zu weich ist der Knüppel des Zaren!«

Andere Gouverneure kommandierten herum, prozessierten,

schalteten und walteten nach eigenem Gutdünken und nahmen Schmiergelder. Menschikow tat das Gleiche, gründete aber außerdem verschiedene Unternehmen: Er baute Papiermühlen und Geschirrmanufakturen, begann im Norden den Handel mit Walfett, industrialisierte auf seinen Landgütern die Leinen- und Ölverarbeitung. Auf den Europareisen, bei denen er Peter begleitete, vergeudete er keine Zeit. Während der Zar den Schiffbau studierte, sich mit Technik und Kultur vertraut machte, galt Menschikows Interesse Geschäftsdingen. Er begriff schnell, eignete sich vieles an und wurde wahrscheinlich der erste Unternehmer westlicher Prägung in Rußland. Seine Tüchtigkeit wirkte fremdartig und mißfiel den Adligen. Er galt als Westler.

Auch sein Palais in der Hauptstadt war von demonstrativem Luxus, und gerade das imponierte Peter vermutlich.

Der einfache Waffenrock, abgewetzt und voller Pulverflecken, war Seiner Durchlaucht zu eng geworden. Peter sah ihn lächelnd an und hing seinen Erinnerungen nach. Sollte er Menschikow ausliefern? Sie würden sich auf ihn stürzen, ihn zermalmen, und dann? Würde der Diebstahl aufhören? Und wer bliebe ihm dann noch? Was immer Menschikow war – ein Dieb, ein Gauner, ein Schlitzohr – auf seine Treue war Verlaß, er würde Peter nicht verraten. Er hätte als sein würdiger Mitstreiter in die Geschichte eingehen können, überall an der Seite des Zaren, im Krieg wie an der Festtafel. Er hatte mit ihm zusammen Soldatengrütze gelöffelt, mit ihm auf der holländischen Werft gezimmert, seine Ansichten und seine Bestrebungen geteilt – warum nur mußte er sich besudeln? Der Mensch ist ein unbegreifliches Wesen.

Nach den Enthüllungen der Kommission führte Peter ein schwieriges Gespräch mit Menschikow. Wie der sich auch herausredete – er hatte hundertfünfzigtausend Rubel unterschlagen und sich außerdem rund eine Million aus der Staatskasse angeeignet.

Als Menschikow fürchten mußte, Peters Gunst endgültig zu verlieren und schutzlos der Meute seiner Feinde ausgeliefert zu sein, faßte er einen verzweifelten Entschluß. So wirkte es zumindest für seine Umgebung – in Wahrheit war es ein glänzender psychologischer Schachzug. Er ließ in seinem Haus sämtliche Gemälde und Vorhänge abnehmen, die Teppiche einrollen und die kostbaren Tapeten von den Wänden reißen.

Am Abend kam Peter, dem man wahrscheinlich davon berichtet hatte. Die kahlen Säle wirkten schrecklich – voller Fetzen und Müll, die Ziegelwände lagen bloß.

Menschikow hob traurig die Arme: Was tun, ich muß alles verkaufen, um die Schulden zu begleichen.

Peter befahl, alles wieder an seinen Platz zu hängen. Er wußte, daß Menschikow genau darauf spekuliert hatte, denn ein zweites solches Schloß besaß der Zar nicht, Empfänge und Festessen fanden stets hier statt. Menschikow hatte ihm sozusagen eine Lektion erteilt, und zwar in aller Demut, notgedrungen. Peter ließ sich auf keine Erklärungen ein, merkte sich die Sache jedoch. Er war ungern von jemandem abhängig, aber ein eigenes Schloß wollte er sich auch nicht bauen. Menschikows Geld gehörte diesem selbst, das des Zaren dagegen dem Staat.

Noch heftiger erschüttert wurde Menschikows Position durch den Fall Wilhelm Mons; dieser Riß war durch nichts zu kitten. Menschikow hatte zweifellos von Katharinas Affäre gewußt, sie also gedeckt. Katharinas Fall hätte auch ihn mitgerissen, sie dem Zaren auszuliefern hätte bedeutet, seine Beschützerin zu verlieren. Und die Zukunft sah düster aus: Die Krankheit setzte dem Zaren zu, zehrte an seinen Kräften. Ausländische Ärzte wurden geholt, der Fürst fragte sie aus und erfuhr, daß der Zar stark angeschlagen war – wer weiß, ob er sich wieder erholen würde. Er bedauerte ihn, beobachtete, ob die Behandlung half, betete für seine Gesundheit und verdrängte die Gedanken an seinen baldigen Tod. Es waren schändliche Gedanken, vom Teufel eingegeben. Heimlich warb der Fürst unter den Höflingen für Katharina. Sie war die rechtmäßige Thronfolgerin, niemand sonst, weder die Töchter noch die Enkel.

Molotschkow mußte zugeben, daß Peters Tod sowohl für Katharina als auch für Menschikow der beste Ausweg aus allen Problemen war. Doch er wollte ihnen nichts unterstellen, zumal es keinerlei Indizien gab.

Hegte Peter einen Verdacht gegen die beiden?

Der Zar hatte Menschikow nicht verziehen, ihm nichts versprochen. Die Untersuchung lief weiter. Katharina gegenüber schwieg er, aber sie wußte, daß er sie jeden Moment ins Kloster sperren konnte wie seine erste Frau.

Menschikow, der die Qualen des Zaren sah, betete, zu Weihnachten und zu Ostern, kniete lange in der Hofkirche; er wagte nicht, sich aus dem Schloß zu entfernen, er betete um Peters Genesung, weinte und war sich bewußt, daß er andererseits fürchtete, worum er Gott anflehte. Er schämte sich und gestand es seiner Frau. Darja tröstete ihn und sagte: Möge Gott ihn ohne Qualen zu sich nehmen, ihm einen leichten Tod bescheren.

Als er eines Morgens um fünf geweckt wurde, wußte er: Es war geschehen.

Peter war bereits angekleidet, die Augen waren geschlossen, die Hände auf der Brust gefaltet. Er lag lang ausgestreckt, sein Gesicht war glatt.

Die Zarin schluchzte, sah Menschikow an, beruhigte sich und weinte erneut.

Menschikow berührte mit den Lippen die Hand des Zaren; sie war kalt. Er glaubte es noch nicht. Er wollte weinen und konnte nicht, er wischte sich die trockenen Augen mit einem Taschentuch. Geweint hat er erst später, in der Kirche, bei den Abschiedsworten von Feofan Prokopowitsch.

Menschikow arrangierte alles zügig und reibungslos, ohne auf Widerstand zu stoßen: Katharina bestieg den Thron. Nun war seine Macht gesichert, die Angst hatte ein Ende, niemand würde mehr wagen, ihn anzugreifen. Nun konnte er sich dem Kummer hingeben. Süße Erinnerungen überwältigen ihn, und er schämte sich seiner Tränen nicht.

Nachdem Katharina den Thron bestiegen hatte, ließ Menschikow als erstes die aufgespießten Köpfe der Hingerichteten von den öffentlichen Plätzen der Hauptstadt entfernen, wo sie seit Monaten auf Pfählen faulten. Er veranlaßte eine Senkung der Abgaben für die Bauern, bestand auf einer Verkleinerung des Beamtenapparats, sorgte für eine Entlastung der Soldaten – sie sollten nicht mehr zum Bau des Ladogakanals geschickt werden. Er handelte mit Herz und Verstand. Rasch machte er sich auch den Obersten Geheimen Rat gefügig, womit er über noch mehr Macht verfügte. Nun hätte er in Ruhe leben und herrschen können.

Katharina starb, und Menschikow spann eine neue Intrige: Er wollte seine Tochter Maria mit dem minderjährigen Thronerben Peter II. verloben. Der Glanz der Krone reizte ihn. Seine Gier nach Macht, nach unerschütterlicher Macht, die das Geschlecht der Menschikows mit der Zarenfamilie verbinden sollte, diese Gier übertraf noch seine Habsucht. Der Imperator würde sein Schwiegersohn sein, er selbst Herzog und seine zweite Tochter Herzogin.

Um den zwölfjährigen Zaren Peter II. entbrannte ein erbitterter Kampf. Die Dolgorukis wollten ihn auf ihre Seite ziehen, befriedigten seine Launen, versuchten ihn gegen Menschikow zu beeinflussen. Menschikow verlor bisweilen die Beherrschung, erlaubte sich, den Zaren zu schelten. Er fühlte sich fast schon als sein Schwiegervater; zudem hatte er sich unter Katharina das Herumkommandieren angewöhnt. Das war unvorsichtig. Er beging einen Fehler nach dem anderen. Hätte ihm nur jemand Einhalt geboten, wäre Rußland ein kluger, menschlicher Herrscher erhalten geblieben. Aber wie heißt es? Wen Gott strafen will, dem raubt er den Verstand. Menschikow schlug alle Warnungen in den Wind und raste dem eigenen Untergang entgegen.

Es gibt in der Geschichte Rußlands viele Helden auf Zeit. Sie kamen aus dem Nichts, stiegen kometenhaft auf, gelangten zu Macht und Reichtum und hatten es eilig, ihre Gier zu stillen, sie dachten nur an sich, nicht an Rußland. Tyche, die Göttin des Zufalls, stürzte sie ebenso rasch wieder in die Tiefe, demonstrierte die Unsicherheit jeglicher Ordnung. Eine Laune, ein nichtiger Anlaß, und der Liebling des Schicksals fiel in Ungnade, wurde zur Zwangsarbeit oder in die Verbannung geschickt oder gar hingerichtet.

Menschikow war kein Held auf Zeit, kein Günstling, er begleitete Peter von Anfang bis Ende; seinen Aufstieg verdankte er seinen Talenten. Sein angeborener Verstand kompensierte seine mangelnde Bildung. Nicht ohne Grund liebte Peter ihn, verzieh ihm manches, das er anderen nicht nachsah. Rußland verdankt Menschikow vieles. Wäre er im Kampf gefallen, würde er noch heute als Held gelten, man hätte ihm Denkmäler errichtet, würde ihn ehren und preisen. Lange schützte Fortuna ihn vor den Kugeln: bei der Eroberung von Nöteburg, von Nienschanz, in der Schlacht bei Poltawa, bei Lesnaja, bei Stettin. Keinen Kratzer bekam er ab, als wäre er durch einen Zauber geschützt; jede Schlacht brachte ihm nur neue Orden und Ränge. Vom Glück verwöhnt, hatte er wie Achill nur eine einzige verwundbare Stelle – seine Ferse war die Gier. Und sie richtete ihn zugrunde, die unermeßliche, unstillbare Gier nach Geld, nach Macht. Daran ist etwas sehr Heutiges, Russisches. Wozu soviel Macht, soviel Geld, Juwelen, Schlösser, Bedienstete? Warum hat Peters Beispiel ihn nicht ernüchtert?

Menschikow war gut und schlecht, niedrig und erhaben, klug und dumm zugleich. Aber die Geschichte duldet keine Halbtöne, sie verlangt Eindeutigkeit, ihr Gericht kennt wie das der Geschworenen nur ein Urteil: Schuldig oder nicht schuldig, gut oder schlecht. Menschikows gewaltige Verdienste zählen nicht. Hätte Peter die Geschichtsbücher geschrieben, wäre Menschikow darin anders dargestellt, so aber steht er als korrupter Dieb da.

Nach Peters Tod wurde die Untersuchung gegen Menschikow eingestellt. Niemand konnte ihn mehr einschüchtern, nichts hielt ihn mehr zurück. Der Machthunger berauschte ihn noch heftiger als die Geldgier.

Laut Freud beruhen die Motive für alle menschlichen Wünsche und Leidenschaften auf sexuellen Bedürfnissen. Molotschkow war anderer Ansicht: Das Streben nach Macht ist die stärkste Leidenschaft, Machtgier kennt keine Grenzen, sie läßt mit den Jahren nicht nach, ist nie zu stillen, ihr droht keine Impotenz. Tatsächlich hatte Menschikow das Äußerste erreicht: Die Zarin hörte auf ihn, er war faktisch der Herrscher über Rußland, niemand stand ihm im Weg. Auch nach Katharinas Tod behielt er seine Position. Doch das war ihm zu wenig, er wollte nicht auf die Gnade des Zaren angewiesen sein, er wollte die Macht der Verwandtschaft mit ihm. Vor Jahren hatte er deshalb versucht, Peter mit seiner Schwägerin zu verheiraten, aber daraus war nichts geworden, Peter hatte schließlich nur über diese Idee gelacht. Nun erwachte der Plan erneut in ihm, und der Fürst verlor jede Umsicht. Das Bedürfnis nach Liebe ist irgendwann einmal erschöpft, gesättigt, auf Macht dagegen hat noch niemand freiwillig verzichtet, niemand hatte sie je satt.

Menschikow behandelte den pickligen, ungezogenen Jungen wie seinen unverständigen Schwiegersohn. Doch er war bereits Imperator, und die Dolgorukis nutzten Menschikows Fauxpas geschickt aus, hetzten den Jüngling gegen ihn auf. Der Imperator wurde wütend, die Schlinge wurde ausgeworfen und sofort zugezogen. Man rief Menschikow alle seine Sünden ins Gedächtnis und rechnete mit ihm ab, wozu Peter sich nicht hatte entschließen können. Er verlor alles und wurde verbannt.

Das Gerangel am Hof um den jungen Peter kam Anton Ossipowitsch erstaunlich bekannt vor: Typisch Rußland, damals wie heute. Menschikow würde mühelos in die heutigen »Machtstrukturen« passen, würde sofort dazugehören. Er brauchte nur die Perücke abzunehmen, alles andere wäre goldrichtig: der Fürstentitel, seine Unbildung, sein Streben nach dem eigenen Vorteil und die Entschiedenheit, mit der er anderen Räubern Paroli bot. Ein Wolf war auch vor dreihundert Jahren ein Wolf. »So einen könnten wir gebrauchen«, sagte Anton Ossipowitsch, »mag er ruhig stehlen, aber dafür würde auch alles in Bewegung kommen.«

Der Professor war erregt.

»Was für ein Schicksal! Was für ein lehrreiches Schicksal! Er hat doch bewiesen, daß er nicht schlechter ist als die Engländer oder die Holländer. Ein ungebildeter russischer Bauer! Ein Unternehmer! Er hätte nach Peters Tod vollenden sollen, was Peter nicht mehr geschafft hat. Er hatte alle Voraussetzungen dafür: die Erfahrung, den Geist und das nötige Kapital. Aber er mußte der Krone nachjagen und dabei stolpern. Schade. Das war eine echte Chance für Rußland!«

Drjomow überlegte, wie er Menschikow spielen würde. Er erklärte, die Figur des Raffers, des Kriegers, des begabten, fleißigen Emporkömmlings sei zu wenig, es fehlte die Triebfeder, die seinen Drang anspornte, allen Warnungen, aller Angst zum Trotz. Was verlieh ihm die Kraft? Geld, Kapital? Natürlich fürchtete er Peter; er war ein kühner Mann, Kugeln schreckten ihn nicht, nur vor Peter zitterte er; er fürchtete ihn, und zugleich fürchtete er ihn auch nicht. Diese Dialektik beschäftigte Drjomow, das gefiel ihm an Menschikow.

Wie er darauf komme, daß Menschikow keine Angst hatte, fragte Molotschkow erstaunt, gab ihm aber recht. Er kaute unschlüssig auf seinen Lippen und murmelte dann, es habe da Gerüchte gegeben, die allerdings nicht bewiesen seien. Worauf Drjomow entgegnete, ohne Gerüchte sei Geschichte uninteressant.

»Man munkelte etwas von der Sünde der Sodomiter zwischen den beiden«, sagte Molotschkow verlegen.

»Was ist denn das?« fragte Geraskin.

Drjomow erklärte: »Schwule, warme Brüder, Homos. Die Sodomiter lebten in der Stadt Sodom und trieben es mit dem gleichen Geschlecht. Die Bibel sollte man lesen.«

»Das steht auch in anderen Büchern«, sagte Geraskin beleidigt. »Wie konnte unser Zar sich solche Schande antun?«

Anton Ossipowitsch unterbrach ihn: »Vielleicht ist das alles Schwindel? Er hatte doch eine Frau und Kinder, Menschikow und er hatten beide Familie.«

Molotschkow verwies schuldbewußt auf ausländische Historiker, die Briefe von Gesandten zitierten.

»Ausländer!« rief Anton Ossipowitsch erfreut. »Die wollen uns bloß verleumden! Agenten!«

Aber Molotschkow verwarf die ausländischen Quellen nicht völlig. Er hielt es für möglich, daß Peter in seiner Jungend dieser Sünde gefrönt habe, er sei schließlich sehr impulsiv und unbeherrscht gewesen. Menschikow hatte als sein Bursche begonnen, war immer an seiner Seite, schlief neben ihm, manchmal zusammen mit ihm auf einer Pritsche. Von Alpträumen gepeinigt, mußte Peter nachts immer jemanden neben sich haben.

Am Hof hielten sich hartnäckige Gerüchte darüber. Anna Mons sagte öffentlich zu Menschikow, er habe dem Zaren seinen Hintern hingehalten.

Geraskin bezeichnete Peter als bisexuell. Mit den Spielarten der Sexualität kannte Geraskin sich aus. Wir normalen Männer, klärte er uns auf, seien heterosexuell. Selbst der Professor hatte noch nie darüber nachgedacht, was er war.

Vielleicht liebte Peter das Gute in Menschikow, seine aufrichtige Herzlichkeit, nach der er sich so sehnte? Vielleicht war Menschikow auch deshalb so furchtlos, weil er mit Katharina das Lager geteilt hatte, so daß er und der Zar nun so etwas wie Milchbrüder waren, für immer verbunden.

Alles, aber keine Homosexualität, empörte sich Anton Ossipowitsch. Der Stolz Rußlands, der Regent, wie könne man nur so etwas glauben! Verleumder! Ob sie denn Beweise hätten?

Um ihn zu beruhigen, präsentierte ihm Drjomow eine ganze Liste berühmter Männer, sogar Genies, darunter Michelangelo, Marcel Proust, Tschaikowski; auch gekrönte Häupter: ein Haufen Römer, dazu Ludwig von Bayern, Iwan der Schreckliche.

Anton Ossipowitsch war geknickt.

»Peter hat dem sicher kaum Bedeutung beigemessen«, sagte Drjomow. »Wenn keine Frau zur Hand war, hat er eben Menschikow genommen, und für den war das auch nur eine Art gesellschaftliche Verpflichtung. Unsere Schwulen würden die beiden nicht als ihresgleichen ansehen.«

Der Professor sagte zu Anton Ossipowitsch: »Ein Mensch ohne Fehler hat meist auch wenig Vorzüge. Wenn wir einen Titanen vor uns haben, sehen wir nur seine dreckbespritzten Schuhe und glauben, so sei er insgesamt. Ein Titan kommuniziert nicht mit uns, sondern mit anderen Titanen, über Jahrhunderte hinweg.«

Drjomow zauste seine zottige braune Mähne, beugte sich vor, schüttelte den Kopf und erstarrte. Wir wußten – das war seine Art nachzudenken, im Geist irgendwelche Szenen durchzuspielen. So war es auch, denn plötzlich verkündete er: »Wißt ihr, wie ich Menschikow spielen würde? Als Wartenden! Er wartet. Im stillen wartet er auf seine Stunde. Er hat seine eigenen Pläne für Rußland, seinen Traum, dafür braucht er Geduld. Katharina muß erst ganz zahm sein, ihm aus der Hand fressen. Auf sie setzt er. Peter darf ihm nicht den Todesstoß versetzen. Ich weiß nicht, vielleicht hätte Katharina ja das Ende gern beschleunigt, ein wenig nachgeholfen. Menschikow nicht, er bringt das nicht über sich. Für ihn ist Peter etwas anderes als für die dahergelaufene Fremde Katharina, er liebt ihn, und er wartet auf seine Stunde, ohne sich zu verraten. Denn alle beobachten ihn. Auch Peter selbst wittert womöglich etwas, er hat ein feines Gespür.«

Während Drjomow sprach, verwandelte er sich: Menschikows Blick wurde stumpfer, in seinem Gesicht, in seiner Haltung mischten sich Mitleid, Trauer und Sorge; sein Gang wurde weich und geschmeidig, seine Stimme sanft und mild. Doch nur gegenüber dem Zaren, zu anderen ist er hart, unerbittlich. Er schwelgt im Vorgeschmack der Macht. Wenn andere reden, hört er zu und ist zugleich abwesend. Er hält den Schlüssel zur Zukunft in der Hand, er allein besitzt ihn. Die Süße der künftigen Macht – das ist die verborgene Triebfeder, die Drjomow an dieser Figur vermißt hatte. Und das, was Menschikow vom Äußersten zurückhielt, der Kampf, der in ihm tobte, der Widerstreit zwischen seiner Liebe zu Peter und seinem Verlangen nach einer Lösung. Er sah, daß Peters Wunsch wuchs, sich an Katharina für den Verrat zu rächen; jeder neue Tag konnte die Katastrophe bringen.

Drjomows Spiel veranlaßte Molotschkow zu der Äußerung, nicht nur die einstige Liebe habe Menschikow zurückgehalten, sondern auch sein Respekt vor der göttlichen Auserwähltheit des Monarchen.

Egal, ob wir Menschikow nun besser verstanden oder ihn noch rätselhafter fanden, auf jeden Fall veranlaßte uns Drjomow, tiefer in die Geschichte einzudringen, uns vorzustellen, was sich um Peter abgespielt haben mochte.

»Das ist die Kunst des Schauspielers«, sagte Molotschkow. »Ein Künstler versteht manches besser als ein Historiker.«

Er erwähnte Surikows Gemälde »Menschikow in Berjosowo«, das wir alle noch aus unserer Schulzeit kannten.

Eine kalte, dunkle Hütte, eine Kerze, ein Öllämpchen. Am Tisch steht Menschikow, groß, noch immer mächtig. Zu seinen Füßen seine Tochter Maria, noch vor kurzem mit Peter II. verlobt. Sie ist blaß und traurig, wird bald sterben. Die jüngere Tochter liest aus der Bibel vor. Der Sohn Alexander ist in bitteres Nachdenken versunken. Verwitwet, ohne Geld, ohne Bedienstete, unter strenger Aufsicht beschloß Menschikow hier seine Tage.

Das sibirische Provinzstädtchen Berjosowo, höchstens hundert Häuser, tausend Werst entfernt von Tobolsk, war seit dem 17. Jahrhundert Verbannungsort für gefährliche Staatsverbrecher.

Wie einst auf der holländischen Werft, griff Menschikow zur Axt und begann mit dem Bau einer Kirche. Er erklärte: »Gott hat mich geläutert.« Aber das stimmte nicht. Er ertrug es nicht, abgeschnitten zu sein von allem, was in Rußland geschah. Der Verlust der Macht verzehrte ihn. Binnen anderthalb Jahren war er ausgebrannt. Der Machtinstinkt stirbt zuletzt.

Wir sehen Menschikow meist so vor uns wie auf Surikows Bild. Nicht auf dem Schlachtfeld, im Schloß oder neben Peter. Aus dem ganzen glanzvollen Leben wählte der Maler das Ruhmloseste – die Verbannung. Hier, in der Armut und Untätigkeit, offenbart sich die Tragödie des Mannes, der noch vor kurzem über ganz Rußland herrschte. Das Bild wurde zum ersten Denkmal für Menschikow.

25

Die Laterna magica

In der Schulzeit waren wir alle mehrfach in der Kunstkammer. Aber Molotschkow sah in ihr, was sie zu Peters Zeiten gewesen war: ein Kulturzentrum. In der ersten Etage befanden sich die Exponate, in der zweiten die Bibliothek. Es gab in Rußland noch keine Museen, dies war das erste Museum und die erste öffentliche Bibliothek. Als Peter starb, umfaßte sie elftausend Bücher, russische und ausländische. Auch nach europäischen Maßstäben galt die Bibliothek als reich.

Peter kam gern in die Kunstkammer. Ihn reizten vor allem die Naturwunder: ein Kalb mit zwei Köpfen aus Nishni Nowgorod, ein dreibeiniger Säugling, das Skelett eines riesigen unbekannten Vogels.

Für viel Geld erwarb Peter die weltberühmte Sammlung von Ruysch sowie das Geheimnis der Herstellung der anatomischen Präparate. Die Exponate, all die Skelette und Mißgeburten, wirkten bei Ruysch wie Schauspieler. In Spitzen gehüllte Zwerge und Riesen, Monster und Ungeheuer spielten bestimmte Rollen – ganz im Geiste der allegorischen Darstellungen jener Zeit.

Auch Peter war ein Mensch des Barock, einer Epoche der übertriebenen Emotionen. Licht und Schatten, Gut und Böse waren bizarr miteinander verwoben.

Die Kunstkammer schuf er nach holländischem und Wiener Vorbild. Wie immer sollte sein Werk besser werden als das der anderen. Seine Nachahmungen waren nie Kopien; er entwickelte aus fremden Ideen stets seine eigenen.

Das Museum begann mit zoologischen Exponaten, bald kamen anatomische hinzu. Die Raritätensammlung von Monstern und exotischen Stücken wuchs schnell. Minerale wurden geschickt, Manuskripte, altes Hausgerät – aus dem Ural, aus dem Hohen Norden; aus Sibirien bizarre Schädel, aus dem Süden ein Meteoritensplitter.

Untergebracht wurde die Kunstkammer im Haus von Kikin, das nach dessen Hinrichtung beschlagnahmt worden war. Darum hieß sie Kikinkammer. Beim Erwerb von Exponaten sollte nicht gespart werden. Alles Merkwürdige wurde herbeigeschafft: Steine mit rätselhaften Zeichen darauf, Tunguska-Götzen, alte Kanonen. Dank Peters Erlaß gelangte Skythengold aus Sibirien in die Kunstkammer, sonst wären diese kostbaren Funde wohl kaum erhalten geblieben. In der Kunstkammer wurde alles gesammelt. Die Besucher bekamen ein Bild von der Vielfalt der Welt vermittelt, konnten einen Blick werfen in entlegene Regionen Rußlands und in die ferne Vergangenheit. Die Kunstkammer war keine Exposition technischer Leistungen. Die Besucher sollten staunen; sie bekamen rätselhafte Naturerscheinungen zu sehen, Unerklärliches, das zum Nachdenken und Forschen anregte. Auch einige Erzeugnisse von Menschenhand wurden als wundersame Erscheinungen aufgefaßt.

Molotschkow wußte aus seiner Praxis als Lehrer, daß Rätsel, über die sich Wissenschaftler den Kopf zerbrechen, auf Kinder einen besonderen Reiz ausüben. Und auf Erwachsene ebenso. Er bedauerte, daß es heute kein Museum für wissenschaftliche Geheimnisse mehr gibt, für unerforschte Erscheinungen wie Kugelblitze, Steine mit rätselhaften Inschriften, unerklärliche Spuren – kurz, daß die Tradition der petrinischen Kunstkammer abgerissen ist.

Pawel Jagushinski, der mehrere europäische Kunstkammern besucht hatte, schlug Peter vor, Eintrittsgelder zu verlangen. Peter war entschieden dagegen. Er wollte, daß so viele Menschen wie möglich in die Kunstkammer kamen, sich umsahen, etwas lernten.

»Ich befehle, jeden umsonst hereinzulassen, und wenn jemand in Gesellschaft kommt, dann sollen alle in diesen Räumen auf meine Kosten mit einer Tasse Kaffee, einem Glas Wein oder etwas anderem bewirtet werden.«

Dafür stellte er eine beachtliche Summe zur Verfügung.

Die Kunstkammer war keine Sammlung besonders teurer Exponate – sie diente vor allem aufklärerischen Zwecken. Diese Aufklärung, so erklärte Molotschkow, war allerdings nicht darauf gerichtet, menschliches Wissen und Verstand zu preisen – sie sollte Ehrfurcht vor der unerforschten Macht der Natur einflößen. Kein menschlicher Hochmut, keine prahlerische Demonstration von Macht über die Natur; damals fühlte sich der Mensch noch nicht als Herr über sie, sondern als demütiger Nutznießer ihrer Gaben. Respektvoll erstarrte er vor ihren Geheimnissen und begriff, was er heute kaum noch weiß: Daß die Natur, die uns geschaffen hat, ein grandioses Wunder ist.

Die ersten echten Kunstkammern sah Peter in Amsterdam; rund vierzig gab es dort. Der Amsterdamer Bürgermeister Nicolaas Witsen zeigte dem russischen Zaren seine Sammlung antiker Schätze, anatomischer Präparate und indischer Miniaturen. Witsen, ein hochkultivierter Mann, Jurist, Philosoph und Mathematiker, war einer der Chefs der Ostindischen Kompanien, auf deren gewaltigen Werften Peter als Zimmermann arbeitete. Witsen war ein Jahr als Angehöriger der holländischen Gesandtschaft in Rußland gewesen. Peter hatte also Glück – einen besseren Schutzpatron hätte er kaum finden können. Witsen führte den jungen Zar in die Häuser reicher Sammler. Da er selbst einem namhaften Amsterdamer Kaufmannsgeschlecht entstammte, standen ihm alle Türen offen.

Das rege Leben von Kunst und Wissenschaft in Amsterdam faszinierte Peter. Kaufleute, Seeleute, Reeder, Patrizier, Zugereiste aus fernen Ländern, Gelehrte – Menschen voller Energie, die wißbegierig waren und Wissen verbreiteten; Peter genoß ihre Gesellschaft. Nicht von ungefähr trug sein persönliches Siegel die Inschrift: »Ich bin ein Lernender und suche Lehrer.«

1720 reiste Peters Wissenschaftsberater Schuhmacher nach Europa, um unter anderem für die Kunstkammer eine Laterna magica, eine Zauberlampe zu erwerben und Bilder dafür. Schon der Name Zauberlampe zeigt, welchen Eindruck dieser simple Apparat damals auf die Zuschauer machte. Auf einer weißen Wand erschienen bunte, vergrößerte Bilder. Die ersten dieser Bilder in der Kunstkammer zeigten Liebesszenen. Dann folgten die Uniformen der verschiedenen Regimenter, Damen- und Herrenkleider. Die Begeisterung war grenzenlos. Die ersten Filme haben vermutlich weniger Entzücken ausgelöst als diese unbewegten Bilder, die einander abwechselten.

Peter hatte bereits in Amsterdam die körperlosen Abbildungen der Laterna magica bewundert, die Bilder, die auf einer weißen Wand erschienen und wieder verschwanden, ohne die geringste Spur zu hinterlassen.

Unter Schuhmachers Aufträgen war noch ein weiterer, ebenso wichtig wie die Zauberlampe, der Erwerb wissenschaftlicher Exponate und die Einladung von Gelehrten an die Akademie der Wissenschaften. Einige Jahre zuvor hatte Peter im Ausland ein Perpetuum mobile gesehen, gebaut von einem gewissen Orfyrei. Damals hatte er die Erfindung für Scharlatanerie gehalten. Nun aber sprach man in ganz Europa über Orfyreis Perpetuum mobile, viele Wissenschaftler hielten es für durchaus real. Der Erfinder warb verstärkt für seine Maschine. Es hieß, ihr Rad drehe sich schon einige Jahre.

Der Traum vom Perpetuum mobile reizte alle. Das Gesetz von der Erhaltung der Energie war noch nicht entdeckt; vor den Augen der Physiker, und nicht nur der Physiker, hielt die Natur die Himmelskörper in Bewegung, niemand wußte wie und seit wann schon, ewig drehte sich die Erde, flossen die Flüsse, schien die Sonne – die Welt war voller ewiger Bewegungsquellen. Selbst Leonardo da Vinci bastelte an einem Perpetuum mobile, auch der große Mathematiker Bernoulli glaubte an seine Realisierbarkeit.

Peter beauftragte Schuhmacher, Orfyreis Erfindung zu beschaffen, allerdings sollte er zuvor den berühmten deutschen Mathematiker Wolff konsultieren, an den Leibniz Peter verwiesen hatte. Leibniz selbst hegte allerdings Skepsis gegen die Idee eines Perpetuum mobile.

Schuhmacher, der von Mechanik wenig verstand, beobachtete

das Rad mehrere Stunden lang. Es drehte sich lautlos, gemächlich und, wie ihm schien, unablässig. Der Erfinder stellte ihm holländische Uhrmacher vor, die schon lange vor der Maschine standen. Sie entdeckten keine Möglichkeit, die Feder des Gerätes aufzuziehen, wenn es denn überhaupt eine gab. In dem Mechanismus konnte auch kein Mensch sitzen. Das Rad drehte sich stetig weiter. Die ehrbaren Handwerker, Besitzer von Uhrenfabriken, flößten Schuhmacher Vertrauen ein. Er wandte sich an Wolff. Der antwortete ausweichend, ein seriöser Gelehrter müsse sich die Konstruktion genau ansehen können. Auf diese doch eigentlich normale Forderung wollte Oryfei nicht eingehen. Erst zahlen, sagte er, hunderttausend, soviel kostet die Maschine, dann macht, was ihr wollt. Das hieße ja die Katze im Sack kaufen, wandte Schuhmacher ein. Aber wenn die Gelehrten sich die Idee ansahen, könnten sie sie einfach stehlen, konterte Oryfei. Das klang vernünftig. Schuhmacher versprach, die Gelehrten einen Eid schwören zu lassen. Doch auch das stimmte den Urheber nicht um, er bestand auf seiner Forderung: Erst das Geld, und ihr habt für alle Zeiten ausgesorgt.

Die Verhandlungen verliefen ergebnislos, beide Seiten blieben stur. Wolff wiederholte seine Empfehlung. Auf die Versicherung, das Rad würde sich ewig drehen, lächelte er säuerlich.

Schuhmacher wagte nicht, gegen die Anweisung des Zaren zu handeln. Seufzend verzichtete er auf den Kauf, stand anschließend noch lange vor dem Rad und überlegte, was der Zar wohl sagen würde.

Peter hörte sich seinen Bericht aufmerksam an und hieß seine Entscheidung gut. Schade zwar, daß aus der Sache nichts geworden sei, aber es sei wohl doch etwas faul daran. Ein Jahr später wurde der raffinierte Betrug des Erfinders aufgedeckt.

26

Das Tscheljukinsche Gesetz

Wir unterhielten uns über Geheimnisvolles in der russischen Geschichte. Molotschkow erzählte von der »Pikdame« – das war der Spitzname einer majestätischen Archivarin, die in der Abteilung für Dokumente des Zarenhofs arbeitete. Sie war mäkelig und pedantisch und tadelte die jungen Mitarbeiter, weil sie Angst vor allem Mystischen hätten, alles Geheimnisvolle in der Vergangenheit ängstlich mieden, obwohl die Geschichte im Grunde voller Mystik sei. Es gebe Parallelwelten, und dort seien Dinge, die uns unwahrscheinlich vorkamen, normal.

Molotschkow stritt mit ihr; damals galt Mystik als reaktionär. Die alte Dame richtete ihren Finger auf ihn und sagte: »Sie akzeptieren nur Ereignisse, die Ihrer Ansicht nach geschehen sein können. Aber schließlich gab es auch Dinge, die eigentlich nicht geschehen konnten. Klammern Sie sich nicht zu sehr an den gesunden Menschenverstand, er behindert Sie, er vereinfacht die Geschichte.«

Er merkte sich ihre Worte. Bevor sie in Pension ging, rief sie Molotschkow noch einmal an, erinnerte ihn an ihr Gespräch und sagte: »Heute ist der fünfundzwanzigste April, genau an diesem Tag starb der Zarewitsch, der Thronerbe Peters des Großen; ich rate Ihnen, sich die Umstände seines Todes einmal genauer anzusehen.«

Molotschkow erwartete nichts Besonderes. Viele Kinder von Katharina waren gestorben. Doch die rätselhafte Andeutung machte ihn stutzig.

Er sah in den Quellen nach – das Ereignis wurde nur beiläufig erwähnt. Ja, am fünfundzwanzigsten April 1719 »erfolgte der Tod des Kronprinzen«. Kein Wort darüber, warum, weshalb. Auch das mußte nichts bedeuten, es sei denn, man zog in Betracht, wie sehr

Peter und Katharina an dem Zarewitsch hingen. Mit ihm waren viele Hoffnungen verknüpft; Menschikow hatte sich seiner angenommen, der Gelehrte und Artilleriechef Jakow Bruce kümmerte sich um ihn. Der Tod des Jungen hätte die Zarenfamilie erschüttern müssen, er war schließlich eine Katastrophe.

Molotschkow fand keinen ärztlichen Bericht. Der Zarewitsch wurde äußerst überstürzt beerdigt, bereits am nächsten Tag, am sechsundzwanzigsten April, was ebenfalls unverständlich war. Die Totenmesse fand im Alexander-Newski-Kloster statt, bei geschlossenem Sarg. Und es gab keinerlei Gerüchte, als wären alle Münder versiegelt gewesen.

Je tiefer Molotschkow in die Geschichte eindrang, desto mehr Fragen stellte er.

Der Junge war von labiler Konstitution, sprach schlecht, litt aber unter keiner Krankheit. Die Nachricht von seinem Tod erschütterte den gesamten Hof. Peter hielt sich an diesem Tag mit Katharina in Kronstadt auf. Der Zarewitsch starb um vier Uhr nachmittags. Ein Bote wurde aus Petersburg nach Kronstadt geschickt. Noch am Morgen hatte Menschikow, der den Vierjährigen sehr liebte, den Zarewitsch besucht, mit ihm gespielt, und alles war in Ordnung gewesen. Auf Anweisung von Bruce wurde auch zu Menschikow ein Bote geschickt.

Das Weitere mußte sich Molotschkow Stück für Stück aus persönlichen Briefen zusammensuchen. Die Anhaltspunkte waren verworren und widersprüchlich.

Menschikow traf den Zarewitsch noch lebend an, aber in einem rätselhaften Zustand: ohne Bewußtsein, gelähmt, und, was ihn am meisten erschütterte, mit gebrochenen Knochen. Als er den Zarewitsch auf den Arm nahm, hing der Körper schlaff herab. Jakow Bruce, ein phlegmatischer Mann, den normalerweise nichts aus der Ruhe brachte, trank einen Wodka nach dem anderen, seine Lippen zitterten, er war unfähig, zusammenhängend zu berichten, was geschehen war. Es hatte ein Gewitter gegeben, dann einen heftigen Reguß, Bruce hatte im Nebenzimmer gearbeitet. Plötzlich habe er einen Blitz gesehen, ein Knacken gehört, dann eine Explosion und einen Schrei – das war die Amme. Sie war noch immer nicht wieder zu sich gekommen, zitterte wie von Sinnen. Der Junge hatte offenbar auf ihrem Schoß gesessen, als ein »feuerspeiender Drachen geflogen kam und das Kind anhauchte«.

Menschikow schickte nach einem Arzt und untersuchte den Raum gründlich – Fenster, Türen. Nirgends die Spur eines Blitzeinschlags. Die Wachoffiziere wurden befragt, die Außenposten: Kein Fremder hätte ins Schloß eindringen können. Der Körper des Jungen wies keine Verletzungen, keine Blutergüsse, keinerlei Spuren von Gewaltanwendung auf. Man zog ihm ein langes Hemd an, und dabei bemerkte man einen blauen Fleck auf seiner Stirn. Der Zarewitsch war bereits ins Himmelreich eingegangen, und niemand hatte bemerkt, wann. Sein grundloser, stiller Tod stürzte alle in Verzweiflung. Bruce umklammerte den Kopf mit den Händen und stöhnte: »Mein Kind, du unschuldiger Märtyrer.«

Die Schaluppe mit dem Zaren traf erst in der Nacht ein, hohe Wellen und Gegenwind hatten die Fahrt behindert; die Jacht mit der Zarin blieb zurück. Menschikow erwartete Peter am Kai. Was er ihm erzählte, ist unbekannt.

Im Schloß zögerte der Zar lange, bevor er ans Bett des Zarewitsch trat. Er starrte auf den kleinen buckligen Hügel, den ein weißes Laken bedeckte.

Mit tropfnassem Rock und geschlossenen Augen stand er da, ohne wahrzunehmen, daß Bruce ihn ansprach. Als sei er eingeschlafen.

Er überwand sich und trat näher. Bruce schlug das Laken zurück. Beim Anblick seines Sohnes begann Peter zu weinen; er küßte seine Wange, berührte den blauen Fleck auf der Stirn, befühlte die gebrochenen Knochen und wich zurück.

Der Kummer des Zaren war schlimmer anzusehen als sein Zorn. Er zuckte, fiel auf die Knie, legte den Kopf auf die eingefallene Brust des Kindes. Alle Anwesenden entfernten sich ins Nebenzimmer.

Nach einer Stunde kam der Zar heraus, das Gesicht grau und versteinert, setzte sich in einen Sessel und forderte Bruce auf, seinen Bericht noch einmal zu wiederholen.

Diesmal erzählte er klar und ruhig, und dadurch wirkte das Ganze noch unglaublicher. Der Mann, der als erster aus dem Nebenzimmer gelaufen kam, hatte gesagt: »Ein Feuerkopf kam angeschwebt und küßte den Zarewitsch.« Es gab keine Spuren eines Blitzeinschlags, keine Beschädigungen, bis auf einen Fleck an einem silbernen Kerzenhalter. Mit wissenschaftlicher Gründlichkeit erwog Bruce alle möglichen Hypothesen und fand keine plausibel, es sei denn, man unterstellte das Wirken dunkler Mächte, aber auch dafür gab es keine Beweise, zudem ließ der Zar das nicht gelten. Allerdings gab es einen Umstand, den man nicht außer Acht lassen durfte: Drei Jahre zuvor war etwas Ähnliches geschehen, ebenfalls bei einem heftigen Gewitter. Ein Blitz hatte das Dach durchschlagen, das Gesims zum Einsturz gebracht. Bruce hatte sich damals den Arm verletzt. Er hatte neben dem einjährigen Zarewitsch gestanden; der lachte über die zuckenden Blitze, und Bruce schrieb anschließend an den Zaren, der sich auf einer Auslandsreise befand, wie mutig der Junge gewesen sei. Und noch etwas war interessant: Ein Blitz hatte den Gewehrkolben eines Wachpostens gespalten, der Posten selbst war unverletzt geblieben.

Worauf er hinauswolle, fragte der Zar, und Bruce antwortete, er glaube, das Gewitter damals sei eine Vorwarnung gewesen, die aber leider niemand verstanden habe. Es klang, als gebe er sich die Schuld daran. Sie hatten das Zeichen mißachtet, und darum habe die Strafe sie getroffen. Beim Wort »Strafe« verzog der Zar wütend das Gesicht, sprang auf und schrie: »Wovon redest du?«, doch Menschikow legte den Arm um ihn und beruhigte ihn: Hätte Gott ein Zeichen geben wollen, wäre es nicht so rätselhaft gewesen. Er küßte dem Zaren die Hand, gestand ihm, der Zarewitsch hätte ohnehin nicht lange zu leben gehabt, alles sei Gottes Wille, und es sei nicht unsere Sache, Ihn verstehen zu wollen, es habe wohl alles so sein müssen, die Wege des Herrn seien unerforschlich, und leidenschaftlich zitierte er: »So viel der Himmel höher ist als die Erde, so sind auch meine Wege höher als eure Wege und meine Gedanken als eure Gedanken.«

Menschikow beunruhigte nun vor allem eines: Die Gegner des Zaren könnten versuchen, den Tod des Zarewitsch gegen den Zaren zu verwenden, indem sie ihn als Zorn Gottes auslegten. Er forderte, jeden Schwätzer, der Gerüchte verbreitete, in die Geheimkanzlei bringen und ihm die Zunge abschneiden zu lassen.

Der Zar nickte zu allem nur teilnahmslos. Er willigte ein, die Totenmesse ohne großes Aufsehen abzuhalten, bei geschlossenem Sarg.

Nach der Messe fuhr Peter in die Admiralität zum Stapellauf eines Schiffes, und Menschikow freute sich, er glaubte, alles sei ausgestanden. Am Abend zog sich der Zar in seine Gemächer zurück und wies seine Burschen an, niemanden vorzulassen, egal, wie dringend die Angelegenheit sei.

Die Nacht verging und ein Tag, der Zar ließ sich nicht blicken und verweigerte Essen und Trinken. Aus seinem Zimmer drangen Stöhnen und Schluchzen.

Golikow schildert ausführlich, wie die Staatsgeschäfte ohne den Zaren ins Stocken gerieten, die Behörden lahmgelegt waren. Ein zweiter und ein dritter Tag vergingen. Vergebens klopfte Katharina an Peters Tür, rief nach ihm. Der ganze Hofstaat sorgte sich um sein Leben. In der Nacht schickte Katharina schließlich nach Jakow Dolgoruki; er allein konnte es wagen, sich über das Verbot des Monarchen hinwegzusetzen.

Der Fürst stand vor der Tür und lauschte; hin und wieder vernahm er das schwache Schluchzen des Zaren. Nach einigem Überlegen ordnete er an, am nächsten Morgen sollten sich alle Senatoren vor der Tür der Zarengemächer versammeln. Als alle eingetroffen waren, klopfte er und rief, der Senat verlange umgehend nach dem Zaren. Er drohte, die Tür aufzubrechen. Anderen Berichten zufolge erklärte er, wenn Peter nicht herauskomme, werde er entthront und ein neuer Regent gewählt. Gewagte Worte.

Peter öffnete die Tür, sah alle Senatoren vor sich, dazu Apraxin, Golowin, Buturlin, viele seiner Getreuen. Er wirkte ausgezehrt. Gramgebeugt, mit erloschenen Augen und Stoppelbart, hielt er sich am Türknauf fest. Als wäre er aus einer anderen Welt zu ihnen gekommen, wo es keinen Zaren gab, sondern nur einen vor Kummer wahnsinnigen Vater. Er betrachtete sie, als wisse er nicht recht, wer sie waren, und sie betrachteten ihn, manche mitleidig, manche ängstlich – würde er wieder der alte Zar werden? Oder würde er abdanken? Das hätten sie vielleicht sogar verstanden. Er hatte nicht nur seinen Thronerben verloren, er hatte den Allmächtigen erzürnt; Grund genug, sich ins Kloster zurückzuziehen.

Die Senatoren schwiegen, Peter ebenfalls.

Was ging in ihm vor? Niemand weiß es. Dieser Augenblick konnte vieles verändern. Menschikow und Bruce standen etwas abseits; sie hatten sich in diesen drei Tagen immer wieder Vorwürfe gemacht, daß sie den Sohn des Zaren, den dieser ihnen anvertraut hatte, nicht zu beschützen vermochten.

Fürst Dolgoruki brach als erster das Schweigen. Er sprach sachlich, beinah verächtlich: Länger könne der Zar nicht fernbleiben, die Geschäfte warteten nicht, es herrsche bereits Verwirrung. Majestät, das Unglück ist groß, aber es wird noch wachsen, wenn du dich ihm ergibst.

Peter ließ ihn ausreden. Er verbeugte sich.

»Ich danke euch, meine Herren Senatoren.« Er richtete sich auf und bedeutete ihnen, sie mögen sich entfernen. Noch am selben Morgen kehrte er nach Kronstadt zurück, um sich weiter um den Bau des Ostseekanals zu kümmern.

In den Papieren der Geheimkanzlei hatte Molotschkow Berichte gefunden über Gerüchte, die damals kursierten: Ein himmlischer Krieger habe mit seinem Speer den Thronerben getötet, aus Rache für den hingerichteten Bruder. Die Schwätzer wurden mit aller Härte zum Schweigen gebracht, und das Gerede hörte auf.

Was in Wirklichkeit mit dem Zarewitsch geschehen war, konnte Molotschkow sich zunächst nicht erklären. Einige Jahre später sprach er mit einem befreundeten Physiker, einem Fachmann für atmosphärische Elektrizität. Für ihn war die Diagnose eindeutig: Ein Kugelblitz. Diese Biester konnten alles mögliche anrichten, zum Beispiel durch den Schornstein ins Zimmer eindringen, einem Soldaten den Gewehrkolben spalten oder jemanden lähmen und ihm die Knochen brechen. Außerdem zischte ein Kugelblitz und roch nach Schwefel wie ein feuerspeiender Drache. Bekannt war ein Fall, da ein Kugelblitz in Preußen eine ganze Kuhherde samt Hirten getötet hatte. Aber es gab bislang keine schlüssige Theorie über Kugelblitze.

Das Geheimnis um Peters Tragödie war also gelüftet. Molotschkow triumphierte. Leider lebte die Dame aus dem Archiv nicht mehr, er hätte zu gern über ihren Mystikglauben gespottet. Molotschkow bereitete einen Aufsatz vor, doch dem Physiker kamen plötzlich Zweifel: Nicht ohne Grund hatte Jakow Bruce das Gewitter von 1716 erwähnt. Allem Anschein nach war auch hier ein Kugelblitz am Werk gewesen. Aber ein Kugelblitz zweimal hintereinander am selben Ort – das gab es nicht, das war ausgeschlossen. Natürlich hatte Bruce keine Ahnung von Kugelblitzen, trotzdem mußte man seine Beschreibung berücksichtigen. Dennoch – ein zweiter Kugelblitz, das war kein Zufall. »Die Gelehrten des 18. Jahrhunderts wußten weit mehr, als wir denken, sie beobachteten viel und nahmen darum manches besser wahr«, sagte der Physiker. »Die Geschichte der Wissenschaft ist nicht nur eine Geschichte der Entdeckungen, sondern auch eine Geschichte der Verluste.«

Im Tagesjournal von Peters Kanzlei fand Molotschkow eine Beschreibung des Gewitters von 1716 – sie stimmte mit der von Bruce überein.

Wieder war Molotschkow in einer Sackgasse. Sich auf die jenseitige Welt der alten Archivarin einzulassen, dagegen sträubte sich sein gesunder Menschenverstand. Die Existenz des Allmächtigen akzeptierte er bisweilen, aber Teufel, Zauberer, Geister und andere Mächte des Bösen wollte er nicht ernstnehmen.

An dieser Stelle brach Molotschkows Erzählung ab. Mehr hatte er nicht zu berichten. Wir waren uns einig, daß es nichts anderes gewesen sein konnte als ein Kugelblitz. Selbst die Wiederholung war möglich, es gab schließlich die unglaublichsten Zufälle.

Drjomow ermunterte Molotschkow, die falsche Bescheidenheit abzulegen, er habe schließlich herausgefunden, daß der Zarewitsch keines natürlichen Todes gestorben sei. Das sei doch immerhin eine Neuigkeit. Vielleicht war es ja ein tückischer Mord; auf jeden Fall habe er ein Geheimnis entdeckt, und das sei schon beachtlich.

Die Meinungen gingen auseinander: Vielleicht war es ein Blitz, vielleicht ein raffiniertes Verbrechen, bei dem jemand das Gewitter benutzte, um seine Rechnung mit dem Zaren zu begleichen, möglicherweise aus Rache für Zarewitsch Alexej; Peter hatte die Sache ja nie richtig untersuchen lassen.

Nur der Professor hielt sich zurück. Molotschkow fragte ihn, was er denn vermute. Der Professor seufzte irgendwie traurig, er habe schon eine Vermutung, aber die sei wohl kaum tauglich, denn er sei längst vom Materialismus abgerückt. Den Kugelblitz akzeptierte er, auch den unerhörten Zufall, aber das Ereignis selbst betrachtete er von einer ganz anderen Seite.

»Von welcher denn?«

»Der Kugelblitz war lediglich das Werkzeug.«

»Das verstehe ich nicht.«

»Der Kugelblitz traf ganz gezielt den Jungen. Irgend jemand hat ihn gelenkt.«

»Wohl höhere Instanzen«, sagte Drjomow.

Der Professor ignorierte den Spott.

»Durchaus möglich.«

»Interessante Nuance«, sagte Geraskin.

»Ich denke, hier wirkte das Gesetz der Vergeltung.«

»Was für ein Gesetz?« fragte Anton Ossipowitsch.

»Ein allgemeingültiges Gesetz, wie das Gesetz von der Erhaltung der Energie. Wenn das Böse ungestraft bliebe, könnte es sich grenzenlos ausbreiten. Das Gesetz der Vergeltung stabilisiert unsere Welt. Jede böse Tat wird so oder so bestraft, und das sorgt für die Balance in der Geschichte.«

Der Professor erläuterte seine Überzeugung: Dieses Große Gesetz stützt den Glauben an die Gerechtigkeit. Es wirkt ohne Ausnahme, die Vergeltung tritt zwangsläufig ein, ob nun sofort oder später, das Böse wird immer bestraft. Dadurch wird die Humanität aufrechterhalten und die Welt vor dem Chaos geschützt.

»Aber bei uns kann doch jeder machen, was er will!« rief Geraskin. »Bei uns wirkt überhaupt kein Gesetz!«

»Wer sorgt denn dafür, daß das Gesetz funktioniert, wer ist der Staatsanwalt?« fragte Anton Ossipowitsch.

Der Spott ließ den Professor unbeeindruckt; mit der Geduld des Fachmanns erklärte er, das Gesetz der Vergeltung hinge nicht von Behörden ab, nicht sie seien seine Vollstrecker. Er könne an Hitler erinnern, an Napoleon und Stalin, aber jeder Mensch habe das schon am eigenen Leib erfahren: Was du gesät hast, das erntest du. Das sei ein ewiges Gesetz, und Peter, obwohl Rationalist, habe die Gültigkeit dieses Gesetzes zweifellos akzeptiert. Darum habe er auch nicht versucht, die physische Ursache der Tragödie zu erkunden, nicht nach einem Mörder gesucht. Auch Bruce und Menschikow wußten, daß das Unglück kein Zufall war, nicht ohne Grund war es von Regen und Gewitter begleitet – hier waltete das Himmlische Gericht. Ein Jahr zuvor hatten sie Böses getan, vor allem Peter, darum wurde vor allem er bestraft. Den Vorfall von 1716 betrachtete Bruce als Warnung, weil es bereits damals Überlegungen gab, wie man Alexej unschädlich machen konnte.

Molotschkow fand die Strafe zu hart: Selbst wenn es ein Himmlisches Gericht geben sollte, wie konnte man ein unschuldiges kleines Kind töten, war das etwa gerecht? Warum hatte der Allmächtige geschwiegen, als Alexej der Prozeß gemacht wurde? Er hatte Peter kein Zeichen gegeben, ihn nicht zur Vernunft gebracht, sondern zugelassen, daß er Alexejs Hinrichtung beschloß. Wo war der Allmächtige da gewesen? Wie also hätte Peter handeln sollen, da Gott ihn alleingelassen hatte?

Molotschkows sonstige Friedfertigkeit und sein Respekt gegenüber dem Professor waren wie weggeblasen; er stürzte sich regelrecht auf ihn – die Angelegenheit machte ihm offensichtlich sehr zu schaffen. Schon möglich, daß Gott mehr wußte, aber warum hatte er nichts erklärt, wo war dann Peters Schuld? War es etwa barmherzig, ihn auf diese Weise zur Vernunft zu bringen? Dem Vater den einzigen Sohn zu nehmen, ohne jede Erklärung? War das etwa christlich? Vom Menschen verlangt Gott, er soll vergeben, aber er selbst? Molotschkow weinte fast, als ginge es um jemanden, der ihm nahestand.

»Wir denken anders als Peter«, sagte der Professor mitfühlend. »Jemand, der nicht glaubt, kann einen Gläubigen nur schwer verstehen. Zumal einen Menschen aus einer anderen Epoche. Ich bin kein Historiker, ich weiß nicht, wie sich der Glaube verändert hat, ich selbst bin nur bedingt gläubig, ich gehe nicht in die Kirche, mein Glaube ist die Ehrfurcht vor dem Wunder der Natur; wahrscheinlich ist dieses Wunder nicht von selbst entstanden, sondern durch einen Schöpfer. Aber das nur nebenbei. Ich denke, das Unglück hat Peter gezeigt, wie klein und hilflos er ist, er, der mächtige Selbstherrscher. Sein Wesen mochte sich dagegen sträuben, aber er mußte seine Niederlage eingestehen.«

»Was war denn seine Niederlage?«

»Daß der Mensch Gott nie verstehen kann«, antwortete der Professor ungewohnt ernst und irgendwie traurig.

Ohne eine Spur seiner sonstigen rhetorischen Sicherheit und gelehrten Überlegenheit bemühte er sich, das Vage, das er entdeckt hatte, zu erklären: Peter habe den Schöpfer trotz allem akzeptiert, und das habe ihm geholfen, aus dem Abgrund der Verzweiflung wieder aufzutauchen. Peter wußte, daß man Gott nicht verstehen kann: Der Herr gibt, und der Herr nimmt, und so sehr man auch hadert, man muß es hinnehmen, genau wie das Walten der Natur.

»Der Mensch kann diese Welt auch nie begreifen.« Der Professor zeigte auf den schwarzen, mit blinkenden Sternen übersäten Himmel. »Dieses Werk des Schöpfers ist ebenso unergründlich wie jede lebende Zelle. Dreihundert Jahre sind vergangen seit jenem Gewitter, und es ist noch immer unerklärlich.«

Molotschkow hob den Kopf.

»Sehen Sie, das heißt doch, daß Peter an die Sache heranging wie ein Wissenschaftler!« Doch dann sagte er bedrückt: »Nein, ich habe kein Glück. Der Kugelblitz war gelenkt. Das sagt das Gesetz der Vergeltung, das Professor Tscheljukin entdeckt hat und das ich anerkenne. Was soll ich darüber schreiben? Das ist doch horrender Blödsinn. Nein, ich habe kein Glück. Ich weiß, daß das alles geschehen ist, obwohl es nicht geschehen konnte.«

Geraskin hieb auf den Tisch.

»Männer, hört auf, mir den Verstand zu vernebeln. Ich will jetzt wissen: Wer hat die Sache gedeichselt? Faktisch?«

Alle schwiegen. Geraskin seufzte, goß den Rest Wodka in Molotschkows Glas und hielt es ihm hin, als Trost.

27

Wer gilt als glücklich?

Die ersten hochrangigen Ausländerinnen, denen Peter auf seiner Europareise begegnete, waren die Kurfürstin von Brandenburg Sophie Charlotte und ihre Mutter Sophie, Kurfürstin von Hannover. Sophie Charlotte war neunundzwanzig Jahre alt. Sie war europäisch gebildet, hatte zwei Jahre am Hof Ludwigs XIV. in Versailles verbracht – kein Wunder, daß Peters mangelnde Erziehung ihr auffiel. Doch seine Natürlichkeit und sein Verstand machten den ersten unangenehmen Eindruck bald wett.

Sie war einmal Schülerin von Leibniz gewesen, seitdem hatten beide ein ganz besonderes Verhältnis zueinander. Mit sechzehn wurde Sophie Charlotte mit dem späteren preußischen König Friedrich I. verheiratet, einem eitlen Mann, dessen Hauptinteresse luxuriösen Gewändern, Vergnügungen und der Hofetikette galt. Die Königin mied dieses Leben. Ihr Briefwechsel mit Leibniz zeugt von beiderseitigem erhabenem Gefühl; Leibniz war der einzige Mensch, dem sie ihr Herz ausschütten konnte. Sie interessierte sich für Philosophie und erörterte mit Leibniz gern philosophische Probleme. Sie verfügte über einen ausgeprägten gesunden Menschenverstand und fand oft Lösungen, wenn, wie Leibniz sagte, »die Philosophen mit ihrem Latein längst am Ende waren«. Sie ärgerte sich, wenn Leibniz ihr seine Arbeiten nur oberflächlich erklärte. Als er ihr seine Theorie unendlich kleiner Größen erläuterte, bemerkte sie ironisch, damit habe sie seit langem zu tun, sie brauche sich nur die ungebildeten, kriecherischen Höflinge anzusehen. Leibniz genoß ihren Geist, diskutierte mit ihr angeregt die Arbeiten des französischen Philosophen Bayle. Es waren glückliche Jahre, erfüllt von gegenseitiger Liebe. Leibniz war fasziniert von dieser Frau, die seiner würdig war, sowohl durch ihren Verstand als auch durch ihre Tapferkeit, die sie bewies, als sie wußte, daß ihre Krankheit sie bald gänzlich verzehren würde.

Der deutsche Philosoph hatte von Sophie Charlotte viel über den russischen Zaren gehört und begab sich zur Hochzeit einer anderen deutschen Prinzessin mit dem Zarewitsch Alexej nach Torgau an der Elbe, wo er Peter begegnete.

Wie er in einem Brief bekannte, war er weniger der Hochzeitsfeierlichkeiten wegen nach Torgau gefahren, als vielmehr, um den bemerkenswerten russischen Zaren zu sehen, und seine Erwartungen wurden nicht enttäuscht: »Die Begabungen dieses großen russischen Zaren sind wunderbar.«

Daß Peter von Leibniz fasziniert war und unbedingt seine nähere Bekanntschaft machen wollte, verwundert nicht. Erstaunlicher ist, daß Peters Geist das Genie Leibniz zu beeindrucken vermochte.

Die Engländer verbreiteten Gerüchte über Peter, die respektablen Höflinge rümpften die Nase und lachten über die Primitivität und Kulturlosigkeit des Zaren, Leibniz aber rieb sich zufrieden die Hände und schrieb sogar an seine Freunde:

»Ich neige dazu, dem russischen Zaren zuzustimmen, der mir sagte, daß ihn manche Maschinen mehr begeistern als die Sammlungen prächtiger Gemälde, die man ihm gezeigt hat.«

Peter hatte nämlich in England, statt im Königsschloß die berühmte Gemäldesammlung zu bewundern, seine Begleiter verlassen und war vor einem Gerät zur Messung der Windstärke stehengeblieben, das ihn mehr interessierte.

Mehrfach besuchte er die Münze. Auf seine Anordnung hin wurde eine Maschine zum Prägen von Münzen gekauft, und er wollte sehen, wie sie arbeitete. Die englische Münze wurde damals von Isaac Newton geleitet.

Menschikow begleitete Peter. Beide Russen machten offenbar einen guten Eindruck auf Newton, so gut, daß Menschikow später ein Diplom erhielt, das ihm bescheinigte, für sein Wirken im Dienste der Aufklärung in Rußland zum Mitglied der Königlichen Gesellschaft, der Britischen Akademie der Wissenschaften, gewählt worden zu sein. Das Diplom trug Newtons Unterschrift.

»Newton und Peter!« wiederholte Molotschkow; die Verbindung dieser beiden Namen begeisterte ihn. Zwei Genies, zwei große Persönlichkeiten des achtzehnten Jahrhunderts, hatten sich getroffen, und er war überzeugt, daß das kein Zufall war.

Voltaire schreibt in seiner »Geschichte Peters des Großen«, die Französische Akademie habe Peter ihre Raritäten gezeigt, doch die größte Rarität darin sei er selbst gewesen. Der Akademiesekretär bemerkte damals: »Die Geschichte kennt Herrscher, die durch Kriege und Eroberungen berühmt geworden sind, aber nur wenige, die sich durch Aufklärung Ruhm erworben haben.« In diesem Sinne hielt Voltaire Peter für eine Ausnahme. Französische Komplimente sind immer ein wenig übertrieben, das verlangte die höfische Etikette, aber hier begegneten die Franzosen in der Tat zum erstenmal einem Monarchen, den der Hof von Versailles weniger beeindruckte als die Vorlesungssäle der Sorbonne.

Sein Kontakt zu Gelehrten wurde für eine Grille, für Unerzogenheit gehalten. Tatsächlich verletzte er oft die Etikette, verhielt sich manchmal geradezu skandalös, nahm auf nichts und niemanden Rücksicht, folgte nur seinem eigenen Interesse.

Die erste Europareise war für Peter wie die Entdeckung zahlloser Wunder; alles mußte er anfassen und ausprobieren; er kam sich vor wie in einer Kunstkammer. Die zweite Reise, zwanzig Jahre später, unternahm er als reifer Mann. Er wußte, was er wollte, war hinreichend skeptisch und imstande, technische Neuheiten zu beurteilen, bewunderte Meisterwerke der Architektur und genoß die Begegnungen mit Intellektuellen.

In Paris suchte er den berühmten Geographen, Historiker und Kartographen Delisle auf, brachte ihm handgezeichnete Karten von Rußland. Lange erörterten beide die Geographie der südlichen Meere Rußlands, des Kaspischen und des Asowschen. Mehrfach besprach Peter mit Delisle die Ausrüstung einer wissenschaftlichen

Expedition, um diese Meere zu kartographieren. Sie berührten auch eine alte, interessante Frage: Was verband die Kontinente Asien und Amerika? Gab es zwischen ihnen eine Meerenge? Dieses Rätsel ließ Peter keine Ruhe, doch erst Jahre später war genug Geld da, um eine Expedition mit der Lösung zu beauftragen. Einen Monat vor seinem Tod schrieb Peter eine Anweisung für Vitus Bering, den Leiter der Kamtschatka-Expedition.

Delisle hatte noch bei keinem gekrönten Haupt ein derartiges Interesse für die Geographie erlebt. Noch mehr freute ihn das Bestreben des russischen Zaren, Rußland aufzuklären. Delisle empfahl Peter als Mitglied der Französischen Akademie der Wissenschaften und verfaßte ein Referenzschreiben, das Peter als Gelehrten auswies. Er nahm den Zaren mit auf eine Sitzung der Akademie. Man zeigte ihm das Modell einer Wasserpumpe, eine Sammlung von »Sternensteinen«, Sternkarten und archäologische Funde. Peters reger Verstand, vor allem aber sein lebhaftes, respektvolles Interesse für die Wissenschaften machten großen Eindruck – als Peters Kandidatur erörtert wurde, stimmten die Akademiemitglieder einstimmig für ihn. Sie fühlten sich geschmeichelt, daß »ein so berühmter Monarch aus Liebe zu den Künsten und Wissenschaften sich so herabzusteigen und unter partikulären Personen Platz zu nehmen beliebte«.

»Genug, es reicht«, stöhnten wir.

Aber Molotschkow war nicht zu bremsen, er überschüttete uns mit immer neuen Einzelheiten über Peters wissenschaftlichen Appetit, der mit den Jahren übrigens nicht abnahm.

Der berühmte Physiker, Mathematiker und Botaniker Réaumur zeigte ihm zum Druck vorbereitete Zeichnungen zur Kunstgeschichte. Der Druck farbiger Zeichnungen war etwas Neues. Einem kranken Greis wurde ein grauer Star entfernt – Peter wohnte der Operation bei und gratulierte dem Patienten zu seiner wiedergewonnenen Sehkraft.

Eine Spiegelfabrik, eine Gobelinmanufaktur, eine Weberei, die

Wirkungsweise von Springbrunnen – Peter verschlingt ausnahmslos alle Neuheiten der europäischen Wissenschaft und Technik, will alles sehen, ausprobieren, übernehmen. Um alles zu verstehen, reicht seine Bildung nicht aus, sein scharfer, schneller Verstand gleitet häufig nur über die Oberfläche, er hat keine Zeit zu verharren, zudem hätte er zum Beispiel die Philosophie Lockes ohnehin kaum verstanden, aber hören mußte er ihn unbedingt, ebenso den Mathematiker Fergusson. Zur Liste derer, mit denen er sich traf, gehören die größten Wissenschaftler seiner Zeit: der Astronom Halley, der französische Mathematiker Varignon, der Astronom Jean Cassini.

Die Leistungen von Wissenschaft und Erfindergeist lassen ihm keine Ruhe. Rußland muß schneller daran teilhaben, es braucht Aufklärung, Gelehrte; er ist überzeugt, daß man die Wissenschaften auf russischen Boden verpflanzen kann, daß sie dort angenommen und aufblühen werden, genau wie die Zitronen- und Apfelsinenbäume im Sommergarten.

Bei einem Besuch in Greenwich setzt sich Peter ans Teleskop. Stundenlang beobachtet er die Bewegung der Sterne. Sein Interesse begründet er damit, daß die Astronomie für die Seefahrt unentbehrlich sei. Er muß vor sich selbst die Zeitvergeudung rechtfertigen, die brennende Neugier, die ihn treibt. Fasziniert blickt er in die Unendlichkeit des Universums, in dem Myriaden von Welten blinken.

Die sichtbaren Sterne hatte Gott natürlich für die Seefahrer geschaffen, doch das Teleskop zeigte Peter auch Heerscharen anderer, unbekannter Sterne von unterschiedlicher Farbe und Helligkeit. Wozu waren sie da, was bedeuteten sie?

An die Astrologie, auf die Bruce verwies, glaubte er nicht; die Sterne konnten unmöglich Peters Entscheidungen lenken. Doch irgend etwas stand dort geschrieben, kommende Ereignisse, die Zukunft, vielleicht seine eigene – zu gern hätte er diese Nachrichten entziffert.

In Deutschland gab es keinen zweiten so großen Geist wie Leibniz. Man könnte meinen, Peter und er seien sich zufällig begegnet; keiner brauchte den anderen unbedingt. Doch es gab zu viele derartige Zufälle in Peters Leben.

Peter hatte vor, seine Untertanen »dem Zustand der Barbarei zu entreißen«. Ihrer beider Interessen trafen sich. Leibniz schlug vor, in Rußland Forschungen zum Magnetfeld der Erde zu organisieren und das Bildungswesen zu reformieren. Sie erörterten, wie man die Richter zu Ehrlichkeit bewegen und die Gesetze vervollkommnen könne. Leibniz spürte, daß er einen Mann der Tat vor sich hatte. Dieser mächtige Geist schöpfte aus Theorien, Gedanken und Ideen Anleitungen zum Handeln.

1705 starb Sophie Charlotte. Leibniz' Kummer war grenzenlos, er bekannte, er habe das größte Glück verloren, das einem Menschen zuteil werden kann. Verzweifelt unterbrach er für eine Weile seine wissenschaftliche Tätigkeit und jeden Briefwechsel. Er brauchte ein ganzes Jahr, um wieder zu sich zu kommen.

Leibniz wußte von Gelehrten, die eine hohe Stellung bei Hof erlangt hatten; sie wurden Minister, Berater, Prinzenlehrer, einige Gelehrte taten sich in Schlachten hervor oder waren gute Diplomaten. Aber außer Sophie Charlotte kannte er kein gekröntes Haupt, das sich ernsthaft für die Wissenschaft interessiert hätte. In dieser Hinsicht ähnelte der russische Zar seiner Geliebten.

Pedantische Historiker werfen Peter vor, er habe sein Werk nicht zu Ende geführt. Als hätte das je ein Herrscher geschafft. Viele von Peters Vorhaben blieben unvollendet, aber er gab den Anstoß dazu. Darin waren sie sich ähnlich, Peter und Leibniz. Leibniz hatte keine Zeit, alle seine Ideen bis zu Ende zu verfolgen, zu vieles entstand in seinem Kopf. Seine Sache war es, etwas zu entdecken, anzuregen.

Zweifellos fand Peter immer mehr Gefallen an dem blassen, dünnen Deutschen, einem unermüdlichen Erzähler, der voller Einfälle steckte, fröhlich und geistreich war und die Frauen liebte. Im Herbst 1712 verbrachte Peter seine gesamte Freizeit mit ihm; er nahm ihn mit auf eine Reise durch Deutschland, und sie besprachen in allen Einzelheiten die geplante Gründung einer Akademie der Wissenschaften in Rußland.

Bei allem Respekt vor Peter und aller Liebe zu ihm konnte sich Leibniz dennoch nicht vorstellen, daß er dieses Vorhaben tatsächlich werde umsetzen können. Als die Sache ins Rollen kam, kannte seine Freude keine Grenzen.

»Die Förderung der Wissenschaften«, schrieb er, »war immer mein Hauptziel, es fehlte nur ein großer Monarch, der sich genügend dafür interessiert hätte.«

Nun hatte sich ein solcher Monarch gefunden. Leibniz wollte sein Solon sein, der altgriechische Gelehrte, der den lydischen König Krösus unterrichtete. Auf dem Weg nach Dresden erzählte er Peter von einem Gespräch zwischen Solon und dem Fabeldichter Äsop. Krösus galt bekanntlich als reichster Mann der Welt. Er zeigte Solon seine Schätze und fragte ihn, ob er jemanden kenne, der glücklicher sei als Krösus. Solon antwortete mit der Geschichte zweier Brüder, deren Mutter Priesterin der Göttin Hera war. Als sie keine Ochsen hatten, spannten sich die beiden Recken selbst vor den Karren und brachten die Mutter in den Tempel. Da bat sie Hera, ihre Söhne mit dem größten Glück zu belohnen, das einem Menschen beschert werden könne. Die Göttin Hera erfüllte ihren Wunsch: Noch in derselben Nacht starben beide Söhne friedlich im Schlaf.

Diese Legende mißfiel Krösus. Er hielt seine Zukunft für sicher, und Solons Worten, die Götter verwehrten dem Menschen den Blick in die eigene Zukunft, maß er keine Bedeutung bei.

»Einen Menschen, der noch lebt, für glücklich zu halten, ist, als erklärte man einen Krieger zum Sieger, noch bevor der Kampf beendet ist«, schloß Solon.

Am nächsten Tag traf Äsop Solon auf der Straße und sagte zu ihm:

»Lieber Weiser, man sollte nicht mit Königen sprechen, und wenn es doch sein muß, dann sollte man ihnen lieber Angenehmes sagen.«

»Lieber Äsop«, erwiderte Solon, »man sollte nicht mit Königen sprechen, aber wenn es doch sein muß, dann sollte man ihnen die Wahrheit sagen.«

Ein Jahr später erlitt Krösus im Krieg gegen den Perserkönig Kyros eine Niederlage und geriet in Gefangenschaft; er wurde auf den Scheiterhaufen geführt und sollte verbrannt werden. Als das Reisig angezündet wurde, erinnerte er sich an Solons Worte und begann zu schreien: »Oh, Solon, oh, Solon!« Kyros ließ das Feuer löschen und fragte Krösus, nach wem er gerufen habe. Krösus erzählte ihm von Solons Mahnung. Nun erst habe er verstanden, wie dumm es sei, Reichtum für Glück zu halten. Der Perserkönig wurde nachdenklich und beschloß, Krösus zu begnadigen.

Leibniz' Gesellschaft war für Peter kurzweilig und lehrreich. Peter bewunderte seinen großen Geist. Die Monarchen in Deutschland und England wußten Leibniz' Genie nicht zu schätzen; sie hielten ihn für einen gewöhnlichen Hofbeamten. Als Chronist des Hauses Braunschweig mußte er dessen nichtige Geschichte niederschreiben, die diese Dynastie rühmen sollte. 1716, einige Monate vor seinem Tod, traf er sich noch einmal mit Peter, ganz vernarrt in diesen Mann. Er verbrachte mit ihm zwei Tage auf Schloß Herrenhausen bei Hannover.

Wieder verblüfft ihn Peters Geist:

»Ich staune über alles an diesem Regenten – seine Humanität, sein Wissen, sein scharfes Urteil.«

Zwei Genies fühlen sich selten zueinander hingezogen, meistens stoßen sich diese Welten ab. Der Gegensatz zwischen Leibniz und Newton wuchs sich zu einem jahrelangen Konflikt aus; niemand vermochte die beiden großen Männer zu versöhnen. Prinzessin Karoline, die Leibniz sehr schätzte, konnte den Streit der beiden um die Priorität nicht begreifen: Wenn sie etwas gleichzeitig entdeckt hatten, mußten sie sich deshalb gegenseitig zerfleischen? »Ihr seid beide große Männer unserer Zeit!« rief sie. »Ihr müßt euch versöhnen!«

Nach dem Tod seiner Geliebten Sophie Charlotte hatte Leibniz keinen Zuhörer mehr, den er in seine wissenschaftliche Polemik einweihen konnte. Er schilderte Peter seine Meinungsverschiedenheit mit Newton. Wie alle großen Gelehrten konnte Leibniz seine Ideen sehr verständlich darlegen. Dieser Engländer Newton, erklärte Leibniz, glaube, die Bewegung in der Natur bleibe nicht von selbst erhalten, sie werde ständig verausgabt, und Gott müsse sie immer wieder neu zuführen. Diese Auffassung ist gottlos, ereiferte sich Leibniz, das hieße ja, Gott sei wie ein schlechter Uhrmacher: Die Uhr, die er gebaut habe, das Universum, müsse ständig repariert und neu aufgezogen werden. Leibniz war der Ansicht, daß die Kräfte in der Natur nicht verloren gingen. Die Erde habe sich immer gedreht und werde sich ewig weiter drehen.

Mit einem ironischen Seitenhieb auf den Professor erinnerte Molotschkow daran, daß Leibniz, der Theoretiker, Philosoph und Begründer der Differentialrechnung, zudem auch ein guter Techniker war. Er befaßte sich mit der Ausrüstung von Bergwerken und allen möglichen Maschinen, erfand das Prinzip der Kolbenmaschine. Molotschkow schweifte ab, er beschrieb uns Leibniz: Ein blasser, magerer Mann mit einer riesigen schwarzen Perücke, gesprächig und quicklebendig, kaum der typische Gelehrte. Er sprudelte geradezu über vor Ideen, wanderte damit von einem europäischen Hof zum nächsten, mischte sich in die Politik ein, schlug ein Projekt nach dem anderen vor, konstruierte eine Rechenmaschine, schrieb Gedichte, analysierte Grabsteine, initiierte theologische Debatten. Ein gutherziger, fröhlicher Mann, der sich zwar schnell verliebte, aber immer Junggeselle blieb; er war ehrgeizig, bisweilen habsüchtig, der Umgang mit ihm war anstrengend, aber er erschloß Peter die unendlichen Weiten menschlichen Denkens.

Schade, daß Leibniz die Eröffnung der Akademie der Wissenschaften in Petersburg nicht mehr erlebte, nicht mehr erfuhr, daß Peter ihr gemeinsames Projekt verwirklicht hatte.

Leibniz war zweiundzwanzig Jahre älter als Peter. Er beneidete den jungen Monarchen, der keinen Wert legte auf Etikette und so ganz anders war als andere Regenten, um seine Ungezwungenheit, zum Beispiel im Umgang mit einfachen Handwerkern, vor allem mit Seeleuten.

Schiffbau war damals eng mit der Kunst verbunden. Die Segelboote verlangten nach Architektur, nach harmonischen Proportionen, nach Schönheit; sie wurden mit Figuren und Schnitzereien verziert. Bis heute mißt sich die Wissenschaft an der Schönheit. Der große Physiker unserer Zeit Paul Dirac äußerte: »Die Schönheit einer Gleichung ist wichtiger als ihre Übereinstimmung mit dem Experiment.«

An erster Stelle stand natürlich der Nutzen, aber Peter begann zu ahnen, daß es ohne Schönheit nicht geht, daß auch sie ihre Bestimmung hat. Die militärischen Siege Rußlands mußte man so feiern, daß jeder ihre Bedeutung begriff. Man mußte Triumphbögen bauen, die nach etwas aussahen. Einen Sieg zu erringen war zu wenig, man mußte ihn auch demonstrieren, verewigen. Festliche Feuerwerke, Explosionen, Funken- und Sternesprühen waren natürlich beeindruckend. Doch die reine Schau genügte Peter nicht, er brauchte ein Spektakel, das den Anlaß verdeutlichte und sich fürs ganze Leben einprägte.

Ein Feuerwerk versinnbildlichte die Schlacht bei Poltawa: Der magere schwedische Löwe stürzt sich auf eine Säule mit der russischen Krone, will sie umwerfen, wie zuvor die Säule mit der polnischen Krone. Doch die russische Säule wankt nicht, der russische Adler bezwingt aus der Höhe den verwirrten Löwen. Was kann ein Löwe schon ausrichten gegen einen Adler, der Feuerpfeile schleudert – schließlich wird er in Stücke zerfetzt, die Zuschauer rufen »hurra!«, das Ziel ist erreicht, der Sieg bei Poltawa anschaulich demonstriert.

Auf der Suche nach neuen Kombinationen, neuen Farben arbeitete Peter selbst in pyrotechnischen Labors. Wenn ein Feuerwerk fertiggestellt war, konnte er es sich oft nicht versagen, die Vorstellung eigenhändig zu dirigieren. Das war ziemlich gefährlich, die Stoffe waren explosiv, einmal hätte er sich um ein Haar ernstlich verbrannt.

Molotschkow meinte, Peter habe drei Leidenschaften gehabt:

die Aufklärung, die Seefahrt und Feuerwerke. Wissenschaft, Wasser und Feuer.

Gelesen hat Peter vermutlich wenig, aber weit mehr, als wir annehmen. Gut vertraut war ihm die Bibel; das war eine gute Grundlage. Die damaligen Gelehrten betrachteten die Heilige Schrift als göttliche Offenbarung. Außerdem kannte er einige der Bücher, die er zur Übersetzung empfahl, Schriften von Luther, Arbeiten zur russischen Geschichte und Teile der römischen und griechischen Mythologie.

Viele berühmte Denker begnügten sich mit einer einzigen Lektüre – der Bibel.

Auch für Peter war die Bibel das wichtigste Buch, das Buch der Bücher; sie enthielt alle Aspekte des menschlichen Denkens, alle Probleme des Staates und der menschlichen Beziehungen.

Und er liebte Äsop, wie wir wissen.

Nach der Schlacht am Pruth bat der österreichische Gesandte Peter um eine Audienz. Der Zar empfing ihn in Petersburg. Vor dem Feldzug hatte sich Peter einige Male vergebens um die Hilfe des österreichischen Kaisers im Kampf gegen die Türken bemüht; der Pruth-Feldzug hatte ja mit einer Niederlage geendet, Peter wäre beinahe in Gefangenschaft geraten.

Der Gesandte, angetan mit einer Parade-Uniform, überreichte ein Schreiben des österreichischen Kaisers Karl VI., der Peter dazu beglückwünschte, daß er dank seiner Weisheit und göttlichen Beistands der großen Gefahr entronnen sei.

Der teilnahmsvolle Text enthielt ein winziges Lächeln, gut getarnt und deshalb um so deutlicher. Die damalige Diplomatie bediente sich äußerst subtiler Mittel, im Umgang der Regenten miteinander waren Anspielungen und mehr oder weniger versteckte Andeutungen gang und gäbe. Das Lächeln bezog sich auf die weise Voraussicht des österreichischen Kaisers und den Mißerfolg des russischen Feldzugs.

Sich selbst gegenüber war Peter schonungslos und bekannte offen seine Fehler. Als seine Anhänger ihm nach dem Pruth-Feldzug zur glücklichen Heimkehr gratulierten, sagte er: »Mein Glück ist, daß ich statt hundert Stockschlägen nur fünfzig bekommen habe.« Doch mit sich selbst hart ins Gericht gehen ist eines, etwas anderes aber ist es, den Spott eines Ausländers hinzunehmen, noch dazu des trägen, feigen, treulosen österreichischen Monarchen.

Alle warteten gespannt auf Peters Reaktion. Würde er explodieren, einen Skandal vom Zaun brechen oder die Pille schlucken, die Gratulation entgegennehmen, als hätte er die Anspielung nicht bemerkt?

Er hörte den Gesandten ruhig an und fragte ihn plötzlich, ob er Latein lesen könne. Als dieser bejahte, holte Peter aus seinem Kabinett einen Band Äsop, schlug eine bestimmte Fabel auf und reichte dem Gesandten das Buch.

»Lest, lest«, sagte er.

In der Fabel ging es um einen Ziegenbock und einen Fuchs. Beide waren in einen Brunnen gefallen; der Fuchs kletterte an den Hörnern des Ziegenbocks heraus und lachte diesen dann aus.

Der Gesandte lächelte, wollte das Ganze als Scherz auffassen. Schweigend und vorwurfsvoll sahen alle ihn an, niemand erwiderte sein Lächeln.

Er verbeugte sich verlegen.

»Ich wünsche Euch einen angenehmen Abend«, sagte Peter und zog sich zurück.

28

Träume

Peter achtete auf seine Träume, er nahm sie ernst, versuchte hartnäckig, hinter den Sinn des anderen Lebens zu kommen, das nachts ablief. Wenn er aufgewacht war, diktierte er den nächtlichen Traum einem seiner Burschen. Manche Träume kamen immer wieder, meist Alpträume wie dieser: Er weint, seine Mutter wischt ihm die Tränen ab, öffnet die Truhe, um ein Hemd herauszuholen, und aus der Truhe springen abgehackte Köpfe.

Es gab verworrene Träume, die aber eine bestimmte Bedeutung hatten: Peter steht auf einem Schiff, das Schwierigkeiten hat anzulegen; er gibt Kommandos, aber irgendwelche Liliputaner hören auf zu rudern, er stürzt sich mit dem Knüppel auf sie, da taucht ein Schwarm Bienen auf; Peter wehrt sie ab, zieht sich in die Kajüte zurück, dort wird er von Gelehrten mit Perücken empfangen; sie zeigen ihm unbekannte Karten, geben ihm ein Fernrohr, und er sieht ein Eichenwäldchen übers Feld laufen, in dessen Geäst der blutüberströmte Kopf von Karl hängt.

Träume enthielten Warnungen und Ratschläge. Jakow Bruce legte sie auf seine eigene Weise aus, meist im Sinne einer Aussöhnung. Einige Träume deutete Peter selbst: Nachdem er geträumt hatte, wie Soldaten ein Rudel Tiger am Meeresstrand entlang treiben, entschied er, den Krieg fortzusetzen.

In seinen seltenen prophetischen Träumen erschienen ihm sein Bruder Iwan oder Franz Lefort, erinnerten ihn an etwas oder erteilten ihm einen Rat. Im Traum zeigte er seiner Mutter die Schlösser am Newa-Ufer. In seinen Träumen ging es manchmal fröhlich zu, manchmal schmerzlich, und er bekam kluge, sogar weise Worte zu hören. Er trank, tanzte, trieb Schabernack, war ein Kind.

Träume – das war Geraskins Gebiet. Er verschenkte keine Nacht. Träumen war für ihn wie fernsehen. Er träumte immer von etwas Außergewöhnlichem, Verblüffendem – von Havarien, unglaublichen Frauen und Rendezvous. Bevor Molotschkow in unsere Runde gekommen war, hatte er uns mit seinen Träumen unterhalten. Seine Träume waren detailliert, logisch und zusammenhängend. In letzter Zeit träumte er ständig vom Trinken. Geraskin war passionierter Biertrinker und kannte sich mit den verschiedenen Sorten gut aus. Der während der Krankheit angestaute Durst entlud sich im Traum in Form von schweren Krügen mit überschäumendem Bier. Er stieg hinab in Keller, in denen kalte Bierfässer standen. Das Bier schoß heraus wie aus einer Feuerspritze. Schwarzes, helles, braunes, goldschimmerndes. Süßliches, bitteres, würziges, scharfes, nach Ingwer schmeckendes. Bier, versicherte uns Geraskin, mache den besten Rausch: Je mehr man trinke, desto fröhlicher, gutmütiger werde man. Bier mache menschenfreundlich, Wodka dagegen böse und gewalttätig. Sein grobes Gesicht wurde sanft und glatt, wenn er seine Hymnen auf das Biertrinken sang. Das Gute an Bier sei, daß man es nicht hinunterstürzen könne, es verlange nach Muße und einem angenehmen Gespräch. Sich im Hauseingang mit Bier zu betrinken sei schier unmöglich. Selbst am Kiosk, bei Wind oder Nieselregen, seien Biertrinker zu offenherzigen Gesprächen aufgelegt. Auch wenn ein Kiosk natürlich kein Ersatz sei für eine Bierstube – Biertrinken am Kiosk sei das Gleiche wie Frühstücken auf einer Parkbank.

Die Geschichten über Peter hatten bei Geraskin eine Reihe von Träumen ausgelöst, in denen Peter auf seinen Rat hin Rußland vom Wodka abbrachte und zum Biertrinken bekehrte. Was zu einer Milderung der Sitten und zum Aufblühen des Landes führte.

»Und du hast das Aufblühen miterlebt?« erkundigte sich Anton Ossipowitsch.

»Wer nie träumt, dem kann man das sowieso nicht erklären«, wehrte Geraskin ab. »Ich gehe also hin zu Peter Alexejewitsch, sage zu ihm, so und so, Majestät, ich schlage vor, das Trinken umzugestalten. Er hat sofort das Wesentliche erfaßt, im Gegensatz zu euch, seinen Nachkommen, hat mich umarmt, dreimal geküßt und gesagt: Fahr zu den Tschechen, Jewgeni, lerne, wie sie das in Pilsen machen, und dann ab nach Bayern! Dann hat er Menschikow und die anderen Chefs zusammengeholt, die verschiedenen Biersorten probieren, die Peter und ich einführen wollten: deutsche, irische. Ich erzähle ihnen, wieviel Rußland spart, wenn Schluß ist mit dem Wodka. Jemand schlägt vor, auf Kwaßbier umzusteigen. Das ginge zwar, aber richtiges Bier ist billiger und gesünder; ich beweise das mit Zahlen und Krügen, bis alle ganz begeistert sind und für das Bier stimmen. Eine neue Zeit bricht an. Das Volk erstarkt so sehr, daß niemand mehr Rußland einholen kann. Ihr könnt's euch ja selber ausrechnen: Sagen wir, man trinkt maximal fünf Krüge am Tag. Statt einer kleinen Flasche. Das macht im Monat ...«

Wir rechneten alle genüßlich mit.

29

Die Maske

Papst Klemens der Soundsovielte, der viel vom russischen Zaren gehört hatte, wollte in das Wachsfigurenkabinett des Vatikans eine Peter-Figur stellen. Diese Sammlung beherbergte die größten, bedeutendsten Persönlichkeiten der europäischen Geschichte seit der römischen und griechischen Antike, von Aristoteles und Mark Aurel bis zu Ludwig XIV. Cromwell war dort zu sehen, Philipp von Spanien, Lorenzo Medici, Richelieu usw. In diese erlauchte Gesellschaft aufgenommen zu werden, bedeutete höchste Würdigung, nicht unbedingt der Tugenden einer Person, aber doch ihrer Berühmtheit. Man bestimmte einen Platz für Peter und lud ihn ein. Niemand würde sich sträuben, in die erste Reihe der Berühmtheiten aufgenommen zu werden. Eitel genug war Peter. Kurzlebige Auszeichnungen waren ihm gleichgültig, er strebte nach Weltruhm, wollte für Jahrhunderte in die Geschichte eingehen. Auch den Titel Imperator hatte er sich deshalb zugeeignet und noch zu Lebzeiten den Beinamen »der Große« bekommen. Genies begnügen sich nicht mit Geringem, sie haben ihr eigenes Maß. Bescheiden sind sie in Bezug auf Essen, Kleidung und Wohnung, denn nicht daran mißt sich der wahre Wert.

Zur Anfertigung der Wachsfigur lud Klemens Peter nach Rom ein. Er mußte genau vermessen, jedes Detail seiner Gliedmaßen und seiner Kleidung festgehalten werden. Peter plante seit langem eine Italien-Reise. Rom war damals das Zentrum der Kunst. Antikes und Neues verschmolzen in dieser Stadt harmonisch miteinander. Leider konnte Peter Rußland in diesem Jahr nicht verlassen. Die Friedensverhandlungen mit Schweden standen kurz vor dem Abschluß; die zwanzig Jahre Nordischer Krieg mußten endlich mit dem Sieg Rußlands besiegelt werden. Außerdem verbarg sich Zarewitsch Alexej in Österreich, spann Intrigen und weigerte sich zurückzukehren. Peter konnte auf keinen Fall weg, doch dem Papst abzusagen war auch unmöglich. Nach längerer Beratung wurde beschlossen, dem Vatikan eine Gipsmaske von Peter zu schicken sowie Gipsabdrücke seiner Hände und Füße. Mit deren Anfertigung wurde der italienische Bildhauer Bartolomeo Carlo Rastrelli beauftragt. Er war bereit, auch die ganze Wachsfigur des Zaren herzustellen, doch dafür hatte der Vatikan seine eigenen Meister, seine eigene Schule.

Rastrelli arbeitete seit drei Jahren in Rußland. Peter hatte den damals bereits berühmten Künstler in Frankreich kennengelernt und nach Rußland eingeladen; er wollte ein Denkmal haben, ein Reiterstandbild, ähnlich wie das für den »Sonnenkönig«, das er in Paris gesehen hatte.

Der Papst war einverstanden, Rastrelli bereitete alles vor. Auch er selbst brauchte die Gipsmaske, denn Peter hatte ihn beauftragt, gleichzeitig eine Wachsbüste anzufertigen. Bemalte Wachsbüsten und Medaillons kamen damals gerade in Mode. Zum Modellsitzen hatte Peter keine Zeit, aber er ließ sich überreden, einen Gipsabdruck von seinem Kopf nehmen zu lassen.

Rastrelli warnte den Zaren, die Prozedur sei schmerzhaft. Peter wollte alles genau wissen. Der Kopf müsse kahlgeschoren und der Schnurrbart abrasiert werden. Dann müsse der erstarrte Gips zerschlagen werden, das heißt, man würde den Zaren auf den Kopf schlagen. Und andere Unannehmlichkeiten mehr. Ob der Zar das auf sich nehmen wolle? Peter überlegte kurz und willigte ein. Nicht nur aus Eitelkeit – ihn reizte auch die Technologie, die er ausprobieren wollte, wenn es sein mußte, auch am eigenen Leib. In diesem Fall war er lediglich Objekt eines Experiments, und dieses Objekt behandelte er genau wie jeden anderen Menschen, ohne Rücksicht auf die persönliche Bequemlichkeit.

Als es soweit war, setzte Peter sich in einen Sessel, Arme und Oberkörper wurden angeschnallt. Er mußte stillsitzen, durfte keine Anweisungen erteilen. Über die Augen wurden Pflaster geklebt, Kopf und Gesicht mit Gänsefett eingerieben, dann wurde ihm eine kleine Tonne als Verschalung über den Kopf gestülpt und festgeschnürt. Nachdem man ihm Röhrchen in die Nasenlöcher gesteckt hatte, durch die er atmen konnte, wurde die ganze Konstruktion mit flüssigem Gips gefüllt. Peters Burschen wohnten der riskanten Operation mit Luchsaugen bei. Es brauchte ja nur jemand die Röhrchen zu verstopfen, und aus war es, Seine Majestät würde ersticken. Er war hilflos, konnte kein Zeichen geben. Hinterher wäre kaum noch herauszufinden, ob es Absicht gewesen war oder nicht.

Schweigend warteten alle, bis der Gips erstarrte. Aus den Röhrchen drang Schnaufen.

Neben Bartolomeo Rastrelli stand sein Sohn, der künftige Architekt der neuen Hauptstadt. Endlich war der Gips erstarrt. Vorsichtig wurde die Verschalung gelöst, dann der weiße Gipsblock zerschlagen, der den Kopf des Zaren umhüllte. Eine andere Methode kannte man damals noch nicht. Der Kopf durfte nicht verletzt werden und der Gips nicht zerbröckeln, er mußte in große Stücke auseinanderbrechen.

Standhaft ertrug der Zar die Tortur, ohne zu klagen und zu schimpfen. Er dankte dem Meister, ließ sich einen Spiegel bringen und lachte über seinen fremd aussehenden kahlen Kopf, der ohne die lockige Mähne überraschend klein wirkte.

Die Maske wurde erstklassig. Eigentlich war es mehr als eine Maske, es war ein vollständiger Abdruck von Peters Kopf. Rund, mit hoher Stirn, vollen Wangen, die Lippen zusammengekniffen; obwohl er still und geduldig dagesessen hatte, strahlte das tote weiße Gipsgesicht eine gewaltige, bedrohliche Kraft aus. Rastrelli fertigte zwei Abgüsse; der eine wurde an den Vatikan geschickt, der andere sollte, sobald der Bildhauer ihn für seine Arbeit nicht mehr benötigte, auf Peters Anordnung in die Kunstkammer gebracht werden.

Die vom lebenden Peter genommene Maske half Rastrelli später bei der Arbeit an seinem Peter-Denkmal.

Molotschkow hatte von seinen Schülern eine Kopie des Kopfes geschenkt bekommen, die nun in seinem Arbeitszimmer stand. Er behauptete, der schneeweiße Gipskopf sei voller Leben, in den hervorquellenden Augenhöhlen blitze zuweilen etwas auf, das an ihn, Molotschkow ganz persönlich gerichtet sei.

Diese Lebendigkeit sei geradezu beunruhigend; sie erinnerte Molotschkow an einen Ausspruch, den er irgendwo gelesen hatte: Die interessanteste Oberfläche auf der Welt ist das menschliche Gesicht.

In der Kunstkammer stand Peters Kopf neben dem in Spiritus eingelegten Kopf von Wilhelm Mons. Der Scharfrichter hatte ihn abgehackt und auf einen Pfahl gespießt, wo er eine Weile Wind und Regen ausgesetzt und ausgeblichen war; auch in Spiritus wirkte er zerknittert und farblos.

In der Kunstkammer erkannte kaum jemand in dem ausgestellten Gipskopf Peter. Man hielt ihn für einen der Großen aus der Antike.

Nach Peters Tod fertigte Rastrelli doch noch eine Wachsfigur von Peter an. Sie sitzt in einem Sessel in der Eremitage. Peter trägt ein prächtiges, silbersticktes Gewand, das für die Krönung von Katharina angefertigt worden war. Scharlachrote Strümpfe mit silbernen Streifen, silberne Spangen an den Schuhen.

30

Strengt Euch an, Peter Alexejew!

Er hatte einen unerklärlichen Hang zur Schlichtheit; Prunk war ihm lästig, wie jedem echten Gelehrten und kreativem Menschen.

Katharina ließ ihm für ihre Krönung einen prächtigen Kaftan anfertigen. Als der Zar ihn anzog, war sie entzückt, so gut stand ihm das blaue, silberbestickte Tuch. »Ach, Väterchen, wie gut er dir zu Gesicht steht, wie gern würde ich dich immer so gekleidet sehen!«

Worauf Peter erwiderte: »Unfug! Ein Herrscher soll sich von seinen Untertanen nicht durch Putz und Prunk unterscheiden, schon gar nicht durch Luxus. Außerdem behindert solche Kleidung mich nur.« Er kleidete sich unauffällig, trug meist ein und denselben grauen Kittel, ein und dieselben Schuhe. Er schlief auf einem einfachen Lager, ernährte sich bescheiden, mochte keine Juwelen. Ein Ausländer brachte einmal einen großen Diamanten nach Rußland, im Glauben, der Zar, der Raritäten liebte, würde ihn kaufen. Peter drehte den Diamanten hin und her, bewunderte seinen Glanz, lehnte aber einen Kauf ab. »Es wäre unverzeihlich, diesen glitzernden Tand so teuer zu bezahlen. Eitelkeit, die Begleiterin der Unvernunft, weckt nur den Wunsch, sich herauszuputzen. Gäbe es einen Diamanten von der Größe eines Mühlsteins, man würde ihn sich ungeachtet seines Gewichts um den Hals hängen.« Und das war nicht nur so dahingesagt, um seine Untertanen zu beeindrucken. Als man ihm in Frankreich die französischen Kronjuwelen zeigen wollte, verzichtete er darauf, sie interessierten ihn nicht. Über nichts wunderte man sich so sehr wie darüber. Die Menschen seiner Zeit fanden eine solche Gleichgültigkeit gegenüber Juwelen dumm, besonders bei einem Monarchen.

Peter war auch unerbittlich gegen jede Geckenhaftigkeit bei anderen. Wenn er einem jungen Stutzer begegnete, der vielleicht noch in einer protzigen Kutsche saß, hielt er ihn an und fragte ihn nach seinem Namen und nach seinen Einkünften. Wenn er feststellte, daß der Luxus nicht den Einkünften entsprach, dann tadelte er den Betreffenden für seine Verschwendung, bestrafte ihn bisweilen sogar, schickte manch einen für zwei Monate zu den Matrosen.

Einer der jungen Männer, die er zum Studieren nach Frankreich geschickt hatte, kehrte als eitler Modenarr zurück. Im eleganten Wams mit Spitzenbesatz stolzierte er durch die Stadt, voller Pomade und Puder, in weißen Seidenstrümpfen und Lackschuhen. Peter sah ihn, hielt seinen Einspänner an, in dem er in die Admiralität zur Arbeit fuhr, stieg aus, nahm den jungen Mann am Arm und erkundigte sich nach seinem Studium in Frankreich. Er ließ ihn links gehen, neben dem Einspänner, der ihn mit Schmutz bespritzte. Peter machte das nichts aus, er trug seinen grauen Tuchkaftan, grobe Wollstrümpfe und geflickte Schuhe mit Eisenspangen; das schmucke Gewand des jungen Laffen aber, die Strümpfe, die Spitze, färbten sich schwarz vom Schmutz, doch Peter ließ ihn nicht los.

»Das ist grob und häßlich«, urteilte der Professor. »Schöner Zeitvertreib für ein Staatsoberhaupt. Ihr Liebling war ziemlich kleinlich.«

»Wie man's nimmt«, sagte Geraskin nachdenklich. »Eine Kleinigkeit, das stimmt, aber immerhin bis heute überliefert.«

»Die Geschichte hat übrigens meinen Schülern imponiert. Ein Junge hat zu der Szene sogar ein Bild gemalt. Auch Peters Zeitgenossen waren davon sehr angetan. Ebenso beeindruckt war Europa später von Napoleons schlichtem Tuchrock.«

Woraufhin der Professor natürlich die Militärjacke erwähnte, die Stalin immer getragen hatte, genau wie Mao.

Auf seiner Europareise lernte Peter die Höfe großer und kleiner Herrscher kennen, die vor allem damit beschäftigt waren, ihre Größe zu demonstrieren. Prächtige Jagden, Bälle, Ausfahrten, Gewänder, Schlösser – das alles zehrte unendlich an den Kassen. Doch darauf wurde keine Rücksicht genommen.

Vorbild für alle europäischen Höfe war der Kult des »Sonnenkönigs« Ludwig XIV., der aus einer Vielzahl von Zeremonien bestand. Von morgens bis abends umgab den König der goldbetreßte, gepuderte Hofadel mit ritueller Feierlichkeit.

Im Vorzimmer warten die Höflinge, bis die Türen des Schlafgemachs geöffnet werden. Wenn der König erwacht ist, dürfen zuerst die Prinzen und Prinzessinnen hinein, dann die Ärzte: der Leibmedikus, der Leibchirurg. Ihnen folgt der große Aufzug: Kammerherr, Garderobier, Herzöge, Kammerjunker, Friseure. Einer von ihnen darf den König waschen. Der König hält die Hand über eine vergoldete Schale, sie wird mit Weingeist abgespült. Er spricht ein Gebet, steht auf, der Kammerherr hüllt ihn in seinen Morgenmantel. Der König begibt sich zu einem Sessel. Höflinge kommen herein, um ihn anzukleiden. Sie ziehen ihm das Nachthemd aus, bringen ein frisches Hemd, Strümpfe und Schuhe. Für jeden Gegenstand ein anderer Rang – die gesamte Liste der Höflinge, die den König bedienen, umfaßt siebenhundert Seiten!

Die Einnahme von Medikamenten, das Essen, das Sitzen auf dem Nachttopf oder besser Toilettenstuhl – alles war ritualisiert, wurde öffentlich vollzogen. Ludwig XIV. hatte sich selbst zum Gott erklärt und nährte diesen Glauben in der Gesellschaft. Er war, wie es ein russischer Historiker ausdrückte, der Schöpfer seines eigenen Kults und zugleich dessen erster Anhänger. »Die Nation ist in Frankreich kein eigenständiger Organismus, sie besteht voll und ganz aus der Person des Königs«, belehrte er seinen Thronfolger.

Während eines Kuraufenthalts in Karlsbad wurde Peter von der ortsansässigen Fürstenfamilie eingeladen. Die Gastgeber brachten ihn in ihr Schloß, wo bereits ein üppiges Mahl wartete. Es dauerte sehr lange, so daß der Zar am Ende ganz erschöpft war. Anschließend wurde er durchs Schloß geführt, das er voller Neugier besichtigte. Die Gastgeber wollten wissen, wie ihm ihr Anwesen gefiele.

Ein großartiges Gebäude, antwortete Peter, aber es hat einen Fehler. Welchen denn, fragten die Gastgeber besorgt. Die Küche ist zu groß, erwiderte Peter.

Peter wollte weder dem französischen Monarchen noch den deutschen Kurfürsten nacheifern. Ihm wird oft vorgeworfen, er habe westliche Standards eingeführt, dabei provozierte er die europäischen Höfe durch seine Ablehnung der kultähnlichen Rituale, der einengenden Sitten des monarchistischen Europas. Und zugleich zerstörte er die Traditionen des russischen Zarenhofs.

»Warum?«

»Um die Staatskasse zu schonen. Das Geld wurde für Wichtigeres gebraucht. Die alten Bräuche banden ihm die Hände. Daß er den Bojaren die Bärte schor, das war eine Bagatelle, die Jugend begrüßte den neuen europäischen Stil, auch die Kleidung. Entscheidender war die Revolutionierung des Hofalltags. Nehmen wir das Personal des Zarenhofs, allein für die riesigen Jagden: Hundeführer, Treiber, Jäger – alle diese Posten schaffte er ab. Er orientierte sich nicht an Europa, er hatte seine eigenen Vorstellungen. Er sparte Beschließer, Kämmerer, Steigbügelhalter; eine radikale Stellenkürzung, wie es sie nach ihm nie mehr gegeben hat. Über Tausend Müßiggänger ersetzte er durch einige Burschen und Diener. Am Zarenhof gab es dreitausend Pferde für Ausfahrten, dazu weitere viertausend Arbeitspferde. Er kürzte die Anzahl auf ein Minimum. Zu seiner persönlichen Bedienung behielt er einen Kammerdiener und sechs Burschen, von denen jeweils zwei ihn ständig begleiteten. Die Burschen waren seine Adjutanten, Kuriere und Sekretäre. Sie waren seine Lakaien, standen bei Ausfahrten hinten auf der Kutsche und dienten ihm bisweilen als Kissen. Wenn er unterwegs schlief, bettete er seinen Kopf auf den Bauch eines Burschen, um ruhiger zu liegen. Er bewertete jeden Menschen nach der Arbeit, die dieser tat. Auch sich selbst.«

»Wie das? Er war der Zar«, sagte der Professor. »Ungeachtet jeder Bewertung blieb er nun mal der Zar.«

»Er trug Dienstränge, bei der Armee und bei der Flotte.«
»Na und?«
»Einmal wurde bei der Flotte der Posten des Vize-Admirals vakant. Peter bewarb sich darum. Er besaß damals den Rang eines Konteradmirals, den er sich ehrlich erdient hatte. Bei der Flotte hatte er faktisch alle Ränge durchlaufen. Er fing als Schiffsjunge bei Kapitän Mus an, und zwar mit einem Eifer, der diesen ganz aus der Fassung brachte. Dieser Mus konnte nicht glauben, daß der Zar tatsächlich als Schiffsjunge dienen wollte, und befahl ihm im Scherz, ganz oben auf dem Schiffsmast einen Knoten zu knüpfen. Ohne zu überlegen, stürzte sich Peter an die Ausführung. Es wehte ein starker Wind. Der Kapitän rief, Peter solle sofort herunterkommen. Peter knüpfte den Knoten, kletterte hinunter und beruhigte den Kapitän. Die Ausländer konnten nicht begreifen, daß der Zar als Matrose oder als Kanonier diente, und zwar ganz im Ernst. Nun reichte er also nach allen Regeln seine Papiere ein, wie alle anderen Bewerber. Peter schilderte seine Verdienste: seine Teilnahme an Seeschlachten, das Verfassen des Flottenreglements, seine Arbeit beim Schiffbau. Es kam eine ganze Menge zusammen, er konnte mit Fug und Recht auf den Posten des Vize-Admirals rechnen.

Wie die Beratung in der Admiralität verlief, ist unbekannt, jedenfalls wurde die Stelle an einen anderen Bewerber vergeben, einen Konteradmiral, der schon länger als Peter bei der Flotte diente. Konteradmiral Peter Alexejew wurde vertröstet mit den Worten, das Kollegium erkenne seine Verdienste an und sei sicher, daß Peter Alexejew sich auch künftig anstrengen werde und somit bei nächster Gelegenheit auf die Beförderung hoffen könne.«

Das Ergebnis erheiterte uns. Vor allem wollten wir wissen, was Peter mit dem Kollegium gemacht habe. Er habe die Entscheidung doch bestimmt nicht widerspruchslos hingenommen. Natürlich war uns klar, daß genau darin der Witz der Geschichte bestand, trotzdem bohrten wir nach, besonders Anton Ossipowitsch.

»Das haben sie einfach so verkündet? Ohne sich mit ihm abzustimmen? Daß Peter sie nicht zum Teufel gejagt hat! Wie konnten sie das wagen? Das ist ein Ding! Das war doch ein Schlag gegen sein Prestige. Den Zaren ablehnen!«

»Nicht den Zaren, sondern den Konteradmiral«, korrigierte Molotschkow.

Der Professor erklärte, an seinem Institut sei es unvorstellbar, daß der wissenschaftliche Rat dem Rektor etwas abschlage. Als er einmal in Konflikt mit dem Rektor geraten sei, habe dieser ihn ohne Umschweife gewarnt: Wenn du stur bleibst, kriegst du die Stelle nicht.

Anton Ossipowitsch lachte.

»Sehen Sie, Professor, mit dem Imperator würden Sie besser auskommen als mit Ihrem Rektor.«

»Aber wie hat Peter denn nun reagiert?« fragte der Professor.

»Er war sogar zufrieden«, erwiderte Molotschkow. »Er sagte: ›Meine Herren, die Mitglieder der Kommission haben richtig gehandelt. Hätten sie mich aus Schmeichelei vorgezogen, wären sie nicht ungestraft davongekommen.‹«

»Trotzdem ist das Ganze von Peter nicht recht ernst zu nehmen«, beharrte Anton Ossipowitsch.

Nach kurzem Zögern sagte Molotschkow:

»Viele meinen, Ernst und Spiel hätten bei ihm immer dicht beieinander gelegen. Die Grenze ist schwer zu bestimmen. Seine Spieltruppen zum Beispiel waren auf einmal eine ernstzunehmende militärische Kraft.«

»Aber warum wollte er als Erwachsener noch spielen?«

»Ich denke, das hatte seinen Sinn«, sagte Molotschkow. »Wir können nur mutmaßen.«

Mehr war diesmal von ihm nicht zu erfahren. Er brach das Gespräch ab. Sonst eher schüchtern und zurückhaltend, war er in dieser Hinsicht beneidenswert ungezwungen; er verstummte einfach und schaltete ab.

Geraskin wollte vom Professor wissen, ob er sich damals seinem Rektor gefügt habe.

»Und ob«, antwortete der Professor bereitwillig. »Niemand

wagte ihm zu widersprechen. Meine Bewerbung wäre sonst sang- und klanglos durchgefallen, das ist Fakt.«
»Und so was schlägt aufs Herz.«
»Was?«
»Die Gewissensbisse. Weil Sie gegen Ihr Gewissen gehandelt haben.«
»Nein, mich hätten wohl eher die Unannehmlichkeiten ins Grab gebracht, wenn ich mich gegen den Rektor gestellt hätte. Mit dem Gewissen kann man sich immer irgendwie einigen, das ist ja das eigene.«
Molotschkow wollte wissen, wie denn der Professor sein Gewissen beruhigt habe.
»Ganz einfach«, erwiderte der. »Ich habe auf der Sitzung des wissenschaftlichen Rates den Rektor unterstützt. Und die Motive meiner Entscheidung erklärt. So und so, der Rektor hat mich gewarnt, daß ich sonst die Stelle nicht bekomme, deshalb bin ich jetzt in jeder Frage, egal, was er vorschlägt, auf seiner Seite, selbst in dieser Sache, in der ich anderer Meinung bin als er. Versteht ihr?«
Darauf erklärte Molotschkow triumphierend, mit Peter habe man streiten können, einige hätten das gewagt.
Als mit dem Bau des Ladogakanals begonnen wurde, stellte sich heraus, daß Leute fehlten. Auf einer Senatssitzung wurde angeregt, die Besitzer der Dörfer der Gouvernements Nowgorod und Petersburg zu verpflichten, Bauern zu schicken. Die Sache wurde erörtert, beschlossen und dem Zaren zur Unterschrift vorgelegt.
Fürst Dolgoruki, der an der Sitzung nicht teilgenommen hatte, erkundigte sich am nächsten Tag danach. Man gab ihm das von allen Senatoren unterzeichnete Protokoll, das auch er noch unterschreiben mußte. Der Fürst las es und versuchte die anderen zu überzeugen, daß der Beschluß ein Fehler sei, man dürfe die umliegenden Dörfer nicht ruinieren, sie seien ohnehin durch die ständigen Aushebungen für den Bau von Petersburg stark geschwächt.
Man wies ihn darauf hin, daß der Zar bereits unterschrieben habe, es sei also nichts mehr zu ändern.

»Warum nicht, wozu sitzen wir denn hier!« rief der Fürst.

Man erklärte ihm, er könne ja seine Unterschrift verweigern, das sei ohnehin nur eine Formalität, er rege sich umsonst so auf. Der Spott erzürnte ihn derart, daß er nach dem Erlaß griff und das vom Zaren abgezeichnete Papier zerriß.

Die Senatoren erstarrten. So etwas hatte noch niemand gewagt. Ein Papier mit der Unterschrift des Zaren zu zerreißen – ob er wisse, was das bedeute, welche Strafe ihm dafür drohe.

»Das weiß ich«, antwortete Dolgoruki. »Ich werde mich dafür verantworten, die Sache ist mir wichtiger als die Angst. Ich muß den Zaren überzeugen.«

Peter erschien im Senat und wurde sofort von der Dreistigkeit des Fürsten unterrichtet. Selbstredend mit Übertreibungen; der Fürst war unbeliebt, vor allem, weil der Zar ihn schätzte und weil er sich als Gerechtigkeitskämpfer gebärdete, ohne Rücksicht auf Person und Ansehen. Diese Gelegenheit, Dolgoruki dem Zorn des Zaren auszuliefern, wollten sich die Senatoren nicht entgehen lassen.

Zitternd reichte der Generalprokurator Peter den zerrissenen Erlaß. Peter geriet in Wut und fragte den Fürsten mit Donnerstimme, was ihn zu einem derartigen Verbrechen gegen die höchste Macht bewogen habe. Der Fürst stand vor Peter, wie dieser von recht stattlicher Größe; sein grauer Schnurrbart war streitlustig gesträubt. Er rückte seine kurze Perücke zurecht, als wolle er sich zum Kampf rüsten. Er pflegte zu sagen: »Der Zar ist heißblütig, aber ich bin noch heißblütiger.« Im Eifer des Gefechts konnte er tatsächlich Schlimmes anrichten.

Er war dreiunddreißig Jahre älter als Peter und hatte vieles erlebt – und genau das hielt Peter zurück. Nicht ohne Grund nannte Peter ihn »Onkel«. Der Fürst hatte als Kämmerer gedient, als Peter noch Zarewitsch war. Im Kampf gegen Miloslawski und Sophia war er offen auf Peters Seite gewesen. In der Schlacht bei Narwa war er in schwedische Gefangenschaft geraten und hatte elf Jahre in schwedischen Gefängnissen verbracht. Als die Schweden 1711 die

Gefangenen an einen anderen Ort verschiffen wollten, organisierte er die Eroberung des Schoners. Die Gefangenen entwaffneten die Wachen, sperrten sie in den Laderaum und steuerten das Schiff nach Reval. Seitdem war Dolgoruki ein wichtiger Mann im Senat, wofür er von Menschikow und anderen mißgünstig belauert wurde.

Dolgoruki nutzte seine Stellung häufig aus, er genierte sich nicht, auf Schwachstellen in Peters Erlassen hinzuweisen, und strapazierte dessen Geduld bisweilen übermäßig. Aber einen Erlaß zu zerreißen, das konnte Peter selbst ihm nicht durchgehen lassen. Die Senatoren warteten.

Dolgoruki begann überraschend: »Ich kann nicht glauben, Majestät, daß du genau so handeln willst wie Karl XII.«

»Was meinst du damit?«

»Wie er sein Land ruiniert hat.«

»Wovon redest du?«

»Wer hat am meisten unter dem Krieg gelitten?«

»Na wer?«

»Wo wurden die meisten Soldaten ausgehoben? Woher kamen die Leute, die Petersburg gebaut haben? Aus den Gouvernements Nowgorod und Petersburg; die Dörfer dort sind völlig entvölkert.«

Dem mußte Peter zustimmen. Dolgoruki fuhr fort: »Warum holen wir die Arbeiter nicht aus anderen Gouvernements, von überall ein paar. Um Verluste zu vermeiden.«

Auch damit hatte er recht.

»Außerdem haben wir die schwedischen Kriegsgefangenen, das sind Tausende. Warum schicken wir sie nicht zum Kanalbau?«

Fest und unbeirrt brachte Dolgoruki seine Überlegungen vor. Er wußte, was er riskierte, er durfte nicht wanken.

Peters Zorn ließ nach.

»Das ist alles richtig«, sagte er, »aber deshalb darf man noch lange keinen Erlaß zerreißen, den ich unterzeichnet habe.«

Der Fürst bekannte seine Schuld; er habe den voreiligen Beschluß aufhalten wollen und keine andere Möglichkeit gefunden.

Der Zar änderte den Erlaß; die schwedischen Gefangenen wurden zum Kanalbau geschickt.

»Ich kann mich oft nicht beherrschen, so bringt mich dein Streiten in Harnisch«, sagte Peter hinterher, »aber ich sehe, daß du mich und den Staat aufrichtig liebst.«

Dolgoruki blieb auch später kritisch. Er veranlaßte Peter oft, Entscheidungen zu revidieren, und das ärgerte den Zaren, wie sehr ihm auch am Wohl des Staates gelegen war.

Über die Geschichte mit dem zerrissenen Erlaß kursiert auch eine dramatischere Version. Peter kam in den Senat, erfuhr von Dolgorukis Eigenmächtigkeit und ließ ihn suchen. Der Fürst war in der Kirche. Er wurde zu Peter gebracht, der inzwischen tobte. Peter packte den Fürsten am Kragen und erhob den Dolch gegen ihn, mit den Worten: »Du hast dich gegen die Würde des Monarchen vergangen!«

»Stich zu!« sagte der Fürst kühl. »Dann bist du Alexander und ich Kleitos.«

Diese klassische Geschichte war natürlich allen bekannt. Der Feldherr Kleitos, ein enger Freund Alexanders, hatte ihm in der Schlacht am Granikos das Leben gerettet. Als Kleitos eines Tages Alexanders Ostpolitik kritisierte, erstach dieser ihn in einem Wutanfall mit seinem Dolch.

Der Vergleich ernüchterte Peter, er verlangte eine Erklärung, hörte sie sich an und dankte Dolgoruki für seinen vernünftigen Wagemut zum Wohle des Staates.

Er ordnete an, den zerrissenen Erlaß zur Erinnerung für spätere Jahrhunderte im Senat aufzubewahren.

»Und, wurde er aufbewahrt?«

»Nicht doch. Bei uns wird nichts dergleichen aufbewahrt.«

»Diese Version ist eindrucksvoller.«

»Ja, in Anekdoten wird ein Ereignis gern zugespitzt.«

»Warum sollte der Erlaß aufbewahrt werden?«

»Vielleicht wollte Peter die Senatoren auffordern, kritisch zu sein.«

»Und? Hat es geholfen?«

Molotschkow schwieg.

»Nein. Sie hatten Angst und hielten lieber den Mund. Dolgoruki ist fast der einzige, von dem überliefert ist, daß er zu widersprechen wagte.«

Drjomow rieb sich die Hände und spielte voller Freude seinen Part:

»Erlauben Sie mir, Vitali Vikentjewitsch, das anders zu erklären. Daß ein Selbstherrscher zur Kritik auffordert, das gab es nicht, das war ausgeschlossen. Schon genug, daß er ihn nicht hinrichten ließ. Die Senatoren kannten ihr Geschäft. Dolgoruki konnte sich alles leisten, weil er der einzige Tollkühne war. Hätten sich weitere Männer seines Schlages gefunden, wäre Peter gegen sie vorgegangen. Er hätte ihre Köpfe auf Pfähle gespießt, da hätten sie dann weiter kritisieren können. Nein, nein, als Selbstherrscher mußt du schon allein entscheiden, das ist dein Job. Wißt ihr, wozu der zerrissene Erlaß aufbewahrt werden sollte?« Drjomow stand auf und verkündete feierlich: »Zur Erinnerung daran, wie der Zar vor der Wahrheit nachgegeben hat. Was Alexander der Große nicht konnte, hat Peter der Große getan! Darum ist er auch groß. Geben Sie es zu, lieber Historiker: Er war eitel! Sein Platz in der Geschichte war ihm sehr wichtig, das betonen Sie doch immer.«

Molotschkow runzelte die weißen Brauen.

»Ja, schon.«

»Den Titel Imperator hat er sich selbst verliehen, oder?«

»So kann man das nicht sagen. Der Senat hat ihn nach dem Ende des Nordischen Krieges gebeten, den Titel Imperator anzunehmen.«

»Und das hat er, ja? Hat sich nicht gesträubt? Der Senat! Soll ich Ihnen erzählen, wie so etwas gemacht wird? Menschikow bittet den ältesten Senator zu sich, Jakow Dolgoruki, und sagt, so und so, es wird vorgeschlagen, die Beendigung des Krieges zu feiern, den Titel Generalissimus, pardon, Allrussischer Imperator zu verleihen, an den Organisator unserer Siege. Wir möchten dich mit der Initiative betrauen. Der Text der Rede ist schon fertig, der Erlaß ebenso, ich hoffe, Fürst, du bist damit einverstanden. Der Fürst dankt und zieht sich zurück. Menschikow greift zum Telefon und meldet: Auftrag ausgeführt, ich denke, die Sache wird einstimmig angenommen. Und hört, es gebe noch Ergänzungen, zum Beispiel ›Peter der Große‹ oder ›Vater des Vaterlandes‹. Wir werden, antwortet der Chefideologe, beide Titel hinzufügen. Und der arme Zar mußte alle Titel annehmen. Er hatte sich hochgedient vom Schiffsjungen zum Admiral, vom Kanonier zum Offizier, vom einfachen russischen Zaren zum Imperator von ganz Rußland, zum Vater des Vaterlandes, zu Peter dem Großen.«

Nach der Schlacht bei Poltawa belohnte Peter seine Mitstreiter großzügig, vergaß aber auch sich selbst nicht. Nur verlieh er sich die neuen Ränge nicht selbst, sondern richtete ein Gesuch an Feldmarschall Scheremetew. Er zählte seine Verdienste auf und bat, die Beförderung bei den Regenten einzureichen: dem Fürst-Kaiser und dem Fürst-Papst. Sie beförderten ihn ›von oben‹ zum Generalleutnant. Auf dem Schlachtfeld ließ er ein Denkmal errichten: »Eine Pyramide aus Stein mit der Abbildung unserer Person im jetzigen Alter zu Pferde mitten auf dem Schlachtfeld«. Auch das Material schrieb er vor, nämlich gelbes Kupfer, und an den Seiten Kupfertafeln mit einer Beschreibung der Schlacht.

»Er war ziemlich eitel«, räumte Molotschkow ein. »Ja, er maß sich mit Alexander dem Großen, hielt ihn für seinen ebenbürtigen Rivalen in der Weltgeschichte. Alexander hatte die Festung Derbent gegründet. Als die russischen Truppen in Derbent einmarschierten, gab es ein Erdbeben. Peter erklärte, die Stadt empfange ihn feierlich, indem ihre Mauern vor seiner Macht erbebten. Vom Feldzug zurück in Moskau, ließ er auf einem Triumphbogen eine Abbildung von Derbent anbringen und die Inschrift: ›Ein Kühner baute diese Stadt, doch der Kühnste eroberte sie!‹ Auf Latein. Direkt an den großen Feldherrn, den Sohn des Sonnengottes.«

»Recht hatte er«, sagte Anton Ossipowitsch. »Man muß sich schon selbst um sich kümmern – ein anderer wird es kaum tun.«

31

Der verhexte Degen

Der Sieg bei Poltawa brachte den Russen reiche Trophäen, unter anderem den Besitz des schwedischen Königskabinetts. Außer Papieren gehörten dazu auch Truhen mit in Polen und Sachsen geraubten Juwelen und Geschenken an Karl XII. Auf Peters Anordnung mußten Graf Golowin und Baron Schafirow eine vollständige Liste anfertigen. In solchen Dingen war Peter pedantisch und achtete auf strengste Ordnung. Außerdem hatte er dabei auch die Geschichte im Auge. Eines Tages erschien er selbst, um sich die Reichtümer des schwedischen Königs anzusehen. Ein Degen fiel ihm auf – Griff, Glocke und Griffstange kamen ihm bekannt vor. Er zog ihn aus der Scheide und betrachtete ihn. Diesen Degen hatte er vor einigen Jahren dem polnischen König August geschenkt.

Damals waren sie sich in einer polnischen Kleinstadt zum ersten Mal begegnet, August der Starke, König von Polen, und der russische Zar. Besorgt über die Nachricht vom Strelitzen-Aufstand, hatte Peter seine erste Europareise abgebrochen und die Gelegenheit genutzt, um mit August über ein gemeinsames Handeln gegen die Schweden zu sprechen. Drei Tage dauerten die Geheimverhandlungen.

König August gefiel Peter. Beide waren jung, fast gleichaltrig, beide von riesenhaftem Wuchs, stark und schön – sie wurden sofort Freunde. Der fröhliche, freundliche August verstand zu gefallen, er hatte etwas, woran es Peter mangelte: weltliche Erziehung und eine gute Bildung; er kannte die europäischen Gepflogenheiten, konnte singen und spielte mehrere Instrumente. Er glänzte in Salons, beherrschte alle Regeln der Galanterie. Für kein anderes gekröntes Haupt empfand Peter so freundschaftliche Gefühle wie für August

II. Abends, wenn die Verhandlungen beendet waren, veranstalteten sie Gelage oder Truppenschauen. Zum Abschied schenkte Peter August seinen Degen, August ihm seinen kleinen Dolch. Und sie verabredeten ein Bündnis gegen Schweden.

Fortan betonte Peter in seinen Briefen immer wieder, daß er August nicht nur als politischen, sondern auch als persönlichen Freund betrachte.

Auf seinen Bündnispartner vertrauend, bereitete Peter das gemeinsame Vorgehen gegen die Schweden vor, August dagegen begann geheime Verhandlungen mit Karl. Der siegreiche Angriff der Schweden auf Sachsen drohte das Herzogtum zu ruinieren. August bezweifelte, daß die Russen den unbesiegbaren Karl zum Halten bringen könnten, und begab sich nach Leipzig zu einer Begegnung mit dem schwedischen König. Er rechtfertigte sich damit, daß er Sachsen retten wolle.

Peter hatte schon zuvor gehört, daß August untreu und verschlagen sei – nun aber war der Treuebruch ganz offensichtlich.

Schön, das war vielleicht verständlich, aber niemand hatte August gezwungen, sich in seinen Treuebekundungen für Karl zu überschlagen und ihm als Beweis den Degen zu überreichen, den ihm der russische Zar geschenkt hatte. Nicht jeder Verrat ist so niedrig. Nun, nach der Schlacht bei Poltawa, kamen die Einzelheiten ans Licht. Peter unterdrückte seinen Zorn und befahl Golowin und Schafirow, den Degen zu verwahren, bis er danach verlange.

Im September 1709 reiste Peter per Schiff auf der Weichsel nach Warschau. Bei Thorn sollte ihm August entgegenkommen, dem Peter wieder auf den polnischen Thron verholfen hatte. Salutschüsse empfingen den siegreichen Peter. Der Senat der Rzeczpospolita begrüßte ihn als Beschützer der polnischen Freiheit und des rechtmäßigen Königs.

Der rechtmäßige König kam seinem einstigen Freund in einem mit rotem Tuch bespannten Schiff entgegen. Sie waren auf gleicher Höhe angelangt. Nun mußte der russische Zar August als polnischen König anerkennen; alles hing von ihm ab, dem Bezwinger der

Schweden. Er konnte ihm die Anerkennung auch verweigern. August hatte sich verrechnet, hatte auf den Falschen gesetzt. Kein Wunder, daß er bei Peters Anblick »verlegen wurde und sich sein Gesicht und seine Stimme veränderten«, wie Puschkin in seiner »Geschichte Peters« schreibt.

Sie begrüßten sich liebenswürdig. August wußte nicht, wie er sich verhalten sollte; die frühere Gönnerhaftigkeit des mondänen Zechers und Bonvivants war unangebracht. Unterwürfig fragte er nach Einzelheiten der Schlacht bei Poltawa, erkundigte sich, wie sie die Schweden geschlagen hatten, wie Karl geflohen war.

Peter machte August keinerlei Vorwürfe wegen seines Verrats, er war bereit, die beschämende Vergangenheit zu vergessen. »Vergessen wir, was nicht zu ändern ist«, zitierte er ein lateinisches Sprichwort und versprach, sein Einverständnis zu einem ewigen Frieden mit Polen und zu Augusts Inthronisierung zu geben.

Sie stiegen auf Pferde und ritten in die Stadt. Die Verhandlungen begannen. Am Abend, nach dem Essen, klopfte Peter auf seinen Dolch, Augusts Geschenk, lobte ihn, sprach davon, wie gern er ihn trug, und erkundigte sich beiläufig, was denn sein Geschenk mache, der Degen.

August schlug die Hände zusammen – er habe ihn auf dem Schiff vergessen, in der Eile und der Vorfreude auf das Wiedersehen, ach, wie schade, ein solches Geschenk zu vergessen! Die Antwort kam schnell und flüssig, August lachte bekümmert, zeigte sich übertrieben niedergeschlagen.

Ach, August, August! Dieses Spiel hätte er mit Peter lieber nicht treiben sollen.

Man konnte das Spektakel fortsetzen, der König hatte selbst den Anlaß dazu geliefert – sollte man nicht Boten nach dem Degen schicken, um Majestät August zu trösten? Traurig beobachtete Peter, wie August sich wand, um Ausreden rang.

Na schön, wir wollen nicht kleinlich sein. Auf daß die Hand des Gebenden niemals leer sein möge! Um nicht lange zu warten und zu suchen, schenken wir dem König einen neuen Degen. Peter klatschte in die Hände, die Tür ging auf, und auf einem roten Kissen wurde ein Degen gebracht. Baron Schafirow überreichte ihn August. Der nahm ihn mit einer Verbeugung, überschlug sich vor Dankbarkeit, bis er verstummte und erstarrte: Der Degen in seiner Hand war derselbe, den er an Karl weiterverschenkt hatte, er erkannte den blutroten Rubin am Griff. Alle sahen August an, der mit gesenktem Kopf dastand. Peter wartete, beide Gefolge warteten, was August sagen würde. Was konnte er schon sagen? Er staunte über die Ähnlichkeit. Alle feixten, die einen ahnten, was los war, die anderen hatten davon gehört. Nur Peter sagte kein Wort, er wartete, ob August gestehen würde. Nein, er fand nicht den Mut. Er pries Peters Großzügigkeit, die Kunst seiner Waffenschmiede. Der König log. Und alle wußten, daß er log. Natürlich lügen Könige oft, das gehört zu ihrem Job, aber solange ein König an der Macht ist, wird er nie der Lüge überführt. Zumindest nicht öffentlich. Hier aber stellte August sich selbst als Lügner bloß. Nach einer teilnahmslosen Pause ging Peter zum Geschäftlichen über. Er hatte nicht vor, August noch weiter zu beschämen; er brauchte auf dem polnischen Thron einen Mann, der den Frieden mit Rußland einhielt.

Die Geschichte mit dem Degen gefiel uns.

»Dieser August war ganz schön schwer von Begriff«, sagte Geraskin. »Wenn Peter nach dem Degen fragt, hat er sich doch was dabei gedacht, darauf hätte er eigentlich kommen müssen.«

»Könige werden nicht nach ihrem Verstand gewählt« sagte der Professor.

»Wer wird schon nach seinem Verstand gewählt?« fragte Geraskin. »Wer denn, frage ich Sie!«

32

Im Schlafgemach der Marquise

Ein großer französischer Schriftsteller hatte mehrfach Gelegenheit, Peter zu sehen, ihn zu begleiten, und er nutzte diese Möglichkeit. Er war beeindruckt von der Persönlichkeit des russischen Zaren, er beobachtete ihn Tag für Tag, hielt seinen Frankreich-Aufenthalt in allen Einzelheiten fest. Es war Herzog Saint-Simon, Autor weltberühmter Memoiren, die das Leben am Königshof unter Ludwig XIV. und Ludwig XV. beschreiben. Peter nimmt darin ein gesondertes Kapitel ein.

Der französische Hof war verwöhnt von Königsbesuchen; Könige, Prinzen, Prinzessinnen, Marquis und Marquisen, Fürsten und Herzöge gaben sich die Klinke in die Hand. Saint-Simons Memoiren sind voller bemerkenswerter Porträts, aber der einzige Ausländer, dem der Autor solche Aufmerksamkeit widmet, ist der russische Zar. Saint-Simon beobachtete ihn aus der Ferne, vermied die persönliche Bekanntschaft, um das Bild nicht zu verzerren. Der Erzähler ist ein unsichtbarer Zuschauer, er ist immer zugegen, hört und sieht alles, bleibt aber selbst unbeteiligt. Er ist unparteiisch, frei für seine persönlichen Eindrücke. Nur deshalb kann er so authentisch sein.

Saint-Simon geht mit seinen Figuren in der Regel schonungslos um. Selbst diejenigen, die er mag, zeigt er in ihrer Widersprüchlichkeit, mit ihren guten und schlechten Seiten. An Peter bemerkt er das launische Wesen, den gewaltigen Appetit und die groben Umgangsformen – Dinge, die gegen die raffinierte Etikette des französischen Hofs verstoßen. Aber die Sympathie des Autors für Peter wächst. Am Ende schätzt er die Ungezwungenheit des Zaren als Freiheit von Konventionen, die jeden unabhängigen Geist auszeichnet.

Der russische Zar beweist trotz seiner »barbarischen Herkunft« europäische Höflichkeit, spricht Deutsch und Holländisch, und in allem, was er tut, spürt man seine Größe. Saint-Simon ist fasziniert, wie wenig der Zar anderen Regenten gleicht.

Der Russe verblüfft alle mit seiner Wißbegierde. Ihn interessiert alles: Bildungswesen und Kunstsammlungen, Gobelins und Apothekergärten, Maschinen und Theologie; unentwegt stellt er Fragen, präzise und verständig. Seine lebhafte Aufmerksamkeit ist gepaart mit sensiblem Urteil. Alles zeugt von vielseitigem, tiefgründigem Wissen. Unwillkürlich drängt sich Saint-Simon der Vergleich mit dem ungebildeten Ludwig XIV. auf, der ständig Architekten, Schneider, Köche und Generale belehrt, unsinnige Anweisungen gibt und sich spreizt wie ein Pfau, wenn er seinen schlechten Geschmack und seine Unbildung zur Schau stellt.

Saint-Simon findet es amüsant, daß die Begleiter des russischen Zaren nach Versailles Mädchen mitbringen, mit denen sie in dem ihnen zugewiesenen Appartement der Madame de Maintenon übernachten. Der Tempel der Prüderie ist entweiht. Madame de Maintenon, Ludwigs heimliche Gemahlin, ist nach Ansicht von Saint-Simon eine beispiellose Scheinheilige. Bigott und verworfen, eine raffinierte Intrigantin, regierte sie zweiunddreißig Jahre lang und machte unter Ludwigs Regentschaft Epoche.

Sie lebte noch, und Peter interessierte sich für diese Reliquie.

Ludwig XIV. war noch nicht lange tot, der ganze Hof war noch voller Erinnerungen an ihn, voller Geschichten über seine Regentschaft, die faktisch vierundfünfzig Jahre gewährt hatte, juristisch sogar ganze zweiundsiebzig Jahre – ein Rekord!

Peter sah sich Frankreich von allen Seiten gründlich an. Es war für ihn ein Muster der absoluten Monarchie, und er wollte den Mechanismus dieser Macht verstehen. In den letzten Jahrzehnten war Frankreich zu einem der stärksten Staaten Europas geworden. Wie hatte der König, der »absolut und ohne Widerspruch« herrschte, jede andere Macht im Land ausgeschaltet? Jeder Hinweis auf Gesetze, auf Recht galt bei ihm als Verbrechen. Die Geschichte seiner

Herrschaft war erstaunlich. Ludwig, selbst ein Banause, der niemals las oder schrieb, lediglich Gitarre spielte, hatte sich mit den klügsten Köpfen umgeben. Eine Mittelmäßigkeit, die äußerst effektiv Talente verschlang. Die Fähigkeit, fremdes Talent zu nutzen, ist eine entscheidende Eigenschaft für einen Regenten. Auch Peter besaß sie, aber mitunter waren seine eigenen Gaben ihm im Wege.

Ludwigs Söhne und Enkel waren tot, Thronfolger war sein fünfjähriger Urenkel geworden, Ludwig XV. Der kleine König rührte Peter, und entgegen den Regeln der Etikette behandelte er ihn mit väterlicher Zärtlichkeit.

Der Regent, der Herzog von Orleans, lud Peter ein, an seinen rauschenden Orgien teilzunehmen. »Wir wollen uns amüsieren!« Adlige Damen, die nackt tanzten – an die Stelle der früheren phantasiereichen Bälle war plattes, geschmackloses Laster getreten. Der Glanz von Versailles verblaßte allmählich.

Die Hauptsehenswürdigkeit der zu Ende gehenden Epoche war Madame de Maintenon. Ganz Europa hatte die Rivalität unter den wechselnden Mätressen des Königs beobachtet. Geblieben war nur die inzwischen über achtzigjährige Siegerin.

Der russische Gesandte in Frankreich, Fürst Kurakin, erzählte Peter die Geschichte der Madame de Maintenon, die ihre Karriere am Hof als Gouvernante der Kinder von Madame Montespan, der Hauptmätresse des Königs, begonnen hatte. Bald verdrängte sie ihre Herrin, gewann geschickt die Gunst des Königs und machte sich ihm unentbehrlich. Sie war der verkörperte Triumph der Hofintrige. Mit beeindruckender Raffinesse verstand sie jahrzehntelang Ludwigs Interesse wachzuhalten, ersann immer neue Köder für ihn, kalkulierte alles im voraus und umgab sich mit der Aura der Heiligen. Sie war zweifellos eine bedeutende Frau.

Die Marquise de Maintenon lehnte es entschieden ab, den russischen Zaren zu empfangen – sie sei krank.

Peter fuhr nach St. Cyr, um die von der Marquise gegründete Lehranstalt zu besichtigen. In diesem Stift wurden zweihundertfünfzig junge Mädchen aus verarmten Adelsfamilien erzogen.

Die Lehrer und Zöglinge in St. Cyr empfingen den Zaren mit aller Ehrerbietung; er besichtigte Klassenräume und Dormitorien und begab sich dann zu den Gemächern der Marquise, die ebenfalls hier wohnte. Man wollte ihn aufhalten, doch das gelang nicht. Die Marquise konnte gerade noch vorgewarnt werden. Sie legte sich ins Bett und ließ alle Vorhänge zuziehen. Als Peter hereinkam, war es dunkel; ungeniert riß er die Vorhänge auf, so daß die Junisonne ins Schlafgemach drang. Dann zog er auch den Samtvorhang des Himmelbetts beiseite und betrachtete die Liegende. Seine Rücksichtslosigkeit erinnerte sie an Ludwig; auch er hatte sich nie um die Stimmung oder den Gesundheitszustand seiner Mätressen geschert und immer getan, was er wollte.

Vor Peter lag also die lebendige Verkörperung einer Legende. Die Frau, in deren Armen Ludwig XIV. gestorben war, seine Geliebte, seine Mitregentin und heimlich angetraute Gemahlin. Dünne graue Ringellocken drangen unter ihrem Häubchen hervor. Peter betrachtete die überstürzt hergerichtete Ruine und versuchte, sich die einst imposante Erscheinung vorzustellen. Die Greisin wollte sich in den Schatten zurückziehen, aber die Junisonne war überall. Erbarmungslos und schweigend musterte er die Trümmer einstiger Macht. Natürlich, alles war vergänglich, dieses klägliche, faltige, vertrocknete Wesen demonstrierte anschaulich, wie eitel alles war, wie flüchtig irdische Macht und Reichtum. Starkes Parfüm, grelles Rouge – ein jämmerlicher, bedenkenswerter Anblick.

Über diese Frau hatte ganz Europa zwanzig Jahre lang geredet. Beim Tod Ludwigs, ihres morganitischen Gemahls, war sie kühl geblieben, wurde nicht zur untröstlichen Witwe, sondern verfaßte bissige, schonungslose Memoiren. Mit ihr endete die Epoche des Sonnenkönigs. Wie heißt es doch? Bedenke bei allem, was du beginnst, das Ende.

Als Ludwig starb, sagte er zu Madame Maintenon: »Ich tröste mich mit Eurem Alter, wir werden uns bald wiedersehen.« Sie war fünf Jahre älter als der König.

Eine Version erzählt, die Marquise habe auf Peters Frage nach ihrer Krankheit geantwortet: »Das Alter, Majestät«, worauf Peter erwidert habe, dem seien wir alle unterworfen, wenn wir lange lebten.

Saint-Simon aber schreibt, Peter habe am Bett der Marquise kein Wort gesagt und schweigend das Gemach verlassen. Worüber hätte er auch sprechen sollen – der Anblick war so bedrückend, daß alle Worte farblos gewesen wären. Er verbeugte sich nicht einmal, bevor er sich zurückzog. Saint-Simon behauptet, Madame Maintenon sei überrascht und sehr gekränkt gewesen.

Andere berichten, Peter habe galant die von ihr gegründete Lehranstalt gelobt: Die Mädchen verdankten ihr ihre Erziehung und ihr Glück – eine Art Trost.

Diese Version macht Peter zwar alle Ehre, aber Molotschkow fand den wortlosen Abgang wesentlich eindrucksvoller. Doch das Leben wählt selten die künstlerischste Lösung.

Saint-Simon beendet sein Kapitel über Peter mit einem für ihn ungewöhnlichen Bekenntnis. Die Vielfalt seiner außerordentlichen Begabungen, schreibt Saint-Simon, mache ihn zu einem Monarchen, den seine Nachfahren noch lange bewundern werden. Das war die einhellige Meinung Frankreichs, das vom russischen Zaren ganz fasziniert war.

Saint-Simons Beschreibung von Peters Aussehen war für Molotschkow die beste und anschaulichste, die er kannte. »Der Zar war ein großgewachsener, sehr wohlgestalter, ziemlich magerer Mann, mit einem runden Gesicht und schönen Augenbrauen; die Nase war kurz, die Lippen wulstig, der Teint dunkel. Er hatte schöne schwarze, lebhafte Augen, der Blick war majestätisch und, wenn er wollte, huldvoll, im allgemeinen aber streng und wild. Sein ganzer Gesichtsausdruck offenbarte Geist, Nachdenklichkeit und Größe, auch ermangelte er nicht einer gewissen Anmut. Oft war sein Rock vollkommen aufgeknöpft, der Hut lag stets auf dem Tisch. So schlecht und so ungenügend seine Aufmachung auch sein mochte, man konnte schwerlich die ihm angeborene Größe verkennen. Unfaßbar, was er bei seinen Hauptmahlzeiten aß und trank.

Der Zar verstand sehr gut Französisch, und ich glaube, er hätte es auch sprechen können, wenn er gewollt hätte; im Latein und in etlichen anderen Sprachen vermochte er sich recht gut auszudrücken.«*

Selbst Molotschkow gab zu, daß das Porträt beschönigt war; er kniff die Augen zusammen und schien das Bild mit dem Original zu vergleichen: schmale Schultern, ein unproportional kleiner Kopf.

Normalerweise schonte Saint-Simon niemanden, er zog es vor zu entlarven, die Schwächen der Mächtigen zu zeigen und ihre Dummheit der Lächerlichkeit preiszugeben. Offenbar war er von Peter außerordentlich beeindruckt. Ludwig XIV. konnte sich glücklich schätzen, einen Schriftsteller wie Saint-Simon an seinem Hof zu haben, und auch Peter fand auf diese Weise einen scharfsichtigen Beobachter.

Ludwigs Größe ging von seiner Umgebung aus, zu der die besten Köpfe Frankreichs gehörten. Die Pariser Salons hatten Ludwigs Manieren geschliffen. Stets voller Würde, verstand er sein königliches Lächeln teuer zu verkaufen. Er schuf einen Kult um sich, machte sich zum Gott und demonstrierte damit, wie weit es ein mittelmäßiger Mensch bringen kann. Er führte ebenso ungeschickt wie erfolgreich mehrere Kriege. Der Kult veränderte ihn, mit den Jahren wurde er intolerant gegen alle, die Geist und Talent zeigten. Überall und in allem wollte er der Erste sein. Sein Hof war in Intrigen verstrickt, und der König verfügte keineswegs über die absolute Macht, die er sich zuschrieb. Saint-Simon deckt den raffinierten Mechanismus auf, durch den der König in Wahrheit gesteuert wurde.

Neugierig schloß Peter Bekanntschaft mit der französischen Aristokratie. Das war etwas Neues. Der Aristokrat diente dem König nicht aus Gewinnsucht; seine Treue beruhte auf Begriffen wie

---

* Louis de Rouvroy de Saint-Simon, Die Memoiren des Herzogs von Saint-Simon, Bibliothek Ullstein 1991, Bd.4, S. 64/65)

Ehre, Pflicht und Gewissen. Er war also schwer zu bestechen. Die Funktionsweise der französischen Monarchie offenbarte die Vorzüge und Schwächen des Absolutismus; Ludwig XIV. war der erste absolutistische Monarch Europas. Zwei Jahre nach seinem Tod herrschte am französischen Hof noch immer der Geist des Mannes, der mit solcher Sicherheit behauptet hatte: »Der Staat bin ich«.

Warum Peter bei seiner Frankreich-Reise unbedingt nach Reims wollte, ist unbekannt. Vielleicht, um die berühmte Kathedrale zu besichtigen, wo seit Urzeiten die französischen Könige gekrönt wurden.

Vor der Kathedrale wurde er von den Priestern feierlich empfangen. Sie machten ihn auf die wunderschöne steinerne Rose zwischen den beiden hohen Türmen aufmerksam. Fünfhundert Figuren zierten die Fassade der Kathedrale. Drinnen zeigte man ihm die berühmten Gobelins, Gemälde von Tizian und Tintoretto und die Schale, die ein Engel für die Taufe vom Himmel gebracht habe. Unter den rituellen Gegenständen, die man ihm stolz vorführte, befand sich ein Meßbuch, das als heilig galt, weil es in einer Schrift abgefaßt war, die niemand lesen konnte.

Peter konnte sich natürlich nicht beherrschen, griff nach dem Meßbuch und begann auf einmal, den Text laut vorzulesen, Seite für Seite. Die Priester waren erschüttert. Peter erklärte, das Buch sei in Kirchenslawisch geschrieben. Es war im 11. Jahrhundert, zur Regierungszeit von Jaroslaw dem Weisen von dessen Tochter Anna nach Frankreich gebracht worden. Ihr Vater hatte sie mit dem französischen König verheiratet. Für das rückständige, damals zersplitterte Frankreich war die Verbindung mit der Kiewer Prinzessin eine Ehre; die Kiewer Rus war zu der Zeit ein fortschrittliches Land mit hoher Kultur. So entpuppte sich das geheimnisvolle Meßbuch als ein reales historisches Artefakt.

Wegen der Strelitzenunruhen mußte Peter seine Reise abbrechen. Voller Bedauern verließ er das Land, in dem die Künste und Wissenschaften blühten, fällte aber zugleich ein vernichtendes Urteil über Paris: »Diese Stadt wird früher oder später Schaden erleiden an übergroßer Prunksucht und Zügellosigkeit und am Gestank zugrunde gehen.«

Beides stimmte. Unter Ludwig XIV. warf der Glanz des französischen Hofs sein Licht auf ganz Europa, der König überschüttete Gelehrte aus allen Ländern mit Auszeichnungen. Ein geistreicher Franzose bemerkte dazu: Jede Auszeichnung erzeugte Hunderte von Unzufriedenen und einen Undankbaren. Und in den Schlössern gab es keine Toiletten.

»Aber Peter hat sich geirrt, Paris ist nicht zugrunde gegangen, dafür sind heute unsere Toiletten die schlimmsten in ganz Europa«, sagte der Professor. »Die Toiletten und die Friedhöfe zeigen die wahre Kultur eines Landes.«

Der Professor hatte in einem Dorf bei Pskow einen Mann kennengelernt, der mühelos ein Flohbein beschlagen hatte. Außerdem hatte er in ein Haar ein Loch gebohrt und eine Rose aus Gold hineingesteckt. Sein Abtritt aber, ein Bretterverschlag, den man mit einem Krug Wasser aufsuchen mußte, befand sich auf dem Hof.

»Kluge Köpfe gibt es in Rußland viel«, sagte Geraskin. »Mehr als genug. Aber alle sind zu sehr mit Höherem beschäftigt, zum Beispiel dem Gemeinwohl Rußlands, keiner befaßt sich mit den niederen Dingen des Lebens.«

33

Der Verrat

Die Frauen – sie sind es, die uns die großen Männer nahebringen, dachten wir, als Molotschkow uns die Geschichte von Katharina erzählte. Liebesabenteuer, leidenschaftliche Affären, Versprechungen, heimliche Rendezvous, ein betrogener Ehemann, weibliche List. Das alles verstanden wir gut, das kannten wir selbst bestens. Vergebens protestierte Molotschkow gegen unser Interesse für die Schlafzimmergeschichten von Genies, erklärte, nur Spießer freuen sich, wenn sie erfuhren: Aha, auch du, mein Lieber, bist genau wie ich, kein bißchen besser, auch du warst verzweifelt, auch du bist betrogen, hinters Licht geführt worden.

Drjomow schüttelte trotzig abwehrend den Kopf.

»Ja, ich bin ein Spießer«, bekannte Geraskin. »Und ihr? Ich bin ein Spießer und will wissen, wie das alles war, und ihr serviert mir Lenin und die Krupskaja so, daß mir ganz schlecht wird von diesem Kerl und seinem Weib. Ob Tolstoi oder Kutusow, bei euch sind sie alle Eunuchen. Ihr Historiker seid ein schreckliches Völkchen. Jeder ist euch machtlos ausgeliefert. So, wie ihr ihn darstellt, bleibt er für alle Ewigkeit. Shukow zum Beispiel oder Suworow, ihr laßt sie weder saufen noch rumhuren.«

Molotschkow lachte.

»Jewgeni Iwanowitsch, Sie wollen Geschichte unter der Gürtellinie. Nehmen wir an, Sie kennen die Liste der Geliebten von Puschkin – was bringt Ihnen das für das Verständnis seiner Poesie? Ob er nun zwanzig Frauen hatte oder zweihundert, was geht Sie das an?«

»Puschkin ohne Eier – wissen Sie, das ist viel schlimmer als die Venus ohne Arme.«

Anton Ossipowitsch, der den Frauen im Leben großer Männer ebenfalls einen hohen Stellenwert beimaß, unterstützte Geraskin. Raissa Gorbatschowa war die erste Frau eines Generalsekretärs, die die Leute zu sehen bekamen, die Engländer hingegen sind über alle Abenteuer von Prinz Charles informiert. Molotschkow machte aus Peter einen vorbildlichen Familienvater, hin und wieder gab es einen Seitensprung, aber nichts Ernstes. Und wo blieben die Unbesonnenheiten? Ein großer Geist muß auch mal den Kopf verlieren können.

Widerwillig gab Molotschkow nach. Lustlos und ohne spannende Einzelheiten erzählte er uns von einigen kurzlebigen Passionen Peters. Nach Anna Mons hatte er keine offizielle Geliebte mehr. Eine Mätresse wird allgemein respektiert, sie hat Einfluß, mischt sich in Regierungsangelegenheiten ein. Die Mätreßchen dagegen, wie Peter sie nannte, wechselten rasch, ganz abgesehen von den Frauen, die er ungeniert und wahllos, sozusagen im Vorbeigehen, nahm. Er besaß weder genügend Bildung noch den nötigen Geschmack, um sich den Feinheiten der Liebe zu widmen. Staunend hörte er zu, wenn König August von raffinierten Liebesabenteuern erzählte. August der Starke vergötterte Frauen und wußte ihre Reize zu schätzen. Jede neue Frau war für ihn wie ein Land, das er eroberte. Frauen wurden ihm nie langweilig, sie waren seine Hauptbeschäftigung. Es heißt, er habe dreihundertfünfundsechzig Kinder gehabt. Karl XII. dagegen hatte kaum Frauen, wollte nichts von ihnen wissen. Peter stand irgendwo zwischen beiden. Seine zahlreichen Mätreßchen verschwanden nach kurzer Zeit wieder und hinterließen bei ihm weder Bedauern noch glückliche Erinnerungen.

Molotschkow erzählte von Orgien, bei denen Peter seine Geliebten mit Menschikow und anderen Zechkumpanen teilte. Wenn Peter wollte, konnte er auch den galanten Kavalier spielen, aber nie lange. Es endete immer grob, allerdings ohne Gewalt: Niemand widersetzte sich dem Zaren, ob nun eine Prinzessin von Mecklenburg oder die Tochter oder Frau eines Kaufmanns – sie legten sich hin und rafften ihre Kleider, Röcke und Krinolinen. Peter, in der Jugend lediglich wahllos, war später von despotischer Hemmungslosigkeit. Die Orgien, die Molotschkow beschrieb, waren wüst und schamlos. Aber nach jedem Gelage, so grob und ausschweifend es auch war, ging Peter am nächsten Morgen wieder an die Arbeit. Und bei aller sexuellen Zügellosigkeit war Peter auch für die Frauen ein Reformator. Er führte sie in die Gesellschaft ein, lehrte sie Tanzen, veranlaßte sie, sich modisch zu kleiden, Fremdsprachen zu lernen und sich vornehme Manieren anzueignen. Die Frau war für ihn Gegenstand der Lust und zugleich aktive Teilnehmerin am gesellschaftlichen Leben in Rußland.

Katharina erfüllte für ihn beides. Ihre Ehe war für Peter selbst überraschend glücklich. Er liebte sie, und sie erwiderte seine Liebe; ihre Liebe, Freude und Leidenschaft war vor allem eine Reaktion auf seine Gefühle. Diese Differenz führte eines Tages zur Tragödie.

Peter bestand darauf, ihre Ehe zu legalisieren. Einige Jahre später entschloß er sich zu einem in der russischen Geschichte einmaligen Schritt: Er ließ Katharina krönen, machte sie zur Imperatorin, hob sie auf den Thron. Im Laufe von zwanzig Jahren hatte sich ihr Bund aus reinen Bettfreuden zu echter, tiefer Liebe entwickelt, wohl der einzigen in seinem langen Leben. Mit fast sechsunddreißig kümmerte er sich zum erstenmal um die Festigung der Zarenfamilie, die Imperatorin erhielt offizielle Rechte. Seine früheren, gelegentlich stürmischen Passionen waren nichtig im Vergleich zu seinem Gefühl für Katharina.

Auch andere Überlegungen spielten eine Rolle: Er mußte die Kinder, die Katharina ihm gebar, legalisieren und für die Zukunft seiner Gemahlin sorgen. Unterschwellig beunruhigte ihn die Sorge um die Thronfolge zunehmend.

Bei der Vorbereitung der Krönungsfeierlichkeiten scheute Peter keine Ausgaben. Er kümmerte sich persönlich um alle Details der Zeremonie. Immerhin ging es nun, nach dem Tod des Zarewitsch Alexej, um die Mutter des Thronerben. Peter besprach mit einem

Petersburger Juwelier den Entwurf der Krone. Mit Perlen, Diamanten und einem riesigen Rubin verziert, wog sie über anderthalb Kilo. Peter setzte sie Katharina eigenhändig auf.

Begeistert erzählte Molotschkow von den Krönungsfeierlichkeiten, die erst in Moskau stattfanden, dann in Petersburg; von dem Festmahl, dem goldenen Geschirr, von der Sitzordnung der Gäste – auf der einen Seite die Damen, auf der anderen die Kavaliere, in der Mitte des Saals Narren und Närrinnen; von den Weinen und Speisen.

Geraskin unterbrach ihn: »Wie denn, er hat ihr die Krone aufgesetzt, sie aber nicht zur Thronfolgerin erklärt?«

»Das hat er nicht mehr geschafft«, erklärte Anton Ossipowitsch ungeduldig, den die detaillierte Beschreibung der Zarentafel, der Speisen und Getränke, mehr interessierte.

»Wieso nicht mehr geschafft? Er ist doch nicht überraschend gestorben«, beharrte Geraskin. »Oder hat vielleicht doch jemand nachgeholfen? Vielleicht wollte Katharina, als sie gekrönt war, auch selber herrschen.«

»Wenn ich nicht irre, hatte sie doch kurz vor Peters Tod etwas mit ihrem Sekretär«, sagte der Professor.

»Mit Mons!« bekräftigte Drjomow und erinnerte sich, daß auch er hingerichtet wurde.

»Auch wenn er sie nicht zur Thronfolgerin erklärt hat, geherrscht hat Katharina die Große doch trotzdem,«, sagte Anton Ossipowitsch.

»Katharina die Große, das war die Zweite«, korrigierte ihn der Professor. »Peters Frau war Katharina die Erste.«

»Die Frau von Peter dem Großen müßte auch die Große heißen«, sagte Anton Ossipowitsch trotzig.

»Katharina die Große war auch so eine Schlampe«, sagte Geraskin.

»Was heißt auch?« protestierte Anton Ossipowitsch. »Eine Schlampe hätte Peter nicht auf den Thron gesetzt. Also hatte sie sich gebessert.«

»Das gibt es nicht«, widersprach Geraskin. »Eine Schlampe wird nur durch das Alter gebändigt. Aber man kann Peter verstehen. Die Liebe ist tückisch.«

Geraskin erzählte ein anschauliches Beispiel aus seinem Fuhrpark, wo der Chef, ein ehemaliger Militärflieger, wider besseres Wissen ein Flittchen zum Dispatcher machte, das mit allen Mechanikern und Schlossern schlief. Sie kommandierte ihn nach Herzenslust herum. Oder sein Freund – der erwischte seine Frau mit ihrem Liebhaber, und auch er nahm das hin; Flittchen verhexen ihre Männer regelrecht.

Molotschkow bestätigte, Mons sei tatsächlich hingerichtet worden. Augenzwinkernd fragten wir, ob der Zar diesen Mons vielleicht mit der Zarin im Bett erwischt hatte.

Molotschkow errötete verärgert.

Niemand von uns konnte sagen, woher diese Information stammte, viele historische Fakten werden einfach überliefert wie Familienlegenden.

Mit leisem Vorwurf sagte Molotschkow: »Diese Geschichte war Peters Tragödie. Kein einziger seriöser Historiker hat sich erlaubt, daraus ein Possenspiel zu machen. Niemand. Weder Solowjow noch Kljutschewski.«

»Ach, wir sind ja solche Saubermänner«, sagte Anton Ossipowitsch. »Wenn es um unsere heutigen Mächtigen geht, sind wir nicht zimperlich, aber bei den Zaren, da genieren wir uns. Ein Glück, daß wir keine Monarchie mehr haben.«

»Verstehen Sie doch, alles Material über diese Ereignisse wurde vernichtet. Von Peter selbst! Wir haben kein Recht, unsere Nase in seine Ehe zu stecken, wenn er das nicht wollte.« Molotschkow sah uns verständnislos an. »Das ist einfach ungehörig!«

Anton Ossipowitsch stand auf und maß ihn mit einem langen Blick.

»Natürlich, wie können wir nur, da haben Sie und Solowjow das Sagen. Wir haben gefälligst alles zu schlucken, was Sie uns anbieten.«

»Ich habe nicht deshalb von Solowjow ...«

»Nein, jetzt hören Sie mir mal zu. Sie schreiben uns vor, was wir wissen dürfen und was nicht. Und woher wissen Sie das?« Er erzählte: »Mein Neffe kommt aus der Schule und erklärt, die Lehrerin habe ihm vor zwei Jahren beigebracht, was für Helden die Narodowolzen waren, mit ihrem Zarenattentat, und in diesem Jahr hätte sie auf einmal gesagt: Einen so wunderbaren Zaren haben sie getötet, diese bösen Terroristen. So sehen Ihre Prinzipien aus. Ist das etwa Anstand?«

»An uns Lehrern bleibt immer alles hängen. Das bin ich gewöhnt. Ein Lehrer kann sich nicht wehren. Was soll er denn machen, er muß sich ans Lehrprogramm halten. Aber das heißt nicht, daß ich damit einverstanden bin.«

»Schon gut, Vitali Vikentjewitsch«, beschwichtigte Geraskin, »trotzdem möchte ich gern wissen, hat das Weib Peter wirklich Hörner aufgesetzt?«

Molotschkow sprang auf, zauste sich das Haar und lief hin und her.

»Würden Sie durchs Schlüsselloch in ein fremdes Schlafzimmer sehen? Würden Sie das tun?«

Neben dem massigen Anton Ossipowitsch wirkte der zornentbrannte schmächtige Molotschkow komisch, wie ein aufgeplusterter Hahn.

Anton Ossipowitsch schnaubte verächtlich, winkte resigniert ab und setzte sich wieder. Aber Molotschkow attackierte ihn weiter.

»Solche wie Sie hat Puschkin gemeint! Und Sie!« Er zeigte auf Geraskin. »Erinnern Sie sich, was er an Wjasemski schrieb?«

»Nicht direkt«, sagte Geraskin. »Hat er etwa über mich geschrieben?«

»Blödsinn. Über Byron. Daß die Leute ihn gern auf dem Nachttopf sehen möchte, um sich an seinen Schwächen und Demütigungen zu freuen. Aha, er ist klein und schmutzig, genau wie wir. Ihr lügt, ihr Krämerseelen, sagt Puschkin, ja, er ist klein und schmutzig, aber nicht wie ihr, sondern anders! Genau das ist es.«

»Donnerwetter, Vitali Vikentjewitsch«, sagte Geraskin. »Sie werden ja richtig wütend. Was haben Sie denn? Das steht Ihnen gar nicht.«

»Weil ich anderer Ansicht bin.«

»Gerüchte sind doch auch Material für den Historiker«, meinte der Professor sanft.

»Gerüchte waren in Rußland immer ein Massenmedium«, sagte Drjomow. »Gerüchte kann man weder beschlagnahmen noch verbrennen. Sie sind ein ständiger Begleiter unserer offiziellen Geschichtsschreibung.«

Molotschkow ging zur Balkonbrüstung und blickte schweigend in den Garten.

Wir sprachen über Gerüchte, die uns aus der Vergangenheit überliefert waren. Daß Stalin seine Frau erschossen und den Mord an Kirow organisiert haben soll; über den Mönch Fjodor Kusmitsch, von dem es hieß, unter diesem Namen hätte sich Alexander der Erste im Ural verborgen. Über den Tod von Maxim Gorki, über die Verschwörung gegen Chruschtschow. Um alle Geheimnisse der Geschichte rankten sich Gerüchte; manchmal brachten die Herrschenden selbst sie in Umlauf.

Molotschkow schwieg.

»Nun ist er gekränkt«, sagte Geraskin leise.

»Ein Lehrer muß Geduld haben«, sagte Anton Ossipowitsch.

»Aber nur mit Kindern!« versetzte Drjomow.

Der Professor ging zu Molotschkow und entschuldigte sich für unsere Hartnäckigkeit, unser niederes Interesse und unsere Ungeniertheit, und zwar auf eine Weise, daß Molotschkow errötete, uns gerührt um Verzeihung bat für seinen unausstehlichen Charakter und sogleich erneut störrisch versicherte, Peter sei auf seine Weise ein vorbildlicher Familienvater gewesen; doch dann bekannte er, genau das sei der wunde Punkt seines Helden, deshalb sei es zur Tragödie gekommen.

»Sie haben nach Mons gefragt, schön, ich erzähle es Ihnen, auch wenn längst nicht alles darüber bekannt ist, vieles können wir nur ahnen. Die ganze Geschichte ist von schmutzigen Gerüchten überwuchert.«

Geraskin zwinkerte uns zu: Seht mal, das geht ihm richtig nahe!

Hastig und schuldbewußt begann Molotschkow zu erzählen, wie Anna Mons ihren Bruder am Hof unterbrachte. Die Verwandtschaft mit der Favoritin des Zaren begünstigte seinen Start. Er bekam sofort einen Offiziersposten. Als der Zar mit Anna brach, erstreckte sich seine Wut mehr auf ihren Bräutigam; an Wilhelm Mons ging das Gewitter vorüber, er blieb im Dienst des Zaren. Eine Rolle spielte dabei, daß er fröhlich, freundlich und hübsch war, genau wie seine berühmte Schwester. In den Schlachten bei Lesnaja und bei Poltawa hatte er sich als Adjutant gut geschlagen. Auch Annas Schwester Matrjona kam an den Hof und entpuppte sich als geborene Hofdame: Sie sammelte und verbreitete Gerüchte, schmeichelte, katzbuckelte und gelangte bald in die unmittelbare Nähe der Imperatorin Katharina, deren Vertrauen sie gewann. Inzwischen stand Wilhelm Mons in der Gunst eines der Favoriten von Peter, des Generalprokurators Pawel Jagushinski. Die ganze Familie Mons war von hemmungsloser, ungenierter Habsucht besessen, und je weiter sie aufstiegen, desto gieriger wurden sie. Nach Annas Tod prozessierten sie um deren Erbe. Wilhelm und Matrjona Mons halfen sich gegenseitig. Wilhelm Mons machte seine Karriere unter anderem durch Liebesaffären; Frauen waren seine Stütze und seine Waffe. Seine geistigen Fähigkeiten hätten ihn kaum in die unmittelbare Nähe des Zaren gebracht – er schrieb nicht Russisch, auch Deutsch nur mangelhaft, und hatte keine rechte Ausbildung. Kein Wunder, daß er lieber an den Hof der Zarin ging, zu den Staats- und Hofdamen. Er wurde Kammerjunker, hatte bald auch die Dörfer zu verwalten, die der Zarin gehörten. Eine gewinnbringende Angelegenheit, wie sich herausstellte. Neue Kompetenzen kamen hinzu: Durch seine Hände gingen Prozesse, Ernennungen und Auszeichnungen. Der Kammerjunker begleitete die Zarin auf Reisen, kümmerte sich um ihren Komfort, um die Hotels; häufig hatte er mit der Zarin persönlich zu tun. Bald benutzten die Hofschranzen ihn als Zugang zur Zarin – für Bittgesuche oder Geschäfte. Wenn große Geldsummen an Aufkäufer und Hoflieferanten gezahlt wurden – er wußte davon. Es sprach sich herum, daß an der Seite der Zarin ein hübscher junger Mann aufgetaucht war, der gern Geschenke nahm. Mit ihm konnte die Zarin in ihrer Muttersprache plaudern; er war die Zierde ihres Hofstaats. Die Hofdamen buhlten um seine Aufmerksamkeit. Artig absolvierte er zärtliche Affären, verfaßte Gedichte – seine galanten Umgangsformen unterschieden ihn von den russischen Herzensbrechern.

Die Zarin wurde von allen Seiten bedrängt. Mons hatte unmittelbaren Zugang zu ihr, eher als mancher hohe Beamte. Er betrieb sogar eine eigene Kanzlei. Klar, daß dieser Mann sehr viel erreichen konnte. Also hofierte man den Emporkömmling, suchte seine Freundschaft, lud ihn nach Hause ein. Die Höflinge bemerkten als erste, vielleicht eher als Mons selbst, das besondere Gefühl der Zarin für ihn, ihre heimliche weibliche Zuneigung.

Der Strom von Bittgesuchen an seine Kanzlei wuchs. Historiker haben diese Post eingehend studiert. Selbst aus entfernten Gouvernements trafen Briefe ein; es hatte sich herumgesprochen, daß es am Hof der Zarin einen einflußreichen Mann gab, bei dem man um einen Posten für sich oder seine Kinder bitten konnte, um Land, um ein Darlehen oder eine Pension. Nicht umsonst natürlich. Sogar aus England, Deutschland, Schweden und Frankreich kamen Briefe an Mons. Offiziell verfügte der Kammerjunker über keinerlei Vollmachten, aber es war ganz offensichtlich, daß selbst hohe Beamte sich mit ihm arrangierten. Egal, worum er bat – sie unterstützten ihn, denn auch sie brauchten ihn. Ganze Delegationen mit Geschenken reisten an, und er kümmerte sich um ihre Angelegenheiten – natürlich nur, wenn die Gabe angemessen war.

Am Eingang zur Schloßhälfte der Zarin herrschte ein schwunghafter Handel. Pferde, Wagen, Ringe; wer aus der entfernten Provinz kam, brachte Mons Honig, eingelegtes Gemüse, Leinen, Liköre.

Für sich selbst erbat Mons von der Zarin mehrere Güter bei Pensa. Er forschte, wo es freie Dörfer gab, und bat, sie ihm zu überschreiben. Wofür? Um Gründe war er nicht verlegen: für seinen Dienst, für seine Treue und Ehrlichkeit.

Sein Neffe bat, ihm Dörfer und Ländereien in fruchtbaren Getreideregionen zu verschaffen. Mons brachte auch den Neffen am Hof der Zarin unter. Matrjona Mons wurde Hofmeisterin der Zarin und bekam von ihr Ländereien im Kreis Dorpat, Dörfer in der Ukraine und im Kreis Koselsk. Die Familie Mons wußte stets, wo Dörfer frei wurden, und stürzte sich als erste darauf. Sie drängten die russischen Raffer beiseite, schnappten ihnen die Leckerbisse vor der Nase weg. Sie meinten, ihnen, den Fremden, gebühre mehr als anderen. Vor ihnen katzbuckelten selbst Aristokraten, deren Enkel später entscheidend zu Rußlands Ruhm beitragen sollten, wie Trubezkoi, Wjasemski, Bestushew-Rjumin; sie bettelten um Titel, um Posten. Beschämt und traurig las Molotschkow ihre Briefe. Skrupellos schmeichelten sie ohne jedes Maß. Zum Ende von Peters Herrschaft hatte die Eitelkeit alle erfaßt, jeder wollte emporkommen, um jeden Preis. Dazu mochte die Einführung der Dienstadelsränge beigetragen haben, aber auch die Atmosphäre bei Hof, wo alles käuflich war.

Mons wurde immer gefragter; er war billiger als die hohen Beamten, kein Vergleich mit Menschikow. Außerdem war dieser in Ungnade gefallen und suchte selbst bei Mons Unterstützung.

Der hübsche Kammerjunker hatte Kutscher, Diener, Köche, Sekretäre und Boten zur Verfügung; es gab alle Hände voll zu tun, Katharinas Krönung stand bevor.

Molotschkow sprach von Mons wie von seinem persönlichen Feind. Doch sein geringschätziges Lachen über ihn war halbherzig. Bekümmert erzählte er, daß Peter häufig verreiste, mal durch Rußland, mal zur Kur, und nicht bemerkte, was am Hof der Zarin vorging. Begierde, heimliche Rendezvous und offene Lasterhaftigkeit beherrschten die Atmosphäre, und der schöne Mons war begehrt. Stunden widmete er seiner Toilette, schmückte sich mit Perlen, trug Schuhe mit einem Jesus-Bild, mal eine blaue, mal eine lila Perücke.

Das Weitere, warnte uns Molotschkow, beruhe auf indirekten Zeugnissen und teilweise auf seinen eigenen Vermutungen. Es sei nur eine Hypothese, die er noch nie ausgesprochen habe.

Der weißhäutige, rotwangige Mons mit der süßen Stimme sah aus wie ein Cherubim. Volle Lippen, runde Wangen, blaue Äuglein – appetitlich, zum Anbeißen; der Umgang mit ihm erregte Katharina. Sie war um die Vierzig – ein sinnliches Alter, in dem die sexuelle Aktivität der Frau zunimmt. Frauen sind ängstlich und zugleich furchtlos, unfähig, Dinge vorauszusehen, aber imstande, jedes wachsame Auge zu täuschen.

Katharinas weibliche Verschlagenheit reizte Mons und zog ihn in ein gefährliches Spiel.

»Glauben Sie mir, Sinnlichkeit verlangt immer nach Erfüllung. Ist die Leidenschaft entbrannt, kann auch die Angst sie nicht mehr bremsen.«

Aufgeregt erzählte Molotschkow plötzlich eine ganz andere Geschichte.

»Stellen Sie sich einen Mann um die Fünfzig vor. Diverse Krankheiten und Zipperlein senken seine einstige Potenz. Seine Frau ist gesund und kräftig, rund fünfzehn Jahre jünger, vielleicht auch mehr. Sie achtet ihn, macht sich Sorgen um seine Krankheit. Aber sie ist eine heißblütige Frau, mit den Jahren nimmt ihr Temperament zu. Seine Liebe wandelt sich in zärtliche Fürsorge, in Freude an häuslicher Geborgenheit. Wie in solchen Fällen üblich, taucht eines Tages ein Dritter auf. Sein Schüler, ein lieber Junge, höflich und respektvoll, aber für die Wissenschaft ungeeignet, weil allzu primitiv. Der Mann erlaubt ihm, seine Bibliothek zu benutzen. Er kommt gar nicht auf die Idee, daß sich zwischen seiner Frau und seinem Schützling etwas anbahnen könnte. Er glaubt fest an seine Überlegenheit gegenüber diesem Burschen, der wesentlich jünger ist als seine Frau und außerdem schüchtern. Zusammen mit seiner Frau amüsiert er sich heimlich über die Provinzialität seines Schülers und seine dummen Urteile über Musik. Eines Tages fällt eine Vorlesung aus, der Mann kommt früher nach Hause. Mit einem Geschenk, einem elektrischen Samowar, von dem seine Liebste schon lange träumt. Um sie zu überraschen, schleicht er sich leise in die Küche, packt den Samowar aus und stellt ihn auf den Tisch. Da vernimmt er aus dem Nebenzimmer Geräusche, Stöhnen. Ein vertrautes Stöhnen! Er erstarrt. Die Situation unzähliger Witze. Er will ins Zimmer stürzen, aber sein Herz krampft sich so zusammen, daß er sich nicht rühren kann. Schweißüberströmt sinkt er auf einen Stuhl und hört alles, was nebenan geschieht. Gemurmel, Klatschen, Lachen. Die Situation ist eindeutig. Er erkennt die Stimme seines Schülers. Wieder Quietschen, Stöhnen. Das Vergnügen geht weiter. Sie schreit, ihre Stimme verrät ein Entzücken, das er aus ihren ersten Ehejahren kennt. Hinter der Wand tobt ein Sturm. Er kann sich nicht rühren, sein Herz würde es nicht aushalten; er hat nicht einmal die Kraft zu gehen. Er hört die beiden und verflucht seine Schwäche. Mühsam, sich an der Wand abstützend, geht er hinunter, in den Garten, atmet durch, schluckt ein paar Pillen; gegen Abend kehrt er nach Hause zurück. Sie wirft sich ihm an den Hals, dankt ihm für das Geschenk, deckt den Tisch, schaltet den Samowar ein und kann die neue Zierde des Tisches gar nicht genug bewundern. Keine Spur von Verlegenheit, so sehr er auch danach sucht. Kein Anzeichen von Lüge. Das verblüfft ihn am meisten: Er stößt auf lauter Liebe. Sie schwatzt munter drauflos, und ihre Worte sind echt. Das war das Schlimmste. Wenn sie gelogen hätte, dann hätte das bedeutet, daß sie mich braucht, daß sie mich nicht verlieren will. Aber so war es, als existierte ich gar nicht. Ihre Liebe war die Liebe zum Leben, und darin gab es eben mich und auch das, was davor geschehen war.

Angenommen, ich hätte sie überführt. Und weiter? Wir hätten uns trennen müssen. Aber das kann ich nicht. Ich weiß, daß ich es nicht kann. Und ich verachte mich dafür. Aber auch sie will das nicht, sonst würde sie darüber reden. Also will sie sich nicht von mir trennen. Ich habe meinem Schüler unter irgendeinem Vorwand das Haus verboten. Ach ja, ich habe ihm seine Unfähigkeit vorgeführt, und zwar öffentlich, so daß er bei uns keine Stelle bekam. Ich mußte mich rächen, sonst hätte ich mich verachtet. Er hat schließlich mein Vertrauen und seine Jugend mißbraucht, und das ist gegen allen Anstand.

Ich hatte sie beide, ihn und sie, für sauber gehalten. Beide liebten mich und haben mich doch so mühelos hintergangen. Ich konnte ihm nicht verzeihen. Weil ich jedesmal Angst habe, daß sie vergleicht, und dann spüre ich meine Schwäche noch stärker, und das ist quälend. Scheidung? Das schaffe ich nicht. Ich mußte an Peter denken und begriff etwas, das ich früher an seinem Verhalten nicht verstand. Und ich sah den Unterschied zwischen uns, sah, wie jämmerlich ich gegen ihn bin. Vieles wurde mir klar. Einem anonymen Brief schenkte er keinen Glauben; doch er sah sich die Korrespondenz von Mons an, stellte fest, daß Mons über das Geld der Zarin verfügte, Bittstellern aus ihren Mitteln Darlehen gewährte. Mons wurde um Fürsprache bei hochgestellten Persönlichkeiten wie Bruce oder Naryschkin gebeten. ›Einzigster Wohltäter auf der Welt‹ – was mochte Peter empfunden haben, wenn er so etwas las? Alle wußten also, wie vertraut Mons mit der Zarin war, wußten, daß sie ihm nichts abschlug. Den Briefen nach zu urteilen, hatte das bereits vor Katharinas Krönung begonnen. Als sie vor Peter kniete und ihm mit Tränen der Rührung die Hand küßte, da schlief sie bereits mit diesem Windhund. Als Feofan Prokopowitsch bei der Krönung ihre Liebe und Treue pries: ›Oh lauteres Gefäß, oh Tugend!‹, stand Mons als treuer Diener an ihrer Seite, und Peter ernannte ihn im Überschwang des Glücks zum Kammerherrn, für seinen Fleiß und seine Treue.

Diesen albernen Stutzer, einen kleinen Erpresser, einen hohlen Schwätzer, der keinerlei Verdienste für Rußland aufzuweisen hatte, zog sie dem großen Imperator vor! Peter empfand das als Staatsverrat.

Niemand ahnte, wie er als Mann litt. Je schwächer er wurde, desto mehr liebte er. In seinen Briefen an Katharina bezeichnete er sich als Greis, erwartete Widerspruch, und sie, in solchen Dingen sensibel, widersprach ihm auch, aber in Wirklichkeit litt ihr Temperament, ihr Liebeshunger ließ ihr keine Ruhe.

Der Tag X kam. Der hartnäckige Anonymus hatte ihm Ort und Stunde eines heimlichen Stelldicheins auf der kleinen Insel im Sommergarten mitgeteilt. Auf derselben Insel, in jenem Pavillon, wo er sich früher mit seinen Mätreßchen traf und wohin er sich in letzter Zeit gern zum Nachdenken zurückzog.

Leise näherte er sich, in einem Boot, scheuchte Enten und Schwäne auf. Er wußte, daß der Anonymus ihn aus der Ferne beobachtete, aber er konnte nicht anders – er witterte den Ehebruch seit langem.

Er trat an die verglaste Wand. Durch das farbige Glas sah er ihre nackten Körper, die sich mal leblos-bläulich, mal grün färbten.

Nach kurzem Verweilen entfernte er sich lautlos. Offensichtlich hatten sie ihn nicht bemerkt.

Sein stürmisches Leben hatte ihm so manchen Verrat beschert. Vor Jahren hatte ihn der Treubruch des ukrainischen Hetmann Maseppa betäubt, der vor der Schlacht bei Poltawa zu den Schweden übergelaufen war, mehrfach war er von König August verraten worden. Immer wieder wurde er getäuscht und hintergangen; seine Seele war voller Narben. Dieser Verrat war der härteste, der empfindlichste Schlag.

Alexej, der kleine Peter Petrowitsch, Menschikow – die Festungen fielen, eine nach der anderen. Katharina war seine letzte Zuflucht, und auch die brach nun zusammen.

Woher nahm er, der doch so zügellos war, oft bis zur Tobsucht, diesmal die Beherrschung?

Sich an Mons als dem Liebhaber seiner Frau zu rächen wäre einfach und männlich gewesen, aber nicht königlich. Katharina bloßzustellen hätte bedeutet, die Zarenfamilie der Schande preiszugeben, und das durfte er nicht.

Was auf der Insel geschehen war, wußte niemand genau. Man munkelte etwas von einem anonymen Brief und mutmaßte, wer ihn geschrieben haben konnte. Alles kam erst später ans Licht. Der Zar ließ sich nichts anmerken, und man kam zu dem Schluß, daß alles nur ein Gerücht war. Lediglich eins ordnete Peter an: Die Gehilfen und Diener von Mons sollten überprüft werden. Heimlich – darauf verstand sich die Behörde von Uschakow und Tolstoi; kein Gerücht drang nach außen. Äußerlich blieb alles unverändert. In der Folterkammer indessen hagelte es Geständnisse über die Bestechlichkeit von Mons, und nicht nur darüber. Aber der Zar beschränkte die Untersuchung auf Bestechung, unrechtmäßige Bereicherung, also auf Amtsmißbrauch.

Das Belastungsmaterial war ausreichend. Und war es auch wieder nicht. Peter konnte das Verhalten von Mons nicht als normale Bestechlichkeit abtun.

Mit wem sollte er sich beraten? Wohl kaum mit Menschikow; die beiden steckten doch längst unter einer Decke, wahrscheinlich wußte er auch von Katharinas Techtelmechtel mit dieser Ratte.

Es gab in Peters Leben eine Frau, aber sie war zu jung, um ihn in solchen Staatsangelegenheiten zu beraten.

Er konnte die Mutter seiner Töchter, der russischen Prinzessinnen, unmöglich der Schande preisgeben.

Eines Abends war bei der Zarin eine große Gesellschaft versammelt. Peter traf zum Abendessen ein. Scherzhaft erkundigte er sich nach dem Anlaß für das Fest, ob er jemandem gratulieren müsse. Er begrüßte alle liebenswürdig, lächelte Mons zu, der ihn unterwürfig ansah. Mons wußte, daß seine Gehilfen verhört wurden, womöglich gefoltert, aber ihn behandelte der Zar wie immer, auch zur Zarin war er unverändert freundlich. Sie scherzte und lächelte alle an, ganz besonders Mons – fest, ermutigend: Er durfte sich nicht aus Angst verraten. Es würde alles vorübergehen; sie fühlte sich sehr sicher.

Später wunderten sich alle: Niemand hatte etwas bemerkt. Keine Geste, kein drohender Blick hatte das Unheil angekündigt. Als wäre nichts geschehen, lauschte der Zar den Plaudereien von Mons, seiner Schwester und den anderen, aß und trank mit Appetit.

Der Schmerz blieb tief verborgen: Wir dürfen niemandem zeigen, wie wir leiden, niemand darf unsere Schwäche spüren.«

Plötzlich brach es aus Molotschkow hervor:

»Ich kann ihn gut verstehen!«

Ja, im Leiden gibt es keine Rangunterschiede; offensichtlich hatte Molotschkows eigenes Unglück ihm offenbart, wie es Peter vor dreihundert Jahren ergangen war. Auch vor tausend Jahren tat es genauso weh, wenn man betrogen, hintergangen wurde.

Molotschkow hatte, wie wir später erfuhren, doch noch die Kraft zur Scheidung aufgebracht.

Nach dem Abendessen bat die Zarin Mons, etwas zu singen. Alle gingen hinüber in den Salon, Mons machte sich bereit, da fragte Peter, wie spät es sei. Mitternacht? Er befahl, alle sollten schlafen gehen. Seine Stimme klang scharf, und niemand wagte sich zu widersetzen.

Tag und Stunde waren gekommen. Wie es in der Bibel heißt: Ein jegliches hat seine Zeit; pflanzen hat seine Zeit, ausreißen, was gepflanzt ist, hat seine Zeit.

In derselben Nacht erschien Uschakow bei Mons, der Chef der Geheimkanzlei, ein krummer, dunkelhäutiger Mann, der Furcht einflößte. Er verhaftete Mons und brachte ihn nicht in die Kanzlei, sondern zu sich nach Hause. Dort wartete schon der Zar. Mons erkannte ihn kaum wieder; Peter strahlte solchen Haß aus, eine solche Verachtung, daß Mons resignierte und sich gar nicht erst zu verteidigen versuchte. Der Fall Mons kam schnell ins Rollen.

Peters Verhalten bestätigte Puschkins Worte über das Genie, das auch dann, wenn es klein und häßlich ist, anders ist als wir. Er gab keine Erklärungen ab, handelte ohne Erbarmen, aber angemessen und tatsächlich anders.

Der Fall Mons wurde im Schnellverfahren geführt. Der Zar sah persönlich alle Papiere durch, die man bei Mons gefunden hatte, auch seine Liebesbriefe und Gedichte. Einiges sortierte er aus, um es zu vernichten. Das Verhör führte er persönlich. Verhörprotokolle wurden erst geschrieben, als es um die Geschenke und Bestechungsgelder ging. Doch den Zaren interessierte nicht die Habgier von Mons. Dahinter sah er, grausam und unwiderlegbar, eine andere Wahrheit. Bei den letzten Verhören saß er in einer dunklen Ecke, hörte schweigend zu, wie die Namen allerhöchster Personen genannt wurden, bis hin zu Zarewna Praskowja, der Witwe seines Bruders Iwan, die Mons ein Dorf geschenkt hatte, damit er »ihr wohlgesonnen« sei. Mons leugnete nichts. Er wußte, daß nicht die Bestechlichkeit sein Schicksal besiegelt hatte. Die Liste seiner Raffgier wurde nur für die Öffentlichkeit gebraucht, als offizieller Anlaß. Er gab alles zu, man brauchte ihn nicht zu foltern. Die Summen, die er ergaunert hatte, standen in keinem Verhältnis zur räuberischen Ausbeute der hohen Beamten, an sie reichte er nicht heran. Die Höflinge glaubten, er werde mit einer Entlassung davonkommen, schlimmstenfalls mit Knutenhieben. Die Zarin versicherte Matrjona Mons, alles würde sich ohne schlimme Folgen wieder einrenken. Auch sie wußte also nicht, was Peter herausgefunden hatte.

Mons war dem Zorn des Zaren nicht gewachsen. Wenn er Peters wutverzerrtes Gesicht vor sich sah, die lodernden Augen, fiel er in Ohnmacht. Er wurde schwach, seine Stimme versagte, und flüsternd gestand er alles.

Eine Woche nach seiner Verhaftung verurteilte das Gericht Mons zum Tode. In der ganzen Stadt wurden Bekanntmachungen ausgehängt: »Morgen um ein Uhr mittags findet die Exekution des ehemaligen Kammerherrn Mons statt.«

Unter Peter arbeiteten die Gerichte schnell und irrten sich selten.

Am sechzehnten November um ein Uhr mittags wurde Mons aus der Festung geführt; er stieg aufs Schafott, der Scharfrichter schlug ihm den Kopf ab und spießte ihn auf einen Pfahl, an derselben Stelle, wo Fürst Gagarin hingerichtet worden war.

Aus der Küche roch es nach Rauch, Motten kreisten im milchigen Licht der Laternen. Der Wind wehte abwechselnd Kälte und vom Laub der Bäume gespeicherte Wärme heran.

»Sie hassen ihn«, sagte Drjomow.

»Wen?«

»Mons.«

»Peter hat gesagt, undankbare Menschen verunstalten die Menschheit.«

Dann sagte Molotschkow: »Peter ist zu oft auf Undankbarkeit gestoßen. Menschen, die sehr viel für andere tun, ernten häufig wie zum Hohn Gemeinheit als Dank.«

»Hat er noch was gesagt vor seinem Tod, dieser Mons?«

»Ich glaube, er hat den Henker gebeten, es rasch zu erledigen. Es wird bezeugt, daß er sich tapfer gehalten hat. Er verabschiedete sich vom Pastor, zog eine Uhr mit Katharinas Bild aus der Tasche, küßte es und gab die Uhr dem Pastor.«

Wir hatten gedacht, Mons hätte geschrieen und sich gesträubt. Schließlich offenbart doch der Mensch vor dem Tod sein wahres Wesen. Vielleicht hat er Katharina wirklich geliebt, war mit der ganzen Glut seiner Jugend verliebt in sie?«

Molotschkow zuckte die Achseln. Natürlich, Katharina verstand sich darauf, jemanden zu fesseln. Erfahren in der Liebe, eine Frau in voller Blüte, hatte sie vielleicht sogar diesem berechnenden Windhund den Kopf verdreht. Diese Möglichkeit hatte Molotschkow früher nie erwogen, das war ihm nie in den Sinn gekommen; für ihn war Mons ein persönlicher Feind, ein geschniegelter Kriecher und Speichellecker.

»Das wäre eine Erklärung«, murmelte er.

Nach einer Weile sagte er: »Ein Historiker muß auch Psychologe sein. Wenn Mons ein Opfer seiner Liebe war, dann ändert das einiges. Der Zar konnte ihn ja nicht zum Duell fordern. Ihn des Landes verweisen? Katharina hätte ihn zurückgeholt, sobald sie Witwe geworden wäre. Ich anstelle des Zaren, ich hätte ihn auch hingerichtet. Und nicht nur den Kopf abgeschlagen, ich hätte ihn rädern lassen.«

Drjomow sah ihn an, ein Lächeln in den Augen.

»Das scheint Ihnen nur so.«

»Wahrscheinlich. Dafür muß man Peters Charakter haben. Wis-

sen Sie, er ist doch tatsächlich zu mir gekommen und hat mich um ein Empfehlungsschreiben gebeten. Eine Unverschämtheit.«
»Und was haben Sie zu ihm gesagt?«
»Was sollte ich denn tun? Ich hab es ihm geschrieben. Sonst hätte er gedacht, ich will mich aus persönlichen Motiven rächen. Ich habe ihm faktisch verziehen, und dafür schäme ich mich und hasse ihn noch mehr. Verzeihen Sie, daß ich Ihnen meine Beichte aufdränge. Na schön, zurück zu Mons. Sie meinen, er blieb tapfer, weil er liebte?«
»Er wußte, daß er für seine Liebe in den Tod ging. Er starb für die Dame des Herzens.«
»Er war ein Romantiker«, sagte Molotschkow, »die Romantik hätte ihm die Kraft verleihen können.«
»Und wenn er wirklich ein Opfer der Liebe war?«
»Damit kann ich mich nicht anfreunden«, sagte Molotschkow. »Ich möchte Mons nicht anders sehen, das zerstört die Harmonie.«
»Welche Harmonie?«
»Ich rede von Peter. Er war trotzdem im Recht.«

Ich weiß nicht, wie das Volk auf die Hinrichtung von Mons reagierte, bei uns jedenfalls stieß sie auf Zustimmung. Unterschlagung und Diebstahl griffen allgemein um sich, da half keine andere Abschreckung. Ohne Hinrichtungen wäre noch mehr gestohlen worden. Unter Katharina der Zweiten wurden die Strafen milder, und prompt nahm die Korruption zu. Unter Stalin hörte sie auf. Der hielt die Zügel straff.
Das Thema beschäftigte uns alle.
Anton Ossipowitsch hatte gelesen, irgendein persischer König habe einen bestechlichen Richter zum Tode verurteilt und den Richterstuhl mit seiner Haut beziehen lassen. Sehr wirkungsvoll. Molotschkow erzählte, unter Peter habe ein Gouverneur einen korrupten Richter an die Kette gelegt, in einen Käfig gesteckt und den Käfig im Gericht aufgestellt.
Diese Geschichten gefielen uns. In Rußland war zu vieles unge-

straft geblieben. Darunter litt die russische Gesellschaft am Ende des 20. Jahrhunderts stärker denn je.

Wir kehrten zu Mons zurück, erörterten noch einmal Katharinas Treuebruch. Molotschkow erzählte neue Einzelheiten, holte wie durch ein umgekehrtes Objektiv die Ereignisse näher heran, so daß Details deutlicher wurden.

»Zwei Tage nach der Hinrichtung führte Peter seine Frau am Schafott vorbei. Mons' Leichnam durfte nicht bestattet werden, er lag neben der Richtstatt, der Kopf war auf dem Pfahl aufgespießt. Von Schnee bedeckt, wirkte er grauhaarig. Mons sah sie an. Peter sah Katharina an. Sie blieb ruhig. Der Anblick entlockte ihr weder Tränen noch Entsetzen; darin war sie Peter eine ebenbürtige Gemahlin. Am Abend trank Peter mit angereisten Kaufleuten Bier, Katharina übte mit ihren Töchtern Menuett. Beide mimten harmonisches Familienleben. Die Fähigkeit, seine Gefühle zu verbergen, zeichnet Könige aus.

Peters Gesundheitszustand verschlechterte sich zusehends. Die Hinrichtung von Mons, die Notwendigkeit, das Netz der Hofschranzen zu zerreißen, hatten ihn viel Kraft gekostet. Er war es nicht gewohnt, sich zu schonen, er konnte das nicht, obwohl er wußte und von seinen Ärzten gesagt bekam, daß er nicht gesund werden könne, wenn er sich der Krankheit nicht stellte. Die Legende berichtet von einem Vorfall im November 1724: Peter kehrte auf einer Jacht von der Besichtigung der Salzsiedereien zurück und wollte in der Systerbecker Waffenschmiede vorbeischauen. Es war Abend. Im Finnischen Meerbusen tobte ein Sturm. Die Jacht legte an. Vom Meer her ertönten Schreie. Ein mit Matrosen und Soldaten überladenes Boot war auf Grund gelaufen und drohte zu kentern. Peter schickte eine Schaluppe mit seinen Leuten zu Hilfe. Sie schafften es nicht, das Boot von der Sandbank zu schleppen. Es heißt, Peter habe es nicht ausgehalten und sei selbst in eine Schaluppe gestiegen, um die Menschen zu retten. Wegen der Sandbank kam die Schaluppe nicht nahe genug an das Boot heran. Peter sprang ins

Wasser und half, das Boot wegzuziehen. Zwanzig Menschen wurden gerettet. Dieser Vorfall verschlechterte den Zustand des Zaren erheblich. Er wußte, daß er nicht in das eiskalte Novemberwasser springen durfte, aber er konnte nicht anders. Wie er gelebt hatte, so endete er auch – er schonte sich nie. Aber vielleicht ist diese Geschichte nur eine Legende.«

»Unsere Lehrerin hat uns das auch erzählt«, sagte Geraskin. »Damit wir uns ein Beispiel nehmen.«

»Eine Lehrbuchgeschichte«, bestätigte der Professor.

Wir kamen erneut auf Mons zu sprechen. Er war doch, wie unser Beamter Anton Ossipowitsch es ausdrückte, Katharinas Kader, sie hätte eigentlich wissen müssen, daß seine Bitten nicht uneigennützig waren, daß er sich nicht ohne Grund für andere einsetzte. Was fand sie nur an ihm? Frauen schwärmen häufig für nichtswürdige Männer, lassen sich verführen von geschliffenen Manieren und eleganter Kleidung und hintergehen andererseits den Mann, der sie aufrichtig und grenzenlos liebt. Dieses Weib hat Peter ins Grab gebracht.

Jemand zitierte ein Dichterwort: »Ein Tor, wer in der Frau allein sein Paradies auf Erden sucht!«

Nachdem wir unserem Ärger Luft gemacht hatten, wollte Drjomow wissen, ob Peter in Liebe gestorben sei, ob er Katharina verziehen habe oder ob er sie haßte.

Molotschkow antwortete nicht direkt, er sagte nur, nicht zufällig sei in Peters Leben eine andere Frau aufgetaucht: Maria Kantemir.

Die Krankheit quälte Peter seit langem, noch mehr aber quälte ihn die zögerliche Umsetzung seiner Pläne, der Widerstand, auf den sie stießen; das beschäftigte ihn am meisten. Im Heilbad Olonez sagte er zu seinem Arzt: »Ich kuriere meinen Körper mit Wasser, meine Untertanen mit meinem Beispiel. In beiden Fällen ist die Heilung langwierig. Die Zeit wird alles entscheiden, ich hoffe auf Gott.«

Seine Lebenszeit lief ab, die Krankheit zog die Schlinge zu, seine Vorhaben aber gingen nur langsam voran. Diese Diskrepanz quälte ihn. Die Lebenszeit ließ sich nicht anhalten, also mußte er seine Arbeit beschleunigen. Er traf eine Entscheidung nach der anderen, verschob nichts auf morgen, denn er wußte, das Heute war kostbarer als das Morgen. Das Leben ging zu Ende. Die schnellebigen Jahre waren verflogen. Er blickte nicht zurück auf das Geschaffene, das war vollbracht und würde Wurzeln schlagen, aber es war ihm kein Trost, denn das Unvollendete überwog. Wem sollte er sein Werk hinterlassen, all die Pläne, die er gehegt und gepflegt hatte? Würden sie nun, da niemand sich mehr darum kümmerte, liegenbleiben? Diese Gedanken setzten ihm mehr zu als die Schmerzen im Bauch.

Ihm war ein schwerer Tod beschieden. Nicht im Galopp, nicht im Sattel, nicht auf dem Schlachtfeld. Tagelang schrie er vor Schmerzen. Wenn die physischen Schmerzen nachließen, peinigten ihn die seelischen Qualen. Er wußte, daß er starb. Der Tod stand abwartend vor ihm, ließ ihn beten. Empfand er Reue wegen Alexej? Alles hatte sich auf das Schlimmste gefügt. Wem sollte er nun den Thron übergeben, auf wen sich verlassen?

Katharina wich keinen Schritt vom Lager ihres Mannes, aber er sprach nicht mit ihr, seine Gedanken waren woanders. Wahrscheinlich beim Jüngsten Gericht, vor das er demnächst treten würde. Und bei Rußland, seinem Lebenswerk, das unvollendet geblieben war.

Molotschkow verstummte. Auch wir schwiegen. Der Vision des Todes kann sich niemand entziehen, zumal er jeden von uns vor kurzem mit kalter Hand berührt hatte und uns zu verstehen gab, daß er auf uns wartet, unser aller oberster Gebieter. Jeder muß einmal sterben, aber wir denken nicht gern daran.

Drjomow rezitierte:

>»Leichtes Los hab ich von Gott erfleht,
Denn ich sah, das Dasein ist so schwer.

Gott beschied mich: Wart, die Zeit vergeht,
Etwas andres ist dann dein Begehr.«

»Und weiter?« fragte Geraskin.

Ernst, mit ausdruckslosem Gesicht blickte Drjomow in die Ferne, dorthin, wo es weder uns gab noch diesen Abend.

»Es ist soweit, zu Ende geht mein Weg,
Der dünne Faden bald zu reißen droht.
Leichtes Los hab ich von Gott erfleht,
Doch größre Gnade wär ein leichter Tod.«

Wir schwiegen nachdenklich. Der Professor wiederholte die letzten Zeilen.

»Ist das von dir?«
»Nein.«
»Von wem denn?«
»Von einem unbekannten Dichter.«
»Nein, ein leichter Tod war Peter nicht vergönnt«, sagte Molotschkow.

Als es Peter am fünften Tag vorübergehend besser ging, sagte er: »Erfahrt an mir, was für ein armseliges Geschöpf der Mensch ist.« Es quälte und erstaunte ihn offenbar, was die Krankheit aus ihm machte. Er, der mächtige, gesalbte Herrscher, war nur noch ein klägliches Wesen, vom Schmerz zermürbt, schreiend und hilflos, das niemandem mehr Furcht einflößte, allen eine Last war.

Seine Schreie drangen in alle Gemächer des Schlosses und nach draußen. Der Tod konnte den mächtigen Körper nicht bezwingen und ließ Peters Seele nicht los, obwohl er bereits gebeichtet und die letzte Ölung empfangen hatte.

Er schrie, krächzte heiser, schrie wieder durchdringend. In einem lichten Moment versuchte er etwas aufzuschreiben; sprechen konnte er nicht mehr. Mit schwacher Hand kritzelte er: »Gebt alles …«

Der Rest war beim besten Willen nicht zu entziffern. Peter hatte seine Kräfte für Gelage und Vergnügungen verschwendet, sie verbraucht in Tobsuchtsanfällen; und nun, da er von Sorge und Angst um sein Reich erfüllt war, fehlte es ihm an einem letzten Quentchen Leben. Ein kurzes Aufblitzen nur noch, das erlosch, ohne seinen letzten Willen erleuchtet zu haben – wem er den Thron hinterließ.

In diesem Augenblick endete eine Epoche, die größte in der Geschichte des russischen Staates. Das Todesröcheln brach ab. Stille trat ein. Peters Zeit blieb stehen. Alle, die sich im Schloß befanden, erstarrten. In wenigen Minuten würde der Kampf um die neue Herrschaft einsetzen und sie auseinanderreißen, aber noch waren sie seine Gefährten, seine Seele schwebte noch über ihnen, und ein heftiges Gefühl von Angst und Verlust erfaßte sogar jene, denen sein Tod Vorteile verhieß.

Wir hörten Molotschkow zu und dachten über das Geheimnis des Todes nach.

An den Tod zu denken ist nicht leicht, das verlangt besonderen Mut. Dachte Peter an den Tod, bereitete er sich darauf vor? Wohl kaum. Sich vorbereiten heißt, seine Angelegenheiten in Ordnung bringen, sich von seinen Nächsten verabschieden, korrigieren, was man noch korrigieren kann.

Molotschkow hatte bei Mark Aurel einmal gelesen: »Noch ein wenig, und du wirst verschwinden, genau wie alles, was du siehst und alles, was du weißt.« Aber das ist kein Trost.

Alles, was du siehst, und alle, die du siehst, werden bleiben, und das macht traurig, aber auch glücklich. Sich seines Todes bewußt werden bedeutet, die Welt und sein eigenes Leben anders zu sehen.

Sergej Drjomow meinte, die Großen könnten sich die Welt nicht ohne ihre Person vorstellen, sie möchten nicht an den Tod denken, auch Peter hätte den Gedanken daran gefürchtet, so mutig er auch sonst gewesen sei. Sie alle sind überzeugt, zu früh zu sterben. Im Leben können sie Vorbild sein, aber im Tod Größe zu zeigen, wie Sokrates, das vermögen nur wenige.

»Wir haben keine Kultur des Vererbens«, sagte der Professor. »Wir gehen mit dem Tod kulturlos um. Na schön, viele von uns haben nichts zu vererben, kein Eigentum, aber trotzdem, den einen oder anderen Gegenstand an Verwandte oder Freunde...« Er winkte resigniert ab. »Ich selbst komme auch nie dazu. Aber bei Peter ist das unverzeihlich, er hat Rußland einfach dem Zufall überlassen.«

»Der Tod kommt immer ungefragt und zur Unzeit«, sagte Drjomow. »Aber die meisten Berichte über die römischen Kaiser enden mit den Worten: ›Bei dieser Nachricht atmeten Rom und Italien erleichtert auf.‹«

34

Die letzte Liebe

Diesmal las Molotschkow uns etwas aus einem Heft vor. Anfangs hüstelte er verlegen, dann las er sicherer, mit Gefühl, freute sich an einer gelungenen Formulierung oder runzelte die Stirn. Er hatte den Text offenbar selbst geschrieben, vor langer Zeit, und war nun aufgeregt.

Rußland feierte das Ende des Krieges gegen Schweden. Der Frieden von Nystad wurde üppig und ausschweifend begangen, mit Feierlichkeiten in Petersburg und in Moskau. Man trank viel und vergnügte sich. Peter inszenierte Narrenumzüge. Der ganze Zug suchte nacheinander die Häuser des Hochadels auf, unter anderem den des Hospodars der Moldau, Dmitri Kantemir. Während Fürstin Anastassija und Fürst Dmitri Anweisungen für die Tafel erteilten, wurde Peter von Prinzessin Maria unterhalten. Sie war ihm schon bei früheren Besuchen aufgefallen, obwohl das schwarzhaarige magere Mädchen neben der blendend schönen jungen Stiefmutter Anastassija, einer geborenen Trubezkaja, ein Schattendasein führte. Die üppige weißhäutige, blauäugige Anastassija stellte jeden Teil ihres jungen Körpers kokett zur Schau. Die grazile siebzehnjährige Maria wirkte dagegen eher schüchtern. Sie war zwar auf Bällen eine gute Tänzerin, hatte aber kaum Erfolg. Das Gespräch drehte sich um die bevorstehende Hochzeit des Fürst-Papstes mit der Witwe Sotowa. Eine Narrenhochzeit. Peter hatte angeordnet, daß alle kostümiert zu erscheinen hatten. Er selbst schwankte noch zwischen einer Verkleidung als Mönch oder als römischer Krieger. Maria sah in an und riet ihm zu einem Matrosenkostüm, aber aus schwarzem Samt. Warum? Dann begriff er: Tatsächlich, das war geheimnisvoll und strahlte Macht aus. Am exklusivsten ist immer das Normale in etwas abgewandelter Form. So ungefähr erklärte es ihm die Prinzessin und ergänzte noch etwas auf Italienisch.

Peter liebte Fremdsprachen. Er selbst konnte Holländisch, Latein, Deutsch, ein wenig Französisch, kannte vor allem Begriffe aus der Seefahrt und dem Schiffbau. Aber Italienisch ... In London hatte er einmal auf der Straße einen italienischen Sänger gehört. Peter versuchte sich zu erinnern, was dieser gesungen hatte; er war bereits angetrunken, und in diesem Zustand stachelte er immer alle zum Mitsingen an. Auf einmal stimmte Maria in Peters Gesang ein, förderte das italienische Straßenliedchen zutage. Ihre schwache Stimme erfüllte die Räume mit den niedrigen Decken und schmalen Fenstern. Sie sang furchtlos und fröhlich, doch zum Spinettspielen ließ sie sich nicht bewegen – das nächste Mal, versprach sie.

Die Gastgeber baten zu Tisch. Eine Speise nach der anderen wurde aufgetragen, moldauische, rumänische, türkische. Peter trank auf Kantemirs Söhne, die alle drei tüchtig und gebildet waren; besonders lieb war ihm der jüngste, der dreizehnjährige Antioch mit den verständigen Augen, denen nichts entging.

Nach einer Weile brachen die Gäste auf und nahmen die beiden Gastgeber mit. Die Kinder standen auf der Treppe und verabschiedeten den Zug. Peter nötigte alle, alberne Hüte aufzusetzen und sich rote Nasen anzukleben, und ab ging es mit Glöckchengebimmel durch die Straßen. Beim Abschied winkte der Zar allen, ohne die Prinzessin besonders hervorzuheben.

Zur Hochzeit des Fürst-Papstes mit der alten Sotowa erschienen die Kantemirs wie befohlen mit den ältesten Söhnen und der Prinzessin. Sie trug eine grüne Maske, über dem Kleid einen löchrigen grünen Mantel, auf dem Kopf ein Barett, in dem ein grüner Zweig steckte, und auch sie selbst wirkte wie ein grünes Zweiglein. »Wie du mir geraten hast, Prinzessin!« begrüßte Peter sie. In dem Matrosenanzug aus schwarzem Lyoner Samt wirkte er jünger; hinter ihm lief Fürst Menschikow in einem ebensolchen Kostüm und schlug die Trommel.

Die Hochzeitsprozession riß sie mit sich. An der Spitze liefen als Teufel verkleidete Dickwänste mit roten Schwänzen, allen voran Minister Schafirow.

Am Ufer der Newa warteten bereits tannengrüngeschmückte Schaluppen und eine Fähre aus Weinfässern für das junge Paar.

Mehrere Tage lang wurde gefeiert. Peter zechte und amüsierte sich von Herzen, wohnte stundenlangen Gottesdiensten zu Ehren der erfolgreichen Beendigung des Krieges bei und nahm Militärparaden ab. Das Volk wurde mit Freibier und Wodka bewirtet. Auf dem Troiza-Platz trank Peter fröhlich mit und wurde nicht betrunken, sondern nur noch ausgelassener; er tanzte zwischen Kuchen und gebratenen Gänsen auf dem Tisch. Die Hauptstadt feierte; vergessen waren die Bitterkeiten des zwanzigjährigen Krieges.

Die Ausschweifungen erreichten ihren Höhepunkt. Auf dem Ball im Senat achtete ein Beauftragter des Zaren darauf, daß alle gleichermaßen tranken, daß niemand nüchtern blieb. Alle umarmten sich, tanzten, schwenkten die Perücken. Unter Aufsicht der Zarin wurden auch die Frauen zum Trinken angehalten. Mitten im Gelage fragte Peter plötzlich den Fürsten Kantemir nach seiner Frau und seiner Tochter. Der Fürst erwiderte, sie seien beide krank. Am nächsten Tag schickte der Zar Jagushinski, seinen Burschen Tatistschew und seinen Leibarzt Blumentrost, das zu überprüfen. Ob er den Kranken helfen wollte oder den Grund ihrer Abwesenheit herausfinden wollte – wer weiß.

Die Prinzessin verständigte sich mit Blumentrost auf Lateinisch, was den Arzt sehr für sie einnahm, und er bestätigte die Erkältung und das Ausgehverbot, damit sie die anderen Gäste nicht anstecke. Doch das Interesse des Zaren wurde registriert.

Nach Weihnachten gingen die Feiern in Moskau weiter, wieder gab es Bälle, Maskeraden und Volksfeste auf den Straßen. Der gesamte Zarenhof begab sich in die einstige Hauptstadt. Fürst Kantemir wurde angewiesen, Frau und Tochter mitzunehmen.

In Moskau lag Schnee, es herrschte Frost. Der Zar organisierte einen Schlittenumzug durch die Stadt; die Schlitten waren Schiffe, die unter dem Kommando von Apraxin und Peter diverse Manöver ausführten. Fürst Kantemir mußte ein türkisches Kajütruderboot mit einem purpurroten Segel ausstatten und auf Kufen stellen. Darin saßen die Fürstin und die Prinzessin mit ihrer Begleitung, und in einem Sessel auf dem Bug thronte Dmitri Kantemir selbst, in einem türkischen Kaftan, mit schwarzem Bart und einem Turban auf dem Kopf.

Am letzten Tag der Maskerade wurde Honigbier gebraut und ungarischer Wein getrunken. Die Frauen versammelten sich in einem separaten Saal, getrennt von den Männern. Die Moskauer Damen wollten die Petersburgerinnen betrunken machen und verhöhnen. Doch Katharina sorgte dafür, daß alle gleich viel tranken, daß niemand sich drückte. Die Frauen amüsierten sich, lärmten und kreischten. Peter und Pjotr Tolstoi gesellten sich zu ihnen, beide mit Masken. Getreu den Regeln redeten alle einander mit »Maske« an. Peter allerdings war bei Maskeraden immer sofort zu erkennen, an seiner Größe, seiner Stimme und seinem herrischen Auftreten. Er stieß mit allen am Tisch an, sagte den Damen Liebenswürdigkeiten. Ihm machte es Spaß zu raten, wer jeweils hinter der Maske steckte. Die Prinzessin Kantemir erkannte er gleich: Spindeldünn, schmale Taille, Brüste wie zwei Fäuste; als Schiffsjunge verkleidet, mit Matrosenmütze und –jacke. Hinter dem Schlitz der Maske leuchteten ihre Augen freudig auf. Peter sagte etwas zu Tolstoi, und der sprach die Prinzessin auf Italienisch an. Sehr zum Ärger der Umsitzenden plauderten sie in dieser fremden Sprache. Peter hörte mit Vergnügen zu. Wollte er Maria prüfen oder Tolstoi? Vielleicht alle beide. Zum Schluß umarmte er Maria und flüsterte ihr etwas ins Ohr, so daß ihr Hals errötete. Die Frauen fragten ungeniert, was er gesagt habe, und sie versicherte, er habe ihr nur ein Kompliment gemacht.

Pjotr Andrejewitsch Tolstoi, ein Freund der Familie Kantemir, sagte dem Fürsten Dmitri, daß der Zar offenkundig ein Auge auf Maria geworfen habe. Und Maria sei die Liebe des Zaren wahrlich wert.

Der Zar besuchte nun häufiger das Haus der Kantemirs in Petersburg, aß mal mit Apraxin, mal mit Menschikow, mal mit dem französischen Gesandten dort zu Abend. Offizielle Anlässe fanden sich genug. Wenn er sich nach der Prinzessin erkundigte, holte der Vater sie zu Tisch. Das gefiel Peter. Als er bemerkte, daß die Prinzessin sich in der griechischen Mythologie auskannte, bat er sie, ihm von den Werken Herodots und von der Göttin Athene zu erzählen. Der Fürst ließ die beiden möglichst häufig allein.

Bei anderen hätte Peter nicht erst nach einem Anlaß gesucht, doch das Haus der Kantemirs war etwas Besonderes. Außerdem reagierte Maria schüchtern. Dmitri Kantemir, Hospodar der Moldau und Nachkomme byzantinischer Imperatoren, hatte sich offen auf die Seite Rußlands gestellt, als Peter der Türkei den Krieg erklärte. Den ganzen Krieg hindurch hielt er Peter die Treue. Peter machte den angesehenen Kenner der Türkei und der türkischen Politik zum Senator. Dmitri Kantemir, Autor der »Geschichte des Osmanischen Reiches«, war ein seriöser Gelehrter und Schriftsteller und vermittelte allen seinen Kindern eine ausgezeichnete Bildung. Sein einziger Fehler war seine Eitelkeit. Seiner Ansicht nach verdiente er mehr, als lediglich Berater des Zaren zu sein. Als er sicher war, daß der Zar sich für Maria interessierte, beschloß er, die günstige Gelegenheit zu nutzen, koste es, was es wolle. Er zog Tolstoi, der mit ihm befreundet war und die Gepflogenheiten am Hof gut kannte, als Verbündeten ins Vertrauen.

Von allen seinen Kindern schätzte Kantemir seinen jüngsten Sohn Antioch am meisten und prophezeite ihm eine glänzende Zukunft, aber diese Zukunft lag noch in weiter Ferne. Maria stand ihm seit dem Tod seiner ersten Frau besonders nahe. Sie kümmerte sich ganz allein um ihre Brüder, denn auf die junge Stiefmutter war in dieser Hinsicht nicht zu zählen. Anfangs wunderte sich Kantemir über das Interesse des Zaren an Maria, Tolstoi dagegen fand es nicht erstaunlich. Im Kreis der Hofdamen fiel sie durch ihre Bildung und ihre europäische Erziehung auf; ihr lebhafter junger Geist war rein, unbeeinträchtigt von höfischen Intrigen. Tolstoi erklärte dem Fürsten, daß Peter, wenn er wollte, das Mädchen ohne zu zögern nehmen würde, ohne sich um Kantemirs Rang und Name zu scheren. Kantemir glaubte ihm nicht. Bislang hatte der Zar ihn geschätzt, ihm allen Respekt erwiesen. Aber vielleicht hegte Peter ja ernsthafte Absichten? Oder sollte seine Tochter nur eine der kurzlebigen Launen des Zaren sein?

Tolstoi zwinkerte listig: Das kommt ganz drauf an, auch darauf, wie sie im Bett ist. Seine ungenierte Grobheit ärgerte den Fürsten. Der russische Hof hielt sich an keine Etikette. Das Interesse des Zaren war natürlich schmeichelhaft, aber ihm die einzige Tochter nur zum Vergnügen zu überlassen kam nicht in Frage. Ein anderer würde sich freuen, sagte Tolstoi, viele sind zu allem bereit, um die Aufmerksamkeit des Zaren auf sich zu lenken, würden ihm Frau und Tochter ins Bett legen. Darauf bemerkte Dmitri Kantemir hochmütig, sein Geschlecht sei älter und ehrwürdiger als das der Romanows und der Tolstois. Sie verzankten sich beinahe, ungeachtet ihrer langjährigen Freundschaft, die noch aus ihrer gemeinsamen Zeit in Konstantinopel rührte. Kantemir hätte Tolstoi so manches vorhalten können, aber ein ernsthaftes Zerwürfnis wäre unvorteilhaft gewesen. Schließlich war Tolstoi sein einziger Freund am Hof; mit ihm konnte er sich beraten. Außerdem schätzte er ihn, weil auch er europäisch kultiviert war.

Tolstoi erinnerte Kantemir daran, daß er Prinzessin Maria von klein auf kenne, er habe sie schon als kleines Kind auf dem Arm getragen, sie aufwachsen sehen; ihre Interessen seien ihm durchaus wichtig, aber das Herz ließe sich nun einmal nichts befehlen; er habe selbst beobachtet, wie sie sich über die Aufmerksamkeit des Zaren freue. Auch der Zeitpunkt sei ein besonderer. Jeder wisse, daß das Verhältnis des Zaren zur Zarin nicht mehr so sei wie früher. Nach dem Tod von Alexej Petrowitsch war die Thronfolge an Peter Petrowitsch gegangen, Katharinas Sohn, doch der Herr hatte ihn zu sich genommen. Der Sohn, die Hoffnung des Zaren, war tot. Es war wie ein böser Fluch. Und die Zarin hatte laufend Totgeburten. Tolstoi bekreuzigte sich, seufzte, schürzte die blassen, dünnen Lippen –

Kantemir verstand nicht, worauf er hinauswollte. Er fragte vorsichtig nach. Tolstoi erklärte noch vorsichtiger, den Zaren quäle das Fehlen eines männlichen Nachkommen. Angenommen, ein adliges Mädchen würde schwanger vom Zaren und bekäme einen Jungen – das könnte unvorhersehbare Folgen haben. Tolstoi nannte zwar keine Namen, aber auch so war der Fürst bereits alarmiert. Es gab jede Menge »Wenn« und »Aber« in dieser Angelegenheit. Tolstoi ließ sich nicht festnageln; als der Fürst nachhakte, wich er zurück. Die Zarin würde nicht ohne weiteres auf ihre Interessen verzichten, und hinter ihr stünden ebenfalls mächtige Personen. Doch sogleich spekulierte er wieder: Eine Chance sei es immerhin, wäre doch schade, sie ungenutzt zu lassen. Wenn der Zar will, dann läßt er sich durch nichts aufhalten, dann steckt er sie ins Kloster, wie seinerzeit Jewdokija, und keiner wird einen Mucks sagen, viele werden froh sein, wenn Menschikow ohne seine Fürsprecherin dasteht. So redeten sie um den heißen Brei herum; die Phantasie des Fürsten entzündete sich immer mehr, und er versuchte von Tolstoi zu erfahren, welche Hindernisse zu erwarten seien, was die Zarin unternehmen würde. Sie drückten sich vorsichtig aus; statt Zarin benutzten sie das lateinische Wort mater. Tolstoi zitierte Horaz: »Matre pulchra filia pulchrior – eine Tochter ist schöner als eine schöne Mutter.«

Tolstoi könnte Rendezvous arrangieren. Die Mätreßchen ihres Gemahls ertrug Katharina äußerst gelassen, solange sie keine Ansprüche erhoben.

Tolstoi versprach nichts; die Angelegenheit war zu heikel. Sie erörterten nur mögliche Vorgehensweisen, ebenfalls sehr vorsichtig. Sie planten ja keinesfalls eine Verschwörung – lediglich die Unterstützung der amourösen Passion des Zaren, ohne jede weitere Absicht.

Unter dem Vorwand, etwas aus dem Italienischen übersetzen lassen zu wollen, besuchte Tolstoi die Prinzessin und erwähnte nebenbei das Interesse des Zaren an ihr, an ihrer Gelehrsamkeit, mehr noch aber an ihren mädchenhaften Reizen. Maria hörte ihm begierig zu. Tolstoi redete ihr ein, die Frauen seien entweder aus Eigennutz oder aus Eitelkeit hinter Peter her; niemand wisse seine Persönlichkeit zu schätzen, all diese Mätreßchen hätten zu wenig Verstand.

Tolstoi galt als Schlitzohr, wirkte auch äußerlich so: Schmale Lippen, von leichtem Spott umspielt, die flinken Augen nie auf den Gesprächspartner gerichtet, sondern stets unruhig umherirrend. Er kaschierte diese verräterischen Eigenheiten durch äußere Ehrbarkeit, trug ein trauriges Lächeln, Strenge oder Demut zur Schau. Doch der schlechte Ruf haftete ihm an. Weder eifrige Gebete noch fleißige Kirchgänge machten vergessen, wie hinterhältig er den Zarewitsch Alexej aus seiner Zuflucht in Neapel gelockt, ihn dem Schutz des österreichischen Kaisers entzogen hatte, indem er ihm versprach, sein Vater würde ihm verzeihen. Hätte der Zarewitsch nicht auf ihn gehört, könnte er vielleicht noch leben. Hartnäckig wurde behauptet, Tolstoi habe Katharina zuliebe den Fall vor Gericht so betrieben, daß er mit Alexejs Tod enden mußte. Im Volk wurde gemunkelt, Tolstoi habe den von der Folter geschwächten Zarewitsch in den Kasematten mit einem Kissen erstickt. Sterbend habe der Zarewitsch ihn und sein ganzes Geschlecht verflucht. Doch schon vor der Geschichte mit dem Zarewitsch kursierten üble Gerüchte über Tolstoi. Als Gesandter in der Türkei sollte er angeblich seinen Gehilfen vergiftet haben. Der wollte die Unterschlagung von Geldern melden, die zur Bestechung türkischer Beamter vorgesehen waren, und war plötzlich gestorben. Kantemir war das alles bekannt. Er wußte, daß Tolstoi intrigant war, ein windiger Geselle, daß er, der Chef der schrecklichen Geheimkanzlei, angeblich eigenhändig folterte, mit einem Wort – daß er eine Kanaille war. Aber ihm, Kantemir, hatte er doch hoch und heilig geschworen, er werde Maria unterstützen und den Zaren entsprechend beeinflussen; außerdem lag es auch in seinem eigenen Interesse, dem Zaren in einer so heiklen und zugleich vielversprechenden Angelegenheit nützlich zu sein. Vorausgesetzt, Maria würde schwanger.

Ein aberwitziger Traum ergriff von Kantemir Besitz. Er sah seine Tochter schon als Zarin. Als Imperatorin, als Mutter des Kronprinzen. Sie wäre eine angemessene Gemahlin für den russischen Monarchen, ganz im Gegensatz zu dieser Soldatendirne. Mit Maria könnte man sich an jedem europäischen Hof sehen lassen.

Alle diese Vorzüge schilderte Tolstoi dem Zaren, zumindest versicherte er das Kantemir. Das schien sogar zu stimmen; jedenfalls besuchte Peter Maria immer häufiger. Augenscheinlich wurde ihre Beziehung enger. Der Fürst gestattete sich nicht, sie zu beobachten, vernahm aber im Nebenzimmer dies und jenes. Er sah, wie Maria aufblühte, wie sie strahlte, wenn sie dem Zaren entgegenlief. Peter kam stets unverhofft, ohne vorherige Anmeldung, ohne Begleitung, nur mit seinen beiden Burschen, die draußen in der Diele blieben. Ungeniert ging er schnurstracks in Marias Gemächer.

Ihn reizte Marias kühle Frische, ihre Reinheit, ihre Nachdenklichkeit; mit ihr konnte er sich unterhalten, sich von den Hofintrigen und den Regierungsgeschäften ablenken.

Ihre unbeholfenen, glühenden Zärtlichkeiten waren wohltuend ungekünstelt; sie weinte vor Entzücken. Der Zar war ihr erster Mann, sie fand ihn vollkommen und verliebte sich ernsthaft in ihn.

Vieles erfuhr der Fürst von Pjotr Tolstoi. Alles lief bestens, bis eines Tages Iwan Dolgoruki, der Sohn von Grigori Dolgoruki, dem russischen Gesandten in Polen, um Marias Hand anhielt. Eine aristokratische Familie, abzulehnen war undenkbar, auch die Zarin persönlich zeigte außerordentliches Interesse an der Verbindung. Ein Zufall? Die Sache beunruhigte den Fürsten und auch Tolstoi. Vermutlich wußte die Zarin von der neuen Geliebten, ebenso wie von allen anderen zuvor. Tolstoi hatte gemeint, es sei unklug, sich zu verstecken – je offener, desto geringer der Argwohn. Aber augenscheinlich war die Zarin alarmiert.

Nachdem Kantemir mit Tolstoi gesprochen hatte, ging er zu seiner Tochter. Sie reagierte auf Dolgorukis Brautwerbung rigoros: Auf keinen Fall! Sie wollte nichts davon hören. Der Fürst versuchte nicht, sie zu überreden, fragte nicht nach ihren Gründen; nur mit Mühe konnte er seine Freude verhehlen. Er riet ihr, den Bräutigam abzuweisen, weil er noch keinen Rang im Dienst Seiner Majestät des Imperators habe. Er selbst gab Iwan Dolgoruki seine Einwilligung, bezeichnete die Verbindung mit einem so namhaften Geschlecht sogar als eine Ehre, was er auch der Zarin mitteilte; die letzte Entscheidung aber liege bei seiner Tochter, er könne ihr nur einen Rat geben.

Bei der nächsten Assemblee sagte die Zarin zum Fürsten, wenn es nur an einem Posten für den jungen Dolgoruki liege, dann lasse sich schon etwas Passendes finden. Kantemir versprach, noch einmal mit seiner Tochter zu reden, und versicherte der Zarin, einen besseren Bräutigam als Dolgoruki könne er sich gar nicht wünschen.

Die Zarin sah ihn prüfend an. Der Fürst spielte seine Rolle ganz gut; er fühlte sich überlegen, denn am Vortag hatte er von seiner Frau erfahren, daß Maria schwanger war. Nun hing also alles davon ab, ob es ein Junge wurde. Womöglich würde das Kind in Marias Bauch die künftige russische Geschichte bestimmen.

Peter war mit dem bevorstehenden Krieg gegen Persien beschäftigt. Der Zar hatte angeordnet, daß Kantemir am Feldzug teilnehmen sollte; sie würden auf der Wolga bis Astrachan fahren. Für die Bevölkerung Transkaukasiens mußten Manifeste in Türkisch und Persisch vorbereitet werden. Die Prinzessin konnte ihn bis Astrachan begleiten und dann dort bleiben. Peter wußte offenbar von der Schwangerschaft, denn er befahl Kantemir, die Fürstin, die Prinzessin und ihren Hausarzt mitzunehmen.

Pjotr Tolstoi gehörte als Orient-Fachmann ebenfalls zu Peters Begleitung.

Die Flußfahrt dauerte zwei Monate – auf der Moskwa, der Oka und der Wolga bis nach Astrachan. Die Kantemirs fuhren auf einem separaten Schiff.

Maria hatte bereits einen erkennbaren Bauch; sie war glücklich, die Schwangerschaft stand ihr. Betreut wurde sie von ihrem Hausarzt, dem Griechen Palikula. Während der Fahrt auf der Wolga erkältete sich die Zarin, und Pjotr Tolstoi empfahl ihr den Arzt der Kantemirs, der ein großes Sortiment an Heilkräutern vorrätig habe.

Katharinas Erkältung war rasch kuriert. Sie belohnte den Arzt großzügig und erkundigte sich beiläufig nach Prinzessin Maria, wie ihr die Schwangerschaft bekam, ob sie auch keine Beschwerden habe, wann sie entbinden würde. Palikula galt als Kenner des weiblichen Körpers, er war vertraut mit den Methoden der orientalischen Medizin, behandelte Unfruchtbarkeit, konnte den Verlauf der Schwangerschaft voraussagen und das Geschlecht des Kindes. Man sagte ihm die Kenntnis uralter Geheimnisse der Heilkunst nach und die Heilung chronischer Krankheiten.

Als die Truppen Astrachan erreicht hatten, wurde ein zweiwöchiger Halt eingelegt. Katharina lud die Hofdamen zu sich ein. Prinzessin Maria sagte ab; sie fühle sich nicht wohl. Am nächsten Tag suchte die Zarin sie persönlich auf, fragte nach ihrem Befinden und ob sie über das Kaspische Meer mitreisen werde. Dabei blickte sie ständig auf ihren Bauch. Die Prinzessin hielt die Hände davor verschränkt. Sie war freundlich, ließ sich sogar überreden, etwas zu singen. Als die Zarin gegangen war, sagte sie zu ihrem Vater, der Besuch habe ihr nicht gefallen, die Zarin habe einen »bösen Blick«. Der Fürst lachte nur, winkte ab und umarmte sie. »Du sollst gebären und an nichts Böses denken.« Maria schmiegte sich an ihn. »Ich habe Angst.«

An einem Abend kam der Zar vorbei. Er war ganz von den Vorbereitungen zum Aufbruch in Anspruch genommen, sah müde aus, sprach abgehackt, sein Gesicht war blaß und feucht. Beim Essen schwieg er, betrachtete Maria und ordnete an, sie solle mit ihrer Stiefmutter und dem jüngsten Bruder in Astrachan bleiben. Pjotr Tolstoi empfahl, auch den Arzt Palikula bei der Prinzessin zu lassen. Der Zar stimmte ihm zu.

Katharina wollte von Tolstoi wissen, worauf Kantemir hoffe. Er wolle doch nicht etwa den Bastard seiner Tochter dem Zaren als Thronerben unterschieben? Daraus wird nichts! Das Kind muß erst mal geboren und aufgezogen werden. Wer weiß, wie sich alles fügt. Ob er, Pjotr Tolstoi, wirklich auf der Seite des Fürsten sein wolle? Schön, sie seien befreundet, aber dürfe man sich deshalb gegen die rechtmäßige Zarin stellen? Das müsse er doch einsehen. Er solle darüber nachdenken. Ob es nicht vorteilhafter sei, auf Ehre und Gewissen zu dienen? Er sei schließlich nicht ohne ihre Hilfe Geheimer Rat geworden. Und könne auch mit einem höheren Rang rechnen. Ob es stimme, was dieser Grieche gesagt habe, die Prinzessin sei gesundheitlich angegriffen? In ihrem Zustand wäre durchaus eine Fehlgeburt möglich.

Die Andeutungen waren grob und wurden immer hartnäckiger. Sie war wütend. Tolstoi riß verständnislos die Augen auf, zuckte die Achseln. Das Mädchen habe keinerlei Beschwerden, sei gesund und kräftig. Natürlich liege alles in Gottes Hand. Er nickte, verbeugte sich, ließ sich aber nicht festlegen, versprach nichts. Seelenruhig wartete er darauf, daß sie die Karten auf den Tisch legte; schließlich blieb ihr nichts anderes übrig. Es mußte von ihr ausgehen, sie mußte es aussprechen. Das Vorhaben war schließlich kein Kinderspiel.

Aus der Arbeit in der Geheimkanzlei hatte er viel gelernt; er führte mitunter selbst Verhöre »mit Engagement«, mit Feuer, glühenden Zangen und Folterbank. Er wußte also, daß letztendlich jeder Schuldige ermittelt wurde.

Nicht zufällig hatte sie nach dem griechischen Arzt gefragt; sie wies ihm die Richtung. Sie hätte im Ernstfall nichts zu befürchten, auch wenn sie vielleicht aus Eifersucht ihrer Rivalin Böses gewünscht haben mochte. Er aber mußte auf der Hut sein; er hatte lediglich zuzuhören, seine Treue zu bekunden, Befehle auszuführen.

Schließlich platzte ihr der Kragen, sie sagte derb, auf Soldatenart, ganz offen, was sie von ihm wollte, und versprach ihm einen Adelstitel, der erst vor kurzem eingeführt worden war – damit konnte sie nur den Grafentitel meinen. Tolstoi verspürte ein süßes Stechen in der Brust. Das war der Gipfel seiner Träume. Ein Rang, das war etwas Vorübergehendes, aber Graf Tolstoi, das blieb, das würde er an Kinder und Enkel vererben. Solange das Geschlecht der Tolstois existierte, würde die Erinnerung an ihn lebendig bleiben.

Er brach in Tränen aus, küßte der Zarin die Hand und versprach zu tun, was in seinen Kräften stand, denn alles liege ja in Gottes Hand.

Sie sah ihn eindringlich an.

»Paß auf, daß du dich nicht selbst überlistest!«

Er war es gewöhnt, daß man ihm Unaufrichtigkeit oder übermäßige Gerissenheit unterstellte, aber diesmal hatte sie ins Schwarze getroffen. Vielleicht teilte sie den Argwohn des Zaren ihm gegenüber. Auch wenn Peter Tolstoi hohe Ämter bekleiden und Geheimaufträge erledigen ließ, vertraute er ihm nie rückhaltlos. Angeblich wegen seiner Beteiligung am Strelitzen-Aufruhr. 1682, damals noch ein junger Mann, hatte er geheime Sitzungen im Haus seines Förderers, des Bojaren Iwan Miloslawski, besucht. Vierzig Jahre waren seitdem vergangen, aber Peter vergaß das nie. Er sah in vielen Menschen den »Miloslawski-Clan«. Pjotr Tolstoi wußte, daß der Zar ihm mißtraute.

Bei einem der üblichen Trinkgelage ging der Zar umher, lauschte den betrunkenen Reden seiner Zechkumpane und trat plötzlich zu Tolstoi, der die Perücke abgenommen hatte und eingenickt war. Peter schlug ihm auf die Glatze und sagte:

»Ihr verstellt Euch, Herr Tolstoi!« Dann wandte er sich an die anderen: »Dieser Kopf lief früher einem anderen Kopf hinterher; ei, wie schlaff er herunterhängt, hoffentlich fällt er ihm nicht von den Schultern.«

Tolstoi riß sich zusammen und antwortete schlagfertig:

»Keine Angst, Eure Majestät, er ist Euch treu und sitzt fest auf mir.«

»Seht ihr«, sagte Peter, »er hat sich verstellt, er ist gar nicht betrunken. Bringt ihm ein Glas guten Wein, damit er genau so ist wie wir und auch Unsinn redet!«

All die Jahre mußte er ständig auf der Hut sein. Bisweilen spürte er den prüfenden Blick des Zaren, der zu argwöhnen schien, daß die Versuchung der Untreue stets in einem geheimen Winkel seiner Seele lauerte, bereit, jeden Augenblick ihre Fuchsschnauze zu erheben.

Auf dem Feldzug war Tolstoi für die diplomatische Kanzlei des Zaren zuständig, er sah alle Meldungen durch und bereitete die Aufrufe an die Perser und die Völker des Kaukasus vor. Eine Vielzahl von Papieren, alle von höchster Wichtigkeit. Auch wenn der Zar seine Pläne nicht restlos enthüllte, ahnte Tolstoi, daß es darum ging, dem russischen Handel den Weg nach Persien und später auch nach Indien zu bahnen, dorthin, wohin alle europäischen Länder strebten.

Ein gewaltiges Vorhaben, aber nach dem Sieg über die Schweden schien alles erreichbar. Weit mehr Sorgen machte Tolstoi das Gespräch mit der Zarin. Er ließ den Griechen holen; er fühle sich krank. Der Grieche wohnte bei den Kantemirs, im Kreml von Astrachan. Er kam, rieb Tolstoi den Rücken mit Salben ein und überredete ihn, einen Schluck milchigweißen griechischen Wodka zu trinken. Tolstoi nötigte auch ihn, davon zu trinken. Der Grieche schüttelte lächelnd den Kopf und trank. Nachdenklich betrachtete Tolstoi den Griechen, der ihn mit öliger Fürsorglichkeit umgab. Er überlegte, wog ab: Das eine war so riskant wie das andere; sich weigern war riskant und sich fügen ebenso. Auch dem Griechen zu vertrauen war riskant.

Er dachte an Katharinas glühende Augen. Sie würde nachforschen. Tat er es nicht, würde sie selbst diesen Griechen überreden, ihn zwingen, ihn einschüchtern – sie war nicht aufzuhalten. Und ihm würde sie nie verzeihen. Aber wenn der Zar es herausfand, würde er ihn vernichten. Nun entscheide dich!

Tolstoi mochte keinen Schnaps, er verzog das Gesicht, trank noch ein Glas von dem stinkenden griechischen Zeug und spürte auf einmal, daß er ein Ruder in der Hand hielt, ein zitterndes, gefügiges Ruder: Wohin er es steuerte, dahin würde die Fahrt gehen, zum Zaren oder zur Zarin, und das Schiff, das er steuerte, hieß Rußland. Er hatte es in der Hand, er, Pjotr Tolstoi – sei es drum!

Er sagte dem Griechen, er solle bei der Prinzessin Maria bleiben und sich um sie kümmern. Der Grieche war enttäuscht. Er hatte gehofft, den Fürsten zu begleiten, vielleicht würde auch die Zarin ihn benötigen, sie hatte ebenfalls Interesse an ihm bekundet. Die Prinzessin sei gesund, alles stehe zum besten, die hiesigen Hebammen würden die Entbindung spielend ohne ihn bewältigen. Es gebe für ihn keinen Grund hierzubleiben.

Keine Hebammen, unterbrach ihn Tolstoi, Palikula müsse die Geburt selbst überwachen und sich um die Prinzessin kümmern.

Irgend etwas in seinem Ton, in seinem länglichen Gesicht machte den Griechen mißtrauisch. Die Worte klangen väterlich, aber sein Blick war wie Metall, starr und kalt. Er sagte, er solle Palikula übermitteln, es wäre am besten, wenn der Prinzessin die Geburt erspart bliebe. Man vertraue dabei ganz auf seine ärztliche Kunst.

Der Grieche zwinkerte heftig und tat, als verstünde er nicht. Er verstellte sich, der Fuchs. Er bat um Erklärungen: Wie man denn die Natur aufhalten solle? Wenn die Zeit heran sei, dann müsse entbunden werden, ob man wolle oder nicht. Er leckte sich die trockenen Lippen und wartete auf ein klares Wort. Seine Heuchelei ärgerte Tolstoi. Er sagte ungern zuviel. In einer solchen Angelegenheit durften keine überflüssigen Worte gemacht werden. Palikula sei ein schlechter Arzt, wenn er nicht wisse, was alles passieren könne. Ob er ihm etwa die medizinischen Einzelheiten auseinandersetzen solle? Fehlgeburten kamen selbst bei der Zarin vor.

Der Grieche wurde immer blasser, seine Knie gaben nach, er fiel zu Boden, berührte mit dem Kopf Tolstois Füße.

»Verschone mich, Pjotr Andrejewitsch.«

Tolstoi schwenkte die Arme.

»Das kann ich nicht, ich kenne mich in deinem Geschäft nicht aus.«

»Wie soll ich eine solche Sünde auf mich laden, eine unschuldige Seele töten, ein Kind?«

Tolstoi stampfte mit dem Fuß auf, hob die Faust, beherrschte sich aber.

»Wer redet davon, ein Kind zu töten? Das hat niemand gesagt. Ganz und gar nicht. Keiner spricht von einem Kind. Das ist eine Frucht, eine Frucht im Mutterleib. Sie hat noch keine Seele, ist ungetauft und namenlos. Einer Frucht kann alles mögliche zustoßen. Wenn sie tot geboren wird, ist das Gottes Wille. Wie oft ist der Zarin dieses Frauenunglück schon widerfahren, zu ihrem Kummer und dem Seiner Majestät.«

Der Grieche stand auf, schwankte und flüsterte kaum hörbar. Dabei dürfe man doch nicht nachhelfen, nein, nein, das sei undenkbar, das könne höchstens von selbst geschehen. Und dann stellte er eine Frage, eine gemeine Frage, denn genau da lag der Hund begraben: Was, wenn das Kind weiblichen Geschlechts sei? Dann gebe es keine Rechtfertigung für die Untat. Und wer konnte das schon vorher wissen? Daraufhin erinnerte Tolstoi ihn daran, wie er mit seiner Gelehrsamkeit geprahlt hatte; dann solle er es eben vorher bestimmen, um das Böse zu vermeiden. Wenn du das nicht kannst, dann bete zu Gott, daß er dir deine Unvernunft verzeiht.

Pjotr Tolstoi bekreuzigte sich inbrünstig. Der Grieche gab nicht auf, bohrte nach: Warum? Weshalb vernichten, was der Geheime Rat doch selbst gefördert habe? Er wußte, daß er seine Nase in Dinge steckte, die ihn nichts angingen, geriet vor Angst ins Stottern, winselte wie ein Hund, blieb aber hartnäckig. Tolstoi erwähnte mit keinem Wort die Zarin, er beschränkte sich auf Andeutungen, erklärte, die Angelegenheit sei von höchster staatlicher Wichtigkeit, es gelte, die Wirren und Unruhen zu verhindern, die es geben würde, wenn ein männliches Kind zur Welt käme. Und das liege in Palikulas Hand.

Plötzlich ruderte der Grieche mit den Armen, erklärte, der Auftrag sei schwierig, zudem gefährlich, die Bezahlung dafür deshalb keineswegs angemessen. Ohne zu feilschen legte Tolstoi noch fünfhundert Rubel drauf. Im übrigen warnte er den Arzt: Das einzige, was ihm gefährlich werden könne, sei seine eigene Zunge. Wenn er sie nicht im Zaum halte, wenn er irgend etwas ausplaudere, dann würde man ihm die Zunge abschneiden, in Tolstois Folterkammer seien solche Operationen eine Lappalie.

Vor der Abreise schaute der Zar noch einmal bei den Kantemirs vorbei, um sich von der Fürstin zu verabschieden, der er ja den

Mann entführe, und zugleich von Maria. Wenn Peter wollte, konnte er sehr galant sein. Er war gut gelaunt und versprach den Frauen persische Geschenke: Schals und Silberschmuck. Den Gouverneur Wolynski mahnte er, darauf zu achten, daß es der Fürstin und der Prinzessin an nichts fehle.

Fürst Dmitri umarmte Palikula und sagte, er verlasse sich auf ihn als versierten Arzt und als treuen Freund.

Damit reisten sie ab.

Die Reise übers Kaspische Meer ging langsam voran, bei nur schwachem Wind, durch dichte, reglose Hitze. Ein milchiger Schleier verhüllte den Horizont. Die Kavallerie nahm den Weg die Küste entlang. Die Segler des Geheimen Rats Tolstoi und des Fürsten Kantemir fuhren nebeneinander, direkt hinter dem Boot des Imperators. Die Flottille aus mehreren Hundert Schiffen bildete einen langen Zug. Hin und wieder gingen sie vor Anker, und der Zar rief den Kriegsrat zusammen.

Tolstoi bereitete Briefe an den russischen Konsul in Persien vor. Der Schah sollte die Hilfe der russischen Truppen gegen die Aufrührer annehmen und dafür einige Ländereien am Kaspischen Meer abtreten. Er schrieb an den georgischen König Wachtang, verfaßte Aufrufe an die Bevölkerung und las alles dem Zaren vor. Fürst Kantemir nahm Korrekturen vor und übersetzte die Briefe an den Schah. Die Kanzlei arbeitete ununterbrochen. Auch der Zar gönnte sich keine Ruhe – er diktierte Verfügungen an den Senat und notierte Anweisungen, wie bei dieser Hitze die Gesundheit der Soldaten zu schützen, wie das Obst vorm Verzehr zu behandeln sei. Manchmal verstummte er und starrte den Geheimen Rat an, als wolle er dessen Gedanken belauschen. Tolstoi wandte den Blick nicht ab, aber sein Herz klopfte so heftig, daß er meinte, man müsse es in der ganzen Kajüte hören. Die runden, mattschwarzen Augen des Imperators ließen ihn nicht los.

In solchen Augenblicken wäre er am liebsten geflohen, weil er sich von allen Seiten beobachtet fühlte. Das alte Herz war der dauernden Anspannung nicht mehr gewachsen. Er war immerhin schon dreiundachtzig. Zwar wirkte er noch stattlich und kräftig, hielt sich aufrecht, aber abends war sein Kopf bleischwer, die Schläfen taten ihm weh, und niemand wußte, wie sehr sein Bauch unter den ewigen Gelagen des Zaren litt – das Sodbrennen hielt tagelang an. Es war an der Zeit, sich zur Ruhe zu setzen. Er träumte davon, nach Italien zu gehen, sich behaglich in Venedig niederzulassen, wo das Leben der Städter ungezwungen war, voll süßer Ausgelassenheit, erfüllt vom Gesang der Nonnen und Gondolieri; er würde in die Oper gehen und die Freundlichkeit der Menschen genießen, die ohne Angst und ständige Überwachung lebten. Wie schön wäre es, die letzten Lebensjahre dort zu verbringen! Aber er wußte – das waren sinnlose Träumereien. Er würde am Hof bleiben, weiter seine lebensgefährlichen Pflichten erfüllen. Wozu? Er mußte den Grafentitel abwarten. Und dann – wer weiß, was ihn danach erneut verlocken würde. Wie viele Freunde hatte er schon gehen sehen, den einen in die Verbannung, den anderen auf den Richtblock. Sie alle hatten vermutlich auch auf etwas gewartet, sich hochdienen wollen. Niemand ging aus freien Stücken. Der Gedanke kreiste in ihm, führte immer wieder in dieselbe Sackgasse: Wozu?

Vor dem Schlafengehen öffnete er seine silberne Reise-Ikone und betete inbrünstig. Er bat um Gesundheit und vor allem um die Kraft, diesen Feldzug und das Warten zu überstehen. Fürst Kantemir setzte ihm mit seinen verrückten Plänen zu: Was geschieht, wenn die Prinzessin einen Jungen zur Welt bringt, wie wird der Zar sich Katharinas entledigen, wird er Maria gleich heiraten?

Tolstoi nickte zu allem. Und fragte sich wieder: Wozu?

Auch die Zarin war unruhig, sie löcherte Tolstoi, ob man sich auf den Griechen verlassen könne, ob es Nachricht von ihm gebe. Kantemir wartete auf einen Brief aus Astrachan. Er betete und bat Tolstoi, für Maria zu beten. Alle warteten. Vielleicht auch der Zar, aber er ließ sich nichts anmerken, war stets verschlossen; niemand wußte, was in ihm vorging.

Die immer neuen Ideen des Zaren zermürbten Tolstoi – die Gelage, Peters unersättliche Neugier; mit knapper Not entkam er der

Neptun-Taufe. Der Zar hatte befohlen, jeden, der zum ersten Mal auf dem Kaspischen Meer reiste, dreimal ins Wasser zu tauchen. Der Neuling mußte sich auf ein mit einem Gewicht beschwertes breites Brett stellen, wurde an Seilen hinuntergelassen und unter dem Johlen und Gelächter der Zuschauer ins Meer getaucht.

Tolstoi bat um Nachsicht wegen seines Alters. Peter sah ihn kritisch an, sagte: »Stehendes Wasser wird faul«, ließ ihn aber in Ruhe. Der sengenden Hitze dagegen entkam niemand. Der Zar hatte sich das Haar kurz geschnitten und trug einen breitkrempigen Hut. Sein Gesicht, das jetzt bloßlag, wirkte eingefallen. Seine Krankheitsanfälle häuften sich. Bisweilen griff er sich plötzlich an den Bauch und legte sich schweißüberströmt hin, die Lippen zusammengepreßt und schwarz wie Siegellack. Der Arzt flößte ihm Kräuterextrakte ein.

Auch Fürst Kantemir kränkelte. Doch der Zar gönnte niemandem Ruhe. Die Neugier plagte ihn heftiger als seine Gebrechen. Er besichtigte eine alte Steinbrücke, die Ruinen einer persischen Stadt. Der Geheime Rat und der Fürst, den er als Dolmetscher brauchte, mußten ihn stets begleiten. In der glühenden Sonne, vor der es nirgends Schutz gab. Nur die Zarin war frisch und munter, verzehrte mit Appetit Weintrauben, bewunderte Stoffe, Silber- und Kupfergeschirr. Tolstoi befand, daß er zu Recht auf sie gesetzt hatte; sie würde den Zaren überleben.

Die russischen Truppen rückten auf Derbent zu. Die meisten Sultans empfingen den Zaren freundlich und baten, seine Untertanen werden zu dürfen.

Zu einer kurzen Schlacht kam es bei Derbent. Das Heer des Sultans Muhammed wurde geschlagen. Auch in der eroberten Stadt gab es keine Ruhepause – der Zar ließ die Festungsmauern und die Türme nach den neuesten Regeln europäischer Baukunst verstärken.

Mit der Zarenpost erhielt der Fürst eine Nachricht von Palikula aus Astrachan. Er konnte die Schrift kaum entziffern, und auch der Inhalt des Briefes war dunkel: Die Prinzessin sei krank, aber zum Glück sei alles halb so schlimm; der Arzt hoffe, sie auskurieren zu können. Aber vom Wichtigsten – ob sie entbunden hatte und ob Junge oder Mädchen, davon kein Wort. Er zeigte den Brief Tolstoi. Auch der konnte ihn nicht deuten. Der Grieche war eindeutig beunruhigt, aber warum, blieb unklar.

Die Zarin erfuhr von dem Brief, Tolstoi berichtete alles wahrheitsgetreu, und sie fragte stirnrunzelnd: »Was redest du um den heißen Brei herum?« Sie war sichtlich alarmiert. Tolstoi beruhigte sie, aber was er auch sagte, sie glaubte, er verheimliche ihr etwas. Sich zu rechtfertigen hatte keinen Sinn. Wozu?

Palikula drückte sich bestimmt absichtlich unklar aus, um den Fürsten zu schonen und ihn, Tolstoi, in Spannung zu halten; er wußte, daß der Fürst ihm den Brief zeigen würde. Der Grieche demonstrierte ihm seine Macht. Tolstoi war von ihm abhängig, die Zarin von Tolstoi, und der Zar selbst … Aber daran durfte er nicht denken; geheime Gedanken waren gefährlich, sie drangen immer irgendwie nach außen.

Peter schien zwar über alles Macht zu haben, doch plötzlich lehnte sich das Kaspische Meer gegen ihn auf. Ein gewaltiger Sturm versenkte die gesamte Nachschubflotte. Den Feldzug fortzusetzen war schwierig. Der Kriegsrat beschloß, ihn bis zum nächsten Jahr aufzuschieben und nach Astrachan zurückzukehren. In Derbent blieb nur eine Garnison.

Astrachan begrüßte die Rückkehr des Zaren mit Kanonenschüssen und einer feierlichen Zeremonie. Fürst Kantemir konnte seine Ungeduld kaum zügeln, bis sie den Hafen erreicht hatten; in Begleitung von Tolstoi eilte er in den Kreml, zu den Seinen.

Er traf seine Tochter im Bett an, matt und schwach. Sie konnte nicht erzählen, was geschehen war, sie weinte und flüsterte nur. Die Fürstin berichtete: Sie hatte eine Fehlgeburt, die Ursache war unbekannt, vielleicht der Sturm, vielleicht verdorbener Fisch, den sie gegessen hatte – das jedenfalls hatte der Arzt gesagt, Palikula. Er hatte gerade noch die unglückliche Mutter retten können. Nun sei sie völlig entkräftet und vor allem sehr niedergeschlagen. Der Arzt täte alles, um sie zu retten. Der Fürst war verzweifelt, faßte sich aber und versuchte, die Tochter aufzumuntern.

Tolstoi tröstete die Kantemirs, so gut er konnte, aber er hatte es eilig, zur Zarin zu gehen. Er wollte es ihr als erster berichten; er wußte, daß sie viele Informanten hatte. Er kam rechtzeitig. Sie konnte ihre Freude nicht verhehlen. Der Geheime Rat verbeugte sich und bat um die Erlaubnis, Fürst Kantemir das Beileid Ihrer Majestät auszurichten.

Als der Zar von Marias Fehlgeburt erfuhr, schwieg er. Es schien, als hätte er schlagartig das Interesse an der ganzen Geschichte verloren. Zwei Tage später besuchte er den Fürsten, den der Kummer aufs Krankenlager geworfen hatte. Der Zar saß eine Stunde an seinem Bett, dann ging er in die Frauengemächer zur Prinzessin. Er verbrachte einige Minuten bei ihr, sagte ein paar tröstende Worte. Beim Aufbruch, als die Söhne und die Bediensteten des Hauses ihn verabschiedeten, blieb er kurz vor dem Arzt stehen.

Er sah ihn fest und aufmerksam an. »Es hieß, du seiest ein exzellenter Heilkundiger, zu vielem fähig.« Der Ernst, die Nachdenklichkeit in seinem Ton erschreckte den Griechen; er brachte kein Wort heraus.

Bald darauf rief Kantemir Tolstoi zu sich. Der Fürst war dünn und ganz gelb, die Krankheit zehrte an ihm. Er fürchtete, er werde nicht mehr aufstehen, und bat Tolstoi, sich um die Söhne und vor allem um Maria zu kümmern. Er, der Vater, sei schuldig vor ihr, weil er, statt ihr Einhalt zu gebieten, der Versuchung nachgegeben und sie sogar noch bestärkt habe. Warum nur? Nun habe Gott das Lichtlein ausgeblasen. Dann richtete er sich plötzlich auf, packte Tolstoi am Arm, preßte ihn und flüsterte hitzig, die Fehlgeburt sei ein Junge gewesen. Das habe er vom Griechen erfahren. Sie hatten ihn nicht behütet. Der Zar hätte einen Thronfolger haben können, alles, alles wäre in Erfüllung gegangen, Rußland hätte einen Zaren aristokratischer Abstammung bekommen.

Tolstoi stimmte ihm zu. Der alte Freund tat ihm leid. Im Nebenzimmer fragte er den Arzt, ob der Fürst wieder gesund würde.

Der Grieche schüttelte den Kopf; die nervliche Belastung habe eine rasch fortschreitende Auszehrung verursacht, die nicht mehr aufzuhalten sei; binnen zwei Wochen würde er sterben. Ob man denn gar nichts tun könne, wollte Tolstoi wissen. Nein – wenn er, Palikula, das sage, dann sei jeder Arzt machtlos. Das klang bitter, vorwurfsvoll, als gebe er Tolstoi die Schuld daran.

Warum er dem Fürsten erzählt habe, daß es ein Junge war? Der Grieche erwiderte dreist, weil man der Hebamme ja nicht den Mund verbieten könne. Na schön, aber hatte er es auch Maria gesagt? Wozu? Das sei niederträchtig, damit habe er sie doch noch mehr deprimiert.

Der Grieche empfand sich keineswegs als niederträchtig, im Gegenteil, er habe schließlich die Prinzessin gerettet; es war immerhin eine künstliche Fehlgeburt, dabei hätte durchaus auch die Mutter sterben können. Er verdiene Dankbarkeit und mehr Geld.

Sein Verhalten war dumm und geschmacklos. Ungezügelte Reden sind der erste Schritt zum Untergang. Statt zu behaupten: Ich weiß nicht, ob es ein Junge war oder ein Mädchen, und Schluß. Was immer die Hebamme plapperte – ihr glaubte kaum jemand, nun aber würde der Zorn des Zaren im Fall des Falles gewaltig sein.

Tolstoi wußte seit langem, daß der Mensch einen Großteil seines Unglücks seiner eigenen Zunge verdankte.

Der Grieche blieb gelassen; als seien sie Komplizen, bedeutete er dem Geheimen Rat, daß ihm nun die Zarin um so gewogener sein werde. Er hatte also begriffen. Tolstoi konnte sich nicht beherrschen – er versetzte ihm einen Stockhieb und warnte ihn: Wenn du auf der Folterbank liegst, dann wird niemand für dich eintreten. In der Geheimkanzlei war Tolstoi bekannt dafür, daß er jeden schon vor der Folterung, vor dem Verhör einzuschüchtern verstand. Er erhob abermals den Stock und schwor, wenn der Arzt Maria nicht kurieren könne, dann werde er in der Folterkammer landen und dort krepieren. Er staunte über seine Hitzigkeit und seinen Schwur, denn eigentlich hatte er sich vor langer Zeit zur Regel gemacht, niemandem seine Gefühle zu zeigen, sich vor sich selbst zu verschließen.

Bevor der Zar abreiste, besuchte er den Fürsten noch einmal. Tolstoi hatte ihm geraten: »Du mußt dich verabschieden, vielleicht siehst du ihn nie wieder.« In solchen Fällen hielt sich der Zar streng an die Sitten; seinen treuen Dienern war auch er treu.

Der Fürst bat in erster Linie für seine Tochter. Er machte keine Andeutungen, bat nur, der Zar möge seiner Familie weiterhin seine Gunst gewähren, vor allem der kranken, schwachen Prinzessin, bis sie wieder gesund würde. Der Zar versprach seine Unterstützung, er würde sie am Hof unterbringen. Danach erörterten sie lange die türkischen Angelegenheiten, in denen der Fürst sich exzellent auskannte. Beim Abschied küßte der Zar den Fürsten traurig auf die Stirn.

Die Krankheit des Vaters veranlaßte Maria aufzustehen, sich um ihn zu kümmern. Fürst Dmitri rief immer wieder nach ihr; es quälte ihn, daß er sie nicht unter die Haube gebracht hatte – wer würde sich um sie kümmern? Er schmiedete noch immer Pläne, wie die Beziehungen zum Zaren zu erneuern wären, fühlte sich schuldig, daß die Sache fehlgeschlagen war, wollte alles gutmachen, und Maria widersprach ihm nicht; die Auszehrung – wir nennen sie Krebs – bereitete ihm furchtbare Qualen, sein Bewußtsein trübte sich, aber er bestand hartnäckig darauf, nach Moskau zurückzukehren, bevor der Frühjahrsschlamm die Wege unpassierbar machte.

Sie brachen auf. In einer kleinen Stadt noch vor Samara machten sie Station, dem Fürsten ging es sehr schlecht. Die Krankheit entfernte ihn immer weiter von seiner Frau und seinen Söhnen, das einzige, was ihn noch an die irdischen Sorgen band, war sein gebetsartiger Wunsch, Maria mit dem Zaren zu verbinden.

Im August starb der Fürst in ihren Armen.

Ohne Dmitri Kantemir zerfiel die Familie rasch. Die schöne Witwe stürzte sich ins mondäne Leben, die älteren Söhne heirateten.

Maria blieb mit ihrem Liebling, dem jüngsten Bruder Antioch, in Petersburg. Sein Talent blühte auf, Maria konnte sich nicht genug freuen an seinen raschen Fortschritten in der Dichtkunst; auch der

Zar, dem der Junge bereits früh aufgefallen war, interessierte sich weiterhin für ihn.

Antioch Kantemir wurde der erste russische Dichter – Molotschkow konnte sich eine kleine Abschweifung in die Geschichte der russischen Literatur nicht versagen.

Heute sind die Gedichte von Antioch Kantemir veraltet und werden nicht mehr gelesen, genau wie die von Sumarokow und Trediakowski, aber damals waren Antiochs Satiren für das russische Publikum eine Sensation. Außerdem war Kantemir ein begnadeter Wortschöpfer; diese geheimnisvolle Gabe machte ihn zu etwas Besonderem und sicherte ihm einen Platz in der Geschichte der russischen Sprache. Jeder Schriftsteller freut sich, wenn es ihm gelingt, die Sprache um ein, vielleicht zwei Wörter zu bereichern; Kantemir führte gleich eine ganze Reihe neuer Wörter in die Sprache ein. Ein seltenes Talent, das nur wenigen gegeben ist.

Antioch Kantemir, mager, leichtfüßig und fröhlich – darin ähnelte er Maria – fiel durch den aufmerksamen Blick seiner grauen Augen auf, die nur selten teilnahmen an seinen Scherzen, seinem Lachen; sie führten ein nachdenkliches Eigenleben.

Nach seinem frühen Tod hinterließ Kantemir neun Satiren, die von den Lesern begeistert aufgenommen wurden, und viele neue Wörter, auch wenn diese nicht den Namen ihres Autors tragen, sondern sich aufgelöst haben im Meer der russischen Sprache.

Bald nach dem Astrachan-Feldzug beschloß Peter, Katharina zu krönen. Die Hoffnung, die an Marias Schwangerschaft geknüpft war, hatte sich zerschlagen, die Sorge um die Thronfolge bedrückte ihn zunehmend, die Krankheit ließ ihn nicht zur Ruhe kommen. Es blieb nur eins: Katharina für den Fall seines Todes zur Regentin zu ernennen, bis der Thronerbe oder die Thronerbin feststand.

Tolstoi war nun einer der wichtigsten Vertrauten der Zarin. Er wurde nach Moskau geschickt, um die Krönungsfeierlichkeiten vorzubereiten.

Die Krönung fand am siebenten Mai 1724 statt. Tolstoi hatte alles bestens vorbereitet, die Zeremonie war bis ins kleinste Detail arrangiert, prachtvoll und verschwenderisch.

Eine Abteilung der Leibgarde lief dem Zug voran. Die silbernen Sporen klirrten an den hohen Stiefeln. Als nächstes folgten zwölf Pagen der Zarin in grünen Kaftanen und mit weißen Perücken. Dann die Abgesandten der Provinzen, die Generalität, die hohen Beamten des Kollegiums. Den Hauptzug eröffnete Tolstoi. Als oberster Marschall trug er den silbernen Marschallstab, auf dessen Spitze ein vergoldeter, mit Diamanten und Rubinen verzierter russischer Adler seine Flügel ausbreitete. Er war schwer, und Tolstoi preßte ihn an sich, um ihn nicht fallenzulassen und das Zittern seiner Arme zu verbergen. Ihm folgten der Geheime Rat Ostermann, Fürst Golizyn, Fürst Dolgoruki mit dem Zepter, Mussin-Puschkin, Graf Bruce. Sie alle beneideten Tolstoi. Unter den Augen der versammelten Menge betrat er als erster den roten Teppich. Das war der Höhepunkt seines Lebens. Er genoß die Süße des Erfolg; der russische Adler schwebte über ihm, verkündete: Das ist Pjotr Andrejewitsch Tolstoi, ab heute Graf Tolstoi.

Sein einziges Handicap war seine schweißtreibende Schwäche; er mußte diesen verfluchten pudschweren Stab bis zur Kathedrale schleppen, um ihn endlich abstellen und sich das Gesicht abwischen zu können. Vor der Treppe wollte einer der Herolde, die rechts und links von ihm gingen, ihm helfen. Tolstoi stieß ihn zurück. Dies war schließlich der Moment, auf den er so viele Jahre hingearbeitet hatte.

Niemand hier wußte, daß er, Pjotr Tolstoi, Katharina den Weg zur Krone freigemacht hatte. Auch sie selbst wußte nicht alles. Herrscher nehmen ungern die Schuld auf sich, sie fühlen sich auch ungern jemandem verpflichtet. Tolstoi brüstete sich nicht, er konnte warten. Und nun war es soweit. Die Jesuiten hatten recht: Gut lebt, wer sich gut versteckt.

Er, Graf Tolstoi, hatte sich sozusagen »für alle Zeiten mit dem Grafentitel befleckt«. Und sich bei dieser Gelegenheit auch gleich ein Gut an der Jausa und einen Hof in Petersburg erbeten.

Der rote Teppich, über den Katharina schritt, reichte von einem toten Kind bis zum Kremlthron. Aber das wußte nur er allein. Er war sich der Rolle, die er dabei gespielt hatte, durchaus bewußt, und dieses Bewußtsein war süß und zugleich erschreckend.

In der Kirche stand er direkt neben dem Thron, auf den Marschallstab gestützt, um zu verschnaufen. Die Glocken läuteten, Kanonen feuerten Salutschüsse ab. Zarin Katharina und Graf Tolstoi würden für alle Zeit in die Geschichte Rußlands eingehen: Sie als erste Imperatorin, er als ihr Krönungsmarschall. Er konnte stolz sein auf seine Weitsichtigkeit. Er malte sich bereits eine glückliche Zukunft aus: Zar Peter stirbt, und Katharina besteigt als Katharina die Erste den Thron.

Genau so kam es. Nicht ohne Grund hielt er sich für einen Propheten, für einen weisen Politiker; er hatte sich mit Bedacht gegen Peter und für Katharina entschieden.

An dieser Stelle schweifte Molotschkow vom Schicksal Pjotr Tolstois ab zum Geschlecht der Tolstois, aus dem in der dritten Generation der Gouverneur von Kasan hervorging, in einem anderen Zweig der Minister für Volksbildung, in einem dritten der russische Gesandte an Napoleons Hof. Es gab einen Oberhofmarschall, der russische Handschriften sammelte, den bedeutenden Künstler Fjodor Tolstoi – die von ihm geprägten Medaillen gelten noch heute als Meisterwerke –, den großartigen Dichter und Dramatiker Alexej Konstantinowitsch Tolstoi und schließlich die edelste Frucht dieses Baumes: Lew Nikolajewitsch Tolstoi.

Molotschkow staunte über die Launenhaftigkeit der Genealogie. In jedem Geschlecht tauchte unter lauter anständigen, fleißigen Menschen plötzlich ein Gauner oder gar Räuber auf. Talente und Versager wechselten einander ab. Kaum ein Stamm war durchgängig russisch-orthodox, in der Regel fand sich in irgendeinem Glied ein Moslem oder ein Katholik. In jedem echten Russen fließt auch fremdes Blut, jeder hat in seinem Stammbaum einen Deutschen, einen Juden, einen Tataren oder gar einen Papua. Genaugenommen sind alle Menschen miteinander verwandt; das sollten wir aus der Genealogie entnehmen, statt sie ausschließlich zur Herleitung aristokratischer Wurzeln zu konsultieren. Dann würde sich niemand mehr allzusehr mit seinen Vorfahren brüsten.

Der Tod des Vaters erschütterte Marias ohnehin angegriffene Gesundheit noch mehr. Ihr Interesse am Leben erlosch. Ihr half keine Medizin. Palikula mühte sich nach Kräften, pflegte sie unermüdlich. Ohne jede Gegenwehr entfernte sich Maria aus der Welt, und der Grieche hatte kein Mittel, sie zu halten. Verzweifelt malte er sich aus, wie er dem Imperator Rede und Antwort stehen müsse. Beim letzten Mal hatte sein Herz bei Peters Blick gestockt, und er hätte beinah alles gestanden. Der furchteinflößende Blick hatte nicht ohne Grund auf ihm verweilt: Der Zar ahnte etwas.

Palikula entschloß sich, Tolstoi über Marias Zustand zu informieren. Der Graf ging zu ihr. Bei ihrem Anblick weinte er. Sie streichelte tröstend seine Hand.

»Was machst du denn«, begann er klagend, schneuzte sich und sagte, der Zar habe sich nach ihr erkundigt, wolle sie besuchen, da könne sie doch nicht so aussehen.

Er schwindelte hemmungslos; beschrieb ihr das Interesse des Zaren in leuchtenden Farben. Hinterher behauptete er, das bewußt getan zu haben, um die Prinzessin ins Leben zurückzuholen – die Liebe sei für junge Menschen die beste Medizin.

Daß der Zar an sie dachte, machte sie glücklich; sie spürte auf einmal, daß ihre Liebe erwidert wurde. Leben, das war nicht das Warten auf Liebe, sondern Lieben. Die Liebe tat ihr Werk, die Krankheit wich, ihre Wangen röteten sich wieder, die Augen wurden wieder lebhaft, das Haar umhüllte ihren Kopf wie eine flauschige schwarze Wolke.

Marias Stiefmutter meinte, die beste Heilung sei eine Heirat, und sah sich nach geeigneten Bewerbern um. Maria sträubte sich ohne jede Begründung. Brüder und Stiefmutter redeten ihr zu, doch die Prinzessin schwieg nur und lächelte.

Peter fragte Tolstoi tatsächlich einige Male nach der Prinzessin, aber nur beiläufig; er hatte nicht die Absicht, sie zu besuchen, und lud sie auch nicht an den Hof ein. Die jungen Kantemirs besuchten zwar Bälle bei Hof und forderten auch ihre Schwester zum Mitkommen auf, doch Maria weigerte sich.

Im November begann die Untersuchung im Fall Mons. Am zweiten Tag fuhr Peter nach dem Verhör von Mons zu Maria Kantemir.

Überrascht stellte er fest, daß sie noch immer allein war. Die Prinzessin liebte ihn, das wußte er, sie liebte ihn als Person, ohne jeden Titel, als Peter Alexejewitsch Romanow. Ihre Verständigkeit – weniger ihre geistige als vor allem ihre emotionale – erinnerte ihn an Sophie Charlotte.

Die Prinzessin stellte keine Fragen. Sie freute sich aufrichtig über seinen Besuch, redete mit ihm, schwieg, wartete. Ihr teilnahmsvoller Takt richtete ihn auf. Er erzählte zunächst in groben Zügen. Maria hielt seine schwere Hand und hörte ihm zu. Seine eigene Blindheit schmerzte ihn. Er erinnerte sich, wie die Zarin bei der Krönung niedergekniet war und ihr Tränen übers Gesicht rannen, als er ihr die Krone aufsetzte. Zwei Tage später paßte sie einen günstigen Augenblick ab und gab sich wieder ihrem wollüstigen Vergnügen mit Mons hin.

Jetzt, im Nachhinein, fielen ihm Dutzende verräterischer Anzeichen ein: Mons, der vor ihm erschrak, das Flüstern der beiden, Katharinas Brust, die Mons streifte, lüsterne Blicke – das ganze riskante Spiel, das sie erregte.

Man sagte ihm nach, er könne einen Menschen auf den ersten Blick richtig einschätzen und lasse sich nicht täuschen; diese beiden verschlagenen Hohlköpfe aber hatten ihn mühelos hinters Licht geführt.

Maria widersprach seiner Selbstkasteiung – er sei einfach zu groß für diese kleinen Betrüger. Das war keine Schmeichelei; sie hatte seinen Geist schon immer bewundert. Ach, seine ganze Weisheit und Größe sei machtlos gegen das Gekicher des Gesindes und das Gerede der Diplomaten. Er wolle lieber als Antichrist gelten als lächerlich sein. Dem Lachen könne man nicht den Kopf abschlagen. Rußlands oberster Regent ein gehörnter Ehemann!

Er konnte nicht erzählen, was er herausgefunden hatte, er zitterte, sein Gesicht verkrampfte sich. Maria wußte nicht, wie sie ihn trösten sollte; sein unerträglicher Schmerz übertrug sich auf sie; Tränen standen ihr in den Augen, sie schmiegte sich an seine Hand.

Diese Tränen brauchte er mehr als alle Worte. Noch immer sah er die beiden vor sich, wie er sie auf der Insel angetroffen hatte. Katharina saß nackt auf dem rücklings ausgestreckten Hänfling. Peter fuhr selbst gern mit seinen Huren auf die Insel, auch mit Katharina war er früher hier gewesen, und diese Stellung war ihm gut vertraut. Aber nicht das fiel ihm ein, sondern wie häßlich und lasterhaft ihr von den Lichtreflexen der bunten Glasscheiben beleuchteter massiger Leib gewirkt hatte, unter dem der schmächtige Mons lag.

Peter beschrieb Maria die Szene, und plötzlich mußte sie lachen. Sie erschrak, konnte aber nicht aufhören. Während ihr noch Tränen über die Wangen liefen, warf sie den Kopf zurück und lachte, lachte. Peter lehnte sich im Sessel zurück und sah sie finster schweigend an; er ballte die Hand zur Faust, löste sie wieder. Daß man über die beiden lachen konnte, verblüffte ihn.

Als man Peter das Papier mit dem Urteil gegen Mons vorlegte, schrieb er energisch, daß die Tinte spritzte, darunter: »Vollstrecken!«

Die Hinrichtung fand auf dem Troiza-Platz statt. Der Scharfrichter trennte dem schönen Mons den Kopf ab und hielt ihn an den Haaren hoch. Die offenen Augen blickten auf den Platz voller Menschen und schienen noch alles zu sehen, auch den Zaren und die Zarin.

Von diesem Tag an fuhr Peter häufig zu Prinzessin Maria.

In der Adventszeit brachte er Geschenke: Für die Brüder ein Faß Moselwein, für Maria einen rassigen Hengst mit prächtigem Geschirr. Er erkundigte sich nach den Fortschritten der Brüder, interessierte sich besonders für den jüngsten, Antioch.

Er kannte ihn seit dessen zehntem Lebensjahr. Der Junge, Peters

Garde als Soldat zugeteilt, hatte dem Zaren bei einer Truppenschau eine Predigt überreicht, die er auf Griechisch verfaßt und selbst ins Russische übersetzt hatte. Sie gefiel Peter so gut, daß er Antioch umgehend in die Klosterkirche brachte und Antioch aufforderte, die Predigt dort der Gemeinde vorzutragen. Seitdem hatte er den Jungen im Auge behalten.

An diesem Abend bat Antioch den Monarchen, ihm seine Übersetzungen der Verse des griechischen Weisen Solon vorlesen zu dürfen. Dem Zar gefielen die Worte:

»Ich fühl' mich wie ein Wolf in einer Hundemeute«.

Dazu nickte er spöttisch. Dann trug Antioch ein eigenes satirisches Gedicht vor. Seine Wangen brannten. Peter sah ihn mit Freuden und voller Traurigkeit an. Maria begriff, daß der hübsche sechzehnjährige Jüngling, dem vor Glück und Aufregung die Wangen brannten, im Zaren die Sehnsucht nach einem Thronerben weckte.

Es wurden goldbraune Forellen serviert, garniert mit Flußkrebsen und einer Delikatesse – durchsichtigen Zitronenscheiben. Maria sang mit kräftiger, glücklicher Stimme ein moldauisches Tischlied. Der Zar trank keinen Wein, das hatten die Ärzte ihm streng verboten; aber er bediente alle wie ein holländischer Schenkenwirt. Entgegen seiner üblichen Gewohnheit zwang er niemanden zum Trinken, er plauderte amüsant und steckte Maria mit seiner Fröhlichkeit an. Sie tanzte mit Antioch, der ältere Bruder spielte dazu auf der Geige. Zum nächsten Tanz forderte Peter sie auf, aber ein heftiger Schmerz in der Seite ließ ihn den Tanz abbrechen.

Er legte sich auf ein Sofa. Die Brüder verließen das Zimmer. Maria setzte sich ans Fußende. Als Peter sich besser fühlte, gingen sie ins Schlafzimmer. Hinter einem Wandschirm entkleidete sich Maria; im kurzen Hemd, barfuß und mit offenem Haar trat sie heraus. Peter spielte gern mit ihrem seidigen Haar. Es hatte nicht das intensive Schwarz wie das gefärbte Haar von Katharina, dennoch erinnerte Maria ihn an die junge Katharina. Nur ihre Gesichtszüge waren feiner, edler, ebenso wie ihre Haltung, die ihre schlanke Gestalt zur Geltung brachte.

Peter umarmte sie, und sie schmiegte sich bereitwillig an ihn. Diese Augenblicke aufkommenden Begehrens liebte sie am meisten; sie versuchte sie möglichst zu verlängern, seine Ungeduld zu zähmen. Manchmal spielte er mit, manchmal aber nahm er sie jäh, ohne sich um ihre Wünsche zu kümmern, ohne Zärtlichkeit, ohne Herzklopfen, wie jedes beliebige Weib. Eben noch hatte er ihr interessiert zugehört, hatte sie dankbar und voller Respekt als etwas Besonderes betrachtet, doch nun im Bett behandelte er sie ohne Zartgefühl wie jede x-beliebige andere.

Doch es kam vor, daß sie für ihn auch im Bett Prinzessin Maria blieb, die Frau, die seinem Herzen und seiner Seele immer wichtiger wurde.

Diesmal klappte es nicht recht. Er horchte in sich hinein, als warte er auf etwas. Plötzlich stieß er sie beiseite, sank zusammen, griff sich an den Bauch, stand schwankend und stöhnend vor ihr, fiel zu Boden und krümmte sich. Erschrocken beugte Maria sich über ihn. Er schüttelte fluchend den Kopf. Sie lief hinaus zu den Burschen des Zaren und schickte sie zusammen mit Antioch nach dem griechischen Arzt.

Der Schmerz ließ nach. Sie schleppten ihn aufs Bett. Er war schweißnaß und wirkte in seiner Hilflosigkeit riesig. Maria wischte ihm mit einem Handtuch das Gesicht, streichelte sein schweißverklebtes Haar. Schuldbewußt keuchte er: »Siehst du, wie schwach ich geworden bin.« Seine Lippen zitterten. Auch Maria mußte sich zusammennehmen, um nicht zu weinen – sie brachte die Kraft auf zu lächeln. Später gestand sie Antioch, sie habe noch nie in ihrem Leben solches Mitleid und zugleich solches Glück empfunden; er war ihr völlig ausgeliefert, hilflos und voller Angst. Sie streichelte ihn unablässig – seinen runden Kopf, seinen behaarten Nacken.

Er löste sich gleichsam von seinem geplagten Körper und analysierte seine Hilflosigkeit. »Mein armer Leib«, murmelte er, »Leib des Todes.« Er versuchte zu ergründen, ob dieser Leib sich wieder erheben würde oder ob wirklich alles zu Ende war. Er bedauerte Maria und sich selbst: »Mein Gott, wie kläglich ist der Mensch.«

Sollte es nun geschehen? Das konnte doch nicht sein. Maria versicherte ihm eifrig, es sei nur ein Anfall, doch er glaubte ihr nicht. Ebensowenig wie sich selbst. Sollte er nicht wieder auf die Beine kommen, war er ausgebrannt?

Der Doktor ließ auf sich warten.

Peter schwieg, den Blick in die Ferne gerichtet, und Maria wagte nicht, ihn zu beunruhigen. Sie freute sich, daß die Schmerzen nachgelassen hatten. Woran mochte er denken? Sie erschrak vor dem Gewaltigen, das sich womöglich hier vor ihr in seinen Gedanken vollzog.

Er wandte sich um, setzte sich auf, fluchte leise und traurig, daß die Krankheit ihn ausgerechnet so erwischen mußte. Ein winziger Spott huschte über sein Gesicht. Die Schicksalsstunde rückte näher, und niemand betrauerte mehr seine Qualen, alle schienen das Ende zu wittern, waren gerüstet. Er zog Maria an sich und sagte zu ihr, was er noch niemandem gestanden hatte: Die Medusa sei zwar enthauptet, doch die Schlangen aus ihrem Kopf lebten noch. Er könne auch Katharina bestrafen, aber was tun mit ihren Anhängern? Das Schlimmste, was er herausgefunden habe: Das ganze Schlangennest war auf ihrer Seite. Die Untersuchung im Fall Mons hatte eine Vielzahl von Betrügereien und schmutzigen Geschäften ans Licht gebracht, die hinter Peters Rücken gelaufen waren. Alle hatten von Katharinas Untreue gewußt und sie gedeckt. Auch sein Busenfreund Menschikow, vermutlich war er sogar an der Verschwörung beteiligt. Wieder erinnerte sich Peter an Feofan Prokopowitschs Worte bei der Krönung: »Oh Rußland, du siehst in ihr unerschütterliche Liebe zu ihrem Mann und Gebieter, ein reines Gefäß!« Und sie vergoß Tränen der Rührung und dachte insgeheim daran, wie sie unter Mons liegen würde, das Aas! Als Soldatenhure hatte sie begonnen, und eine Hure war sie geblieben.

Wieder überwältigte ihn bittere Einsamkeit, in der Maria keinen Platz hatte. Ob er eigentlich begriff, daß Katharina sich bei Menschikow und erst recht bei dem Schmeichler Mons viel wohler fühlte?

Palikula mußte beinahe mit Gewalt zu Peter gebracht werden, solche Angst hatte er, den kaiserlichen Patienten zu behandeln. Maria stand am Fenster, während er den Zaren untersuchte; draußen bewarfen Jungen einen betrunkenen Mönch mit Schneebällen. Über die zugefrorene Newa lief ein Zug Soldaten. Die Zeit zerfiel in einzelne Bilder, die sie später jahrelang immer wieder abtasten würde, wie einen Rosenkranz.

Palikula trug eine Strickjacke und Filzstiefel. Ohne Peter in die Augen zu sehen, holte er diverse Pülverchen aus seiner Tasche, die der Patient einnehmen solle, schluckte sicherheitshalber selbst etwas davon und ordnete an, Peter müsse liegen und sich warmhalten. Der Zar war noch immer gelblich blaß und matt. Maria fragte, ob er nicht nach Paris gehen sollte, die dortigen Ärzte seien berühmt. Der Grieche schüttelte den Kopf. Die weite Reise im Winter, das sei zu anstrengend für Seine Majestät, alles würde gut, wenn Majestät seinen Rat befolge.

Peter hörte mit gerunzelter Stirn zu, nahm Palikulas Hand, betrachtete die Ringe an seinen Fingern und fragte unvermittelt nach Mons: Was er mit Mons zu tun gehabt, wer ihn mit ihm zusammengebracht habe. Tolstoi. Aha, und mit der Zarin?

Maria sah dem Griechen an, wie ihm zumute war, und stellte sich entschieden vor ihn. Der Zar habe jetzt an anderes zu denken. Außerdem behandle Palikula ihre Familie schon seit vielen Jahren, auch sie selbst habe er betreut, als sie schwanger war.

»Er lügt.« Peter winkte müde ab. »Man sollte sich ihn auch einmal vornehmen, du siehst doch, wie er zittert. Na, schon gut.«

Zusammengekrümmt, den braunen Kaftan über die Schultern geworfen und den Kopf gesenkt, saß Peter da und sprach leise, undeutlich vor sich hin. Ärzte schwindelten, und dieser hier am allermeisten. Man dürfe nicht so tun, als sei das Leben endlos. Es sei gottlos zu leben, ohne auf den Tod gefaßt zu sein, und auch unvernünftig. Der Faden könne jeden Augenblick abreißen. Er habe gedacht, die Zeit würde für alles reichen, nun aber sehe er, daß sein Feld ende. Er habe gepflügt und gepflügt, um so viel wie möglich urbar zu machen, aber was darauf wachsen würde, werde er nicht mehr sehen. Das Leben gehe zu Ende, dabei müßte es jetzt erst anfangen.

So kannte sie den Zaren gar nicht – aber kannte ihn überhaupt jemand?

Er sah die Prinzessin an, sagte traurig:

»Zu spät.«

Und wiederholte:

»Zu spät.«

Er ging, auf einen Stock gestützt, links und rechts von ihm seine Burschen; Maria begleitete ihn zu seinem Schlitten. Der Schnee knirschte unter ihren Füßen. Zum Abschied umarmte er sie und sagte: »Wenn Gott will, sehen wir uns wieder.« Er blickte ihr in die Augen und lächelte über das, was er darin sah. »Zeit, daß du heiratest!« Sie schüttelte den Kopf; er beugte sich hinunter und küßte sie auf den Scheitel.

Die Burschen steckten Peters Fußdecke fest, dann ritten zwei von ihnen auf Pferden voran, zwei sprangen hinten auf den Schlitten. Die Pferde zogen an, die Kufen knirschten. Maria sah ihnen nach, bis der Schlitten in der frühen Dezemberdämmerung verschwunden war.

Wieder im Haus, weinte sie; unaufhörlich liefen die Tränen. Weinend sank sie auf die Knie und betete für seine Gesundheit.

Am nächsten Morgen erschien Palikula im Palais der Kantemirs und bat, von Prinzessin Maria empfangen zu werden. Er war erregt, ganz aufgewühlt, wie im Fieber; er küßte ihr die Hand und dankte ihr, daß sie ihn vor dem Zaren in Schutz genommen habe. Er habe die ganze Nacht wachgelegen, sich die Folterkammer ausgemalt, die Folterbank und ein Verhör, geführt von Graf Tolstoi persönlich. Die Prinzessin suchte ihn zu beruhigen: Er mache sich unnötig Sorgen, der Zar habe an anderes zu denken, und Graf Tolstoi sei dem Arzt immer gewogen gewesen. Doch Palikula blieb bei seiner Meinung: Der Zar, vom Fall Mons angestachelt, werde auf jeden Fall Tolstoi befragen, und der werde ihn nicht schützen, sondern ungesäumt vernichten. Maria verstand nicht, wovor er sich so fürchtete, warum er dem Grafen Arglist vorwarf. Sie rief ihn zur Ordnung – schließlich sei der Graf ihrer beider Wohltäter – woraufhin der Arzt wie irr lachte und die Hände rang. »Oh, du heilige Einfalt!« Dann sagte er Häßliches, Ungeheuerliches über den Grafen: Tolstoi würde ohne zu zögern ihn, Palikula, aus dem Weg räumen oder gar vernichten, um sich selbst in Sicherheit zu bringen, damit er, Palikula, seine finsteren Machenschaften nicht verrate. Was für Machenschaften, das sagte er nicht, er wiederholte nur, er fürchte um sein Leben, Tolstoi werde ihm zusetzen, die Prinzessin kenne ihn ja nicht, diesen Folterknecht! Er weinte, fiel vor Maria auf die Knie, schlug mit dem Kopf auf den Boden, flehte sie an, ihn in ihrem Palais zu verstecken. Seine düstere, hysterische Angst bedrängte die Prinzessin.

Sie wurde wütend, hieß ihn aufstehen und verbot ihm, den Grafen zu diffamieren. Sie glaube Verleumdungen nicht und werde ihm keinen Unterschlupf gewähren. Ausgeschlossen! Sie stampfte mit dem Fuß. Der Grieche sprang auf; seine schwarzen Augen funkelten; er zerriß seine seidene Schleife und erklärte mit belegter, heiserer Stimme, sie solle dem Grafen ausrichten, im Fall des Falles werde Tolstoi als erster aufs Rad geflochten; er, Palikula, werde dem Zaren alles berichten, ohne etwas zu verbergen. Das schwor er, den Finger auf die Prinzessin gerichtet. Dann bekreuzigte er sich. Ihr wurde unheimlich zumute.

Sie rief Antioch und erzählte ihm, sie habe das vage Gefühl, es hätte irgendwie mit ihr zu tun, wenn die Köpfe von Tolstoi und Palikula auf einen Pfahl gespießt werden sollten. Aber warum, wofür, rätselte Antioch; warum sie den Griechen nicht danach gefragt habe? Er verstand nicht, was sie so erschreckt hatte.

Zu Weihnachten inszenierte Antioch eine Aufführung. Pjotr Tolstoi wurde eingeladen; er schenkte der Prinzessin eine Halskette aus großen ceylonesischen Perlen, erkundigte sich nach dem Besuch des Zaren und wollte wissen, worüber Peter mit dem Griechen gesprochen habe. Als er hörte, daß er den Fall Mons erwähnt hatte, setzte er sich nachdenklich in einen Sessel. Die beunruhigte Prinzessin erzählte ihm von Palikulas Besuch. Tolstoi sah sie aufmerksam an, konnte aber nichts Verdächtiges an ihr entdecken und lobte ihre Kleidung, die perlenbestickte Samtweste und die Saffianlederstiefel, bewunderte sie, seufzte und erinnerte sie daran, daß ihr Vater ihm aufgetragen hatte, sich um sie zu kümmern und sie zu behüten. Über den Griechen solle sie lieber schweigen, er sei offenbar nicht ganz bei Sinnen; dieser Tage seien viele wegen der Hinrichtung von Mons vor Angst ganz verwirrt. Er fragte nach Marias Eindruck vom Zustand des Zaren, ob er bei Kräften sei. Auf ihre besorgte Antwort nickte er, kniff nachdenklich die Augen zusammen, als prüfe er seine Karten, und sagte: »Zu spät.« Das konnte Verschiedenes bedeuten. Die Prinzessin mochte nicht danach fragen. Ihre Stimme wurde kühler, was der Graf augenscheinlich bemerkte, denn bei Tisch sagte er, der Zar schone sich zu wenig, er bedenke nicht, was seine Gesundheit für Rußland bedeute. Dann erhob er sich feierlich und sprach einen Toast auf die Gesundheit Seiner Majestät des Imperators. Antioch ergänzte laut: »Und möge Gott alle strafen, die das nicht wollen!«

Palikula war verschwunden. Abgesandte aus der Kanzlei des Zaren erkundigten sich bei den Kantemirs, ob sie vielleicht wüßten, wo der Doktor sei. Dann interessierte sich auch der Generalpolizeimeister für seinen Verbleib; die Zarin habe nach ihm gefragt. Antioch dachte sich eine abenteuerliche Geschichte aus: Der Grieche sei in die Geheimkanzlei verschleppt und dort vorerst eingesperrt worden. »Tolstois Werk«, behauptete er. Maria ahnte, daß sich der Grieche aus Angst vorm Zaren versteckte.

Die Operation brachte Peter keine Besserung. Es sprach sich herum, daß er kaum noch aufstand und von Schmerzen gepeinigt wurde. So heftig, daß er bisweilen laut schrie.

Beim Gottesdienst zum Dreikönigsfest in der Troiza-Kirche trat Graf Tolstoi zu Maria und berichtete ihr von den Qualen des Zaren; sie begriff, daß keine Hoffnung mehr bestand.

An ihrem Namenstag hielt Maria es nicht mehr aus und fuhr ins

Schloß. Trotz eisiger Kälte drängten sich Menschen unter den Fenstern. Sie nahmen die Mützen ab und bekreuzigten sich. In den Gemächern wimmelte es von Höflingen. Priester, Diplomaten, Generale, Hofdamen – manche weinten, manche flüsterten miteinander, gingen von Gruppe zu Gruppe. Der Kabinettssekretär Makarow verbeugte sich vor der Prinzessin und teilte ihr mit, der Zar werde gleich die Sterbesakramente empfangen; warum sie gekommen sei. Stolz erhob sie das Haupt, als wäre er nicht der Kabinettssekretär Seiner Majestät, sondern ein kleiner Amtsschreiber. Er stehe hier in Diensten, sie aber sei hier, um den Regeln der Hofetikette entsprechend ihren Monarchen zu besuchen. Die Anspielung auf seine niedere Herkunft war deutlich. Makarow nahm sie widerspruchslos hin und sagte geduldig, er bitte sie dennoch untertänigst zu gehen, und berief sich dabei auf die Zarin.

»Warum diese Ungnade«, begann Maria, als sie plötzlich einen markerschütternden Schrei vernahm, der aus den inneren Gemächern drang. Sie schob Makarows Arm beiseite und stürzte in die Richtung, aus der der Schrei gekommen war. Die Hände ausgestreckt wie eine Blinde, eilte sie durchs Schloß; man wich vor ihr zurück, verbeugte sich, sprach sie an, doch sie reagierte nicht. Immer schneller lief sie, dorthin, wo er um Hilfe rief; alle hörten doch sein Stöhnen, diese ganzen Hofschranzen, worauf warteten sie? Sternendekorierte Generale, Menschikows gepuderte Fratze, der rotnasige Bruce, der bucklige Fürst Schachowskoi mit einer albernen gelben Schleife. Sie lauerten, ihre Augen irrten umher.

Niemand konnte Maria aufhalten. Graf Tolstoi sprang auf sie zu, nahm ihren Arm und sagte, sie dürfe dort nicht hinein, der Erzbischof werde dem Imperator gleich die Sterbesakramente erteilen und die Zarin habe befohlen, niemanden vorzulassen.

Überraschend heftig riß sie sich von seiner kräftigen mageren Hand los.

Die schwere, abgestandene Luft im engen Schlafzimmer roch nach Medizin, Urin, Ofenrauch und beißendem Schweiß. Flüchtig nahm Maria gesichtslose Figuren wahr, darunter die vollbusige, massige Zarin; alles verschwamm im stickigen Dunst, sie sah nur noch das Bett, auf dem sich Peter im zerrissenen Nachthemd hin und her warf. Tränen rannen ihm aus den weit aufgerissenen, irrsinnigen Augen; er winselte wie ein Hund – ein riesiger, heißer Klumpen Schmerz. Schreiend und keuchend versuchte er, aus seinem sterbenden Körper auszubrechen. Nichts war geblieben von seiner Macht, vom strengen Monarchen, vom Krieger, vom unermüdlichen Reiter, vom ungeduldigen, schamlosen Liebhaber. Ein Arm baumelte gelähmt vom Bett, kein Arm mehr, nur noch lebloses, unnützes Ding. Maria griff nach der anderen Hand, die heiß und angeschwollen war, und preßte ihre Lippen darauf. Für einen Augenblick verstummte er, als hätte er etwas Vertrautes wahrgenommen, nicht mit den Augen, sondern mit der Haut – oder schien ihr das nur so? Dann riß eine neue Welle von Schmerz ihn fort.

Auf Menschikows Weisung wurde die Prinzessin beinahe gewaltsam hinausgeführt, sie wehrte sich. Alle waren wie aufgescheucht, liefen zusammen und wieder auseinander, schubsten und drängelten, blieben plötzlich stehen, erstarrten. Sie begriff: Sie warteten auf das Ende. Unten, im dunklen Vestibül, tranken Gräfin Apraxina und Admiral Krüss aus einer Flasche. Die Gräfin bot auch Maria einen Schluck an und sagte unverhohlen: »Hoffentlich hat er bald ausgelitten.« Makarow brachte die Prinzessin zum Newa-Ufer, zu ihrem Schlitten.

Zum Begräbnis des Zaren ging sie nicht, sie wollte ihn nicht im Sarg liegen sehen, die Totenmesse und die Trauerreden nicht hören. Aber sie entkam seinem Tod nicht; er verwandelte alles ringsum in Erinnerungen. Es gab für sie keine Gegenwart und keine Zukunft mehr. Tagelang saß sie am Fenster und starrte teilnahmslos auf das Eis der Newa. Sturm wirbelte die Schneewehen auf, die vereinzelten Passanten und Schlitten änderten nichts an der eisigen Leere. Wohin war alles verschwunden, wozu existierte diese Stadt? Man versuchte, sie abzulenken: Gäste, Gespräche, Musik. Sie hörte zu, antwortete, kleidete sich an, blieb aber völlig unbeteiligt. In ihrem Innern war alles erfroren; alles, was um sie herum vorging, erschien ihr unecht, das Leben hatte seinen Sinn eingebüßt. Auch die Menschen kamen ihr alle hohl vor.

Peters Tod hatte einen Schlußstrich gezogen. Alles war zu Ende, auch ihr eigenes Leben.

Im Frühjahr fuhr sie wieder aus. Gegen ihren Willen löste sich ihre junge Natur aus der Verzweiflung. Was sie für das Ende gehalten hatte, erwies sich lediglich als Episode; sie sollte noch vieles erleben und überleben.

Ihr Haar schimmerte grau; sie hob nur selten den Blick, ihr blasses Gesicht zeigte bereits Falten, doch sonderbarerweise fühlten sich die Männer von ihr noch stärker angezogen als zuvor.

Voller Desinteresse gegenüber ihrem Körper, ließ sie ihm seine Freiheit. Wenn sie lief, schien er zu fließen; Schultern und Hüften spielten ihr eigenes Spiel, von dem sie nichts ahnte; die Blässe und das graue Haar standen ihr, und der gesenkte Blick weckte Neugier auf ihre Augen. Der Erfolg ließ sie gleichgültig, aber der Ansturm wurde immer heftiger. Es hieß, der eine oder andere habe erreicht, was er wollte. Heiratsanträge lehnte sie ab. Brautwerber wurden unverrichteterdinge entlassen; sie galt als eigensinnige, hochmütige Braut.

Die Prinzessin erklärte, sie habe nicht die Absicht zu heiraten. Tolstoi lief durch den Raum, zeigte auf Peters Bild, auf die Medaillen mit seinem Porträt, die überall auf den Tischen verstreut lagen, und bedeutete ihr, daß sie damit den Unmut der Zarin errege. »Der Zar darf nur eine Witwe haben«, sagte Tolstoi mit erhobener Stimme, damit alle es hörten, und klatschte in die Hände.

Er warnte sie, man werde »das nicht dulden«, berief sich auf Menschikow. Maria erinnerte sich an Peters letzte Worte. Es war auch sein Wille gewesen, daß sie heiratete. Der neue Bräutigam sprach Französisch, konnte gut tanzen, behandelte sie zärtlich. Sie trafen sich einige Male. Als er sie küßte, stieß sie ihn von sich und weinte. Sie war machtlos dagegen. Sie entschuldigte sich bei dem jungen Fürsten und erklärte, eine Heirat käme nicht in Frage.

Doch der Hof gab nicht nach. Beim nächsten Mal kam Tolstoi in Begleitung des Oberprokurators Pawel Jagushinski, den er nicht ausstehen konnte. Man hatte ihm diese Mission übertragen, weil jeder wußte, daß die Prinzessin ihm seit dem Skandal in der Peter-und-Pauls-Kirche gewogen war. Jagushinski war während der Messe an Peters Sarg aufgetaucht, hatte die Batistdecke heruntergerissen und geschrieen: »Sieh nur, Majestät, was hier geschieht! Menschikow hört nicht auf, mich zu demütigen. Er droht, mir den Degen abzunehmen. Du warst mir wohlgesonnen, er aber will mich los sein, ich bin ihm im Wege!«

Der Gottesdienst wurde unterbrochen. Stille trat ein. Erstarrt blickten alle auf den Sarg. Es war beängstigend.

»Ach, du kannst mich nicht hören!« rief Jagushinski verzweifelt und brach in betrunkenes Schluchzen aus.

Am nächsten Tag wurde der Vorfall der Zarin gemeldet. Menschikow verlangte, den Oberprokurator vor Gericht zu stellen, ihm auf jeden Fall den Degen abzunehmen. Überraschend verbündeten sich alle gegen Menschikow und verteidigten Jagushinski. Einer nach dem anderen sprach bei der Zarin vor, erinnerte sie daran, wie sehr der selige Zar Jagushinski geschätzt, wie er immer gesagt habe: »Wenn Pawel sich etwas ansieht, dann kenne ich es, als hätte ich es selbst gesehen.«

Sein Fauxpas kam vielen zupaß. Nach dem Tod des Zaren wagte niemand mehr, sich gegen Menschikow zu stellen, seine Willkür wurde von Tag zu Tag schlimmer. Jagushinski wirkte wie ein Held.

Er duftete nach Eau de Cologne, die silbernen Wamsknöpfe blitzten. Verbeugungen, Komplimente, das strahlend weiße Lächeln – alles an ihm war exzellent.

Die Prinzessin machte es den beiden nicht leicht. Sie zeigte sich erstaunt über den Besuch. Warum sie gekommen seien, ihre Verheiratung sei doch keine so ernste Angelegenheit, daß hohe Beamte sich damit befassen müßten. Warum sie denn dem Bräutigam beistünden, ob sie wüßten, daß er nirgends diene – vielleicht tauge er ja zu nichts? Sie selbst arbeiteten doch beide unermüdlich, Tolstoi bekleide ungeachtet seines ehrwürdigen Alters noch immer seine Posten, und General Jagushinski habe dem Zaren von Jugend an gedient – er müsse doch am besten wissen, daß der Zar darauf gehalten habe, jeden Adligen nach seinem Fleiß zu bewerten; er konnte Nichtstuer nicht ausstehen.

»Wir sind kein Maßstab«, unterbrach Tolstoi sie. »Ich bin und bleibe eine Stütze der Macht, ohne mich geht es nicht. Ich bin zu groß für dein Beispiel.«

Die Prinzessin erwiderte auf Italienisch: »Uomo, sei grande o vile? Muori e lo saprai!« Und übersetzte für Jagushinski: »Bist du groß oder klein? Stirb, dann wirst du es wissen!«

Dann setzte sie nachdenklich hinzu: »Du wirst es vor deinem Tod erfahren.«

Tolstoi schätzte es gar nicht, wenn vom Tod die Rede war. Vor kurzem hatte ein junger Adliger, der aus dem Ausland zurückgekehrt war, ihn mit fröhlichem Staunen begrüßt: »Du lebst noch, Alter?« Der Graf nahm diese Worte übel und sorgte dafür, daß der junge Mann einen niederen Dienst im fernen Gouvernement Omsk antreten mußte.

Jagushinski machte einen versöhnlichen Kratzfuß – ob denn ein Bräutigam zu finden wäre, der an Verstand, Bildung und Schönheit der Prinzessin ebenbürtig sei und der zudem eine Stellung habe?

Aber sie hätten ja gar keinen anderen gesucht, sie seien schlechte Brautwerber, meinte die Prinzessin lachend. Sie sollten einen finden, der hochgewachsen sei, Sprachen beherrsche …

Jagushinski äußerte die Befürchtung, die Zarin werde keine Launen dulden, Menschikow werde unter seinen Getreuen einen Bräutigam auswählen und Maria zur Not gewaltsam mit ihm verheiraten, wenn die Zarin es wolle. Doch Tolstoi beruhigte die Prinzessin: Menschikow sei zwar mächtig, aber ein Kopf allein entscheide nicht alles. »Wir zählen auch, selbst der Teufel hat eine Stelle, wo er verwundbar ist.« Menschikow mache ihm augenblicklich keine Sorgen; auf die Zarin käme es an.

Dann sprachen sie von Menschikow. Maria schloß plötzlich die

Augen und sagte etwas, woran Jagushinski später oft denken sollte: Von Menschikow hätten sie nichts Gutes zu erwarten, er habe seine eigenen Pläne, große Pläne, und wer ihm dabei in die Quere komme, den werde er beiseite fegen. Sie klang wie eine wahrsagende Zigeunerin. Antioch schnaubte ungläubig, Tolstoi legte väterlich seine faltige Hand auf die ihre.

»Mädchen, du brauchst uns nicht zu belehren, wir haben weiß Gott selbst genug zu kosten bekommen, Süßes und Saures.«

Jagushinski aber sagte ernst, im Gegensatz zu Männern besäßen Frauen oft die Gabe, die Zukunft vorherzusagen.

Die Brautwerbung blieb erfolglos. Tolstoi war verärgert – er hatte der Zarin versichert, Maria höre auf ihn, betrachte ihn als ihren Vormund. Mit finsterer Miene gab er der Prinzessin zu verstehen, Geliebte wie sie habe der Zar viele gehabt. Es sei vermessen, sich als die einzige und herzallerliebste aufzuspielen, und stehe ihr nicht an, auf diese Weise Gerüchte zu nähren und sich der Zarin zu widersetzen.

Er hob drohend die Faust; aus seinem faltigen Mund sprühte Speichel. Er beschimpfte sie, nannte sie eine unverständige dumme Gans, eine Wahnsinnige, und ging, ohne sich zu verabschieden.

General Jagushinski blieb noch, trank seinen Wein aus und lud die Prinzessin ein, sich seine neue Kutsche anzusehen. Sie war mit dunkelroter Seide ausgeschlagen, in die Wände waren Spiegel und Schubfächer eingelassen; die Türen hatten funkelnde Bernsteingriffe. Kutschen waren Jagushinskis Leidenschaft; seine letzte Kutsche hatte der Zar häufig für Ausfahrten benutzt. Er fuhr mit Maria die Uferpromenade entlang. Die Kutsche war weich gefedert und sehr bequem. Jagushinski riet der Prinzessin, für eine Weile nach Moskau zu gehen, ein Stück weg vom Hof. Er selbst erwog, sich als Gesandter ins Ausland zu begeben. Die Zeit des redlichen Dienstes war vorbei. Eigenschaften, die der verstorbene Zar geschätzt hatte – Aufrichtigkeit, neue Ideen –, waren nun der Karriere eher hinderlich, wenn nicht gar verhängnisvoll.

Bald darauf ging Jagushinski tatsächlich als Gesandter nach Polen. Die Prinzessin befolgte seinen Rat und ließ sich in Moskau nieder, wo sie sehr zurückgezogen lebte. Kurz vor dem Tod der Zarin kehrte sie nach Petersburg zurück, und da widerfuhr ihr etwas Schreckliches. Eines Tages kam sie spätabends von einer Ausfahrt nach Hause, völlig außer sich. Niemand brachte aus ihr heraus, was geschehen war; sie hielt sich die Ohren zu und redete wirr. Ungekämmt und im Morgenrock lag sie reglos da oder irrte im Haus herum, erschreckte die Dienstboten und erschrak vor ihnen. Vor Ärzten, die sie untersuchen sollten, lief sie entsetzt davon und versteckte sich. Antioch verhinderte, daß sie eingesperrt und gewaltsam behandelt wurde.

Nur allmählich kam sie wieder zu sich. Ihre Schönheit war verblaßt, ihr Gesicht hart geworden, böse und unnahbar. Ein Geheimnis umgab sie. Ihr düsterer Blick wirkte abweisend; alle am Hof waren überzeugt, daß sie eine sündige Liebesaffäre verbarg.

Menschikow hofierte sie, wollte sie auf seine Seite ziehen.

Ihre Urteile waren scharf, für die damalige Zeit gefährlich. Die Hauptstadt wurde von rigorosen Veränderungen erschüttert. Das ganze Leben geriet ins Wanken, selbst als unantastbar geltende Personen wurden gestürzt. Überraschend fiel Graf Tolstoi in Ungnade und wurde verbannt. Menschikow rechnete mit seinen Gegnern ab, räumte einen nach dem anderen auf dem Weg zum Thron weg, bis er, fast an der Spitze angekommen, plötzlich selbst stolperte und fiel.

Jagushinski wurde aus Polen zurückbeordert. Als er Maria im Sommergarten begegnete, erkannte er sie kaum: Ein dunkles Kleid, ein schwarzes Tuch um den Hals, graues, streng gescheiteltes Haar. Jagushinski verbeugte sich galant, nahm ihren Arm und erinnerte sie daran, wie sie den Grafen Tolstoi gewarnt hatte; er sagte, damals habe er den Geruch des Bösen verspürt. »Wie riecht es denn?« erkundigte sich die Prinzessin ohne die Spur eines Lächelns. Lachend bekannte er, es sei der Geruch Beelzebubs, es röche nach Schwefel. Und ergänzte, Prophetinnen übten auf jeden Mann eine besondere Faszination aus. Eine Kassandra zu sein bedeute eine ungeheure Macht. Die Prinzessin erwiderte kalt, eine solche Gabe sei keine

Freude, sondern ein Fluch. Wozu etwas vorhersehen, was man nicht verhindern könne. Unwissenheit sei besser, sie lasse den Menschen kämpfen, die Gegenwart genießen, bewahre ihm die Freude an Zufällen und an der Erwartung. Ihre Worte verrieten Wut, als sähe sie tatsächlich künftige Ereignisse voraus. Jagushinski, ein mutiger und zugleich argloser Mann, wurde verlegen, als er ihren Worten eine Anspielung auf die unsichere Position des jungen Regenten Peter II. entnahm. Er tat, als hätte er es nicht verstanden. Doch einen Monat später starb Peter II. in Moskau.

Zu Freunden sagte Jagushinski über die Prinzessin: »Ein gefährlicher Kopf, und sie will sich partout nicht dumm stellen.«

Die neue Zarin Anna Iwanowna machte sie zur Hofdame, lud sie zu Empfängen ein. Einzig Antioch zuliebe ging sie hin.

Mit ihrer eigenen Zukunft hatte sie abgeschlossen, ihr war nur die Erinnerung an die Vergangenheit geblieben und die Freude an Antiochs Erfolgen, seinem vielseitigen Talent – in den Sprachen, in der Politik, vor allem aber in der Dichtkunst. Seine Verse gingen von Hand zu Hand und weckten das Interesse an dem jungen Dichter mit dem aristokratischen Namen. Das Genre der Satire war neu in Rußland. Ebenso eifrig widmete sich Antioch der Politik, setzte sich für die Fortführung der petrinischen Reformen ein, wetterte gegen die Schmäher der Aufklärung. Seine Liebe zum verstorbenen Zaren grenzte an Vergötterung. Die Zeit Peters betrachtete er als »goldenes Zeitalter, in dem die Weisheit herrschte.«

Er sehnte sich zurück nach der produktiven Epoche, deren Ende er noch miterlebt hatte. Nun fristete die Wissenschaft ein karges Bettlerdasein, verwaist und von niemandem gebraucht. Ihre Blütezeit war vorbei.

Indessen hatte sein älterer Bruder mit Hilfe seines einflußreichen Schwiegervaters Dmitri Golizyn das gesamte Erbe an sich gebracht, sämtliche Ländereien ihres Vaters. Antioch und Maria verloren den größten Teil ihres Vermögens. Ihre Mittel waren knapp. Die Prinzessin nutzte ihre Beziehungen und brachte Antioch als Gesandten in London unter.

Am Teich in ihrem Garten stand ein hoher weißer Stein, den ihr Vater vor Jahren mitgebracht hatte. Im Winter war der Stein warm, der Schnee schmolz darauf. Maria kam gern hierher; Gimpel und Spechte flogen auf, die Birken rauschten und warfen ihr loses Laub ab. Der feuchte Wind beschwor Erinnerungen an das, was sie einst in diesem Garten und in diesem Haus erlebt hatte; erneut spürte sie Peters Küsse, seine Berührungen.

Einmal hatte er sie auf den Arm genommen und bis zur Decke hochgehoben. In Astrachan, als sie bereits schwanger war, hatte Peter ihr einen persischen Kaftan geschenkt, ihn ihr angezogen, ihr einen Turban um den Kopf gewickelt und ihr mit Kohle einen Schnurrbart angemalt.

Die Vergangenheit war unerreichbar; die Zukunft war ihr gleichgültig – ihr genügte die Vergangenheit. Jeder dieser Augenblicke offenbarte immer neue Details, setzte neue Triebe an. Ereignisse, Töne und Farben waren darin bewahrt wie die ganze Blume im Samenkorn. Sie ging diese Minuten immer wieder durch, hegte und pflegte sie. Seine Berührungen – seine Hände waren rauh, voller Schwielen, aber von makelloser Form.

Als er entdeckte, daß sie noch Jungfrau war, schien er verlegen. Seine Augen wurden ganz rund, er murmelte etwas und zügelte seine Leidenschaft. Lächelnd versank sie in die Erinnerung an ihre Angst und ihre erste, noch nie empfundene Lust. Es roch nach Wein, nach Sünde und nach Pferdestall. Er roch oft nach Pferdestall.

Je tiefer sie in die Vergangenheit eindrang, desto mehr süße Minuten fand sie darin.

Stockschwingend spielte er den Tambourmajor und verlangte, daß alle im Takt liefen. Stets animierte er alle zum Mitspielen: Alle marschieren, alle pfeifen! Bei einem Feuerwerk klatschte er vor Begeisterung in die Hände. Der Feuerschein fiel auf sein Gesicht, verfing sich in seinem Schnurrbart, ließ seine Katzenaugen gelb flackern. Sie hatte damals nicht in den Himmel geschaut, sondern auf ihn. Sie mochte seine kindliche Spielleidenschaft.

Der Geheime Rat Graf Tolstoi, erster Minister der Geheimkanzlei und so weiter und so fort, starb in den Kasematten des Solowki-Klosters, vier Jahre nach dem Imperator Peter dem Großen.

Die Nachricht von seinem Tod löste in der Hauptstadt keine Reaktion aus. Die Helden der petrinischen Epoche interessierten niemanden mehr. Neue Günstlinge, neue Emporkömmlinge waren aufgestiegen. Weltlicher Ruhm ist vergänglich.

Die Prinzessin war die einzige, die eine Seelenmesse für den Verstorbenen lesen ließ. Mit Kerzen in der Hand wohnten sie und Antioch dem Gottesdienst in der Semionow-Kirche bei. Der Chor sang, es roch nach feuchten Kleidern und Weihrauch; das Wachs erstarrte als warme Kruste auf ihren Händen.

»Wir beten für den Seelenfrieden des Gottesknechts Pjotr; mögen ihm alle Sünden, bewußte und unbewußte, verziehen sein.«

Antioch warf einen Blick auf seine Schwester. Sie nickte: Mögen sie verziehen sein! Damals aber hatte sie ihm nicht verziehen. Vor seinem Abtransport nach Solowki hatte der Graf sie rufen lassen. Andere, wie Uschakow oder Jagushinski, hatten Angst, ihn aufzusuchen; sie aber kam.

Der Greis saß vor der Remise. Der Hof seines Hauses war voller Soldaten. Die Wachmannschaft bereitete die Abreise vor. Im Schloß lag die Regentin Katharina I. im Sterben, doch hier, auf der Petersburger Insel, betete niemand besorgt für ihre Genesung. Offiziere trieben die Soldaten zur Eile an. Menschikow hatte den unverzüglichen Aufbruch in die Verbannung befohlen.

Trotz des warmen Wetters war Pjotr Tolstoi in einen Schafpelz gehüllt. Das Urteil hatte ihn betäubt; seines Vermögens und aller Titel beraubt, war er schlagartig zu einem alterskrummen Greis geschrumpft.

Er streckte Maria die Arme entgegen, griff nach ihren Händen, dankte ihr, daß sie gekommen war, sich nicht gefürchtet habe. Nicht ohne Grund habe er sie immer wie eine Verwandte behandelt, wie eine eigene Tochter, sie sei eine treue Seele, ein Geschenk des Himmels, seine ganze Hoffnung; Fürst Dmitri sei zu Recht so stolz auf sie gewesen, auf ihren Geist und ihre Schönheit. Wenn der Fürst noch lebte, hätte er nicht zugelassen, daß der treue Diener des Zaren so vernichtet wurde. Und von wem – von Menschikow, einem arglistigen Dieb. Er habe sich nicht einmal von der Imperatorin verabschieden dürfen, er, der engste Diener, wurde nicht zu ihr vorgelassen! Er sei diffamiert worden; Menschikow habe ausgenutzt, daß die Zarin im Fieber lag, ihr ein Papier voller Verleumdungen untergeschoben und ihr sonstwas eingeredet, ihn als Verschwörer dargestellt. Dieser Kain, dieser treulose Verderber – ihn, Tolstoi, so zu verunglimpfen! Sie hatten ganz vergessen, welche Dienste er ihnen erwiesen hat. Ach, wie ungerecht!

Tränen rannen ihm über die Wangen, blieben in seinen grauen Bartstoppeln hängen; er verschluckte sich, hustete lange krampfhaft und verfluchte lauthals den durchlauchtigsten Fürsten, ohne Scheu vor dem diensthabenden Offizier.

Er gab Maria ein Papier; seine untertänigste Bitte an Ihre Majestät, ihn statt ins Gefängnis von Solowki in ein Kloster zu schicken, nach Karelien oder in den Ural. Den Winter auf den Solowki-Inseln werde er nicht überleben, er sei alt und gebrechlich, und auch seinen schwachsinnigen Sohn Iwan möge man schonen.

Die Zarin werde Maria nicht abweisen; die Prinzessin müsse ihm helfen, sonst sei er verloren. Sie schickten ihn ohne eine einzige Decke auf die Reise, hätten ihm seine Juwelen weggenommen, nicht einmal seinen Psalter dürfe er mitnehmen.

Maria stieß seine Hand zurück, doch plötzlich funkelten ihre Augen. Mit zwei Fingern nahm sie das Papier, zerriß es ganz langsam, warf es zu Boden und trampelte darauf herum.

»Was tust du!« Tolstoi klammerte sich an sie, ahnte etwas, mochte es aber nicht glauben, nicht begreifen. »Hast du Angst? Angst, für mich zu bitten – hast du vergessen, was ich alles für dich getan habe?«

Sie preßte die Lippen zusammen und antwortete ihm mit einem solchen Blick, daß er abwehrend die Hände ausstreckte und schrie: »Du Verruchte, sie haben dich bestochen! Was ist los, was hat dir den Verstand getrübt? Mein Gott, wofür, wofür? Das wird dir nie vergeben, wenn du dich von mir lossagst.« Er griff sich an den Kopf, wiegte sich vor und zurück, jaulte und stöhnte.

»Ich werde dich verfluchen«, sagte er dann ernst und sachlich. Das ganze Geschlecht der Kantemirs werde er verfluchen, drohte er, das Gesicht zum Himmel erhoben und mit den Augen rollend, voller Inbrunst und Glauben. Früher wäre Maria erschrocken, nun aber, das erzählte sie später Antioch, staunte sie nur über die menschliche Natur und sagte ganz ruhig und leise: »Und mein Kind? Mein Kind, erinnerst du dich? Was hast du mit ihm getan?«

Mit wiegendem Kopf erklärte sie ihm, Gott habe ihn bestraft und werde ihn noch heftiger strafen, und schuld daran sei nicht Menschikow. Sie wußte selbst nicht, woher sie die Härte nahm und die Sicherheit, als verkünde sie ihm sein Urteil. Er fuchtelte abwehrend mit den Armen, wie um das Böse zu vertreiben, wollte Maria unterbrechen, aber sie sprach von Palikula, wiederholte, damit er es auch verstand, daß der Grieche sie in der Stunde seines Todes zu sich gerufen und den Grafen verflucht habe.

Tolstoi kniff die Augen zusammen, wollte nichts hören, und sie begriff, daß der Grieche die Wahrheit gesagt hatte. Warum hätte er auch lügen sollen; der Tod stand bereits auf seiner Schwelle, gewährte ihm nur für seine Beichte Aufschub. Mit letzter Kraft hatte er wirr durcheinander geflüstert: Wieviel Geld er bekommen, womit er die Frucht abgetrieben und daß der Graf ihn nicht aus eigener Tasche bezahlt habe – klar, wer daran vor allem interessiert war. Der Graf zog seinen Gewinn daraus, und dem Zaren wurde gemeldet, daß er von Maria nichts mehr zu erhoffen brauche.

Palikulas Gesicht war leblos und von wächserner Durchsichtigkeit, sein Blick trübe; nur die grauen Lippen bewegten sich, und in seinem Kopf mühte sich das Gehirn, noch seinen Dienst zu tun.

Ja, das Elixier, das zähflüssige grüne, das er ihr löffelweise in den Mund geschüttet habe, bestätigte Palikula; sie erinnerte sich an den aufdringlich süßen Geschmack und erbrach sich am Bett des Sterbenden. Jemand wischte ihr das Gesicht ab, sie bemerkte es gar nicht, sie packte den Griechen an der Schulter und schüttelte ihn. »Warum habt ihr das getan?« Das war das einzige, was sie hervorbrachte; ein kalter Abgrund tat sich vor ihr auf, und sie stürzte hinein, ihr armer Verstand konnte sie nicht aufhalten, ihr Bewußtsein war erschüttert, und ohne Antioch wäre sie wohl nicht zurückgekehrt; sie wollte nicht mehr zu den Menschen, zu dem, was auf der Welt geschah.

»Warum habt ihr das getan?« wiederholte sie immer wieder, wenn jemand sie ansprach.

In diesem Jahr hörte ihr Haar auf, sich zu kräuseln; sie trug es fortan streng gescheitelt, wodurch sie aussah wie eine Nonne. Fragend blickte sie den Menschen ins Gesicht, als suche sie in ihnen etwas und könne es nicht entdecken.

Tolstoi warf seinen Halbpelz ab und setzte sich aufrecht. Er bestritt es nicht länger: Ja, er habe den Willen seiner Auftraggeber ausgeführt, habe eingewilligt, um Maria vor größerem Unglück zu bewahren. Angenommen, sie hätte das Kind zur Welt gebracht – und, was dann, fragte er triumphierend, wäre ihr Knabe etwa unbehelligt herangewachsen? Man hätte ihn vergiftet, erdrosselt, ihn auf jeden Fall beseitigt. Obwohl der Zar noch lebte.

Speichel rann ihm aus dem zahnlosen Mund. Er streckte die mit Altersflecken übersäten Hände aus und klagte Menschikow, den Hof und die Zarin an. Rote Flecke breiteten sich auf seinem Gesicht aus, als wäre er von Rost zerfressen. Was er erzählte, war schrecklich. Man hätte auch sie selbst töten können; Menschikow war grausam wie ein Wolf. Peters übrige Bastarde kümmerten niemanden, das Kind der Prinzessin aber, ein Knabe zumal, war sein Wunschkind, das wußte jeder, und auch die Prinzessin lag ihm am Herzen. Das war eine reale Bedrohung. Der Zar brauchte nur seine untreue Gemahlin ins Kloster zu sperren, und schon wäre es auch mit Menschikow aus; sie war sein einziger Halt. Das Kind von Maria Kantemir durfte auf keinen Fall am Leben bleiben, es wäre zweifellos getötet worden. So habe sie das Kind wenigstens nicht lebend gesehen, sein Gesicht nicht gekannt. Nein, sie wisse gar nicht, welchen Kummer er ihr erspart habe, indem er um ihretwillen eine solche Sünde auf sich lud. Er gelte als erbarmungsloser Folterknecht – ja, er habe keine Rücksicht gekannt, wenn es galt, das Böse zu unterbinden, die Feinde des Zaren zu beseitigen. Er sei ein treuer Diener gewesen, der treueste, denn er habe die ganze Schmutzarbeit erledigt: Untersuchungen, Verhöre, Exekutionen. Andere drückten sich davor, er aber vollzog Hinrichtungen, folterte eigenhändig ohne Erbarmen. Nur so konnte Rußland erstarken, die Rebellion unterbunden werden. Wer sich abfällig über Seine Majestät oder seine angetraute Gemahlin äußerte, für den gab es keine Nachsicht, dem wurde die Nase oder die Zunge abgeschnitten. Ohne diese Härte wäre das Land längst zerrüttet. Er habe dem Zaren alles erzählen wollen, aber wer weiß, wie er reagiert, wie er sich verhalten hätte. Und was für eine Verwirrung das im Staat womöglich angerichtet hätte.

Er beugte sich zu Maria, kam ihr so nahe, daß sie seinen üblen Atem roch. Auch der Zar hätte getötet werden können! Auch davor hätten sie nicht haltgemacht!

Wäre er, Tolstoi, nicht gewesen, wer weiß, wer jetzt auf dem Thron säße – Alexej Petrowitsch, Gott sei ihm gnädig! Der und die Bärtigen würden nun regieren, und Menschikow säße im Kerker, nein, sein Kopf wäre bestimmt auf einen Pfahl gespießt worden. Er, Tolstoi, habe den Zaren viele Male vor Verschwörern geschützt, seine Geheimkanzlei habe die Stabilität des Staates gewährleistet, den Imperator zu Peter dem Großen gemacht. Die militärischen Siege bedeuteten nichts, wenn im Land keine Ordnung herrsche. Die Zarin verdanke ihre Krone nicht Menschikow, sondern ihm, Tolstoi. Jeder Hund sei dankbarer, ein Hund vergesse nie, wer ihm Gutes getan hat! Was bedeute ihr ungeborenes Balg schon gegen sein Werk! Wie könne Maria es wagen, ihn zu verurteilen?

Aber sie rannte schon fort, ohne sich umzusehen. Menschikow war ihr egal, Menschikow hatte niemanden getötet, er, Tolstoi, war ein Mörder, er und die Zarin, sie waren beide Mörder, nicht zufällig ließ der Herr beide zur gleichen Stunde stürzen.

»Oh Herr, überlasse mich nicht der Willkür meiner Feinde! Falsche Zeugen erheben sich gegen mich und ersticken mich mit ihrer Bosheit. Selbst sie, die ich gerettet und beschützt, hat sich von mir abgewandt. Ringsum nichts als Verleumdungen, kein Schutz und kein Lohn – womit habe ich das verdient? Nein, ich gebe nicht auf!«

Selbstgerechter Zorn tobte in seinem Geschrei. Taube Seelen, Herzen aus Stein – er sei es doch gewesen, der den Zaren auf ihre Schönheit aufmerksam gemacht habe, er habe ihrer beider Liebe gehegt, das Schönste, was ihr im Leben widerfahren sei.

Die Kirche war leer, bis auf sie und Antioch. Kerzen brannten, die warme Luft stieg zur blauen Kuppel empor. Von den Ikonen blickten die Heiligen zu ihnen herab.

Der junge Küster betete: »Verzeih ihm jegliche Sünden.«

Hat sie Tolstoi etwa das Böse verziehen, dachte Antioch verständnislos. Nein, sie konnte es nicht, und dafür schämte sie sich. Die Seelenmesse sollte ihr die Kraft verleihen zu verzeihen. Sie hatte Palikula vor seinem Tod nicht vergeben, und sie hatte dabeigestanden, als man Pjotr Tolstoi wegbrachte. Er wurde auf einen Kutschwagen verfrachtet, ein Sack mit seiner Habe hinterhergeworfen – ein Kissen, Filzstiefel und Messinggeschirr. Dem Wagen folgte eine Abteilung Wachsoldaten, an die hundert Mann, dann ein Troß aus einem Dutzend Leiterwagen. Tolstoi rief von seinem Wagen mit schwacher Stimme: »Ich glaube daran, daß ich die Gnade des Herrn auf Erden erleben werde!« Und er drohte mit der Faust.

Der Priester fragte, ob er auch für den Fürsten Menschikow beten solle. Die Nachricht vom Tod Menschikows in Sibirien war zur gleichen Zeit eingetroffen wie die Todesnachricht aus Solowki.

Um Menschikow trauerte die Prinzessin nicht. Sie empfand für niemanden Mitgefühl. Sie waren machtgierig, machtbesessen, zerfleischten sich gegenseitig; sie waren alle zum Untergang verurteilt. Nicht einmal Iwan dauerte sie, Tolstois Sohn, der ebenfalls nach Solowki geschickt worden war.

Tolstoi endete auf einer Strohmatratze in einem feuchten Klosterkerker. Zur gleichen Zeit starb sein Erzfeind Menschikow, der ihn ins Verderben gestürzt hatte, in dem frostklirrenden sibirischen Städtchen Berjosowo.

Antioch beeindruckte die Parallelität ihres Schicksals. Die beiden engsten Mitstreiter Peters hatten sich ein tödliches Gefecht geliefert und waren beide zugrunde gegangen. Tolstoi, weil er befürchtete, der Sohn von Zarewitsch Alexej würde an die Macht kommen und den Tod seines Vaters rächen. Menschikow war die unersättliche Machtgier zum Verhängnis geworden. Das gleiche Schicksal sollte später den Grafen Ostermann ereilen, der Menschikow gestürzt hatte; auch er, eine Zeitlang der allmächtige Herrscher über Rußland, wurde nach Berjosowo verbannt und starb dort, von allen vergessen. Die beiden Fürsten Dolgoruki, Mitinitiatoren von Menschikows Sturz, kamen ins Gefängnis von Solowki.

Antioch Kantemir beurteilte die Launen der russischen Geschichte mit jugendlicher Gnadenlosigkeit: Kein Wunder, daß sie so unvorhersehbar war – wenn ein käuflicher griechischer Arzt das Schicksal der Regentschaft beeinflussen konnte. Statt der deutschen Nachkommen von niederer Abstammung hätte Rußland einen Thronerben aus dem Geschlecht der Kantemirs bekommen können, von echt königlichem Geblüt.

»Oh, diese Eitelkeit menschlichen Strebens!« rief er. »Ein nichtiger Vorfall erschüttert das Imperium, ein mächtiger Fürst wird zum rechtlosen Gefangenen. ›Wäge den Hannibal ab, wie viel an den größesten Feldherrn fändest du Pfund‹?«, deklamierte er Juvenal. »Er ist's, den nicht ganz Afrika fasset!«* Auch Peter war zu groß für seine Zeit. Jetzt erkennen wir, daß es das goldene Zeitalter war.«

Maria gefiel seine Verehrung für Peter, den Förderer von Aufklärung und Wissenschaften.

---

* Juvenal, Satire X, Vers 147–148; Langenscheidtsche Verlagsbuchhandlung 1855–1910, Übers.: Alexander Berg.

»Peter hatte ein paar Dutzend Helfer und Millionen Gegner. Ohne ihn ist die Wissenschaft mit einem Schlag ohne Obdach, verwaist und in elenden Fetzen irrt sie nun herum«, sagte er über die Akademie der Wissenschaften.

Peters Herrschaft, bedauerte er, riß im entscheidenden Moment ab, kurz bevor Rußland Anschluß fand an das Zeitalter der Künste und Wissenschaften. Hätte Peter seine Träume verwirklichen können? Eines verunsicherte Antioch. Als Kind hatte er miterlebt, wie sehr Peter gefürchtet wurde. Graf Tolstoi erzählte ihm von den Venezianern, die sich in ihrem Venedig amüsierten, keinen Streit miteinander suchten, keine Angst kannten und fröhlich lebten, ohne Furcht vor ihrem Herrscher. »Ganz anders als wir«, schloß er traurig.

Die Treue zu Peter zog Antioch immer tiefer hinein in die Hofpolitik. Maria bangte – das konnte nicht gut ausgehen. Zudem verschlechterte sich sein Gesundheitszustand. Als er nach London ging, schrieb sie ihm jede Woche ausführliche Briefe. Er schickte ihr Manuskripte, die sie von Schreibern kopieren ließ und an seine Anhänger verteilte: Stücke, Epigramme und Satiren.

Dann wurde er als Gesandter nach Paris versetzt. Aber er war bereits schwerkrank, die Schwindsucht brachte ihn in der Blüte seines Talents ins Grab. Er war sechsunddreißig, hatte vieles geleistet, aber noch mehr Erwartungen geweckt.

Nachdem Maria ihn begraben hatte, zog sie sich zurück. Sie schien aus der Zeit zu fallen. Nun band sie nichts mehr ans Leben. Manchmal sah man sie in der Peter-und-Pauls-Kirche am Grabmal des Imperators, wohin sie zu bestimmten, nur für sie allein bedeutsamen Daten Blumen brachte. Der Dichter Sumarokow, der sie nur als die Schwester des von ihm sehr geschätzten Antioch Kantemir kannte, traf sie einmal vor dem Sommerpalais und erinnerte sich später an die Unnahbarkeit in ihrem runzligen, dunklen Gesicht.

Kurz vor der Feier zum fünfundsiebzigsten Geburtstag von Peter dem Großen, in der Regierungszeit von Jelisaweta, kamen Gerüchte über einen geheimgehaltenen Sohn des Imperators auf, und in diesem Zusammenhang fiel der Name Maria Kantemir. Die Zarin lud Maria zu sich ein, aber sie erklärte, sie sei krank.

Daraufhin wurde Fürst Trubezkoi mit Geschenken zu ihr geschickt. Der Historiker Miller begleitete ihn.

Der Frühling war in diesem Jahr zeitig gekommen, alles blühte bereits. Im Palais der Kantemirs standen überall Blumen. Prinzessin Maria stützte sich beim Laufen auf einen Stock. Sie ließ Trubezkoi ihr gegenüber Platz nehmen; Miller wollte sich auf einen Gobelinsessel setzen, was ihm die Prinzessin jedoch mit den Worten verwehrte, dies sei Peters Sessel. Das mochte Miller geärgert haben, jedenfalls begann er recht grob, die Prinzessin nach ihrem Verhältnis zum Zaren zu fragen. Sie antwortete hochmütig, man solle nicht an Dinge rühren, die lange ruhten; vieles sei noch geblieben von dem großen Namen, aber beileibe nicht das, wonach man gemeinhin suche. Danach sprach sie nur noch mit Trubezkoi und ignorierte Miller völlig.

Nach Trubezkoi kamen auch Ausländer, die von der letzten Affäre des Zaren gehört hatten. Ungeniert interessierten sie sich vor allem für das Schicksal ihres Kindes, und die Prinzessin empfing sie nicht mehr. Dem Hof mißfiel der ganze Trubel. Am erfolgreichsten war der Deutsche Jacob Stählin mit seinen Besuchen. Möglich, daß er Maria auf Bitten des Kanzlers aufsuchte, vielleicht sogar im Einvernehmen mit der Zarin Jelisaweta. Natürlich trat er nur in seinem eigenen Namen in Erscheinung, als Mitglied der Akademie und Sammler von Informationen über Peter den Großen, mit einer Empfehlung von Nartow und Buturlin, dem neuen Günstling der Zarin.

Das matte, dunkle Gesicht der Prinzessin, runzlig, unnahbar, abwesend und ohne ein Lächeln, erinnerte Stählin an alte Ikonen. Unter ihrem Kopftuch sah graues, glattgekämmtes Haar hervor.

Zwei alte Frauen brachten eine angebrochene Flasche Wein, Gläser, einen Teller mit Nüssen und Rosinen und setzten sich hinter die Prinzessin. Im Kamin brannte ein Feuer. Zerschrammtes Geschirr, schmutzige Fenster, die abgewetzten Jäckchen der alten

Frauen, ein vertrockneter Blumenstrauß in einer Kristallvase – alles kündete von Armut.

Stählin versuchte sich vorzustellen, wie die Prinzessin in ihrer Jugend ausgesehen, was Peter an ihr gereizt haben mochte.

Die greisenhaft zusammengekniffenen Lippen hatten jede Sinnlichkeit eingebüßt. Ihr Profil aber war noch immer edel – das Profil verändert sich im Alter kaum. Die Haut war dünn, zerknittert wie Pergament, das Gesicht eingefallen. Doch unter der Asche glimmte noch Feuer; bisweilen blitzten ihre schwarzen Augen lebhaft auf; meist aber hörte sie Stählin nur teilnahmslos zu und leerte ein Glas Wein nach dem anderen.

Da er Geschichten über Peter sammle, wolle er von ihr Einzelheiten über die Umstände ihrer Affäre mit Peter erfahren. Es werde viel darüber geredet, aber in seinem Buch strebe er nach Genauigkeit, und es sei für ihn ein großes Glück, daß er die Ehre habe, Informationen aus erster Hand zu erhalten.

Die Prinzessin nickte majestätisch und fragte plötzlich: »Ihr seid Mitglied der Akademie der Wissenschaften? Seht nur, zu welchem Gespött man Eure Akademie gemacht hat. Ist das etwa die Akademie, von der Peter geträumt hat?«

Sie lenkte das Gespräch darauf, wie der Zarenhof Peters Namen benutze, um seine Schande zu bemänteln. Alle Laster, die Peter bekämpft hatte, lebten wieder auf. Der Hof sei ein Sündenpfuhl der Lüge, der Denunziationen, der Zügellosigkeit, ein Hort der Bestechung und Gesetzlosigkeit. Peter habe das Land emporgehoben, sie stürzten es wieder hinab. Die Geschichte Rußlands sei stehengeblieben, verkommen zu einer endlosen Chronik von Feiern, Hochzeiten, Jubiläen und Feuerwerken.

Das ging an Stählins Adresse. Der gewissenhafte Mann senkte schuldbewußt den Kopf, errötete, rechtfertigte sich mit seiner Geschichtensammlung; er wolle Einzelheiten aus dem Leben dieses hervorragenden Mannes bewahren, dessen Huldigung Rußland zum Ruhm gereiche. Er, Stählin, teile ihre Verehrung für die Persönlichkeit des verstorbenen Imperators. Erneut kam er auf ihr Verhältnis zum Zaren zu sprechen. Die Liebe zu einer solchen Frau gereiche dem Zaren zur Ehre, die Liebe veredle jeden Monarchen, besonders Peter, dem oft Grausamkeit vorgeworfen werde.

Normalerweise schilderten die Frauen ihm ihre Affären mit Peter gern, bereicherten sie noch mit Erfundenem; sie aber wich aus, und Stählin konnte nicht weiter vordringen.

Sie sprach über Peters Mitstreiter, seine Zöglinge – Menschikow, die Dolgorukis, Bestushew, Iwan Buturlin, Tolstoi, Devier, Dmitri Golizyn, Ostermann – die teils verbannt, teils hingerichtet worden waren. Warum hatten sie sich gegenseitig vernichtet, statt sich zu vereinigen und das Werk ihres Imperators fortzusetzen? An ihre Stelle waren Fremdlinge getreten, die kaum Russisch sprachen; kalte, fremde Personen, denen nichts an Rußland lag.

Stählin ächzte, er fühlte sich unbehaglich und wollte das gefährliche Thema wechseln. Solche anklagenden Worte hatte er noch von niemandem gehört.

Die Prinzessin hegte keinen Groll, hatte auch, wie sie sagte, keine Feinde mehr. Sie lebe in einer Welt, die nichts mehr zu tun habe mit der Stählins und des Hofes. Sie nehme sie alle nur aus der Ferne wahr, wie Insekten, die summend herumwuselten – wie man sie vielleicht in vielen Jahren einmal sehen würde.

Wieder versuchte er, das Gespräch auf die lange zurückliegenden Zeiten zu lenken, da der Zar nach der Geschichte mit Mons offenbar die Absicht hatte, seine Ehe mit Katharina zu lösen und Maria Kantemir zu heiraten. Ob das stimme? Die Prinzessin habe die Chance, ihren Namen zu verewigen. Es habe doch keinen Sinn, eine derart wichtige und für sie so schmeichelhafte Geschichte verborgen zu halten. Sie antwortete nicht, und er berief sich auf die Bitte des Kanzlers: Er solle in Erfahrung bringen, was es mit den Gerüchten über ihren Sohn auf sich habe, wo er sich aufhalte, wie es ihm gehe. Und ob sie schriftliche Zeugnisse besitze, die ihre Mutterschaft bestätigten.

Die Prinzessin schwieg; sie musterte ihn mit eingekniffenen Augen, wie durch ein Vergrößerungsglas.

Mit allem gebotenen Takt deutete Stählin an, daß die Zarin aus rein verwandtschaftlichen Gefühlen ebenfalls ein Interesse an der Angelegenheit habe.

Wortlos ging die Prinzessin hinaus und kam mit einem Metallkästchen zurück. Sie stellte es auf den Tisch, schloß es auf und entnahm ihm zwei edelsteinverzierte Porträts. Das eine zeigte Peter in Ritterrüstung, das andere eine junge Frau. Kurzsichtig blinzelnd fragte Stählin, ob das die Prinzessin sei. Sie erwiderte, das sei sie schon lange nicht mehr, und warf das Bild in den Kamin. Stählin war entsetzt, er verstand weder ihre Antwort noch das, was sie tat.

Im Kästchen lag ein dicker Packen Papiere. Die Prinzessin nahm einige davon in die Hand, sah sie durch, hob die Augenbrauen, murmelte »Kaum zu glauben«, und legte auch sie ins Feuer.

Noch am selben Abend schrieb Stählin an seinen Freund Hagen, einen Dresdner Geschichtsprofessor, wie er versucht habe, die Prinzessin zurückzuhalten, aber sie habe Blatt für Blatt dem Feuer übergeben. Sie sagte zu Stählin, er möge sich nicht grämen, denn es würde ohnehin niemand verstehen, wozu das alles niedergeschrieben worden sei. Das Bündel enthielt ihren Briefwechsel mit Antioch, ihr Tagebuch und einige kurze Briefe von Peter. Schließlich nahm sie den ganzen Packen, wog ihn in der Hand und schleuderte ihn in den Kamin. Von seinem Gewicht niedergedrückt, wich das Feuer aus, dann züngelten erneut gelbe Flämmchen empor, leckten am Papier, in die Blätter kam Leben, sie erhoben sich und loderten auf. Stählin konnte den Anblick kaum ertragen, er stürzte zum Feuer, doch die Prinzessin gebot ihm mit ausgestrecktem Arm Einhalt.

Das Feuer brannte, und Stählin weinte fast. Wie könne man so barbarisch handeln, die Prinzessin begehe ein Verbrechen; er flehte, bettelte, war drauf und dran, sich auf die »wahnsinnige Megäre« zu stürzen, wie er in seinem Brief schrieb.

Auf die Sessellehnen gestützt, erhob sie sich langsam. Hochgewachsen, wächsern wie ein Gespenst stand sie vor ihm; auch die schweigsamen Greisinnen standen auf. Der flackernde Feuerschein ließ das knochige Gesicht der Prinzessin mal verschwinden, mal deutlich hervortreten, und plötzlich verzerrte es sich schrecklich, fletschte die Zähne, doch noch entsetzlicher war das, was ihre totenbleichen Lippen sprachen. Stählin wagte nicht einmal, diese ungeheuerlichen Worte im Brief an seinen Freund zu wiederholen. Sie behauptete, nicht sie sei eine Verbrecherin, der Zar sei ein Verbrecher! Ein Sohn habe ihm nie etwas bedeutet, er habe lediglich einen Thronerben gebraucht. Deshalb habe er seinen ersten Sohn geopfert, ihn vernichtet, deshalb sei auch sein letzter Sohn vernichtet worden. Peter war es nicht um ein Kind von ihr gegangen – er brauchte einen Thronerben. Und weil dieses Kind der Thronerbe war, wurde es vergiftet. Aber es war ihr Kind!

Sie stieß den Finger auf Peters Porträt und fragte Stählin, ob diese Macht, dieser lächerliche Hof, dieser Thron solche Opfer wert sei. Was war das für eine Liebe? Jetzt, am Ende ihres Lebens, wisse sie nicht mehr, ob er sie wirklich geliebt habe oder von ihr nur einen Thronerben wollte.

Der Zar habe sie ihres Schicksals beraubt, seinetwegen sei ihr Leben einsam und unerfüllt geblieben.

Ihr spitzer Fingernagel zerkratzte Peters Bild, und im Feuer krümmten sich die Dokumente – einzigartige, unschätzbare Zeugnisse zerfielen zu Asche. »Es ist widerwärtig und beschämend, in diesem Land zu leben«, sagte sie zu Stählin, und leise, wie zu sich selbst: »Aber in einem anderen kann ich nicht leben.«

Sie verbrannte nicht nur Papiere, sie verbrannte das Beste, was sie im Leben besessen hatte. Stählin erwähnte ihre Bekenntnisse in seinem Brief nur vorsichtig. In seiner Antwort erinnerte Hagen den Freund gelassen an das juristische Recht des Eigentümers; sie durfte sie vernichten, sie wollte nicht in seine Geschichtensammlung eingehen, und über die Äußerung der Prinzessin solle er sich nicht grämen, das sei typisch für die Russen wie für die Deutschen: Sie verachteten ihre Heimat, könnten aber ohne sie nicht leben. »Das verbindet uns mit den Russen«, schrieb er, »Überheblichkeit, gepaart mit einem Minderwertigkeitsgefühl – eine abscheuliche Mischung.«

Später fand Stählin heraus, woher die Gerüchte um Peters Sohn rührten: Die Prinzessin hatte Antioch bisweilen als Peters Sohn bezeichnet, natürlich als Adoptivsohn, als Nennsohn; der Zar liebte ihn väterlich, und in vieler Hinsicht war er ein Geschöpf Peters, sein Sohn im Geiste, was stärker verbindet als Blut.

Stählins Gewissenhaftigkeit verbot ihm, den Besuch bei Maria in sein Buch aufzunehmen. Noch lange sah er die Prinzessin im Feuerschein vor sich, als sei sie selbst ins Feuer gegangen. Nichts band sie mehr ans Leben. Zum erstenmal war ihm ein Mensch begegnet, dem Vergangenheit und Zukunft genommen waren. Sie hatte sich endgültig losgesagt von ihren Erinnerungen und Hoffnungen.

»Wir beide wissen, mein lieber Freund, daß das Leben ohne Sinn ist«, schrieb Stählin. »Unser eitles Streben ist wohltätig, weil es das Bewußtsein vor dem Grauen der Leere schützt. Doch hier sah ich die Sinnlosigkeit des Lebens unverhüllt vor mir. Mein Gott, was ist aus ihrer Liebe geworden! Hat die Prinzessin etwa recht? Daran mag ich nicht denken.«

Den Kanzler stellte die Erklärung mit Peters geistigem Sohn Antioch zufrieden. Die Zarin ließ der Prinzessin als Anerkennung der Verdienste ihres Vaters und ihres Bruders ein Hundert-Seelen-Dorf im Gouvernement Pskow überschreiben. Noch bevor die entsprechenden Urkunden ausgefertigt waren, starb die Prinzessin.

Beim Begräbnis sagte Fürst Trubezkoi, die Verstorbene sei eine der Frauen gewesen, die für die Liebe geboren seien, und das Schicksal habe sie mit einer großen Liebe belohnt. Bis ans Ende ihrer Tage habe Maria dem großen Imperator die Treue bewahrt. Die Größe einer Frau messe sich nicht daran, wen sie liebe, sondern daran, von wem sie geliebt werde. Ihr Geist, ihr Verstand, ihre aristokratische Abstammung seien Peters Genie angemessen gewesen, nicht ohne Grund habe er auf dem Sterbebett nach ihr gerufen.

Woher er das wußte, konnte Stählin nicht erfahren.

»Ich auch nicht«, sagte Molotschkow.

Diese Bemerkung holte uns zurück auf die Galerie, wo wir uns, in Ermangelung von Kneipen und Fernseher, außer Sichtweite der diensthabenden Schwestern die Abende vertrieben.

»Und, war das alles wirklich so?« fragte Drjomow sinnend.

Molotschkow nickte.

»Wahrscheinlich.«

»Oder haben Sie sich das ausgedacht?«

»Ich habe mir ausgedacht, was hätte sein können.«

»Ja«, sagte Drjomow gedehnt. »Das Glück kann nicht glücklich enden.«

»Verzeihen Sie«, der Professor verbeugte sich, »aber ich habe manchmal das Gefühl, daß Sie, Vitali Vikentjewitsch, dort gewesen sind.«

Molotschkow lachte.

»Ich auch. Leider hilft das nicht.«

»Wieso?«

»Man erfährt von ihnen nichts Zuverlässiges.«

»Und wenn Sie Peter begegnet wären?« fragte Geraskin.

»Vielleicht bin ich das.«

»Und?«

»Nichts, sie schwindeln alle.«

An jenem letzten Abend sprach er so schlicht und heiter, daß wir an diesen Worten nichts Seltsames fanden.

Inhalt

Prolog		5
1	Der Allegorienprofessor	13
2	Vom armen Iwan Naryschkin	35
3	Das Astrolabium	46
4	Anna Mons	64
5	Das Attentat	78
6	Der Brief an die Damen von Nöteborg	81
7	Vollständig übersetzen	88
8	Die Schildkrötensuppe	96
9	Der Kronleuchter	111
10	Der Rigaer Hektar	120
11	Zwei Selbstherrscher	123
12	Die Akademie im Sommergarten	142
13	Peters Sprache	150
14	Die Livländerin	155
15	Der Schwur	167
16	Das Experiment des Zaren	172
17	Die einsame Eiche	188
18	Der Tintenfleck	194
19	Grausamkeit	204
20	Die Qualen des Korns	213
21	Die Entdeckung	217
22	Der Zar als Brautwerber	221
23	Die Opferung	233
24	Das Rätsel Menschikow	246
25	Die Laterna magica	270
26	Das Tscheljukinsche Gesetz	275

27	*Wer gilt als glücklich?*	286
28	*Träume*	298
29	*Die Maske*	301
30	*Strengt Euch an, Peter Alexejew!*	305
31	*Der verhexte Degen*	317
32	*Im Schlafgemach der Marquise*	321
33	*Der Verrat*	329
34	*Die letzte Liebe*	354